Spätestens seit dem Eingreifen Émile Zolas in die Dreyfus-Affäre Ende des 19. Jahrhunderts ist der Typus des Intellektuellen aus der öffentlichen Debatte nicht mehr wegzudenken. Dabei verstecken sich hinter dieser Bezeichnung ganz verschiedene Stilmuster des Denkens und des Engagements. Von Adorno und Habermas über Sartre, Foucault, Hannah Arendt, Christa Wolf bis zu Michael Moore und Günter Grass porträtiert der Band 19 wichtige Intellektuelle und entwirft anhand dieser Porträts Umrisse einer Soziologie des Intellektuellen.

**Thomas Jung** ist Mitglied der Forschungsstelle »Intellektuellensoziologie« der Universität Oldenburg. Letzte Buchpublikationen: »Geschichte der modernen Kulturtheorie« (2005) und »Die Seinsgebundenheit des Denkens« (2007).

**Stefan Müller-Doohm** ist Professor für Soziologie an der Universität Oldenburg und Leiter der Forschungsstelle »Intellektuellensoziologie«. Zahlreiche Buchpublikationen, zuletzt: »Adorno-Portraits« (2007) sowie »Jürgen Habermas. Leben – Werk – Wirkung« (2008).

*Unsere Adressen im Internet: www.fischerverlage.de*
*www.hochschule.fischerverlage.de*

# »Fliegende Fische«

*Eine Soziologie des Intellektuellen in 20 Porträts*

Herausgegeben von Thomas Jung
und Stefan Müller-Doohm

**Fischer Taschenbuch Verlag**

Veröffentlicht im Fischer Taschenbuch Verlag,
einem Unternehmen der S. Fischer Verlag GmbH,
Frankfurt am Main, Juni 2009

© 2008 Fischer Taschenbuchverlag in der
S. Fischer Verlag GmbH, Frankfurt am Main
Satz: pagina, Tübingen
Druck und Bindung: Druckerei C. H. Beck, Nördlingen
Printed in Germany
ISBN 978-3-596-18146-9

# Inhalt

## Vorwort:
## Fliegende Fische. Zeitgenössische Intellektuelle zwischen Distanz und Engagement

*Wenn ein Begriff von einem Lebens-*
*muster abhängig ist, so muss in ihm*
*eine Unbestimmtheit liegen.*
*(L. Wittgenstein)*

Für die Vielen, die Anderen ist der Intellektuelle ein notorischer Querulant. Er stört ihr dumpfes Wohlbefinden, zerreißt ihre fraglosen Selbstverständlichkeiten und bedroht zutiefst die Kumpanei aus Lügen und Betrügen, die sie zum Lebensprinzip erhoben haben. Andererseits: Der Intellektuelle hasst die »Wir-Expression« (E. Bloch), die im Common Sense waltet. Er misstraut ihr, obwohl er im Namen einer anderen, noch unerlösten geschichtlichen Wir-Expression, für die er als Einzelner einsteht, spricht und handelt. Was aber ist der Intellektuelle? Folgt man den zahllosen Definitionsversuchen, den heterogenen Bestimmungen – beginnend mit Émile Zola, der 1898 im Namen der moralischen, nicht aber der juristischen Gerechtigkeit die Geburtsstunde des intellektuellen Räsonnements einläutete –, so spiegelt sich in ihnen eine moderne »Begriffsgeschichte« von »überwiegend selbstreflexiv formulierten Selbstbestimmungen« wider (Schlich 2000: 11). Das dabei entworfene Bedeutungsspektrum war niemals neutral oder etwa nur einseitig: Es changierte zwischen geistiger Selbstnobilitierung und ket-

zerischer Selbstverachtung. Zugleich ist die kurze Begriffsgeschichte der Intellektuellendefinitionen ein Spiegelbild dessen, was
im 20. Jahrhundert an Zeitgeistströmungen und kollektiven Be-
wusstseinslagen sich diskursiv verdichtete. Keineswegs war der Begriff des Intellektuellen das, was er eigentlich sein sollte: das Ergebnis analytischer Operationen, die Eigenschaften von Dingen,
Ereignissen und Handlungen identifikatorisch eindeutig im Begriff
vereinen, sodass dieser einer kognitiven Entität entspricht. Wie alle
Begriffe des sozialen Lebens ist auch der Begriff des Intellektuellen
niemals wertfrei, niemals sachlich gereinigt, sondern hochgradig
imaginativ aufgeladen – und damit das semantische Kondensat dessen, was im gesellschaftlichen Meinungsbild als typologische Pro-
jektionsfläche des gebildeten Geistes immer wieder personalisiert
worden ist.

So scheint die Frage: Was ist ein Intellektueller?, keine Lösung zu
finden, wenn man begriffliche Präzision oder Eindeutigkeit einfordert. Man kann sich jedoch mit Aristoteles begnügen, der davon
ausging, dass nicht alle Themen, alle Sachverhalte der Welt das
gleiche Präzisionsniveau haben können und dass man sich folglich
mit dem Niveau begnügen müsse, das die Sache selbst zulässt.
Aber: Was ist der Sachverhalt, den wir mit dem Begriff des *Intellektuellen* verbinden, wenn man nur ein Meinungsspektrum zur
Verfügung hat, das sich aus Fremd- und Selbstbeschreibungen zu-
sammensetzt? Was ist der Intellektuelle, wenn es nur einen geschichtlichen Diskurs von Zuschreibungen gibt?

Bestimmt ist die Frage nicht dadurch zu lösen, dass man in der
Summe der personalen Zuschreibungen, die er auf sich zu vereinigen scheint, also in seinen Passionen – wie etwa universeller Bildung, moralischem Räsonnement und engagierter Rhetorik der
Kritik –, einen untrüglichen Wesenskern sucht. Übrigens ein Wesenskern, der nur das unentwegte Ansinnen nach substantialisti-
schen Definitionen befriedigen würde, nicht aber die sozial-diskur-
sive Funktionalität einer solchen Zuschreibung analytisch in den
Griff zu bekommen vermag. Gerade wegen der Vermutung, dass
hinter all den personalistisch gebundenen Zuschreibungen, die mit

dem Begriff des Intellektuellen aufgebracht worden sind, sich kein Kern, keine Substanz von Intellektualität verbirgt, sollte man konsequent von einem Nullpunkt der öffentlich erzwungenen »Moral des Personenstandes« (Foucault 1973: 80) ausgehen und den Intellektuellen als ein sozialtypologisches Konstrukt auffassen. Wenn man sich also unter solchem Gesichtspunkt eines *sozialtypologischen Konstrukts* allein nur den Zuschreibungen, die zur Sache und zum Begriff des Intellektuellen produziert worden sind, zuwendet, dann verschwindet jede Semantik, die im Banne eines Heroen des Geistes den Intellektuellen sakrosankt am Leben erhält. Anders perspektiviert: Als sozialtypologisches Konstrukt ist der Intellektuelle weniger ein Tugendträger als vielmehr nur ein über den Personennamen ausgewiesener Sprecher, der mit bestimmten privilegierten Tätigkeiten, wie z. B. diskursiven Provokationen und kritischen Denkanstößen, im öffentlichen Diskurs der Moderne notwendige Rollenfunktionen ausübt. Wenn man ihn zunächst so bestimmt, dann verschwindet der Intellektuelle als Pathetiker der universellen Moral – und würde ein bevorzugtes Objekt folgender soziologischer Nachfrage werden: Wie kann ein Einzelner etwas Allgemeines repräsentieren? Oder in mehr dialektischer Form gefragt: Wie kann das Allgemeine und das Individuelle sich in einem bestimmten Zuschreibungstypus so vermitteln, dass intellektuelle Tätigkeiten oder Ausdrucksformen als diskursive Sozialfunktionen beschreibbar werden?

Diese eminent soziologische Frage soll und kann durch diesen Band nicht zielführend beantwortet werden, obwohl die ursprüngliche Intention die war, dass die hier als zeitgenössisch porträtierten Intellektuellen unter der vorgenannten soziologischen Fragestellung untersucht werden sollten. Das vorläufige Ergebnis dieser soziologischen Fragestellung, die durch eine Forschungsgruppe der Universität Oldenburg (bestehend aus Philosophen und Soziologen, die hier auch als Autoren einzelner Beiträge in Erscheinung treten) intensiv bearbeitet wurde, ist eher ernüchternd. Ausgehend von der Arbeitshypothese, dass soziale Funktion der Intellektuellen durch die Art und Weise ihres Denkstils und ihrer öffentlichen Redepraxis zu konturieren und zu beschreiben ist, konnte nur festgestellt werden, dass ein Denkstilmuster im Sinne eines Soziolekts, d. h. einer übergreifenden Gruppensprache von Intellektuellen, nicht festzustellen ist. Was sich hingegen deutlich ausmachen ließ, sind folgende Schlussfolgerungen:

– Um etwas über den Intellektuellen im zeithistorischen Wandel in Erfahrung zu bringen, bedarf es der hermeneutischen Konzentration auf den je einzelnen Fall. Auch wenn die Intellektuellen ihrer Epoche von gemeinsamen Generationserfahrungen ausgehen können und sie soziologisch gesehen eine bestimmte Gruppe repräsentieren, die durch ihr Reden, Handeln und Denken quer zum öffentlichen Meinungskonsens steht, so besitzen sie doch kein einheitliches Denkstilmuster.

– Die Beschreibbarkeit des intellektuellen Handelns, Sprechens und Denkens ist nur ad personam möglich, d. h., dass ein Intellektueller nur als Singular zu kennzeichnen und in seiner Besonderheit zu konturieren ist. Es ist von daher sehr plausibel und widerspricht keineswegs sozialwissenschaftlichen Forschungsanstrengungen, wenn die Beschreibbarkeit der diskursiven Sozialfunktionen von Intellektuellen durch sozialwissenschaftlich instrumentierte Biografiestudien eingeholt werden. Gerade weil es eine klassische Rollenfunktion für den Intellektuellen nicht gibt, sind die lebens- und zeitgeschichtlichen Erfahrungen, die sich in Biografien von Intellektuellen sedimentieren, vorzüglich geeignet, die Besonderheit herauszuarbeiten, die diesen Sozialtypus prägen.

– Zwar ist die Geste der besonderen öffentlichen Kritik dasjenige, was den Intellektuellen in der öffentlichen Wahrnehmung kennzeichnet, jedoch sind die Kritikformen der intellektuellen Einlassungen niemals einheitlich, sondern spreizen sich auf: von appellativer, auf Konsensstiftung zielender Kritik bis hin zu einer Kritik, die völlig agonal zum herrschenden Konsens operiert. Es gibt keine Norm der intellektuellen Kritik, wohl aber einen Denkgestus.

– Der Begriff und damit die Beschreibbarkeit des Sozialtypus Intellektueller ist problematisch, da einerseits der Begriff selbst sehr polysemisch ist, andererseits die Beschreibbarkeit abhängig ist von Wertakzentuierungen wie von kulturhistorischen Kontexten eines virulent vorgegebenen Bildes des Intellektuellen.

Was bei allem übrig bleibt, ist, dass der Intellektuelle ein inhaltlich, artikulatorisch und in der öffentlichen Wahrnehmung prominenter Diskursexponent ist. Dieser eher vage Umriss hat dazu geführt, dass in den letzten Jahren eine Fülle von Versuchen vorgelegt wurde, die den Intellektuellen rein quantitativ bestimmen wollen; ihnen dieses Rubrum verleihen, ohne je auch nur den Inhalt ihrer Äußerungen qualitativ zu analysieren. Es wird nicht gefragt, welche theoretischen Grundierungen es gibt, welche denkstilistischen Besonderheiten und welche praktischen Einlassungen vorfindlich sind oder was der zeitgeschichtliche Hintergrund war. Das Ergebnis ist nur allzu häufig eine Auflistung von Namen, die nichts anderes leistet, als einen Begriff (hier eben der latent ubiquitäre Begriff des Intellektuellen) namentlich zu visualisieren, ihn quantitativ zu strukturieren und ihn möglichst zur finalen Einordnung zu terminieren. Über simple Suchmaschinenrecherche und Referenzierungsindizes wird ermittelt, was eher Prominenzkriterien erfüllt als inhaltliche Qualifizierungen.

Ein erstes solches Ranking ist bei Richard Posner zu finden, der 2001 sein Buch *Public Intellectuals* veröffentlichte. Zwar noch theoretisch fundiert und mit einer durchaus schlüssigen Panopsis des Begriffs »Öffentlicher Intellektueller«, werden bekannte Intellektuelle in Listenform aufgereiht, gleichzeitig jedoch die inhaltlichen Einlassungen dieser Intellektuellen unter den Teppich gekehrt. Das deutsche Pendant zu Posners Buch liefert Max Höfer, indem er in journalistischer Manier einzelne Intellektuelle in der Weise kurz Revue passieren lässt, dass man den Eindruck eines Intellektuellen-Castings erhält.

Solche Rankings oder Prominentenrevues laufen dem Ansatz dieses Buches völlig zuwider. Hier soll der Fokus auf der konkreten inhaltlichen Auseinandersetzung mit Protagonisten der Sozialfigur des Intellektuellen vorgenommen werden, die, wenn auch nicht repräsentativ und allumfassend, durchaus einen Querschnitt der Intellektuellen darstellen, die für die Zeitspanne vom Anfang des 20. Jahrhunderts bis zum Beginn des 21. Jahrhunderts personale Figurationen dessen waren bzw. sind, was als Intellektueller bezeichnet wurde bzw. noch wird. Dass in diesem Querschnitt der Begriff des Intellektuellen ein diffuser bleibt, geht auf die wesentliche Erkenntnis zurück, die die Forschungsgruppe Intellektuellensoziologie der Universität Oldenburg in der intensiven Auseinandersetzung mit dieser Sozialfigur gewonnen hat. Personen werden benannt, die u. E. unter der Bezeichnung Intellektueller nur eine diskursive Planstelle in den expandierenden Diskursuniversen einnehmen – freilich in einer Weise, die diese Diskursteilnehmer von anderen so absetzt, dass sie nicht durch Rankings einzuholen sind.

Kehren wir aber nochmals zur Eingangsthese zurück, dass Intellektuelle vornehmlich ein sozialtypologisches Konstrukt von Fremd- und Selbstzuschreibungen sind. Würde man unter dem Gesichtspunkt dieser These eine erste, freilich noch völlig unverbindliche Skizze derjenigen Begriffsdefinitionen, die zum Intellektuellentypus vorherrschen, aufmachen, dann erhält man folgendes, immer wiederkehrendes Tableau von Argumentationszuschreibungen:

- Der Intellektuelle wird entlang seines privilegierten Zugangs zu dem kulturell relevanten Wissen definiert, das er dann durch sein Reden und Handeln einsetzt. Er ist der universell gebildete Mensch.
- Der Intellektuelle wird dadurch bestimmt, dass er universelle Normen nicht nur vertritt, sondern sie als personale Tugenden auch praktisch verkörpert.
- Der Intellektuelle wird im Sinne einer sozialstrukturellen Verortung so beschrieben, dass er entweder gesellschaftlich eine randständige Position einnimmt oder aber als eine *freischwebende* Sozialexistenz jenseits von klassen- oder milieuspezifischen Bindungen situiert wird.
- Der Intellektuelle wird innerhalb eines umfassenden Öffentlichkeitsdiskurses als diejenige Person klassifiziert, die aufgrund ih-

rer besonderen Sprecherrolle entweder ein notwendiger »Komplementär« (U. Oevermann) dieses Diskurses ist oder aber eine agonale, weil nicht auf Konsens zielende Funktion einnimmt.

– Der Intellektuelle wird durchweg als eine besondere Einzelperson gesehen, die im Vergleich zu allen anderen Gesellschaftsmitgliedern einen außergewöhnlichen, aber nicht unbedingt gesellschaftskonformen Habitus verkörpert, der insbesondere durch die tiefsitzende Ambivalenz von Distanz und Engagement gekennzeichnet ist.

– Letztlich wird der Intellektuelle dadurch hervorgehoben, dass er die Fähigkeit besitzt, weltgeschichtliche Verläufe wie auch geschichtliche Krisensituationen adäquat zu diagnostizieren und kritisch zu bewerten.

Dieses Tableau von Zuschreibungsmöglichkeiten zum Intellektuellentypus ließe sich noch erweitern, da es letztlich abhängig ist von einer je spezifischen Akzentsetzung der heterogenen Beschreibungsmöglichkeiten dieses im Grunde ambiguitären Sozialtypus.

Eine Kriterium ist aber noch nicht genannt, und es scheint uns das wichtigste für die Frage nach einer Bestimmbarkeit des Intellektuellen zu sein; es ist jenes, das Hegel angeführt hat: Er insistiert nämlich darauf, dass man Intellektuelle nicht nach ihren Tugenden, nach ihrem praktischen Engagement beurteilen könne, noch weniger nach ihren weltgeschichtlichen Diagnosefähigkeiten, sondern allein dadurch, dass man die ihrem Denken zugrunde liegenden Deutungsmuster erfasst.

Ein solches Deutungsmuster ergibt sich aber nur, wenn man eine personalistische Markierung des Intellektuellen, wie es eine *intellektuelle Biografieschreibung* neuerdings versucht, aufbricht, und ihn in einer konstellativen Beschreibungstrias von intellektueller Denkweise, biografisch-intellektuellen Entwicklungsspuren wie auch zeitgeschichtlichen Lebenssituierungen darstellt – dies alles im Bewusstsein, dass jeder Versuch einer approximativen Bestimmung des Sozialtypus *Intellektueller* eben nur eine versuchsweise Annäherung und keine fertiggestellte Attribuierung sein kann.

Die Beiträge dieses Bandes benutzen deshalb die genannten Personenbezeichnungen auch nicht in der Überzeugung, dass damit *die* exemplarischen Intellektuellen porträtiert oder vorgestellt werden. Was sie – trotz aller Heterogenität der Herangehensweise – eint, ist, dass am Beispiel von als zeitgenössischen Intellektuellen apostrophierten Personen die Frage untersucht wird: Was kann anhand dieser *Intellektuellen*, aufgrund ihrer Texte, ihrer Lebens- und Handlungspraktiken zu einer ersten Kennzeichnung des Sozialtypus Intellektueller ausgesagt oder gar bestritten werden? Und weiterhin: Mit welcher Begründungsargumentation wird die Frage der Intellektuellenkennzeichnung von diesen porträtierten Intellektuellen selbst beantwortet? Nur in einem solch tentativen Zu- und Umgang mit der Intellektuellenfrage kann die prinzipielle Unbestimmbarkeit des *Intellektuellen* gewahrt und zugleich als thematisierbarer Nachfragefokus aufrechterhalten werden.

Die Beiträge sind sich darin einig, dass die Intellektuellenfrage letztlich einer labyrinthischen Begründungslogik unterliegt, deren Sinn nicht darin liegt, den Minotaurus *Intellektueller* – halb Bürger, halb Antibürger – an die Kette zu legen, sondern die mäandernden Ausflüsse intellektuellen Denkens und Handelns so zu konturieren, dass eine intellektuelle Sozialfunktion weiterhin eine vernehmbare Metatonie im gesellschaftlichen Sprechgesang bleibt.

Man sollte sich nochmals daran erinnern, welche implizite Weisheit Voltaires Kennzeichnung der Intellektuellen – bei ihm nur als solche beschrieben, noch nicht als solche bezeichnet – als »Fliegende Fische« enthält. Obwohl diese bildträchtige Redewendung Voltaires vordergründig eine Warnung aussprechen sollte, nämlich die, dass auf den Intellektuellen sowohl im Wasser wie in der Luft lebensbedrohende Gefahren lauern, geht die metaphorische Inskription darüber hinaus. Sie ist in ihrer bildhaften Umschreibung ein beredtes Beispiel dafür, wie das prinzipielle Unbestimmbarkeitsproblem in der Kennzeichnung von Intellektuellen nur dadurch gelöst werden kann, dass man letztlich in der Beschreibung derselben nur zu einer metaphorischen Typisierung greifen kann.

Der Dank der Herausgeber gilt den Mitgliedern der »Forschungsstelle Intellektuellensoziologie« an der Carl von Ossietzky Universität Oldenburg, insbesondere Fanziska Thiele, in deren Händen die redaktionelle Bearbeitung des Bandes lag.

Thomas Jung und Stefan Müller-Doohm,
Oldenburg im Juli 2008

**Literatur**

Schlich, Jutta (2000): *Intellektuelle im 20 Jahrhundert*, München u. Tübingen.
Foucault, Michel (1973): *Archäologie des Wissens*, Frankfurt/M.

# Der klassische Intellektuelle als kritisch-moralische Instanz

# Max Weber: Ein Intellektueller im Deutschen Kaiserreich

*Michael Sukale*

Je nachdem, wie weit oder eng man den Begriff des Intellektuellen fasst, werden bestimmte Individuen unter diesen Begriff fallen oder nicht. Der legitimierende Hintergrund, das persönliche Auftreten und die Botschaft des Intellektuellen werden dabei eine bestimmende Rolle spielen. Soziale Ungebundenheit, eindeutige Stellungnahmen zu Problemen, die möglichst viele Mitglieder der Gesellschaft berühren, und das persönliche Charisma des Intellektuellen spielen hierbei zusammen. Es ist daher wichtig, das Milieu zu charakterisieren, aus dem heraus solche Individuen kommen, die Zielgruppe zu definieren, an die sich solche Individuen wenden, und Grad und Umfang der Wirksamkeit einer solchen Person zu bestimmen. In verschieden aufgebauten und ausgestatteten Gesellschaften wird sich der Intellektuelle je nachdem gar nicht oder unterschiedlich entwickeln und anders bewähren müssen und als Lohn für seine Bemühungen weniger gut oder besser behandelt werden. In der athenischen Demokratie zum Beispiel konnte Sokrates lange Zeit frei wirken, als er aber gegen Ende seines Lebens für die Aristokraten und Oligarchen, die vom siegreichen Sparta eingesetzt worden waren (die »dreißig Tyrannen«), Partei zu ergreifen schien, konnte er als Staatsfeind wegen Jugendverderbnis und Religionsfeindlichkeit angeklagt und zu Tode gebracht werden. Als dagegen Jean-Paul Sartre im Zuge der 68er Revolution in

Frankreich gegen die Regierung und den Staat öffentlich Partei ergriff und der Staatschef gefragt wurde, ob man Sartre als Staatsfeind verhaften solle, sagte dieser (de Gaulle) »On n' arrête pas Voltaire« und schützte ihn damit von Staats wegen.

Wie steht es in Deutschland? Gegen Ende des 18. und zu Anfang des 19. Jahrhunderts bestimmten revolutionäre Bürger, die sich mit ihren Schriften, Gedichten und Theaterstücken an die unterdrückten Massen wendeten, die intellektuelle Szene, die später von der Französischen Revolution beeinflusst wurde – ich erinnere im späten 18. Jahrhundert an Schubart und an den jungen Schiller und im frühen 19. Jahrhundert an Heine und an die »Linkshegelianer«. Aber es gab in Deutschland kein gemeinsames Zentrum wie Paris, und so flohen diese Intellektuellen, wenn sie verfolgt wurden oder es befürchteten, nicht gleich aus ganz Deutschland, sondern von einem autoritären Kleinstaat zu einem weniger autoritären und oft nach Frankreich. Erst das durch Studenten angeführte gemeinsame Aufbegehren in der Mitte des 19. Jahrhunderts, das zur 1848er Revolution und zur Frankfurter Versammlung führte, schien eine neue und schlagkräftige Intellektuellenschicht hervorzubringen. Doch daraus wurde nichts: Die Revolution wurde niedergeschlagen, die konservativen Mächte bekamen die Oberhand, und die revolutionären Studenten wurden mundtot gemacht. Als 1888 der liberale Kaiser Friedrich III. nach hunderttägiger Herrschaft starb und der junge Wilhelm II. Kaiser wurde, wurden die Chancen für eine politisch wirksame Intellektuellenschicht fast begraben. Einer möglichen kritischen Intellektuellenschicht in Deutschland wurden zwar die früheren politischen Angriffspunkte nicht genommen – schon wegen des erzkonservativen Preußen –, aber sie wurden doch gehörig abgeschwächt. Die politischen Kämpfe verlagerten sich auf andere Themen, die weniger Ideologie und mehr »realpolitische« Fachkompetenz erforderten. Da war zum einen die »soziale Frage«, hier ging es vor allem um die Versorgung und Bildung der »arbeitenden Massen«, und zum anderen galt es, das Gleichgewicht der europäischen Mächte aufrechtzuerhalten, was eine geschickte Wirtschafts- und Außenpolitik erforderte.

Dies ist die gesellschaftliche und politische Situation, in der Max Weber aufwächst. An ihm lässt sich beispielhaft die Entstehung deutscher bürgerlicher Intellektueller an und nach der Wende vom 19. zum 20. Jahrhundert verfolgen und deren politische Ambivalenz zeigen.[1]

## Ein konservativer Bürgerlicher ...

Max Weber[2] wurde 1864 geboren, sechs Jahre vor der Reichsgründung, und er wuchs in Berlin, dem Zentrum der Macht, im großbürgerlichen Haushalt eines Politikers auf. Er studierte wie sein Vater Jura und außerdem Rechtsgeschichte, arbeitete sich in die Wirtschaftswissenschaften ein und wurde mit 29 Jahren auf einen nationalökonomischen Lehrstuhl in Freiburg im Breisgau berufen. Die von Weber beherrschten Disziplinen – Recht und Wirtschaftsgeschichte – waren zunächst nicht weit gefächert und seine anfangs steile Karriere hätte nicht genügt, um ihn zu einem vielseitigen Intellektuellen zu machen. In Frankreich wäre er wegen seines akademischen Schreibstils durchgefallen, und in Deutschland schien er eher für eine gehobene Stelle im Staatsdienst vorbereitet zu sein.

In Freiburg schien für Weber der Zeitpunkt gekommen, endgültig in die Politik zu wechseln, ein Wunsch, den er schon lange hegte. Und dennoch kommt es nicht dazu, obwohl ihm eine Reichstagskandidatur von den Nationalliberalen angeboten wird. Diese schlägt er aus, aber nicht, weil er bei der Wissenschaft bleiben will, denn von der behauptet er sogar, er habe sie nur aus Not und um des Broterwerbes willen gewählt. Er schlägt die Kandidatur aus, weil er nicht recht in die vorhandene Parteienlandschaft hineinpasst. Hier meldet sich zum ersten Male das, was der Soziologe Karl Mannheim die »Ortlosigkeit« des Intellektuellen genannt hat und was ich zu Anfang als dessen Ungebundenheit bezeichnete. Im Falle Webers handelte es sich weniger um einen freiwilligen Verzicht auf seinen leidenschaftlichen Wunsch, Politiker zu werden, um Distanz zu bewahren, sondern mehr um das Eingeständnis, dass er als akademischer Besserwisser wenig bereit war, politische

Kompromisse einzugehen – er wusste einfach zu viel und hatte an den verschiedenen Parteien ihrer Einseitigkeit wegen zu viel auszusetzen. Seine Frau schreibt: »Es wäre ihm auch nicht leicht gewesen, sich in irgendeine der vorhandenen Parteigruppen einzufügen. Die Nationalsozialen kommen als Plattform vorerst nicht ernsthaft in Frage. Mit dem Linksliberalismus teilt er die *demokratischen* Ideale, aber er vermisst bei ihnen den Hauch großen nationalpolitischen Pathos – in dieser Hinsicht waren sie für ihn ›Spießer‹. – Mit den Nationalliberalen teilt er die *individualistische* Gesinnung, auch bejaht er mit ihnen den industriellen Kapitalismus als für die nationale Volkswirtschaft unentbehrliche organisatorische Macht. Dagegen bildet ihr Mangel an sozialer und demokratischer Gesinnung und an sozialpolitischer Einsicht eine hohe Schranke. Mit den konservativen und alldeutschen Kreisen verbindet ihn das *nationale* Pathos, aber sie unterstützen die Wirtschaftspolitik der Agrarier auf Kosten des Deutschtums, auf Kosten der übrigen Volksgenossen« (Weber 1926: 237). Doch aus dieser Sonderstellung, die ihn befähigt hätte, schon früh zum Gewissen der Nation emporzusteigen, macht Weber nichts. Als er wenig später einen Lehrstuhl in Heidelberg antritt, zieht er einfach die falsche Konsequenz: Er resigniert, zieht sich auf die Wissenschaft zurück und vergibt so die Chance, zu einem wirksamen Intellektuellen zu werden. Nachdem er jahrelang als Redner und Publizist geglänzt hatte und in den sozial und politisch interessierten Kreisen hinlänglich bekannt war, schreibt er nun viele Jahre lang trockene Fachliteratur und ergeht sich in diffizilen Erörterungen zur sozialwissenschaftlichen Methodenlehre. Einen Vorwurf kann man ihm daraus nicht machen, denn wer außer Naumann hätte denn im zweiten Reich deutscher Nation sein Vorbild oder Mitstreiter sein können? Im wilhelminischen Deutschland fehlte einfach die gesellschaftliche Struktur für die Ausbildung von Intellektuellen. Weber kam an unser Bild vom Intellektuellen so nahe heran, wie es zu diesem Zeitpunkt der Jahrhundertwende in Deutschland nur möglich war, aber er hatte weder den Stoff noch schon die ideologische Kraft und Bekanntheit, um seine Kritik an den preußischen Junkern, an der deutschen Außenpolitik und am Antisemitismus, die er durchaus hatte und auch schon wirksam vertrat, in ein »J'accuse« eines Zola zu verwandeln, und so drehte er kurz vor dem Niemandsland, in das er hätte gehen müssen, einfach ab.

Zwei langwirkende Faktoren änderten Webers Situation und bereiteten den Nährboden für seine spätere Rolle als Kritiker, Mahner und Prophet der deutschen Nation. Der erste langwirkende und entscheidende Faktor für Webers Intellektualisierung war die institutionelle Folge einer mehrjährigen Nervenkrankheit: Er verzichtete auf die Lehrtätigkeit in der Universität, und seine daraus resultierende Existenz als Privatgelehrter gab ihm die Möglichkeit, sich ganz seinen vielfältigen Neigungen und Beschäftigungen hinzugeben ohne irgendwelchen institutionellen Zwängen unterworfen zu sein. Als Privatgelehrter hat Weber viel Zeit und liest Gedichte, sucht berühmte Kunststätten auf, besucht das Theater, hört Musik und schreibt eine große Anzahl von Briefen, die viele dicke Bände füllen. Diese Zeit reicht bis zum Ersten Weltkrieg, also ungefähr fünfzehn Jahre.

## … und seine ungewöhnliche Frau

Der zweite langwirkende und entscheidende Faktor für Webers Intellektualisierung, über den sich die neuere Weber-Literatur bis auf ein paar Ausnahmen gerne ausschweigt, ist die Tatsache, dass Weber mit einer Frau verheiratet war, die viel schneller als er eine eigenständige Intellektuelle von einigem Gewicht wurde – und dies nicht ohne Zutun von Weber selbst. Marianne Weber ist als selbständige Intellektuelle und Autorin des 20. Jahrhunderts im internationalen Bereich fast gar nicht und in Deutschland erst seit kurzem wieder bekannt.[3]

Schon Marianne Webers Jugend war viel facettenreicher als die Jugend Max Webers, der bis zu seiner Berufung nach Freiburg im elterlichen Haus lebte. Sie wurde von einem Teil der Familie zur anderen geschoben und schließlich als Jugendliche von ihrem Großvater Carl Weber in ein Institut für »höhere Töchter« nach

Hannover geschickt. Von da ab legte sie selbst als Autodidakt die Grundsteine zu ihrer späteren Intellektualität, denn sie machte sich mit den geistigen Tendenzen ihrer Zeit vertraut und las entsprechend anspruchsvolle Bücher, zum Beispiel Büchners *Kraft und Stoff* (1855), Langbehns *Rembrandt als Erzieher* (Leipzig 1890) und »ein schweres Werk von Kant, von dem ich nicht einen Satz verstand« (Weber 1948: 49).[4] Nachdem sie Max Weber geheiratet hatte, führte sie der gemeinsame Lebensweg zunächst nach Freiburg, wo sie selbständig bei den beiden Philosophen Rickert und Riehl Philosophie zu studieren anfängt – allerdings als Gasthörerin und ohne offiziell »eingeschrieben« zu sein. Sie muss sich vor allem mit Kant herumschlagen, der hinter der sogenannten südwestdeutschen Schule des Neukantianismus steht, deren Hauptvertreter Windelband und Rickert sind, die wiederum Max Webers Wissenschaftslehre tief beeinflusst haben. Aus dieser frühen philosophischen Beschäftigung geht denn auch Marianne Webers erstes Buch über *Fichtes Sozialismus und sein Verhältnis zur Marx'schen Doktrin* (Tübingen 1901) hervor, dem Max Weber eine Einleitung voranstellt. Außerdem beschäftigt sich Marianne Weber mit »Frauenfragen« und ist von da ab ein vielbeschäftigtes Mitglied der aufkeimenden »Frauenbewegung«, in deren Institutionen sie bis zur Vorsitzenden des »Bundes deutscher Frauenvereine« von 1919 bis 1923 aufsteigt.

Was die »Ortlosigkeit« und die kritische Distanz zur Gesellschaft anbetrifft, so hatte es Marianne Weber viel leichter als Max Weber, als Intellektuelle anerkannt zu werden. Jede Frau, die sich aktiv als Frauenrechtlerin betätigte, stand im wilhelminischen Deutschland »außerhalb« der bestehenden Gesellschaft, zumal wenn sie Akademikerin war und Frauenvereine gründete oder leitete. Man nannte intellektuelle Frauen gerne »Blaustrümpfe«, womit man ihnen sozusagen automatisch den Status von Intellektuellen zusprach aber sie zugleich belächelte. Einige dieser Frauen waren allerdings durch den akademischen Status ihres Mannes geschützt, sofern dieser Universitätsprofessor war. Marianne Weber und Gertrud Simmel gehörten zu dieser Gruppe, wobei Marianne Weber unter ihrem eigenen Namen schrieb, Gertrud Simmel aber lieber ihre Schriften unter einem Decknamen veröffentlichte.

Zum Intellektuellen gehören nicht nur die entsprechende Kompetenz und Begabung, sondern auch die auslösenden gesellschaftlichen und politischen Themen, um ihn oder sie in Aktion zu bringen. Für Marianne Weber waren die sachlichen Vorgaben zu Anfang des 20. Jahrhunderts schon gegeben, denn die »Frauenfrage« bewegte sich zwischen drei klar ersichtlichen Fronten. Auf politischem Gebiet ging es vor allem um sozial- und arbeitsrechtliche Fragen und um eine angemessene politische Repräsentation, denn die Frauen hatten im Kaiserreich noch immer kein Wahlrecht. Daneben musste es aber den Frauen auch um religiöse Fragen gehen, denn die christlichen Kirchen verwehrten den Frauen ebenfalls ihre weltliche Gleichberechtigung. Das war misslich, denn große Teile der sich organisierenden Frauen blieben dem Christentum verhaftet und konnten sich nicht für die damals einzige andere Möglichkeit, den Atheismus, entscheiden. Marianne Weber blieb denn auch der christlichen Religion treu, von der sie wie ihr Mann Max Weber überzeugt war, dass sie die Stütze der abendländischen Kultur sei. Noch eine dritte Front ergab sich um und nach der Jahrhundertwende, und sie war immer weniger zu übersehen: die sich ändernde sexuelle Moral und die fortschreitende Freizügigkeit auf diesem Gebiet, die die Institution der Ehe anzugreifen begann. Marianne Weber schlug sich mit ihrem Mann auf die Seite derer, die die gesellschaftlichen Vorzüge der bürgerlichen Ehe verteidigten. All das zwang Marianne Weber dazu, sich neben rechtlich-sozialen Fragen auch mit dem Christentum und mit der Ehe- und Sexualmoral kritisch auseinanderzusetzen. Das schob sie fast automatisch in die konservative Ecke der Frauenbewegung und in die Gegnerschaft zur sozialistisch-atheistischen Gruppe, deren radikalere Position viel moderner klingt. Doch immerhin: Marianne Weber fand für ihre publizistischen und rednerischen Bemühungen ein aufgeschlossenes und zahlreiches Publikum und erweiterte ihren Wirkungskreis über Heidelberg auf ganz Deutschland aus.

Nach Max Webers Tod bleibt Marianne Weber eng mit dem alten

Heidelberger Freundeskreis verbunden, insbesondere mit Alfred Weber und Else von Richthofen-Jaffé, die unter einem Dach wohnen, Karl und Gertrud Jaspers sowie Heinrich und Sophie Rickert, und sie schreibt weiterhin Bücher und Aufsätze, bleibt in der Frauenbewegung tätig und führt den *jour fixe* fort, den Max und Marianne in Heidelberg eingerichtet hatten und auf dem Akademiker und Intellektuelle aller Richtungen, vornehmlich aber Geistes- und Sozialwissenschaftler, informell vortrugen und diskutierten. Zweifellos war dies eine der größten gemeinsamen Leistungen des Ehepaares, denn aus diesem Kreis sind viele spätere Intellektuelle hervorgegangen, zum Beispiel Robert Michels, Karl Jaspers und Georg Lukács. Karl Jaspers hat Webers Status als intellektuellen »Ziehvater« schon in seiner Totenrede auf ihn anerkannt: »Der Makroanthropos unserer Welt stand in ihm gleichsam persönlich vor uns. Es faszinierten uns seine schlagenden Formulierungen für die von ihm tief erlebten Ereignisse und Entscheidungen unserer Zeit; wir kamen durch ihn zum klaren Bewußtsein der Gegenwart und des Augenblicks« (Jaspers 1921).

### Webers Theorie des Intellektuellen ...

Weber umgab sich nicht nur mit Intellektuellen, sondern reflektierte sie auch. In seinem großangelegten Werk über *Wirtschaft und Gesellschaft* entwickelt er in der *Religionssoziologie* eine Theorie der Intellektuellen,[5] die ich hier in seinen Schriften zur Religion, Wissenschaft und Politik verfolgen werde. Weber geht davon aus, dass die Intellektuellen in der Gesellschaft äußerst wichtig sind und sogar eine Kernaufgabe haben, die andere Gesellschaftsmitglieder nicht leisten, nämlich die, über den Kosmos als ganzem und den Sinn des Lebens nachzudenken: »Der Intellektuelle sucht auf Wegen, deren Kasuistik ins Unendliche geht, seiner Lebensführung einen durchgehenden ›Sinn‹ zu verleihen, also ›Einheit‹ mit sich selbst, mit den Menschen, mit dem Kosmos. Er ist es, der die Konzeption der ›Welt‹ als eines ›Sinn‹-Problems vollzieht« (Weber 1922a: 289f.).

Diese positive Einschätzung des Intellektuellen war zu Webers Zeiten (und auch danach!) durchaus nicht selbstverständlich und ist am besten zu verstehen, wenn man sie von Nietzsches Einschätzung des Intellektuellen, die seit dessen Tod immer wieder Konjunktur hatte, absetzt. Es geht dabei um den Ursprung von Religion und Ethik. Nietzsche glaubte, dass der Intellektualismus und dessen Produkte, nämlich Moral und Ethik, aus der *Herrschaftsdifferenz* zwischen Herrschenden und Beherrschten entstehen und dass sie im *Ressentiment* der Beherrschten gegenüber den Herrschenden ihren Ursprung haben. So gesehen sind für Nietzsche die Intellektuellen und ihre Erfindungen der Moral und der ethischen Werte ein bedauerliches Abfallprodukt der sozialen Herrschaftslage, sie haben keinen Wert »an sich«. Hieraus erklärt sich auch Nietzsches Ablehnung von Sokrates, diesem Intellektuellen *par excellence*, dem er vorwirft, er habe das ursprünglich herrschaftliche Wesen der Griechen *zersetzt*.

Für Weber entspringen Intellektualismus, Religion und Moral aus einer ganz anderen Ursache, nämlich aus dem Bedürfnis, die Welt als ein Ganzes zu verstehen, und er führt »die ethische Religiosität« zurück auf »den Intellektualismus rein als solchen, speziell die metaphysischen Bedürfnisse des Geistes, welcher über ethische und religiöse Fragen zu grübeln nicht durch materielle Not gedrängt wird, sondern durch die eigene innere Nötigung, die Welt als einen *sinnvollen* Kosmos erfassen und zu ihr Stellung nehmen zu können« (Weber 1922a: 268). Dieses metaphysische Bedürfnis ist im Menschen selbst als eine anthropologische Konstante verankert und entspringt nicht aus einer bloß sozial zu definierenden Herrschaftsdifferenz – obwohl sie für diese ausgenutzt werden kann. Für Weber sind die Intellektuellen und deren Schöpfungen gerade keine Abfallprodukte, sondern wesentliche und unausrottbare Faktoren des Menschen und damit auch der Gesellschaft. Ganz gegen Nietzsche gerichtet, bewundert Weber daher Sokrates, dem er bescheinigt, er habe die Bedeutung des Begriffs erkannt und damit die spezifisch abendländische Wissenschaft aus der Taufe gehoben (Weber 1922b: 596).[6]

Insbesondere Erlösungsreligionen haben jedoch noch einen anderen Grund, der die Intellektuellen mit allen anderen Mitgliedern der Gesellschaft verbindet: Es sind die »Sinnlosigkeiten« des Lebens und insbesondere »Leiden«, denen sich alle einzelnen Menschen beugen müssen. Um solche »Irrationalitäten« gedanklich »wegzuschieben«, ist wiederum der Intellektuelle gefragt, der sich eine Theodizee einfallen lassen muss, also eine Gedankenkonstruktion, die diese Sinnlosigkeiten in einen sinnvollen Kosmos einbaut. Hierbei war und ist es wichtig, zu definieren, »wovon« und »wozu« man erlöst werden soll – der Anfangs- und der Endzustand. Das »Wovon« variiert zwar historisch und von Gesellschaft zu Gesellschaft, kreist aber meistens um Not, Krankheit und Tod. Das »Wozu« variiert sehr viel stärker, denn es muss ein Zustand sein, dem ein *Wert* beigelegt wird, um dessentwillen es sich lohnt, den Zustand zu erstreben, sei es um seiner selbst willen, sei es um eines größeren Zieles willen. Die letzten wertvollen Ziele, etwa das »Nirwana« des Buddhisten oder das christliche »Reich Gottes«, sind aber ihrerseits nicht weiter begründbare und meist unvereinbare »Irrationalitäten«, für die man sich entscheiden muss. Der *Rationalismus* der Intellektuellen besteht nun gerade darin, die Irrationalitäten des Wovon mit denen des Wozu in ein akzeptables *Verhältnis* zu bringen. Aber, so warnt Weber, die Erlösungsreligiosität »wandelt dann ihren Charakter regelmäßig, sobald sie auf die nicht spezifisch und berufsmäßig den Intellektualismus als solchen pflegenden Laienkreise, noch mehr, wenn sie auf diejenigen negativ privilegierten Schichten übergreift, denen der Intellektualismus ökonomisch und sozial unzugänglich ist« (Weber 1922b: 278). Sein Fazit ist, dass es immer eine Spannung zwischen »theologischem Intellektuellentum« und der »Frömmigkeit der Unintellektuellen« gibt und dass durch diese Spannung die Eigenart der jeweiligen Religiosität geprägt wird (Weber 1922b: 324).
Nach Weber sind Intellektuelle nicht an eine besondere Schicht gebunden, sondern können aus allen Schichten kommen, was aus der Tatsache, dass das Bedürfnis nach Sinn allgemein menschlich ist, folgt. Aber die Intellektuellen bilden sich natürlich je nach Her-

kunftsschicht unterschiedlich aus. Entsprechend nennt Weber sie auch anders und spricht je nachdem vom proletarischen oder plebejischen, kleinbürgerlichen, adligen Intellektualismus etc. Weber betont auch mehrmals die Affinität der Gründungsintellektuellen zu den Schichten, die von deren Religiosität angesprochen werden.[7]

Dass die europäischen Intellektuellen nicht nur in der Religion, sondern auch in anderen Gebieten, zum Beispiel in denen der bildenden Künste und Musik, ihre Rationalisierungsleistung erbrachten, ist für Weber klar, aber bis auf die ausführliche Abhandlung über *Die rationalen und soziologischen Grundlagen der Musik*, die ab 1925 als Anhang in *Wirtschaft und Gesellschaft* aufgenommen wurde, sind Webers Ansichten über Literatur und Kunst nur in seinen Briefen und in seinen Publikationen nur verstreut zu finden.[8]

Dagegen hat sich Weber über die Wissenschaften, und insbesondere über die modernen Wissenschaften, sehr ausführlich in vielen Publikationen geäußert und insbesondere über den neuzeitlichen Wissenschaftler, der ja auch ein »reiner« Intellektueller ist, aber in seinem Beruf eine ganz andere Situation vorfindet als in der Religion: »Daß Wissenschaft heute ein *fachlich* betriebener ›Beruf‹ ist im Dienst der Selbstbesinnung und der Erkenntnis tatsächlicher Zusammenhänge, und nicht eine Heilsgüter und Offenbarungen spendende Gnadengabe von Sehern, Propheten oder ein Bestandteil des Nachdenkens von Weisen und Philosophen über den *Sinn* der Welt, – das freilich ist eine unentrinnbare Gegebenheit unserer historischen Situation, aus der wir, wenn wir uns selbst treu bleiben, nicht herauskommen können« (Weber 1922b: 551).

Damit nicht genug, verbietet Weber dem akademischen Gelehrten gerade das, was wir von einem Intellektuellen erwarten und was er in der Sphäre der Religion und Lebensführung leisten soll: Werte schaffen und verteidigen. Nach Weber soll der Akademiker jedenfalls im Hörsaal keine wertende Stellung beziehen. Das, was der akademische Intellektuelle tun kann und soll, ist das *technische* Auseinanderlegen von Zwecken und Mitteln, und er kann bestimmte Zwecke auf letzte weltanschauliche Grundpositionen zurückführen und diese dem Hörer »wertneutral« vorlegen. Nirgends hat Weber dies so klargemacht wie in seinem Vortrag *Wissenschaft als Beruf*, den er mitten im Krieg, 1917, vor Münchener Studenten hielt: »[Der Akademiker] kann Ihnen ferner natürlich sagen: wenn Sie den und den Zweck wollen, dann müssen Sie die und die Nebenerfolge, die dann erfahrungsgemäß eintreten, mit in Kauf nehmen. [...] Wir können – und sollen – Ihnen auch sagen: die und die praktische Stellungnahme läßt sich mit innerer Konsequenz und also: Ehrlichkeit ihrem Sinn nach ableiten aus der und der letzten weltanschauungsmäßigen Grundposition [...] Wir können so, wenn wir unsere Sache verstehen (was hier einmal vorausgesetzt werden muß), den Einzelnen nötigen, oder wenigstens ihm dabei helfen, sich selbst *Rechenschaft zu geben über den letzten Sinn seines eigenen Tuns*. Es scheint mir das nicht so sehr wenig zu sein, auch für das rein persönliche Leben. Ich bin auch hier versucht, wenn einem Lehrer das gelingt, zu sagen: er stehe im Dienst ›sittlicher‹ Mächte: der Pflicht, Klarheit und Verantwortungsgefühl zu schaffen, und ich glaube, er wird dieser Leistung um so eher fähig sein, je gewissenhafter er es vermeidet, seinerseits dem Zuhörer eine Stellungnahme oktroyieren oder suggerieren zu wollen« (Weber 1922b: 549 f.).

Was Weber dem Wissenschaftler im Hörsaal verbietet, die wertende Stellungsnahme zu gesellschaftlichen und politischen Problemen, das darf er natürlich in der Öffentlichkeit tun, denn dort darf er mit religiösen Propheten und politischen Demagogen konkurrieren: »Dem Propheten wie dem Demagogen ist gesagt: ›Gehe hinaus auf die Gassen und rede öffentlich.‹ Da, heißt das, wo Kritik möglich ist« (Weber 1922b: 544). Doch dies wirft die Frage auf, wie bei Weber der Intellektuelle zur Politik steht. Weber hat sich hierzu in seinem Vortrag über *Politik als Beruf* geäußert.[9]

In der Moderne gehört der politisch effektive Intellektuelle einer eigenen Schicht oder Gruppe an, die ihr Ohr an der Politik hat und sie durch öffentliche Kritik auch beeinflusst. Das ist die Schicht oder Gruppe der politischen Publizisten und *Journalisten*. Ihre Vorläufer waren die Demagogen, die sich im antiken Verfassungsstaat, insbesondere in der Demokratie herausbildeten, dann nämlich, als man nicht mehr durch Unterwerfung, sondern durch Überredung zum Herrscher über eine Polis wurde. Was damals die Rede vollbrachte, leistet heute das gedruckte Wort. Außerdem sind die Journalisten »ortlos« im schon erörterten Sinn: »Der Journalist teilt mit allen Demagogen [...] das Schicksal: der festen sozialen Klassifikation zu entbehren. Er gehört zu einer Art von Pariakaste, die in der ›Gesellschaft‹ stets nach ihren ethisch tiefststehenden Repräsentanten sozial eingeschätzt wird« (Weber 1921: 416). Dieser Wertschätzung schließt sich Weber allerdings nicht an, sondern bescheinigt dem Journalisten, dass »eine wirklich gute journalistische Leistung mindestens so viel ›Geist‹ beansprucht wie irgendeine Gelehrtenleistung« (Weber 1921: 416).

### ... und Webers eigene Praxis

Was Marianne Weber der Umstände und ihrer Spezialisierung auf Frauenfragen wegen schon früh und relativ leicht gelang, nämlich als Intellektuelle in ein politisch relevantes Segment der Gesamtgesellschaft hineinzuwirken – Frau und Gesellschaft –, das wurde Max Weber erst mit Ausbruch des Ersten Weltkrieges zuteil und in zwei anderen Segmenten: Außenpolitik und gesellschaftliche Strukturkritik.

Intellektueller zu sein, das nimmt Weber auch für sich selbst in Anspruch, und die Voraussetzungen dazu hat er: Er ist schon früh ein guter Redner, publiziert nicht nur in Fachzeitschriften, sondern auch in Tageszeitungen und Wochenblättern, ist national- und weltpolitisch engagiert und kulturell gebildet, und – *last, not least* – ihm wird allseits Charisma bescheinigt. Was noch fehlt, ist der äußere Anlass und sein Wille, auf ihn mit Macht zu reagieren. Beides bringt der Erste Weltkrieg, aber in genau derselben Zeit, in der er nunmehr als aktiver Intellektueller kritisch in die Politik eingreift, propagiert er einerseits vehement seine Theorie über die »Werturteilsfreiheit« der Wissenschaften, und andererseits schreibt er seine dreibändigen Aufsätze zur Religionssoziologie. Er weiß also genau, was er tut. Wie schlägt er sich auf den »Gassen«?

Zunächst war Weber wie viele andere vom Krieg begeistert. 1914 schreibt er anlässlich des Kriegstodes des Schwagers an die trauernde Schwester: »Denn dieser Krieg ist wirklich – was auch der Ausgang sei – groß und wunderbar über alles Erwarten [...] Niemals hätte ich das gehofft, und was auch kommen mag – es soll unvergessen bleiben« (Weber 1926: 536 f.). Aber schon 1915 wird seine Haltung kritisch, und er greift dabei auf seine erste Freiburger Phase und seine damaligen Erkenntnisse zurück.

Als Nationalliberaler hatte Weber damals die Bismarck'sche Politik befürwortet, Preußen zum Kern des Reiches zu machen und nach außen dessen Machtansprüche zur Geltung zu bringen. Zum Beispiel unterstützte er noch 1895 die Schließung der östlichen Grenze durch Bismarck und bedauerte, daß sie nach Bismarcks Abgang wieder aufgehoben worden war. Und auch jetzt, 1915, verteidigt Weber Bismarcks Außenpolitik weitgehend in einem Aufsatz in der *Frankfurter Zeitung* über *Bismarcks Außenpolitik und die Gegenwart*. Was Weber an der Bismarck'schen Politik also nach wie vor schätzt, ist, dass er aus Deutschland einen Machtstaat gemacht hatte. Aus demselben Grund lehnte Weber aber die Bismarck'sche Außenpolitik nunmehr – mitten im Kriege – auch ab, weil sie zu defensiv gewesen sei und das Deutsche Reich nicht genügend ausgedehnt habe. Er wirft Bismarck vor, er habe das Reich weder nach Osten ausgedehnt noch sich um die Erwerbung überseeischer Gebiete gekümmert. Über Bismarcks Politik schreibt er nunmehr: »Sie war in keinem Sinn eine Politik eines ›größeren Deutschlands‹.«[10]

Den Kaiser bewertet er viel radikaler. In Webers Jugend, also zur Zeit von Bismarcks Abdankung, hatte der junge Kaiser dem jungen Weber noch gut gefallen, denn er war von dessen Machtpolitik überzeugt. Aber bald schreibt er über den persönlichen Stil der Hohenzollern beißend in einem Brief (nicht öffentlich!): »Die Hohenzollerndynastie kennt nur die *Corporals*-Form der Macht: Commando, Parieren, Strammstehen, Renommage« (Weber 1984 ff.: Abt. II: Bd. 5: 696). Mit dem laufenden Ersten Weltkrieg begann Weber, den deutschen Kaiser regelrecht zu hassen. Ernst Troeltsch schrieb am 12. Juni 1917 an Paul Honigsheim über Max

Weber: »Sein Leben ist im Grunde ein fortwährendes Duell mit allem, was er als Korruption ansieht, und vor allem mit der Person des Kaisers, den er für das meiste verantwortlich macht« (Baumgarten 1964: 489).

Außerdem hält Weber nun nichts mehr von territorialen Eroberungen: »Es widerstreitet den deutschen Interessen, einen Frieden zu erzwingen, dessen hauptsächlichstes Ergebnis wäre, daß Deutschlands Stiefelabsatz in Europa auf jedermanns Fußzehen stände« (Weber 1926: 563).

Um 1915/16 wird der uneingeschränkte U-Boot-Krieg zum diplomatischen Aufhänger für einen drohenden Kriegseintritt der USA. Während Großadmiral von Tirpitz eine Verschärfung des U-Boot-Krieges verlangt, rechnet Weber vor, dass angesichts der kleinen U-Boot-Flotte und der damit zu versenkenden Tonnage England mitnichten blockiert und von der amerikanischen Zufuhr abgeschnitten werden könne. Ein dadurch provoziertes Eingreifen Amerikas, das sowieso schon wegen der Versenkung der Lusitania empört war, würde den Krieg zu Deutschlands Ungunsten entscheiden. Eine entsprechende Denkschrift, *Der verschärfte U-Boot-krieg*,[11] ließ Weber im März 1916 an Parteiführer und das ausländische Amt zustellen, und es gelangte schließlich in die Hände des Reichskanzlers Bethmann-Hollweg. Aber die ganze Aktion ist nicht öffentlich, denn Weber weiß sehr wohl zu scheiden zwischen öffentlichen Verlautbarungen im Krieg zu Verschleierungszwecken und nichtöffentlichen Kommunikationen. Das macht er in einem Brief an Friedrich Naumann vom 16. 9. 1916 sehr deutlich, wenn er schreibt, dass man selbst dann, wenn man den uneingeschränkten U-Boot-Krieg einsetzen wolle, öffentlich so tun müsse, als wolle man ihn nicht, im übrigen müsse man dann »die Diskussion in der Presse und in Reden aber bedingungslos verbieten und einschränken« (Weber 1921b: 465). Der Großadmiral wird zwar gezwungen, seine Entlassung einzureichen, doch Anfang Februar 1917 wird der uneingeschränkte U-Boot-Krieg von der Obersten Heeresleitung dennoch beschlossen, und Amerika tritt in den Krieg ein – wie von Weber vorhergesagt.

Nun ist Weber tief besorgt und befürchtet, dass der Krieg aus politischer Unklugheit verlorengehen könne. *Erst jetzt* geht er an die breite Öffentlichkeit und gewinnt hierzu die liberale *Frankfurter Zeitung* als sein Sprachrohr, die seine teils sehr langen Artikel und kürzeren Notizen schon früher gebracht hatte und nun von 1915 bis 1919 verstärkt veröffentlicht. Allein 1917 ist er dort dreizehnmal vertreten und geißelt permanent Kaiser, Regierung und Kriegsführung. Eine Broschüre, die aus Zeitungsartikeln in der *Frankfurter Zeitung* hervorging, nämlich *Parlament und Regierung im neugeordneten Deutschland,*[12] analysiert Deutschlands Lage und seine parlamentarischen Möglichkeiten aufs Genaueste und schonungslos. Die Broschüre beginnt im Abschnitt I mit einer Analyse über *Die Erbschaft Bismarcks*; es folgt in den Abschnitten II bis IV eine Kritik der deutschen Bürokratie auf allen Ebenen der Innen- und Außenpolitik. Im Abschnitt III zum Beispiel legt Weber dar, dass ein fast ausschließlich bürokratisierter Staat zu keiner durch Kampf verstärkten Auslese der besten politischen Führer kommen kann. Nach diesen Kritiken folgt ein Kapitel V über *Parlamentarisierung und Demokratisierung*. Die Art und Weise, wie Weber in diesem Kapitel das Mit- und Gegeneinander von Parlamentarismus und Demokratie entwickelt, hat nicht nur theoretisch die Kämpfe der Weimarer Demokratie der 20er Jahre vorausgenommen, sondern ist bis heute ein Modell politikwissenschaftlicher Analyse geblieben.

Webers Texte jener Zeit machen ganz klar: Am liebsten wäre ihm eine parlamentarisch organisierte konstitutionelle Monarchie mit demokratischem Wahlrecht: »Für viele von uns, auch den Schreiber dieser Zeilen, war und ist die streng parlamentarische Monarchie die technisch anpassungsfähigste und in *diesem* Sinn stärkste Staatsform, ganz unbeschadet der ganz radikalen sozialen Demokratisierung, die wir erstreben und die dadurch nicht notwendig gehindert wird« (Weber 1984ff.: Abt. II: Bd. 16: 100).

Das schreibt der öffentliche Intellektuelle, aber in einem privaten und von Marianne mitgeteilten Brief aus dieser Zeit schreibt er: »Die Staatsform ist mir völlig ›wurst‹, *wenn* nur Politiker und nicht dilettierende Fatzkes wie Wilhelm II. und seinesgleichen das Land regieren. [...] Staatsformen sind für mich Techniken wie jede andere Maschinerie. Ich würde ganz ebenso gegen das Parlament und für den Monarchen losschlagen, wenn dieser ein *Politiker* wäre, oder es zu werden verspräche« (Weber 1926: 595).

Das passt gut mit einem privaten Gespräch zusammen, das Weber nach dem Krieg mit General Ludendorff führte, in dem Weber diesem vorschlug, sich lieber dem Feind selbst auszuliefern, als dass Deutschland vom Feind gezwungen würde, ihn ausliefern zu müssen – wie es übrigens schließlich geschah. Der folgende Ausschnitt beruht auf einer Aufzeichnung des von Weber erinnerten Gesprächs:

»LUDENDORFF: Da haben Sie ja nun ihre gepriesene Demokratie! Sie und die Frankfurter Zeitung sind daran schuld! *Was* ist denn nun besser geworden?

WEBER: Glauben Sie denn, daß ich die Schweinerei, die wir jetzt haben, für *Demokratie* halte?

LUDENDORFF: Wenn Sie so sprechen, können wir uns vielleicht verständigen.

WEBER: Aber die Schweinerei vorher war auch keine Monarchie.

LUDENDORFF: Was verstehen Sie *dann* unter Demokratie?

WEBER: In der Demokratie wählt das Volk seinen Führer, dem es vertraut. Dann sagt der Gewählte: ›Nun haltet den Mund und pariert‹. Volk und Parteien dürfen ihm nicht mehr hineinreden.

LUDENDORFF: Solche ›Demokratie‹ kann mir gefallen!

WEBER: Nachher kann das Volk richten – hat der Führer Fehler gemacht – an den Galgen mit ihm! –« (Weber 1926: 664 f.).[13]

Das Gespräch fand statt, nachdem Weber aus Versailles zurückgekommen war, wo er Mitglied der 80köpfigen deutschen Friedensdelegation war, eine Ehre zwar, aber für Weber, der seine mächtige Nation politisch und wirtschaftlich dahinschwinden sehen musste, eine Tortur. Aber dass er mit in Versailles ist, Ludendorff besuchen und ihm zusetzen kann und viele hochgestellte Persönlichkeiten der Regierung persönlich kennt, so auch den deutschen Reichskanzler Prinz Max von Baden, all das beweist, dass Weber auf der Höhe

der deutschen Katastrophe auch auf der Höhe seiner Intellektuel-
lentätigkeit ist. Allerdings merkt er auch bald, dass er neben den
Berufspolitikern doch nur fünftes Rad am Wagen ist.

1918 wird die Deutsche Demokratische Partei gegründet, Max und
Marianne Weber treten bei, Max Weber hält flammende Wahlreden. Als er von den Mitgliedern der Demokratischen Partei in
Frankfurt als Kandidat für die Nationalversammlung gegen den
Willen der Vorstandsmitglieder gewählt wird, stellt er sich als Kandidat Hessens für die Nationalversammlung des Reiches zur Verfügung und nimmt die Wahl an, kümmert sich aber um den Prozess
der tatsächlichen *Aufstellung* nicht weiter – was ein politischer Fehler ist: »Er selbst würde sich nicht zur praktischen Politik drängen,
denn er ist unsicher, ob seine Nerven ihren Anforderungen standhalten, ob er beim Handeln den kühlen Kopf behält, wenn Leidenschaft in ihm aufsteigt. Er weiß auch, daß ihm die Einordnung in
Gruppen, die weniger als er selbst verstehen, schwer wird. Keinen-
falls ist er bereit, sich durch die üblichen Bemühungen innerhalb
der Parteivereine zu einem Mandat ›herauf zu dienen‹. Das wäre zu
unangemessen. Aber wenn man ihn jetzt ohne Umschweife zum
politischen Führer erwählt, so wird er darin die ›Berufung‹ erkennen, auf die er im tiefsten Grunde wartet« (Weber 1926: 655).

In letzter Minute lassen die Parteibonzen Weber wieder fallen und
setzen ihn an eine aussichtslose Stelle. Weber nimmt dies nur
scheinbar gelassen hin, denn er ist in der Ehre gekränkt. Als andere
Parteimitglieder ihm noch schnell auf andere Weise eine aussichts-
reiche Kandidatur verschaffen wollen, reagiert er abweisend, und
in der *Frankfurter Zeitung* lässt er am 5. 1. 1919 verschnupft ver-
lauten: »Die fortgesetzten öffentlichen Erörterungen über meine
Nichtaufnahme in die Kandidatenliste der Provinz Hessen-Nassau
sind mir im Interesse der Disziplin nicht angenehm. Da ich nicht
Berufspolitiker bin, ist sie für mich auch nicht von Bedeutung, und
in der Nationalversammlung werden sich hoffentlich hinlänglich
Persönlichkeiten finden, die ebenso gut wie irgend jemand sonst an
einer brauchbaren Verfassung mitarbeiten können« (Weber 1926:
656)

Als Marianne Weber diesen Vorfall in ihrer Biografie Max Webers erzählt, fällt ihr die frühere Freiburger Zeit ein, in der Weber ebenfalls der Einstieg in die Berufspolitik angeboten worden war. Sie schreibt: »Damit ist Webers Verzicht auf politische Führerschaft, auf praktische politische Wirksamkeit großen Stils, entschieden. Zum zweitenmal wird seine staatsmännische Begabung aus der aktiven Sphäre zurückgedrängt, diesmal nicht durch in ihm selbst liegende Ursachen, sondern durch die Subalternheit der politischen Betriebe, durch den Ehrgeiz der Durchschnittlichen. Die Nation hatte keine Verwendung für ihn in einem Augenblick, wo jedermann nach Führern rief« (Weber 1926: 656).

Ironischerweise hat Marianne mehr Erfolg, als sie über die Schiene der Frauenbewegung und der Deutschen Demokratischen Partei in Baden kandidiert. Sie wird als Abgeordnete in die badische Nationalversammlung gewählt und zur Schriftführerin, die »auf der erhöhten Estrade des hübschen Rundsaals nahe bei den Ministerbänken Platz nahm« (Weber 1948: 88).

Es ist müßig, zu spekulieren, ob Max Weber, der zwei Jahre nach diesen Vorfällen, im Jahr 1920, in München verstarb und in dieser Zeit nur noch innerhalb des universitären Rahmens Stellung zur Politik bezog, noch einmal versucht hätte, sich in die aktive Politik einzuschalten, und ob er dabei Erfolg gehabt hätte. Jedenfalls zeigt sein Fall sehr klar, dass ein Intellektueller, der in die Politik will, sowohl äußere wie vor allem innere Hemmnisse zu überwinden hat: äußere, wenn er in einer Gesellschaft aufwächst und wirkt, die ihm weder Eigenständigkeit noch politische Kompetenz zubilligt und in der er, vor allem als Anfänger, den berufspolitischen Tricks und Schachzügen der Gegner ausgesetzt ist; innere, wenn er sich nicht einseitig ideologisch einordnet und ihm zudem der »Wille zur Macht« letztlich fehlt.

Die spezielle Konstellation ihrer Zeit machten Max Weber und Marianne Weber zu einem Paar, das in etwa dem späteren französischen Paar Jean-Paul Sartre und Simone de Beauvoir ähnelte – mit ebendem Unterschied, der durch die beiden Kulturen bedingt ist, in denen sie verankert waren: Marianne und Max Weber sind ein *deutsches akademisches Gelehrtenpaar*, sie schreiben vorwiegend Abhandlungen und Traktate im akademischen Stil. Sartre und Beauvoir, obwohl ebenfalls akademisch und vor allem philosophisch gebildet, verstehen sich als *französische Schriftsteller*, die vorwiegend Essays, Romane und Theaterstücke schreiben. Bei beiden Paaren beschäftigt sich die Frau mit dem eigenen Geschlecht und setzt sich für es ein, und der Mann interessiert sich für die Kultur im Ganzen und für die große Politik. Als Paar sind sie jeweils vielseitig, schlagkräftig und erfolgreich, und nach dem Tod der Männer verfolgen beide Frauen bis zu ihrem Lebensende die intellektuelle Arbeit weiter. Außerdem finden beide Paare als Intellektuelle internationale Anerkennung, Sartre und Beauvoir noch während ihres gemeinsamen Lebens, die Webers dagegen zeitlich versetzt: Max Weber erst nach seinem Tod und dank seiner Freunde, Schüler und der Herausgebertätigkeit seiner Frau – Marianne Weber vielleicht erst jetzt.[14]

## Literatur

Baumgarten, Eduard (1964): *Max Weber, Werk und Person*, Tübingen.

Hellmann, Siegmund (Hg.) (1918): *Die innere Politik*, Leipzig.

Hübinger, Gangolf/Mommsen, Wolfgang J. (Hg.) (1993), *Intellektuelle im Deutschen Kaiserreich*, Frankfurt/M.

Jaspers, Karl (1921): *Max Weber*, Tübingen.

Krügers, Christa (2001): *Max und Marianne Weber. Tag- und Nachtansichten einer Ehe*, Zürich u. München.

Meurer, Bärbel (Hg.) (2004): *Marianne Weber. Beiträge zu Werk und Person*, Tübingen.

Ross Dickinson, Edward (2005): »Dominion of the Spirit over the Flesh: Religion, Gender and Sexual Morality in the German Women's Movement before World War I«, in: *Gender & History* 17 (2), 2005, S. 378–408.

Sukale, Michael (2002): *Max Weber: Leidenschaft und Disziplin. Leben, Werk, Zeitgenossen*, Tübingen.

Weber, Marianne (1926): *Max Weber. Ein Lebensbild*, Tübingen.

Weber, Marianne (1948): *Lebenserinnerungen*, Bremen.

Weber, Max (1920): *Gesammelte Aufsätze zur Religionssoziologie*, Band I, Tübingen.

Weber, Max (1921a): *Gesammelte Aufsätze zur Religionssoziologie*, Band II, Tübingen.
Weber, Max (1921b): *Gesammelte politische Schriften*, München.
Weber, Max (1922a): *Wirtschaft und Gesellschaft*, Tübingen.
Weber, Max (1922b): *Gesammelte Aufsätze zur Wissenschaftslehre*, Tübingen.
Weber, Max (1984 ff.): *Max Weber Gesamtausgabe in drei Abteilungen*, Tübingen.

## Anmerkungen

1 Dieser These scheint das Buch von Hübinger/Mommsen (1993) zu widersprechen, bei näherem Hinsehen ist dies aber nicht der Fall. Hübinger geht in seinem dort veröffentlichen Resümee S. 198–210 davon aus, »dass in den jeweiligen gesellschaftlichen Gruppierungen des Kaiserreichs [...] ausgiebig über die Bedeutung des Intellektualismus und die Rolle der Intellektuellen nachgedacht worden wäre – und zwar kritisch abwägend und nicht nur pejorativ abweisend« (205). Dem stimme ich zu. Aber Hübinger muss dann doch zugeben, dass damit die bürgerlichen Akademiker wie Troeltsch, Simmel, Weber und Sombart gemeint sind, von denen – mit der Ausnahme Webers – eigens behauptet wird, dass sie sich »entpolitisiert« hätten. Das alles ist durchaus kompatibel mit dem, was ich behaupte, ja mehr noch, mein Versuch über Weber ist darauf angelegt, die politische Ambivalenz und teilweise Ohnmacht dieser bürgerlichen Intellektuellen zu zeigen. Insofern ergänzt mein Aufsatz auch den Beitrag von Wolfgang J. Mommsen über Max Weber darin (S. 33–61).

2 Für die folgenden Ausführungen verweise ich pauschal auf mein Buch über Max Weber (Sukale 2002).

3 Marianne Weber hat ihr Leben in zwei Büchern dargestellt, zum ersten Mal im *Lebensbild* (Weber 1926), in dem sie ganz kurz ihre Jugend schildert, um sich danach auf Max Webers Leben zu konzentrieren, wobei sie sich als dessen »Gefährtin« darstellt und über sich in der dritten Person schreibt. Da sie sehr oft ihre eigenen Briefe zitiert, vor allem solche, die sie ihrer Schwiegermutter über Max Weber und dessen Tun und Lassen schreibt, fällt auch indirekt viel Licht auf sie selbst. Das zweite Buch sind ihre eigenen *Lebenserinnerungen* (Weber 1948), in der sie über sich in der ersten Person schreibt und den Abschnitt ihres gemeinsamen Lebens mit Max Weber nur hin und wieder zusammenfasst, aber nicht wiederholt.

4 Marianne Webers Angaben müssen allerdings mit Vorsicht gelesen werden, sie mag sich hin und wieder vertan haben, denn Haeckels *Welträtsel* (1899), von dem sie schreibt, sie hätte es in dieser Zeit gelesen, kann sie erst sehr viel

später gelesen haben, nachdem sie schon lange mit Max Weber verheiratet war.

**5** Sie findet sich in seiner *Religionssoziologie*, § 7: *Stände, Klassen und Religion*, in: Weber 1922, S. 267–314, insbesondere S. 286–291.

**6** In seinem Aufsatz *Wissenschaft als Beruf*.

**7** Siehe Weber 1922a: 252, 275 und 293; 1921: 220; 1920: 401; 1922a: 271, 293.

**8** Das ganze Gebiet ist in der Sekundärliteratur noch sehr vernachlässigt, ich verweise allerdings auf mein Buch (Sukale 2002), dessen Kapitel VI: *Technik, Form und Inhalt: Die schönen Künste* sich mit Webers Analysen zu Architektur und Malerei, Theater und Literatur, Rationalisierung und Musik beschäftigt.

**9** *Politik als Beruf*, in: Weber 1921: 396–450.

**10** *Bismarcks Außenpolitik und die Gegenwart.* I. Dreibund und Westmächte. II. Dreibund und Rußland, in: *Frankfurter Zeitung*, 60. Jg., Nr. 357, 25. Dezember 1915. S. 1–3, wieder abgedruckt in: Weber 1984ff.: Abt. II: Bd. 15: 72.

**11** *Der verschärfte U-Boot-Krieg.* Denkschrift unter Mitarbeit von Felix Somary, März 1916. Aus dem Nachlass veröffentlicht in: Weber 1921b: 64–72.

**12** Max Weber, *Parlament und Regierung im neu geordneten Deutschland. Zur politischen Kritik des Beamtentums und Parteiwesens.* Vorbemerkung und I–VI, in: Hellmann 1918.

**13** Wieder abgedruckt in: Weber 1984ff.: Abt. I: Bd. 16: 553.

**14** In Deutschland haben zwei Schriften und eine Kompilation Marianne schließlich wieder zu einer ernst zu nehmenden Autorin erhoben: Die lange Einleitung *Marianne Weber und ihr Kreis*, die Guenther Roth der Taschenbuchausgabe von Marianne Webers *Lebensbild* voranstellte (München 1989), Christa Krügers Buch 2001 und die von Bärbel Meurer herausgegebene Sammlung 2004. Außerdem haben sich in letzter Zeit auch internationale Gelehrte mit der deutschen Frauenbewegung vor und um die Wende des 19. zum 20. Jahrhundert befasst, wie der Artikel Ross Dickinson 2005 und dessen sehr gute Bibliografie beweist.

# Wächter zu sein in finsterer Nacht.
# Karl Mannheims denksoziologische Bestimmung
# des Intellektuellen

*Thomas Jung*


## Entree

Soziologie ist *die* Wissenschaftsdisziplin mit den vielfältigsten, aber wohl auch produktivsten Diversifikationen – sowohl thematisch wie forschungsdisziplinär. Die Geschichtsschreibung der Soziologie repetiert dieses Phänomen der Diversifizierung, der ständigen Produktivitätsverlagerungen, indem sie Abstammungslinien für Bindestrich-Soziologien bzw. Konnektiv-Soziologien konstruiert – gleichsam verschiedenformatige Metaplasien,[1] entstammend aus den soziologischen Kernfragen und diese zugleich variierend: Wie ist die Lebenswirklichkeit der vergesellschafteten Menschen? Welcher Logos des Sozialen waltet in den heterogenen Phänomenen des vergesellschaften Lebens?

Nicht alle, aber einige der markantesten Abstammungslinien sind mit den Grundschriften der Ahnherren der Soziologie, den Klassikern der Soziologie, verbunden: So z. B. die Kultursoziologie mit den Schriften Alfred Webers, die Religionssoziologie mit zentralen Schriften Max Webers und schließlich die Wissenssoziologie u. a. mit Karl Mannheim. Wie ist es aber um eine Soziologie der Intellektuellen bestellt, da die Intellektuellen bisher nie ein zentraler Gegenstand soziologischer Analysen waren, allenfalls ein mit thematisierter Fokus innerhalb soziologischer Abhandlungen, die die soziologischen Klassiker hinterlassen haben? Gleichwohl ist diese Hinterlassenschaft ein reicher Fundus, denn er enthält bereits ein erstes soziologisches Argumentationstableau zum Thema des Intellektuellen. Erinnert sei hier u. a. an Émile Durkheim (1898/1970) oder Max Weber (1919/1973 und 1980), aber auch an die politisch instrumentierte Argumentationsvorgabe Joseph A. Schumpeters (1946), der die öffentliche Kritikfunktion des Intellektuellen soziologisch begründet hat. Dass es nie zu der Herausbildung einer eigenständigen Soziologie des Intellektuellen gereicht hat, lag sicherlich an dem makrosoziologischen Zuschnitt der klassischen Soziologien, für die die Intellektuellenfrage eher randständig war. Wenn dann doch der Intellektuelle soziologisch thematisiert wurde, dann so, dass man seine Wesens- und Funktionsbestimmung deduktiv aus der Logik des gesellschaftlichen oder geschichtlichen Strukturzusammenhangs ableitete, anstatt den umgekehrten Weg zu gehen und die konkrete Handlungspraxis, also das Reden und Handeln von als intellektuell bezeichneten Personen, unter soziologischen Gesichtspunkten zu analysieren. So gesehen musste eine Soziologie des Intellektuellen notwendigerweise Derivatarbeit bleiben; immer eine nur gelegentlich sich ergebende soziologische Abhandlung en passant.

Und doch – und dies zeigt die thematische Weite der soziologischen Klassiker – bilden diese soziologischen Derivatarbeiten, diese peripheren Abhandlungen bzw. Einzelstudien bereits eine unverzichtbare Vorgabe für jede zukünftige Soziologie des Intellektuellen. Warum? Sie argumentieren strikt von einem soziologischen Denk- und Begriffshorizont her und entschlagen sich so jedem Versuch, den Intellektuellen in Form geistreicher Selbststilisierungen, kulturessayistischer Nobilitierungen bzw. Verwerfungen oder gar biografischer Porträtierungen bestimmen zu wollen. Anstatt den Intellektuellen über »professorale Werkinterpretationen« zu reduzieren (Spurk 1998: 17), liefern die soziologischen Klassiker mit ihren textuellen Referenzen auf den Intellektuellen eine erste epistemische Vorgabe, die das Argumentations- und Analysefeld für eine zukünftige *Soziologie des Intellektuellen* abstecken hilft. Knapper und hier am Beispiel Karl Mannheims formuliert: An der *denksoziologischen* Bestimmung des Intellektuellentypus bei Mannheim lässt sich prospektiv entwerfen, wie eine *Soziologie des Intellektuellen* anzugehen wäre.

Mit dieser Behauptung wird eine Umwidmung Mannheims innerhalb der Geschichtsschreibung der Soziologie vollzogen: Er rückt vom Klassiker der Wissenssoziologie zum Klassiker der Intellektuellensoziologie auf, ohne dass geklärt wäre, was eigentlich einen soziologischen Klassiker zum Klassiker macht. Dass sie dadurch klassisch sind, dass sie »immer wieder gelesen werden« (Calvino 1991: 7), ist allenfalls ein quantitatives Merkmal der Werkrezeption, nicht aber eines der qualitativen Spezifikation. Was einen Klassiker auszeichnet, ist die Tatsache, dass der zugrunde liegende Text eine Denkauswirkung entfaltet, die mindestens zwei Folgen zeitigen muss: zum einen die Grundlegung eines kategorialen Bezugsrahmens, eines begrifflich-theoretischen Rasters, das für disziplinäre Fragestellungen und Analyseprozesse *musterbildend* ist, und zum anderen die Ausstrahlung einer *kritischen Aneignungsqualität*, die nachfolgende Generationen zwingt, sich mit dieser *musterbildenden Bezugstheorie* immer wieder neu und produktiv auseinanderzusetzen. Beide Bedingungen werden durch das Argumentationsmuster Karl Mannheims zum Intellektuellentypus erfüllt, sodass man sich daranmachen kann, bei diesem Klassiker Bausteine für eine zukünftige *Soziologie des Intellektuellen* zu suchen.

Hierfür – und auch aus dem unverzichtbaren Beweggrund heraus, einer als klassisch zu nennenden Werktreue verpflichtet zu sein – wird die Intellektuellenbestimmung Mannheims unter drei Zugangsweisen rekonstruiert und interpretativ ausgeweitet:

1. In seinen »Heidelberger Briefen« (1985a) hat K. Mannheim zwar seine Flüchtlings- und Exilerfahrungen in subtiler Weise reflektiert, jedoch geht die Inskription dieser Briefe weiter. Sie bilden *über* den biografischen Erfahrungshorizont hinaus ein erstes Argumentationssetting, um die besondere Existenzlage des Intellektuellentypus zu kennzeichnen. Unter dem Stichwort »Intellektuelle Ortlosigkeit« wird also die Mannheim'sche Textquelle »Heidelberger Briefe« auf die Intellektuellenfrage fokussiert und interpretiert.

2. Mannheims *denksoziologische* Definition des Intellektuellentypus argumentiert vordergründig sozialstrukturell. Damit steht sie im soziologiegeschichtlichen Thematisierungskontext, wie er für die Intellektuellenfrage der 20er und 30er Jahre des 20. Jahrhunderts üblich war. Als repräsentative Beispiele können hier die Studien von E. Lederers *Soziologie der Revolutionen* (Leipzig 1918) und C. Brinkmann *Soziologie der Intelligenz* (Berlin 1921: 30 ff.) genannt werden. Karl Mannheim jedoch hat eine originäre Typisierung des Intellektuellen entworfen, wenn man das sozialstrukturelle Argumentationsmuster durchstreicht und seine soziologischen Texte insgesamt als »*denksoziologisches Konzept*«[2] auslegt. Dafür ist es erforderlich, dass die Frage nach der »sozial freischwebenden« Stellung des Intellektuellen nicht so sehr schichtenspezifisch oder elitentheoretisch (vgl. Wasner: 2004) beantwortet wird, sondern durch die konsequente Bezugnahme auf den Mannheim'schen Zentraltopos des »*seinsgebundenen Denkens*«. Pointiert gefragt: Wenn alles Denken weltanschaulich dadurch gebunden ist, dass es Ausdrucksgestalt eines basalen gemeinschaftsweltlichen Erfahrungshintergrunds ist, wie kann dann noch die exponierte, weil weltanschaulich freigesetzte Denkposition des Intellektuellen begründet werden?

3. Die letzte Fragestellung ist die entscheidende, nicht weil sie die letzte ist oder weil sie die Geste der kritischen Aneignung eines soziologischen Klassikers wiederholt, sondern sie ist deshalb entscheidend, weil sie entscheidet, was aus heutiger Sicht für eine zukünftige *Soziologie des Intellektuellen* zu übernehmen, was nicht und wie etwas gegebenenfalls zu übernehmen ist. Konkret: Wenn Karl Mannheim für den Intellektuellen den exklusiven Zugang zur Totaleinsicht in den geschichtlichen Ablauf und Werdegang der Gesellschaft reserviert, damit dem intellektuellen Denken die Aufgabe der Stiftung von »gesellschaftlichen Gesamtorientierungen« (Mannheim 1985b: 140) aufbürdet, dann stellt sich die Frage: Ist diese intellektuelle Fähigkeit zur Denksynthese noch mit dem skeptischen Argument Mannheims

von der prinzipiellen Agonalität diskursiver Denkweisen verein-
bar? Oder überspitzter gefragt: Muss der Intellektuelle nicht
vielmehr gesellschaftlicher Konsensstörer als »Universalschwa-
dronierer« (Spurk 1998: 15) sein?

## Intellektuelle Ortlosigkeit

Wenn »der Schlaf der Vernunft«, und nicht etwa der »Traum der
Vernunft«, »Ungeheuer gebiert« (F. Goya), zumal die geschichtliche Vernunft, dann – so das Credo Mannheims – ist das Wächteramt des Intellektuellen gefragt. Eine solche, fast alarmistisch zu
nennende Gefahrenabwehrfunktion des Intellektuellen muss man
einfordern, wenn die eigene Lebensgeschichte zerrissen wird zwischen der unmittelbaren Erfahrung zweimaliger politischer Exil-
suche und der mittelbaren Erfahrung, dass man als Jude, mehr
noch als jüdischer Intellektueller prinzipiell ortlos ist und für den
deutschen Faschismus nur zu Sulamiths Asche werden kann. Karl
Mannheims Biografie ist nicht nur ein exemplarisches Flüchtlings-
drama eines politischen Exilanten, der zunächst nach dem Zusammenbruch der linken Räterepublik in Ungarn nach Deutschland
flieht, um dann 1933 vor den Nazis nach England zu emigrieren.
Diese Biografie ist – liest man die »Heidelberger Briefe« (Mannheim 1985a) als subtile Selbstreflexion des Intellektuellen Karl
Mannheim genauer – auch ein lebensgeschichtliches Exempel für
das besondere Existenzmerkmal, das man Intellektuellen zuschrei-
ben kann: das »Prinzip genereller Ort- und Heimatlosigkeit des
Intellektuellen« (Jung 2007: 39ff.). Zunächst noch im Tenor der
Flüchtlingserfahrung spricht Mannheim zwar davon, dass er sich
»als Scherbe des zerbrochenen ungarischen Kruges« (Mannheim
1985a: 76) empfinde, aber die Inskription des Briefes geht weit
über die persönliche Befindlichkeit eines ungarischen Flüchtlings
hinaus. Dies wird an der Verschiebung der textuellen Referenz sehr
deutlich: Nicht mehr der politische Flüchtling ist der Prototyp des
gesellschaftlichen Exilanten, sondern der Intellektuelle, der dem
Geist Verpflichtete. So verbindet denn Mannheim die persönliche

Reflexion seiner eigenen Exilerfahrung in Heidelberg mit der generellen Frage: »Wie der Geist [der Intellektuellen; T. J.] ein Heim auf der ganzen Erde finde?« (Mannheim 1985a: 76.). Diese Frage ist nicht endgültig beantwortet, auch nicht etwa geschlossen, sondern in ihrer prinzipiellen Offenheit so variiert, dass spezifische Merkmale der habituellen Existenzweise des Intellektuellen sichtbar werden. So zielt das eigentliche Nachdenken in diesen Briefen »nur auf die Charakteristik einer kleinen, dünnen Schicht«, ebenjener »Kaste«, die »sich in so hohem Maße in den Dienst des Geistes stellt, daß er tatsächlich im Mittelpunkt ihres Lebens steht und seine Anwesenheit in allen ihren Lebensäußerungen spürbar ist« (Mannheim 1985a: 74). Damit hat Karl Mannheim nicht nur den Weber-Kreis gemeint, zu dem er während seiner Heidelberger Exilzeit kontinuierlich Kontakt hatte, und auch nicht die damaligen Linksintellektuellen der Weimarer Republik, also – wie er selbst sagte – »die heutigen deutschen progressiven Intellektuellen« (Mannheim 1985a: 73). Was er hier als eine Zugehörigkeit, eine Gemeinschaftlichkeit im Geiste ausmacht, ja geradezu für die Seinsweise des Intellektuellen prospektiert, ist national, politisch oder gar sozialstrukturell nicht mehr verortbar: Es ist die Gemeinschaft der Standortlosen, der prinzipiell Heimatlosen, die einzig in ihrer spezifisch intellektuellen Geistigkeit ein unsichtbares Band der Zugehörigkeit finden. Nur so sind die nachfolgenden Briefpassagen zu verstehen: »Wir, die über alle Punkte der Welt verstreute Menge, sind der einzig internationale Kehricht ohne Grund unter den Füßen: die wir Bücher schreiben und lesen und die beim Schreiben und Lesen einseitig nur der Geist interessiert« (Mannheim 1985a: 76). Wie aber geht diese durch das Wort, durch den Text und die Sprache des Geistes gestiftete Gemeinschaft der Gleichen mit der sozialen Distanz des Intellektuellen, auf die der Intellektuelle Wert legt, zusammen? Anders gefragt: Wie geht das elementare Fremdheitsgefühl, das der Intellektuelle inmitten der Vielen hat, wie seine Exilierungshaltung unter den anderen, mit dieser »Kaste« der sozial »Unauffindbaren«[3] zusammen?

Mannheim hat in seinem Aufsatz »The Democratization of Culture« (1956) einen versteckten Hinweis über das besondere Distanzphänomen des Intellektuellen gegeben. Neben der horizontalen (sich fernhalten, neutral bleiben) und der vertikalen (in Form der Ungleichheiten) gibt es eine dritte Distanzform, die man als eine existenzielle Distanz bezeichnen kann: Es ist eine, die prinzipiell und ganz basal »zwischen dem Ich und dem anderen rein als Person [...]« (Mannheim 1956: 200) eine unüberbrückbare Kluft schafft. Eine solche Existenzdistanz, die die Welt der Mitmenschen innerlich fremd werden lässt, hat K. Mannheim für sich selbst subtil aufgespürt: »[...] und ich denke an die Welt immer als an das, was draußen ist, an etwas Äußeres, obwohl die abschließenden Mauern nirgendwo zu erblicken sind« (Mannheim 1985a: 83). Dass dies kein neurotischer oder elitärer Selbsteinschluss ist, sondern die intellektuelle Ortlosigkeit des Intellektuellendaseins ausmacht, hat Mannheim andernorts exakt auf den Punkt gebracht: »Wenn Menschen zusammenkommen, bin ich dort, wenn sie lernen, lerne ich mit ihnen, und ich wünschte mir auch mit ihnen zusammen zu leben, mich niederzulassen – und dennoch finde ich meinen Platz nicht« (Mannheim 1985a: 73).

Was vorliegt, ist eine existenzielle Ambivalenz, ein unentwegtes Oszillieren zwischen notwendiger Distanz und Sehnsucht nach sozialer Zugehörigkeit, denn: »Wir möchten ein Heim, eine Welt finden, weil wir spüren, daß wir in dieser Welt keinen Platz finden« (Mannheim 1985a: 76). Dieses »keinen Platz finden« geht auf eine existenzielle Wahl zurück, ist dem geschuldet, was der Intellektuelle als die ihm zukommende Seinsweise wählen muss: nämlich »der schreibende Mensch« (Mannheim 1985a: 74) zu sein, derjenige, der die Mitte der Welt in der Ordnung der Texte sucht und findet. Da die übrige Welt, die Welt da »draußen« einem Willen der elementaren Begehrlichkeiten folgt, bleibt der Intellektuelle nur ihr Randgänger, ihr Asylant. Verschworen dem Nomos der Ideen und der Sprache, ist der Intellektuelle ein wortgewandter Abenteurer des Geistes, der die Wirklichkeit deshalb permanent in Frage stellt, weil für ihn jede Wirklichkeitsprädikation bereits in Verdacht steht, möglicherweise auch anders zu sein. Da der Intellektuelle die

Wirklichkeit erfahrungsmäßig in Sprache auflöst, ist die Wirklichkeit für den Intellektuellen etwas, was ihm mehr Heimatlosigkeit oder Ortlosigkeit als symbolische Identifikation beschert. Dass die Wirklichkeitserfahrung für den Intellektuellen Karl Mannheim immer brüchig, ja ein großes Fragezeichen war, geht aus einer kleinen Frage hervor, die er bei einem Spaziergang durch Heidelberg an seinen Besucher Fritz Croner richtete: »Sagen Sie: wie *ist* die Wirklichkeit?« (Blomert 1999: 12). Die Kopula *ist*, die die Aussagenprädikation zu den Welttatsachen leisten soll, ist für den Intellektuellen prinzipiell gelockert, weil in Frage zu stellen. Deshalb, so muss man folgern, betreibt der Intellektuelle unentwegt Translokationen des Wirklichkeits-Commonsense.

### Nichtort

Die *denksoziologische* Quintessenz der Mannheim'schen Intellektuellenbestimmung basiert auf der Grundeinsicht, dass alles Wissen und Denken *seinsgebunden* oder räumlich gesprochen: *standortgebunden* ist. Im Wesentlichen heißt dies, dass in die Art und Weise des Denkens sozialstrukturell vorgegebene Lebenswelterfahrungen eingewoben sind. Denken und das aus diesem hervorgehende Wissen ist niemals interessenfrei, niemals neutral; es ist stets Resultat einer nicht vom Einzelnen durchsichtig zu machenden und vorgängig konstituierten, »konjunktiven«[4] Erfahrungsbindung, die mit einer jeweiligen Soziallage im gesellschaftlichen Raum korreliert. Pointierter gesagt: Eine vorgängige Einbindung in bestimmte soziale Erfahrungsmilieus, in soziale Schichtzugehörigkeiten erlaubt es nicht, sich von dem im konkreten Denken auftuenden Zusammenhang von sozialer Lage, geltender Weltanschauung und (durch diese sich kundgebendes) Denkstilmuster zu distanzieren. Erst die Intellektuellenschicht, die sozial ungebunden und im kritischen Denken einen skeptischen Modus Operandi der geistigen Distanzierung von jeder weltanschaulichen Bindung findet, ist in der Lage, die *Seinsgebundenheit* des menschlichen Denkens als jeweilige Partialwahrheit von Wirklichkeitsdeutung zu durchschauen und damit zu relativieren. Die soziale Ort- bzw. Standortlosigkeit des Intellektuellen ist die argumentative Conditio sine qua non, mit der der Sozialtypus des Intellektuellen bei Mannheim erst seine soziologische Bestimmung, soziale Funktionalität sowie seine historische Rolle findet. Weil die soziale »Dünnschicht« der Intellektuellen jenseits der gruppen- oder schichtspezifischen Interessenintentionalitäten angesiedelt ist – denn sie ist »eine mehr auf das Spirituelle eingestellte Schicht« (Mannheim 1985b: 221 f.) –, fehlt den Intellektuellen eine »ihnen eigene soziale Organisation« und eine »klassenmäßig homogene Determiniertheit« (Mannheim 1985b: 12). Wenn es so etwas wie das »vereinheitlichende soziologische Band« für die Intellektuellen gibt, dann ist es »die Bildung«, besser noch: das in dieser existierende und historisch überkommende kulturelle Ethos von Humanismus und Aufklärung (Mannheim 1985b: 135 f.). Der Intellektuelle ist »freischwebend« in dem Sinne, dass er sich jenseits der »geburtsmäßig-ständischen, beruflichen, besitzmäßigen Differenzen« allein der »Eigenart moderner Geistigkeit« verpflichtet fühlt und so über und zugleich zwischen den im Gesellschaftsraum vorfindlichen, »sich bekämpfenden Wollungen und Tendenzen« (Mannheim 1985b: 136) steht. Die Frage nach dem gesellschaftlichen Ort des Intellektuellen ist damit beantwortet: Er ist bar aller gesellschaftlichen Platzierungen oder Lagerungen, aber auch nicht in einem die gesellschaftliche Raumgrammatik transzendierenden Freiraum; er ist – wenn man es so sagen kann – im Interstitium der die Gesellschaft sozialräumlich strukturierenden Lagerungen. Der Ort des Intellektuellen ist permanent *interjektiv*, während der Ort des Nichtintellektuellen *konjunktiv* ist. Anders formuliert: Der Intellektuelle hat einen Nichtort, solange man die Gesellschaft nach sozialen Lagerordnungen strukturiert. Es ist aber ein Ort für den Intellektuellen anzugeben, wenn man danach fragt, wer eigentlich die transversalen Zwischenräume – in der modernen Gesellschaft angereichert mit sinnexplizierender Kommunikationsmasse – des sozialen Raumes ausfüllt. Dieser Ort ist nicht opak, ist nicht fixiert – vielmehr ist er transitorisch im Sinne von Übergangszonen, die eigentlich kein

Zentrum bzw. keinen Kern haben. Die Frage des gesellschaftlichen Ortes des Intellektuellen kann man also weit ausdehnen, wenn man Mannheims Argumentationen nicht nur wiederholt, sondern ihr mitgegebenes Ingenium interpretatorisch ausspielt.

## Sozialhistorische Funktionalität

Damit ist die Intellektuellenbestimmung im Mannheim'schen Œuvre aber noch nicht erschöpft. Es gilt noch zu fragen, welche prägnanten Merkmale bei Karl Mannheim dem Intellektuellen zugeschrieben und welche sozialen wie historischen Funktionalitäten mit diesem Stellvertreter eines *mundus intelligibilis* verbunden werden.

Mannheim liefert keine Wesens- oder Substanzbestimmung des Intellektuellen. Begriff und gesellschaftliche wie historische Funktionszuschreibung des Intellektuellen sind für ihn deckungsgleich. Was man aber auseinanderhalten kann, das ist eine Unterscheidung zwischen einer sozialen und einer historischen Funktionalität des Intellektuellen. Die soziale Funktionalität bezieht sich auf folgende Leistungsmerkmale: erstens eine gesamtgesellschaftliche Deutungspraxis ad personam zu vertreten, zweitens eine *denksoziologische* Aufklärung der seinsverbundenen Denkweisen in der Gesellschaft vorzunehmen und drittens in Form einer »überperspektivischen Synthese« von im gesellschaftlichen Diskurs konkurrierenden Weltanschauungsformen eine »Totalsynthese« als Orientierungsentwurf für die gesellschaftliche Zukunft anzubieten. Das erste Leistungsmerkmal leitet sich aus dem ureigenen »Bedürfnis« des Intellektuellen zur »Zusammenschau« ab (Mannheim 1985b: 140). Der Intellektuelle ist der geistige Synergist einer erst durch die Moderne erzwungenen Diversifikation von konkurrierenden und sich bekämpfenden Weltanschauungen, die sich, als jeweilig interessenorientierte Seinsauslegungen, zwangsläufig aus unterschiedlichen Soziallagen ergeben. Die sozialstrukturelle Freisetzung des Intellektuellen, seine Loslösung von gruppenspezifischen Interessen erlaubt ihm »das Sich-Besinnen auf die eigenen Wurzeln, das Suchen der eigenen Mission, prädestinierter Anwalt der geistigen Interessen des Ganzen zu sein« (Mannheim 1985b: 138). Mit diesem nicht schichtspezifischen Interesse an einer das jeweilige Sein der Gesellschaft legitimierenden Deutung – man könnte es das Weltinterpretationsmonopol des Intellektuellen nennen – unterscheidet er sich von der technischen und/oder kulturellen Intelligenz. Während diese Intelligenz Wirklichkeitsinterpretationen nach pragmatisch-technischen und/oder ästhetisch-kulturellen Inklinationen betreibt, jedoch im Grunde gesellschaftsstrukturell elitäre Motive verfolgt, ist die Deutungshoheit des Intellektuellen vollkommen intrinsisch: Sein Denken, sein Wollen geht »primär nicht aus dem Kampf um konkrete Lebensprobleme noch aus den Erfahrungen in der Beherrschung von Natur und Gesellschaft hervor«. Der Intellektuelle folgt »vielmehr [...] seinem eigenen Systematisierungsbedürfnis«, das die aus den »Lebenssphären hervorgehenden Tatsachen auf gegebene traditionell und intellektuell unkontrollierte Voraussetzungen bezieht« (Mannheim 1985b: 11). Man kann auch sagen, dass der Intellektuelle der Kritiker derjenigen Denk- und Bewusstseinsstrukturen ist, die nicht mehr auf der Höhe der Zeit sind. Als intellektueller Zeitkritiker deckt er Ideologisierungen von Wirklichkeitsauffassungen auf, die als noch wirksame Weltanschauungsmuster der gesellschaftlich-historischen Seinssituation nicht mehr sinn- und funktionsentsprechend sind. Kurz: Er nimmt die Haltung eines »eigentümlichen Wachseins dem historischen Jetzt gegenüber« ein (Mannheim 1985b: 135).

Das zweite Leistungsmerkmal hängt unmittelbar mit dem ersten Merkmal zusammen, jedoch stellt es sich eher als ein selbstkorrektives Moment gesellschaftlicher Denkformen und -praktiken dar. Es geht also nicht mehr um die Synthese der sich bekämpfenden Denk- und Wissensformen, sondern um das Reflexivwerden derselben. Der Intellektuelle führt den immanenten Nachweis, dass in den herrschenden Denk- und Wissensformen zwangsläufig ein »standortgebundenes« bzw. »seinsverbundenes« Denken aufgrund interessengeleiteter »Weltwollungen« vorherrscht. Die eigentliche Leistung des intellektuellen Verstandes liegt in einer *denksoziolo-*

*gischen* Kritik der im gesellschaftlichen Diskurs befindlichen Denkweisen. Er liefert eine weltanschauliche Relationalisierung (nicht Relativierung!) und zerstört somit die vorherrschende »Illusion«, »daß es nur eine Art des Denkens gibt« (Mannheim 1985b: 12). Diese soziale Funktionalität der Illusionszerstörung ist bei Mannheim positiv konnotiert, denn die Dynamik der Moderne verlangt eine ständige Anpassungsleistung, mithin eine ständige Modifikation der basalen Deutungs- und Orientierungsmuster. Gewissermaßen ist der Intellektuelle der Korrektor für die im gesellschaftlichen Diskussionsforum stattfindenden Denkweisen, indem er die naiven Ansprüche auf weltanschauliche Absolutheitsgeltungen von Denk- und Wissensformen dadurch verflüssigt, dass er sie als repräsentative Muster gesellschaftlicher Interessenstandorte *denksoziologisch* dechiffriert. Der Intellektuelle ist damit ein Befreier von in alltäglichen Äußerungspraktiken erhobenen Ansprüchen auf Hegemonie einer geltenden Weltanschauung. Seine Eigenschaft der sozialen Distanz, sein Objektivitätsblick, der allein der Sache gilt – und der der Blick des »Fremden« (Georg Simmel) ist –, lässt den Intellektuellen zu jenem gesellschaftlichen Element werden, das Simmel als eine Zwitterfigur beschrieben hat: »[...] zugleich ein Außerhalb und Gegenüber« zu sein (1992: 765).

Das dritte Leistungsmerkmal bezieht sich darauf, dass der Intellektuelle die jeweilige Seinsauslegung, die für die historisch-gesellschaftliche Situation gilt, transzendiert. Dieses Leistungsmerkmal hebt auf eine geschichtskonstruktive Betrachtungsweise durch den Intellektuellen ab – und damit ist sie eine sozialhistorische Funktionalität dieses Sozialtypus. Indem der Intellektuelle eine Synthese der standortgebundenen Denkweisen und weltanschaulichen »Weltwollungen« in Form einer »Totalsynthese« vornimmt, bescheidet er sich nicht allein mit dem »räumlichen hic« und dem »zeitlichen nunc im historischen und sozialen Sinne« (Mannheim 1985b: 135). Er liefert eine gesellschaftlich-historische »Gesamtorientierung im Geschehen« (Mannheim 1985b: 140), die ganz im Zeichen eines utopischen Vorgriffs bzw. einer die Jetztzeit transzendierenden Seinsauslegung steht. Es geht hier um eine paradoxe

Leistung des Intellektuellen: Einerseits ist er der Analytiker des modernen utopischen Bewusstseins (man könnte es auch Fortschrittsbewusstsein nennen), indem er die im utopischen Denken obwaltenden Ideologismen kritisch aufspießt; andererseits versucht er durch eine Totaleinsicht in die geschichtliche Seinsdynamik, desjenige am utopischen Bewusstsein zu retten, was diesem seit der Neuzeit als geschichtswirksames Movens eingeschrieben ist: dass der Mensch sich als Schöpfer und Bewahrer seiner geschichtlichen Seinsentwicklung versteht. Karl Mannheim insistiert hier auf das humanistische Erbe des utopischen Bewusstseins: Der Intellektuelle ist der Wächter dieses Erbes in dunkler Nacht. Er muss als historischer Seinskritiker dafür einstehen, dass »mit dem Aufgehen der verschiedenen Gestalten der Utopie« der Mensch »den Willen zur Geschichte und damit den Blick in die Geschichte« nicht »verliert« (Mannheim 1985b: 225). Gegen die Entutopisierung des Bewusstseins – ein Prozess, der nach Mannheim unweigerlich die Bewusstseinslage des 20. Jahrhunderts kennzeichnet – soll der Geist des Intellektuellen deswegen opponieren, weil der Mensch als primär geistiges Wesen nicht durch die Sachlichkeit des gesellschaftlichen Seins »selbst zur Sache« (Mannheim 1985b: 225) werden darf. Wenn man sich fragen sollte, warum, dann deshalb, weil der Mensch und sein geschichtliches Sein für Mannheim immer eine Option bilden – und kein anonymes Schicksal.

### Quintessenz

Es lassen sich an der Kennzeichnung des Sozialtypus des Intellektuellen durch Karl Mannheim eine ganze Reihe von kritischen Nachfragen und Einwänden formulieren. Da hier nicht der Platz ist, diese im Einzelnen abzuarbeiten,[5] sollen nur zwei Einwände geltend gemacht werden, um eher das Konstruktive der Mannheim'schen Intellektuellenbestimmung herauszustellen.

Zum Ersten gibt es ein verkapptes geschichtsphilosophisches Argumentationsmuster, das eine seinstranszendierende Denkfähigkeit des Intellektuellen im Sinne einer seinsgeschichtlichen Totalsynthese beinhaltet. Bei Mannheim ist die Totalsynthese insofern kritisch und nicht geschichtsaffirmativ, als der Intellektuelle als ein »prädestinierter Anwalt der geistigen Interessen des Ganzen« (Mannheim 1985b: 138), dem in der Geschichte eingelassenen Sinntelos fortschreitender Selbstaufklärung des menschlichen Bewusstseins zum Ausdruck zu verhelfen hat. Die Denksynthesen sollen auf das geschichtliche Ganze gehen; sie »versuchen, das Höchste zu leisten, was einem historisch gebundenen Menschenbewusstsein überhaupt gegeben ist: aus den Grundströmungen der Zeit heraus den historischen Körper selbst zu sehen« (Mannheim 1980: 199). Dies kommt jedoch einer totalen Weltanschauung gleich, die vorgibt, das geschichtliche Seinswerden wie die zukünftige Seinsentwicklung – gebunden an ein utopisches Versprechen – erfassen zu können. Zwar soll diese Totalsichtkonstruktion nach Mannheim nur transitorische Geltung haben, denn sie ist selber wiederum gebunden an »Lebenselemente und Strömungen« der »Epoche« sowie an die bis dahin entwickelten »Denkmethoden, Gesichtspunkte[n] und Begriffe[n]«; also, wenn man so will, gebunden an den jeweiligen epistemologischen Bestand des intellektuellen Wissens. Aber passt diese Überfrachtung des intellektuellen Denkens mit seinsgeschichtlichen Totaleinsichten und seinsutopischen Ausrichtungen zur *denksoziologischen* Skepsis, die von der prinzipiell noetischen Aspektstruktur des Bewusstseins ausgeht? Kann die geschichtliche Totalsicht nicht bescheidener formuliert werden, da es auch für das intellektuelle Denken keinen archimedischen Punkt gibt, von dem aus dieses seine eigene Seinsgebundenheit im Werden des Seins außer Kraft setzen oder gar selbstreflexiv vergegenwärtigen kann? Der Intellektuelle steht nicht außerhalb der Geschichte, um so ihren Seinssinn in toto erfassen zu können. Trotzdem muss man damit die soziale Funktionalität einer intellektuellen Geschichtseinsicht nicht über Bord werfen. Im gesellschaftlichen Diskurshaushalt, gerade dort, wo es um agonale Sinnkonstruktionen von geschichtlichen Deutungsmustern geht, kann die kritische Synthesefähigkeit des Intellektuellen ein im geschichtlichen Orientierungsdiskurs interpellierendes Störungsmoment sein. Gegen vorschnelle Klitterungen von geschichtlichem Sinn, gegen weltanschaulich gebundene Ideologisierung von Geschichtsdeutungen und gegen politisch instrumentalisierte Sinnverfälschung von Geschichte kann die intellektuelle Mentalität der geistigen Relativierung etwas auf Distanz bringen, was sich allzu rasch als Gemeinschaftskonsens beruhigt: dass der geschichtliche Sinn das sei, was gerade politisch opportun ist.

Diskurstheoretisch – denn die allgemeine Sprechpraxis über Geschichte und geschichtliche Ereignisse unterliegt einem Referenzsystem, das weniger an Sachlichkeit orientiert ist als an einer rhetorischen Überzeugungspraxis – praktiziert der Intellektuelle einen anaphorischen Diskurs besonderer Art. Grundsätzlich erzeugt der anaphorische Diskurs eine sinnstiftende Verbindung, indem Gegenwartsphänomene, die gedeutet werden wollen, auf Vergangenes zurückbezogen werden. Bleibt es nicht bei einer kruden Kausalitätsverbindung, so liegt gerade die genuine Kraft des anaphorischen Diskurses des Intellektuellen darin, dass er Gegenwartsphänomene mit Vergangenem so denksynthetisch verbindet, dass geschichtlicher Sinn zum Einspruch werden kann für dasjenige Andere von Geschichte, was dem Gegenwartsdiskurs als widersinnig bzw. nicht kompatibel dünkt.

Zum Zweiten gibt es das *denksoziologische* Argumentationsmuster, das auf einer prinzipiellen Agonalität der Denkformen basiert. Davon ausdrücklich ausgenommen wird der Intellektuelle, da seine Denkweise sich aus dem »konjunktiven« Eingebundensein des Denkens, d. h. aus seinen lebensweltlichen Erkenntnis- und Wissenspräformationen gelöst hat. Insofern steht diese Ausnahme im Widerspruch zur Mannheim'schen These von der grundsätzlichen Agonalität aller Denkformen. Wenn aber trotzdem das Argument bestehen bleiben soll, dass der Intellektuelle die Funktion der Neutralisierung von Sichtpartikularitäten erfüllt und die agonalen Denkweisen überwindet, dann muss es anders gewichtet werden als bei Mannheim. Kurz gesagt: Es ist weniger eine grundsätzliche Ausnahme von der Agonalität der Denkweisen gemeint als vielmehr ein denkmethodisches Stilelement der intellektuellen Kogni-

tionsarbeit. Hervorgehend aus einem umfassenden und formal vor-
gehenden Systematisierungsbedürfnis des Intellektuellen bestimmt
es zutiefst seine Denkform, berührt aber im Kern nicht die sozialstrukturelle Binsenweisheit, dass auch das Denken des Intellektuellen seine gruppen- bzw. millieuspezifischen Wurzeln hat. Dass
Intellektuelle so denken, wie sie denken, unterliegt ebenso der Agonalität divergenter noetischer Bewusstseinsformen, wie dies für alle
anderen, sich nicht als intellektuell auszeichnende Denkweisen zu
unterstellen ist. Was anders ist, ist die Form des Denkstils, also,
wenn man so will, eine nur stilistische Eigenart des intellektuellen
Denkens. Prinzipiell muss das skeptisch-epistemische Argument
der *Seinsgebundenheit des Denkens* auch für das Denken des Intellektuellen angenommen werden. Anders ist die epistemisch-sozio-
logische Grundwahrheit der Mannheim'schen Denksoziologie,
dass nicht das kantische Subjekt und seine apriorischen Verstan-
deskategorien der Konstitutionsboden des Denkens sind, sondern
die konjunktiven Erfahrungssedimente, nicht mehr haltbar. Die
prinzipielle *Seinsgebundenheit des Denkens* ist auch beim Intellektuellen nicht völlig zu dispensieren.

Was aber vorliegt, ist eine partielle Lockerung dieser Seinsgebundenheit, eine auf Lebenszeit angelegte Distanzierungsmöglichkeit
von dieser, um im Medium einer interessenlosen Geistesarbeit all
jene seinsverbundenen, d. h. weltanschaulich bzw. ideologisch fixierten Denkformen in ihren Geltungen zu hinterfragen und damit
zu relativieren. Die denkspezifische Distanzierungsform des Intellektuellen ist deshalb ein »ganz grundlegender Modus, eine fundamentale gesellschaftsbildende Kraft« des Intellektuellen (Mannheim 1982: 8), weil seine Denkform nicht auf Zustimmung, soziale
Einbindung und/oder gezielte Einwirkung zielt. Ihre Kraft und
Wirkung liegt allein nur in der unentwegten aber systematischen
Tätigkeit des Scheidens und Unterscheidens; eine Tätigkeit, die
man auch als Kritik bezeichnet.

Wenn die Quintessenz der *denksoziologischen* Konzeption K.
Mannheims darin liegt, dass das Denken jeweils nur interessie-
rende Aspektstrukturen der Wirklichkeit ermöglicht, d. h. die Ago-

nalität des Denkens wesentlich für alles Denken ist, dann muss man diesen Grundgedanken auch auf die intellektuelle Denkweise beziehen und ihre Synthesefunktion eher kleinschreiben. Diese Agonalität der intellektuellen Denkform ist aber nicht mehr eine, die sich im Widerstreit der ideologischen Partikularitätsinteressen aufhält. Was ihre Andersheit, ihre originäre Widerständigkeit ausmacht, ist eine grundsätzliche Differenz des eigenen zu anderen Denkstilen, die sich im gesellschaftlichen Ausdrucksraum finden lassen. Die Distanz, die die Denkweise des Intellektuellen zu anderen, sich öffentlich kundtuenden Denkweisen einnimmt, ist eine rein denkstilistische und keine, die sich aus der sozialen Herkunft, Lage oder sozialstrukturellen Aufschichtung ableiten lässt. Was gemeint ist, lässt sich durch eine vorläufige Differenzierung unterschiedlicher Denkstile verdeutlichen:

Es gibt Denkstile, die sich praktischer Intentionalität verdanken, also solche, bei denen der Stil des Denkens sich nach Handlungszwecken formiert. Dann gibt es Denkstile, die sich nach voluntativen Gesichtspunkten ausrichten, also solche, die interpersonal etwas aufzwingen oder durchsetzen wollen. Daneben gibt es Denkstile, die subjektive Gefühle und Befindlichkeiten argumentativ in den Vordergrund rücken – diese könnte man als expressiv verfahrende Denkstile bezeichnen. Von diesen verschiedenen Denkstilen kann man den des Intellektuellen abheben, da er primär denkmethodisch wie denkbegrifflich operiert und prinzipiell eingestellt ist auf eine exklusive Welt der sprachlichen Erfahrungstranszendenz. Diese Erfahrungstranszendenz grenzt den intellektuellen Denkstil auch signifikant von dem des Wissenschaftlers ab, dessen Denkstil erfahrungsimmanent ist und sich im Phantasma eines methodischen Wahrheitsanspruchs kognitivistisch ausformt. Eine systematische Analyse von Denkstilen als gruppenspezifische Soziolekte ist im Kern dasjenige, was im weitergehenden Anschluss an K. Mannheim ein Baustein einer zukünftigen *Soziologie des Intellektuellen* sein sollte.

## Sortie

Letztlich noch: Der Intellektuelle denkt antagonistisch. Der Unterschied seines Denkantagonismus zu allen konkurrierenden ist einzig der, dass der seinige ausschließlich und allein aus dem Widerspruch zwischen Begriff und Wirklichkeit herrührt. Der Intellektuelle ist der Dissident, der aus der Diskursivität der allgemeinen Wirklichkeitsbestimmungen ausbricht. Das rückt ihn an die Seite des Künstlers, der die Realität im Medium des künstlerischen Ausdrucks transzendiert, während der Intellektuelle dies im Medium der ideellen Begrifflichkeiten versucht. Seine begriffliche Nomenklatur ist eine, die der Wirklichkeitserfahrung ständig widerspricht. Der Intellektuelle befindet sich in der Dissidenz zur gängigen diskursiven Sprache, weil er diese Wirklichkeitserfahrung nicht unmittelbar reklamiert – und er Wirklichkeitserfahrung nur als begrifflich-ideelle zur Verfügung hat. Dies ist die eigentliche Ortlosigkeit des Intellektuellen, dass er seinen Ort in einer Sprache sucht, die die Wirklichkeitserfahrung unterbricht und somit dispensiert.

Das höhnische Lachen der thrakischen Magd ist für den Intellektuellen immer eine Existenzbestätigung – dies unterscheidet ihn grundsätzlich von allen anderen gesellschaftlichen Sozialtypen.

## Literatur

Reinhardt Blomert (1999), *Intellektuelle im Aufbruch – Alfred Weber, Karl Mannheim, Norbert Elias und die Heidelberger Sozialwissenschaften der Zwischenkriegszeit*, München.

Carl Brinkmann (1921), »Zur Soziologie der Intelligenz«, in: Emil Lederer (Hg.): *Soziologische Probleme der Gegenwart*. Die weißen Blätter, Neue Folge 1, Berlin.

Italo Calvino (1991), *Warum Klassiker lesen?*, München.

Emile Durkheim (1898/1970), *L' individualisme et les intellectuels. La science sociale et l'action*, Paris.

Thomas Jung (2007), *Die Seinsgebundenheit des Denkens – Karl Mannheim und die Grundlegung einer Denksoziologie*, Bielefeld.

Emil Lederer (1918), »Einige Gedanken zur Soziologie der Revolution«, in: *Der Neue Geist – Eine Schriftenreihe*, Band 10, Leipzig.

Karl Mannheim (1956), »The Democratization of Culture« (dt: »Die Demokratisierung der Kultur«), in: Ernest Manheim/Paul Kecskemeti (Hg.), *Essays on the Sociology of Culture*, London.

Karl Mannheim (1980), *Strukturen des Denkens*, hg. v. David Kettler, Volker Meja und Nico Stehr, Frankfurt/M.

Karl Mannheim (1982), »Die Bedeutung der Konkurrenz im Gebiet des Geistigen«, in: *Der Streit um die Wissenssoziologie – Die Entwicklung der deutschen Wissenssoziologie*, Band 1, hg. v. Volker Meja und Nico Stehr, Frankfurt/M.

Karl Mannheim (1985a), »Heidelberger Briefe« (Teilabdruck), in: *Georg Lukács, Karl Mannheim und der Sonntagskreis*, hg. v. Éva Karádi und Erszébet Vezér, Frankfurt/M.

Karl Mannheim (1985b), *Ideologie und Utopie*, Frankfurt/M.

Georg Simmel (1992), »Exkurs über den Fremden«, in: ders., *Soziologie*, Gesamtausgabe Band 11, Frankfurt/M.

Joseph Schumpeter (1946), *Kapitalismus, Sozialismus und Demokratie*, Bern.

Jan Spurk (1998), *Bastarde und Verräter: Jean Paul Sartre und die französischen Intellektuellen*, Bodenheim.

Barbara Wasner (2004), *Eliten in Europa – Einführung in Theorie, Konzepte und Befunde*, Wiesbaden.

Max Weber (1919/⁴1973), »Wissenschaft als Beruf«, in: *Gesammelte Aufsätze zur Wissenschaftslehre*, Tübingen.

Max Weber (1919/⁴1980), »Politik als Beruf«, in: *Gesammelte politische Schriften*, Tübingen.

## Anmerkungen

**1** Metaplasien sind Umwandlungen eines Gewebes in ein anderes, das aber dem gleichen histologischen Zellkern entstammt. Solche Umwandlungsprozesse gehen auf Gewebereizungen zurück.

**2** Karl Mannheims soziologische Schriften nicht ideologiekritisch und/oder wissenssoziologisch zu rezipieren, sondern als ein originäres denksoziologisches Konzept, bei dem die begriffliche Trias von Seinsgebundenheit des Denkens, Weltanschauung und Denkstil systematisch zugrunde liegt, geht auf meine Veröffentlichung zurück: *Die Seinsgebundenheit des Denkens – Karl Mannheim und die Grundlegung einer Denksoziologie*, Bielefeld 2007.

**3** Der Begriff der »Unauffindbaren« entstammt einem Romantitel von Ernst Kreuder. Zwar meint dieser Begriff die Poeten, aber kann ebenso für die Intellektuellen veranschlagt werden.

**4** Konjunktive Erkenntnis ist ein epistemologischer Grundbegriff bei Mannheim und meint im Kerngehalt, dass dem einzelnen Denken eine vorgängige
gemeinschaftliche Erlebnisgrundlage vorausgeht, die die Art und Weise des
Denkens elementar bestimmt.
**5** Weitere Einwände gegen die Intellektuellenkonzeption bei Mannheim finden
sich in meinem in Anm. 2 genannten Buch ab 266 ff.

# Professionell Heimatloser –
# Theodor W. Adornos intellektuelle Praxis zwischen
# Kontemplation und Engagement

*Stefan Müller-Doohm und Christian Ziegler*

»*Propaganda für die Änderung der Welt, welch ein Unsinn!*«
*(Horkheimer, GS 5: 287)*

»*Der absoluten Verdinglichung [...] ist der kritische Geist nicht
gewachsen, solange er bei sich bleibt in selbstgenügsamer Kontemplation*«.
*(Adorno, GS 10.1: 29)*

Wie wird ein als überdurchschnittlich intelligent eingeschätzter Jugendlicher im Erwachsenenalter zum weithin beachteten und verachteten Intellektuellen? Für Adorno war es nicht nur die Zuschreibung, ein Frühreifer, ein besonders Gescheiter und dazu Gebildeter zu sein, dessen Eigensinn durch diese Selbstwahrnehmung,
wie er selbst beteuert, gefördert wurde. Vielmehr belegt der Verlauf
seiner Lebensgeschichte, dass dazu spezifische Erfahrungen gehören: die Kontinuität der Erfahrung, sich in vielfacher Hinsicht von
allen anderen stark zu unterscheiden und deshalb die von Argwohn
und Missgunst getragene Ausgrenzung aus der von ihm als Kollektiv erfahrenen Gruppe am eigenen Leib zu erleben. Der Heranwachsende, der als Gymnasiast unter dem Druck der Schul- und
Klassengemeinschaft leidet, der Gedichte schreibt, komponiert und
musiziert, der eine Klasse überspringt, in der Schülerzeitung einen
überklugen Beitrag über die »Psychologie des Verhältnisses von

Lehrer und Schüler« veröffentlicht, ist das bevorzugte Opfer von Aggressionen seiner Mitschüler, jener, so Adorno, die »keinen richtigen Satz zustande brachten, aber jeden von mir zu lang fanden« (Adorno GS 4: 219).

Was ihm im Kaiser Wilhelm Gymnasium als Einzelgänger widerfährt, kontrastiert auffällig mit den Erfahrungen im Intimraum der Familie. Den Erinnerungen seines Jugendfreundes Leo Löwenthal zufolge hatte »Teddie« im Schutze seiner Familie »ein Dasein, das man lieben musste, wenn man nicht fast vor Eifersucht über dieses behütete, schöne Leben vergehen wollte, in dem Adorno die Sicherheit gewann, die ihn sein ganzes Leben lang nicht mehr verließ« (Löwenthal 1983: 389). In der Familie findet die zart wirkende Person, die sich aufgrund einer schwachen körperlichen Konstitution vom verhassten Sportunterricht mit seinen Mannschaftsspielen dispensieren lässt, die Zuwendung, Aufmerksamkeit und Anerkennung, der gerade eine Person bedarf, die in geistigen Dingen aufgeschlossener und neugieriger ist als die Mehrzahl ihrer Altersgenossen. Ein Grundgefühl emotionaler und materieller Sicherheit zusammen mit der Aufgehobenheit in der sinnlichen Sphäre der Musik kann als strukturgebend für Adornos Identitätsbildung unterstellt werden. Der intensive Umgang mit der Musik war für den Heranwachsenden eine feste Quelle höchst persönlicher Erfolgserlebnisse. Und die Erfahrung einer geistig anregenden und überaus glücklichen Kindheit war für die utopische Grundströmung von Adornos späterem philosophischem Denken konstitutiv. Frühe Tagebuchaufzeichnungen bezeugen, dass der Jugendliche neben dem Komponieren auch Gedichte und Dramen verfasst hat. Es ist schon spektakulär, dass ›Teddie‹ mit 16 Jahren die damals revolutionären Schriften von Ernst Bloch und Georg Lukács liest, mit 17 Jahren sein Philosophiestudium beginnt, um nach sechs Semestern die philosophische Promotion mit der Bestnote abzuschließen, sich in das Musikleben seiner Heimatstadt Frankfurt am Main einschaltet mit dem Ziel, sich für nichts Geringeres als für Aufführungen der Avantgarde zu engagieren, selbstbewusst Konzert- und Theaterkritiken veröffentlicht und dabei kein Blatt vor den Mund nimmt, alles Erbauliche, Kunstgewerbliche und Geschmäcklerische in Bausch und Bogen verurteilt. Dass eine Person mit diesen geistigen und künstlerischen Ambitionen Aufmerksamkeit auf sich zieht, versteht sich von selbst. Diese ermuntert den extravaganten Sohn eines Weinkaufmanns und einer von einem korsischen Vater abstammenden Sängerin zu mehr. Angeregt durch seinen Wiener Studienaufenthalt bei Alban Berg, legt er in der Zwölftontechnik gesetzte Kompositionen vor, Vertonungen von Gedichten Stefan Georges, ferner ein vom Kolisch Quartett uraufgeführtes Streichquartett in freier Atonalität. Nicht genug damit, später veröffentlicht er in der »Frankfurter Zeitung« von ihm und dem Freund Carl Dreyfus unter dem Pseudonym Castor Zwieback geschriebene »Surrealistische Lesestücke«, die dann auch vom Rundfunk gesendet werden.

Mit seiner Antrittsvorlesung als Privatdozent für Philosophie im Sommer 1931 provoziert er seine Zuhörer dadurch, dass er mit den damals vorherrschenden Denkströmungen wie der Fundamentalontologie, der Lebensphilosophie, der Phänomenologie, aber auch mit der formalen Soziologie scharf ins Gericht geht. Sich seiner Sache sicher, warnt er vor der Illusion, durch Denken das Ganze einer als sinnvoll vorgestellten Welt zu erfassen, zugleich legt er, wenn auch in versteckter Form, ein Bekenntnis zum historischen Materialismus und der Ideologiekritik ab und fordert, die erstarrten Realitätsbilder durch ein anderes Wie der reflexiven Durchdringung aufzulösen.

All diese künstlerischen Aktivitäten und kritischen Reflexionen eines geistig höchst präsenten Individuums in den späten 20er und frühen 30er Jahren im politisch aufgeladenen kulturellen Klima der Weimarer Republik fallen ins Auge. Aber ist der junge Wiesengrund-Adorno deshalb schon ein Intellektueller?

Hält man sich an die Stimmen von Zeitgenossen, so gilt er seinen Neidern schlicht und einfach als ein Snob, als ein Sonderling, der das Glück hat, aufgrund des wirtschaftsbürgerlich gutgestellten Elternhauses materiell unabhängig zu sein, und daraus sein Gefühl der Überlegenheit bezieht. Die Wohlgesinnten hingegen, wie etwa

Max Horkheimer, Leo Löwenthal, Siegfried Kracauer, Walter Benjamin, goutieren ebendiese Antibürgerlichkeit, das Exaltierte als Kritiker an allen Erscheinungen des Konformismus, das rückhaltlose Engagement für alle Ausdrucksformen der Avantgarde.

Die Zeitzeugnisse über Adornos Lebensweise in dieser Zeitphase ergeben das Porträt einer literarisch, philosophisch und musikalisch ungemein gebildeten, geistig hellwachen Person. Ihr Nonkonformismus geht mit einer ausgeprägten Neigung zur Diskussion über weltanschauliche Strömungen, über politisch-ideologische Gegensätze Hand in Hand. Seine umfassende Bildung hat ihn nicht davor bewahrt, sich gegenüber den aktuellen politischen Machtverhältnissen zu irren. Er ist in seiner politischen Naivität davon überzeugt, dass die Nazidiktatur ein Übergangsphänomen sei. Die Rassenpolitik tut er als hochgradig verrückt ab und kann sich nicht vorstellen, dass sich die Bourgeoisie von Bandenführern regieren lasse bzw. von der Karikatur eines ›Führers‹, der ihm »als Verbindung von King-Kong und Vorstadtfriseur« erscheint (Adorno 1971: 49).

Trotz des Rufs, ein unerbittlicher, unversöhnlicher und scharfer Diagnostiker in Sachen Kultur zu sein, den Adorno in den Frankfurter intellektuellen Kreisen genießt, hat er sich während dieser Jahre der Weimarer Republik keineswegs als Intellektueller exponiert, der seine Position und Reputation dazu nutzt, auf die Öffentlichkeit als Ort der Meinungs- und Willensbildungsprozesse in dieser stets labilen Demokratie einzuwirken. Wenn er als Kritiker redet, wendet er sich an seinesgleichen, an den engeren Kreis eines bildungsbürgerlichen Publikums. Der politisch linksorientierte Antikonformist ist ein überzeugter Protagonist der künstlerischen Avantgarde und wird gewiss als Exponent einer bestimmten antikapitalistisch eingestellten Intelligenz wahrgenommen. Dennoch bleibt ihm damals die spezifische Rolle des Intellektuellen fremd, der sich wie beispielsweise Kurt Tucholsky und Carl von Ossietzky als politischer Opponent auf dem Forum der Öffentlichkeit publizistisch betätigt.

Dass der Kulturkritiker Adorno schließlich doch zum Intellektuellen wird, ist das langfristige Resultat eines zeitgeschichtlichen Erfahrungs- und Reflexionsprozesses, für den zwei Faktoren ausschlaggebend sind. Zum einen nimmt die Erfahrung der Differenz, die sich ihm schon während der Kindheits- und Jugendjahre vermittelt hat, politische Dimensionen an: Die Positionierung als Außenseiter gibt sich zu erkennen als Reaktion auf eine mit machtpolitischen Mitteln betriebene Diskriminierung. Zum anderen evoziert das Gewahrwerden des politisch Willkürhaften der Ausgrenzung wiederum einen Politisierungsprozess auf Seiten des Exkludierten. In der Tat zählt Adorno zu denjenigen, die die Bedrohung, die von der nationalsozialistischen Politik im Reich des Diktators ausgeht, am eigenen Leib erfahren. Die Nazis machen ihn zum ›Halbjuden‹ und Linksintellektuellen. So wird sein Vertrauen in den Bestand wenigstens eines Minimums bürgerlicher Lebensformen schnell der Boden entzogen. Am Anfang dieser Diskriminierung steht der Verlust der Privatdozentur an der Frankfurter Universität, gefolgt von einem generellen Publikationsverbot sowie polizeilicher Einschüchterung und Bedrohung (vgl. Müller-Doohm 2003: 270 ff.).

Adorno bringt diese Erfahrung, im eigenen Land zum Fremden deklariert zu werden, im Medium der Kunst zum Ausdruck. Während er in Berlin fassungslos zum direkten Beobachter des Einheitsrauschs der »Volksgemeinschaft«, der Massenversammlungen, Fackelzüge und Gelöbnisse, Zeuge der Bücherverbrennungen sowie der ersten Verhaftungswellen, der Flucht von jüdischen Mitbürgern und Linksoppositionellen ins Ausland wird, verarbeitet er diese Erfahrungen in der Komposition eines Singspiels mit dem Titel »Der Schatz des Indianer-Joe«. Den Handlungsrahmen für das Libretto hat er von Mark Twains Erzählung »The Adventures of Tom Sawyer« gewonnen. Moral, Schuld und Angst sind Motive dieses Singspiels. So heißt es im »Lied vom Zusehen«: »Einer ist tot gegangen,/einer hat's getan,/zwei haben zugesehn,/alle sind schuldig,/solange sie nicht reden« (Adorno 1979: 28 f.).

Nachdem Adorno infolge der politischen Ereignisse von 1933 dann im Jahr darauf gezwungen ist, Deutschland zu verlassen, legt er seinen Opernplan ad acta. Es könnte durchaus sein, dass aufgrund der realen Vertreibung die Erfahrung der Angst Dimensionen angenommen hatte, denen die musikalischen Ausdrucksmittel nicht mehr gewachsen waren.

Die Willkür der Vertreibung aus Deutschland drängt sich Adorno als Exempel für den realen Verfall der bürgerlichen Ordnung auf. Kein Zweifel, diese unmittelbare Betroffenheit hat auf die Dauer seinen opponierenden Geist gestärkt. Wenn Adorno sich selbst in einem Jahre später geschriebenen Brief an Thomas Mann als einen »gleichsam professionell Heimatlosen« (Adorno/Mann 2002: 49) beschreibt, dann will er damit seine Überzeugung zum Ausdruck bringen, dass die Fremdheitserfahrung des Exils mit der generellen Außenseiterposition desjenigen übereinstimmt, der mit dem Weltlauf nicht einverstanden ist.[1] Für Adorno ist das Exil eine Lebenssituation, in der sich seine Selbstdefinition als Kritiker spiegelt: die Gleichzeitigkeit von Drinnen und Draußen. Diese Zwischenposition ist eine existenzielle Bedingung für die Intransigenz seiner Gesellschaftskritik, die in den Jahren der Emigration in England und dann vor allem in den USA immer deutlicher Konturen annimmt. Für Adorno misst sich »der Wert eines Gedankens [...] an seiner Distanz von der Kontinuität des Bekannten. Er nimmt objektiv mit der Herabsetzung dieser Distanz ab; je mehr er sich dem vorgegebenen Standard annähert, um so mehr schwindet seine antithetische Funktion, und nur in ihr, im offenbaren Verhältnis zu seinem Gegensatz, nicht in seinem isolierten Dasein liegt sein Anspruch begründet« (Adorno GS 4: 90).

So wie Adorno in der Exilsituation zu seinem Selbstverständnis als Gesellschaftskritiker gelangt, wächst sein politisches Bewusstsein. Seit seinem englischen Exil beginnt er in politischen Kategorien zu reflektieren, wie die Briefwechsel aus diesen Jahren bezeugen. So äußert er sich Ende 1934 in einem Brief an Horkheimer, dass nach »dem Versagen der demokratischen Länder gegenüber Nazi-Deutschland« ein Krieg unabwendbar sei, »bei dem keiner weiß, was übrig bleibt, und der übrigens um so schlimmer wird, je später er kommt«. Etwa ein Jahr später sagt er voraus, dass Deutschland über Russland herfallen werde. Nüchtern stellt er fest, dass Deutschland bis in den kleinsten Alltag hinein zur Hölle geworden sei (Adorno/Horkheimer 2003).

Die etwas zaghafte Tendenz einer Politisierung der philosophischen Weltsicht zeigt sich keineswegs darin, dass Adorno politische Gegenprogramme formuliert oder sich, wie etwa Thomas Mann, vom amerikanischen Exil aus auf publizistische Weise am politischen Widerstand gegen Nazi-Deutschland beteiligt. Vielmehr lässt sich die Politisierung in der Radikalisierung der Perspektive feststellen, die er für das Projekt einer kritischen Theorie der Gesellschaft geltend macht. Als Mitglied des Institute for Social Reserarch beteiligt er sich an Forschungen über die Genese des Nationalsozialismus. Dabei orientiert er sich an der Maxime des Institutsdirektors Max Horkheimer: »Wer aber vom Kapitalismus nicht reden will, sollte auch vom Faschismus schweigen« (Horkheimer GS 4: 308 f.). Adorno hat seine Version einer Totalitarismustheorie in einem Arbeitspapier von 1942 in der ihm damals schon eigenen Sprache skizziert, das den Titel »Reflexionen zur Klassentheorie« trägt. Dort heißt es: »Die totale Organisation der Gesellschaft durchs big business und seine allgegenwärtige Technik hat Welt und Vorstellung so lückenlos besetzt, daß der Gedanke, es könnte überhaupt anders sein, zur fast hoffnungslosen Anstrengung geworden ist« (Adorno GS 8: 376).

Eine Radikalisierungsstufe der Sozialkritik stellt dann die zusammen mit Horkheimer 1944 zu Papier gebrachte, erst vier Jahre später publizierte *Dialektik der Aufklärung* dar. In diesem Buch gehen die Autoren keiner geringeren als der Frage nach, »warum die Menschheit, anstatt in einen wahrhaft menschlichen Zustand einzutreten, in eine neue Art von Barbarei versinkt« (Adorno GS 3: 11). Die abendländischen Errungenschaften der Aufklärung und der Vernunft in Frage zu stellen hat seinen historischen Grund im Zivilisationsbruch des Genozids. Der Ungeheuerlichkeit der Vernichtung der europäischen Juden ist das Denken kaum gewachsen, dennoch muss es sich dem Faktum der Gaskammern, dem millionenfachen Mord stellen. Für diesen Versuch des Begreifens bedienen sich die Autoren der Dialektik der Aufklärung des Mediums der Gesellschaftstheorie. Sie wenden sich nicht, wie Thomas Mann im Rahmen seiner »Radiosendungen nach Deutschland«, an die Öffentlichkeit in Deutschland (vgl. Müller-Doohm 2007a).

Adorno und Horkheimer setzen fundamentaler an, indem sie nach den Ursachen des Scheiterns von Aufklärung und Vernunft fragen. Dennoch sind sie sich der Grenzen einer gesellschaftstheoretischen Reflexion bewusst. Der ältere der Autoren bringt diese Einsicht in die Unzulänglichkeit der theoretischen Verarbeitung zum Ausdruck. »Manchmal befürchte ich«, so schreibt er in einem Brief 1942, »das Unternehmen überschreitet meine Kräfte«. Dennoch verweigern sich die Gesellschaftstheoretiker einer wohlfeilen Resignation angesichts des Geschichtsverlaufs. »Die Möglichkeit, daß auch uns früher oder später das Konzentrationslager droht, darf nicht zur Rationalisierung dafür werden, dass wir nicht mehr verzweifelt das Wort suchen, das zur Gewalt werden und uns alle daraus befreien kann« (Horkheimer GS 17: 385). Das Wort, das Adorno und Horkheimer suchen, findet in einer Selbstvergewisserung über die Prämissen kritischer Theorie unter den gegebenen Bedingungen der historischen Katastrophe, der Welt »als System des Grauens«, seinen Niederschlag.

Gesellschaftstheorie gilt ihnen gewiss als eine Form intellektueller Praxis und ist doch von ihr unterschieden. Ihnen verbietet es sich, auf das traditionelle Mittel der Aufklärung zurückzugreifen, als wäre nichts gewesen. Im Vordergrund ihrer Vernunftkritik steht vielmehr die Frage aller Fragen: ob die Idee der Aufklärung überhaupt noch in Anspruch genommen werden kann und nicht vielmehr definitiv gescheitert ist. Wie Adorno, der fordert, das »Denken muß durch Denken der tiefsten Fehler seiner selbst überführt werden«, sieht Horkheimer in der Rekonstruktion der Geschichte der Vernunft den einzigen Weg einer »Rettung der Aufklärung« (Horkheimer GS 12: 594). Tatsächlich ist die *Dialektik der Aufklärung* ein politisches Buch, das sich auch Rechenschaft über die

»Praxis und Redeposition des gesellschaftskritischen Intellektuellen« zu geben versucht, der gehalten ist, die »Aporie der eigenen Sprecherposition« auszuhalten. Und »solange diese Aporie besteht und zur Geltung gebracht wird, ist auch die Gesellschaft immer noch offen« (Demirović 1999: 75).

So gigantisch dieses Programm der *Dialektik der Aufklärung* ist, den Aufklärungsprozess und das Vernunftprinzip von ihren Ursprüngen her neu zu denken, die Ursache für das fortdauernde Leiden in der Gesichte aufzudecken und die Position des Sozialkritikers zu bestimmen, die Autoren verstehen ihre fragmentarisch gebliebene Schrift, als eine »Rede«, deren Adressat »ein eingebildeter Zeuge« ist, »dem wir es hinterlassen, damit es doch nicht ganz mit uns untergeht« (Adorno GS 3: 294). Das Bewusstsein, dass radikales Denken zum diesem Zeitpunkt von der Öffentlichkeit abgeschnitten ist, führte zur Vorstellung, ihre Gedanken in einer »Flaschenpost« zu konservieren, die tatsächlich erst Jahrzehnte später entkorkt werden sollte, um dann nach und nach entziffert zu werden.

## Kontemplation im Exil: Theorie des Intellektuellen

Neben dieser philosophischen Selbstvergewisserung und Selbstbefragung, die in der *Dialektik der Aufklärung* geleistet wird, stellt sich Adorno dem Problem des intellektuellen Standpunkts in dieser von Vertreibung, Flucht und Exil bestimmten Zeit. Das Exil, geprägt durch die Erfahrungen des Verlustes der eigene Sprache, des familiären Umfelds, der kulturellen Sphäre und schließlich des Resonanzbodens, erzeugt eine nicht nur konkret biografische »alien Situation« (Adorno 2003: 150). In der Nachbetrachtung gesehen, begünstigt diese Situation die Reflexion auf den Ort des Intellektuellen. Die Frage: Wo stehen wir als denkende Philosophen, in einer Welt, in der der »Rückfall in die Barbarei« stattgefunden hat, wird zum Ausgangspunkt der Überlegungen von Adorno und Horkheimer in der *Dialektik der Aufklärung*. Dort klingen auch schon Überlegungen zur Figur des Intellektuellen an, die den Zustand der Ortlosigkeit und Orientierungslosigkeit dieser Figur verdeutlichen: »Der Intellektuelle, dessen Denken an keine wirkende historische Macht sich anschließe, keinen der Pole zur Orientierung nehme, auf welche die Industriegesellschaft zuläuft, verliere die Substanz, sein Denken werde bodenlos« (Adorno GS 3: 292). Adorno setzt diese Überlegungen und die Suche einer Antwort auf die Frage nach dem intellektuellen Standpunkt in seinem Aphorismenwerk *Minima Moralia* fort. Diese »Reflexionen aus dem beschädigtem Leben« sind aus einer Position des Exils geschrieben, in der sich die Teilnehmerperspektive zur Beobachtungsperspektive veränderte, die von Adorno bewusst zu einer Phase der Kontemplation genutzt wird. Ziel dieser Kontemplation ist unter anderem eine intellektuelle Selbstvergewisserung: »Jeder Intellektuelle in der Emigration, ohne alle Ausnahme, ist beschädigt und tut gut daran es selber zu erkennen« (Adorno GS 4: 35). Diesen Beschädigungen spürt Adorno anhand von subjektiven Erfahrungen nach und versucht sich in kreisenden Denkbewegungen theoretisch den konstitutiven Ambivalenzen zu nähern, die die Figur des Intellektuellen prägen. So entstehen im Zeitraum von 1944 bis 1947 mehrere Aphorismen, die den Ort, die Differenz und die Funktion des Intellektuellen thematisieren.

Die Frage des Ortes wird Ausgangspunkt seiner dialektischen Betrachtungen des Intellektuellen, der sich konstitutiv mit der Gleichzeitigkeit von Drinnen und Draußen konfrontiert sieht. Adorno beschreibt diese Ambivalenz des Ortes in einem der ersten Aphorismen mit dem Titel »Herr Doktor, das ist schön von Euch«. Der Titel, ein Zitat aus Goethes *Faust I*, ist der Szene »Vor dem Tor« entnommen, in der Faust beim Osterspaziergang ein Bad in der Menge genießt, die ihn verehrt. Diese Teilnahme am gesellschaftlichen Leben, das sich unbefangene Treibenlassen in einer Welt, in der der Holocaust stattfindet, wird von Adorno als eine falsche Solidarität bestimmt: »Für den Intellektuellen ist unverbrüchliche Einsamkeit die einzige Gestalt, in der er Solidarität etwa noch zu bewähren vermag. Alles Mitmachen, alle Menschlichkeit von Umgang und Teilhabe ist bloße Maske fürs stillschweigende Akzeptieren des Unmenschlichen« (Adorno GS 4: 26 f.). Im darauffolgenden Aphorismus mit dem Titel »Antithese« verurteilt Adorno jedoch den Gestus des Intellektuellen, der diesen exterritorialen Zustand zu seiner privaten Ideologie missbraucht. Er betont das gesellschaftlich Vermittelte dieses Zustandes der sozialen Distanz. Der Intellektuelle darf sich ob seiner vermeintlich externen Position nicht darüber täuschen, wie sehr er dennoch Teil der Gesellschaft ist, weil sie ihm diesen Standpunkt ermöglicht, indem sie ihn von gesellschaftlich nützlicher Arbeit freistellt, aber darüber hinaus mit den Merkmalen eines Verstoßenen belegt. So sieht sich der Intellektuelle mit der Paradoxie konfrontiert, Teil der Gesellschaft zu sein und sich gleichzeitig außerhalb zu verorten, um das gesellschaftliche Ganze in den Blick zu bekommen: »Vom Denkenden heute wird nicht weniger verlangt, als daß er in jedem Augenblick in den Sachen und außer den Sachen sein soll – der Gestus Münchhausens, der sich an dem Zopf aus dem Sumpf zieht wird zum Schema einer jeden Erkenntnis, die mehr sein will als entweder Feststellung oder Entwurf« (Adorno GS 4: 82). Adornos subjektive Erfahrungen der Vertreibung, der gesellschaftlichen Exklusion und des Exils werden auf diese Weise von ihm zur einer Perspektive des Erkennens transformiert: »Epistemologisch ist die Wahl des Exil der Versuch der Entkontextualisierung von Erkenntnis. Der Exilierte bewegt sich an den Rändern und sieht von dort aus Dinge, die andere nicht erkennen können« (Auer 2003: 54).

Exiliert ist der Intellektuelle Adorno aber auch konkret-biografisch durch die existenzielle Bedrohung der als Kollektiv wahrgenommenen »Volksgemeinschaft«. Geprägt durch die Erfahrungen im faschistischen Deutschland, untersucht Adorno exemplarisch anhand des Intellektuellen die Schwierigkeiten des Subjekts, sich innerhalb eines sozialen Kollektivs als Einzelner zu behaupten, eine Differenz zu markieren. Der Einzelne, das Subjekt hat sich diesem Kollektiv unterzuordnen oder die Konsequenzen zu tragen: »Wenn man nicht mitmacht, und das will sagen, wenn man nicht leibhaft im Strom der Menschen schwimmt, fürchtet man, wie beim allzu späten Eintritt in die totalitäre Partei, den Anschluß zu verpassen und die Rache des Kollektivs auf sich zu ziehen« (Adorno GS 4: 158). Das Glück, diesem Kollektiv entronnen zu sein, täuscht Adorno nicht über einen realistischen Blick auf die gesellschaftliche Situation in seiner neuen Heimat hinweg. Denn die Flucht vor dem mordenden Kollektiv des Nationalsozialismus führte Adorno, wie viele weitere Intellektuelle, in die amerikanisches Gesellschaft, in der die Emigranten den Bedingungen des fortgeschritten Kapitalismus unterworfen sind. So bleibt die Kollektiverfahrung, wenn auch sicherlich in einem entscheidend anderen Kontext, trotz der Rettung durch das Exil bestehen. Stand, wie Adorno 1942 in einer Auseinandersetzung mit Aldous Huxleys *Brave New World* verdeutlicht, die Emigration nach Amerika im 19. Jahrhundert noch im Zeichen des ökonomischen Erfolgsversprechens und der Hoffnung, den amerikanischen Traum zu verwirklichen, so steht die intellektuelle Emigration, die sich vor der Vernichtung rettete, am Anfang des 20. Jahrhunderts unter dem »Diktat von Anpassung« (Adorno GS 10.1: 97) an die ökonomischen Marktbedingungen. In Huxleys Dsytopie ist das Individuum allerdings nicht mehr nur einem Diktat unterworfen, sondern wird radikal durch »conditioning« präfomiert. Es ist, so Adorno in seiner ausführlichen Rezension, ein fiktionaler Zustand der durch die Verlängerung der Linien entsteht, die den Kapitalismus prägen. Ein Zustand, der die Bedingungen der Möglichkeit für Differenz durch pränatale Eingriffe und vorbestimmte Sozialisation negiert und so Subjekte zu Programmen umfunktioniert.

Aus diesen subjektiven Kollektiverfahrungen speist sich eine grundlegende Intuition,[2] die Adornos Philosophie prägt und vor allem seine intellektuellen Einlassungen nach der Remigration leiten wird. Es ist die Intuition eines Zustands der Differenz, die nicht einem gesellschaftlichen Kollektiv geopfert wird, sondern die Notwendigkeit von Differenz betonen und sichern will. Ein Zustand »in dem man ohne Angst verschieden sein kann«.[3] Erst in diesem Zustand kann die Heimatlosigkeit, die als Signum der Zeit am Intellektuellen besonders deutlich abzulesen ist, aufgehoben werden: »[E]s gibt keine Heimat mehr als eine Welt, in der keiner mehr ausgestoßen wäre, die der real befreiten Menschheit« (Adorno GS 11: 100). Adorno erkennt aber in der Notwendigkeit der Betonung und Sicherung der Differenz schon die Gefahr, das hier gerade das hervorgehoben wird, was gesellschaftlich als Grund zu Diskriminierung fungiert. Der Intellektuelle aber, der sich als Anwalt der Toleranz auf die abstrakte Gleichheit aller Individuen beruft, übersieht andererseits die Gefahr, die sich in der Einebnung der Unterschiede versteckt: »Der melting pot war eine Einrichtung des losgelassenen Industriekapitalismus. Der Gedanke, in ihn hineinzugeraten, beschwört den Martertod, nicht die Demokratie« (Adorno GS 4: 116).

Für Adorno ist somit die schwere Wahl, vor der der Intellektuelle in der Emigration gestellt wird, die zwischen Anpassung an die jeweils vorgefundenen gesellschaftlichen Verhältnisse und ihrer Kritik. Die entscheidende der »Fragen an die intellektuelle Emigration«, die Adorno im Jewish Club Los Angeles im Mai 1945 stellt, lautet: Welche Funktion nimmt der Intellektuelle gesellschaftlich wahr, welchen sozialen Beitrag soll er leisten? Im diesem Vortrag betont Adorno den Emigranten-Status der Intellektuellen, die nicht etwa wie frühere Immigranten den Glauben, sondern die Erfahrungen der Flucht und die Hilfebedürftigkeit gemeinsam haben. Doch sollen die Intellektuellen ihren gesellschaftlichen Beitrag nicht deshalb leisten, weil sie gerettet wurden, ihn etwa als Dank oder »Entgelt« für die Wahrnehmung fundamentaler Rechte in der Demokratie verstehen. Der Intellektuelle ist vor die schwerwiegende Aufgabe gestellt, als materiell Mitteloser außerhalb der Gesellschaft zu stehen und gleichzeitig der Versuchung zu widerstehen, sich durch Anpassung zu integrieren. Die zentrale Funktion des Intellektuellen nach Adorno besteht im Verweigern eines angepassten Beitrags. Er verpflichtet die Intellektuellen auf das kritische Denken. Sein Aufgabe, so Adorno, besteht darin, das Gegebene zu transzendieren: »Gerade wenn es uns ernst damit ist, einen besseren Gesellschaftszustand zu erstreben, dürfen wir hoffen dazu beizutragen einzig, wenn wir nicht dem Bestehenden blindlings uns verschreiben« (Adorno GS 20.1: 359). Der Intellektuelle soll sich darüber hinaus nicht der Illusion eines geistigen Neuanfangs hingeben und dadurch seine europäischen Erfahrungen, das Erinnern an die »europäische Katastrophe«, preisgeben. Für den Intellektuellen gibt es somit keine institutionelle Absicherung, keinen verankerten Platz im politischen System. Ihm bleibt nur das Exil als Ort seiner intellektuellen Existenz, die von Adorno als eine kritisch-moralische verstanden wird: »Der Ort des Exil [...] eröffnet die für jedes kritische Urteil konstitutive Spannung zwischen Geltung und Genese, zwischen Unbedingtheit und Bedingtheit, d. h. zwischen Immanenz und der Notwendigkeit der Transzendenz des Bestehenden« (Auer 2003: 54f.). Diese Bestimmung des Intellektuellen in sozialer wie auch politischer Dimension bildet eine Bedingung für die intellektuelle Praxis nach der Remigration. Schon als er im Winter 1949 als amerikanischer Staatsbürger über den Atlantik nach Frankfurt zurückkehrt, vollzieht er gleichzeitig die Grenzüberschreitung vom Kritiker der Gesellschaft, der sich über den intellektuellen Standpunkt selbst vergewissert hatte, zum öffentlichen Intellektuellen: Wie den beiden Hasen, in dem von Adorno in den *Minima Moralia* hochgeschätzten Lied »Zwischen Berg und tiefem, tiefem Tal«, die vom Jäger niedergeschossen wurden, erging es den beiden Philosophen im kalifornischen Exil: »Als sie sich nun aufgesammelt hatt'n/Und sich besannen/Daß sie noch am Leben war'n/Liefen sie von dannen.«

## Der Salto mortale des Dennoch

Trotz der Ängste des ehemals Verfolgten vor der Gefahr eines Wiederauflebens von Nationalsozialismus und Antisemitismus kehrt Adorno 1949 ins postfaschistische Deutschland zurück. Sein Entschluss zur Rückkehr, bekennt Adorno, »war kaum einfach vom subjektiven Bedürfnis, vom Heimweh, motiviert, so wenig ich es verleugne. Auch ein Objektives machte sich geltend. Das ist die Sprache« (Adorno GS 10.2: 699). Für ihn ist Sprache mehr als ein Mittel des kommunikativen Transports von Informationen und Wissen, vielmehr eine Form des individuellen Ausdrucks, der einen

Wahrheitsgehalt hat. Auch dass dieser Ausspruch einlösbar ist, wollte er durch seine publizistische Tätigkeit im Nachkriegsdeutschland unter Beweis stellen (vgl. Müller-Doohm 2008).

Schon wenige Zeit nach seiner Rückkehr war er seinen eigenen Eindrücken zufolge als Schriftsteller so »bekannt wie ein bunter Hund«. Wenngleich diese Selbsteinschätzung gegenüber Siegfried Kracauer etwas übertrieben war, seine Bekanntheit nimmt zu, und sie hat ihren Hauptgrund in der weithin beachteten Publikation der *Minima Moralia*, deren vollständiges Manuskript er ja im Reisegepäck gehabt hatte. Adorno war selbst von dem publizistischen Erfolg überrascht, der sich in über sechzig Besprechungen des Buchs niedergeschlagen hat. Für das deutsche Lesepublikum bieten diese *Reflexionen aus dem beschädigten Leben*, nicht zuletzt wegen der besonderen Schreibweise des Autors, den kontrapunktisch angeordneten Satzgebilden, den dialektischen Umkehrbewegungen, eine der wenigen Alternativen zu jener restaurativen Stimmungslage, zu der zusammen mit der pathetischen Feier des Reinen die Verdrängung der deutschen Schuld gehört. Adorno reflektiert in seinem Buch nicht zuletzt die Frage, wie man sich gegenüber dem besiegten Land verhalten kann. Die zwei für ihn unbefriedigenden Antworten lauten: »Einmal: Ich möchte um keinen Preis, unter gar keinen Bedingungen Henker sein oder Rechtstitel für Henker liefern. Dann: ich möchte keinem [...] in den Arm fallen, der sich für Geschehenes rächt. Das ist eine durch und durch unbefriedigende, widerspruchsvolle und der Verallgemeinerung ebenso wie der Praxis spottende Antwort« (Adorno GS 4: 62). Wenn, wie von Adorno postuliert, das »Ganze das [...] Unwahre« ist (Adorno GS 4: 55), muss sich das Substanzielle der Moral zu einer verschwindend kleinen Bezugsgröße wandeln. Zugleich muss der Moralphilosoph zum Gesellschaftskritiker werden, dessen paradoxe Interventionen schockhaft die Gründe für die Unmöglichkeit eines verbindlichen moralischen Sollens vor Augen führen. Mit seinem Buch bringt sich Adorno als akribisch beobachtender Gegenwartsanalytiker, als Zeitkritiker ins Spiel, der das Übermächtige der sozialen Strukturen und das Fassadenhafte der menschlichen Beziehungen aufdeckt. Indem er die Finger auf die Wunde legt, das Negative beim Namen nennt, stellt sich zugleich die Frage nach den Bedingungen des wahren Lebens: als »Spiegelschrift« des Gegenteils (Adorno GS 4: 283). Mit den *Minima Moralia* als Modelle einer dialektischen Denkpraxis hat sich Adorno nicht nur innerhalb der kulturellen Öffentlichkeit positioniert, er hat auch mit der intransigenten Art des Denkens einen neuen Typus von Intellektualität in Deutschland geschaffen. Gerade indem Adorno sich alles andere als naiv gegenüber seiner neuen Funktion als Intellektueller verhält, wird er sich der Tatsache bewusst, dass er als Remigrant, der, weil er draußen war, nicht ganz drinnen ist, in besondern Maße in die Rolle des öffentlichen Intellektuellen gedrängt wird. Als Kritiker des Scheiterns der Aufklärung steht er vor der Aufgabe, sich für ihre Verwirklichung einzusetzen (vgl. Müller-Doohm 2007b).

Zur wichtigsten Figur des mühsamen Wegs einer geistigen Erneuerung in Deutschland wird Adorno mit dem 1951 veröffentlichten Satz »Nach Auschwitz ein Gedicht zu schreiben, ist barbarisch« (Adorno GS 10.1: 30). Mit diesem Verdikt hat er sich in einer Weise exponiert, die einen Rückzug in den Elfenbeinturm der reinen Kontemplation kaum mehr zulassen sollte.

Förderlich für ein durchaus politisch motiviertes Engagement war eine lebensgeschichtlich spezifische Lernerfahrung, die er in der amerikanischen Emigration gemacht hatte: Die Erfahrung mit demokratischen Lebensformen veranlasst ihn, eben auch die jeweils gegebenen politischen Machtkonstellationen nicht »für natürlich zu halten‹ ›not to take things for granted‹ [...]. »In Amerika wurde ich«, so Adorno, »von kulturgläubiger Naivetät befreit, erwarb die Fähigkeit, Kultur von außen zu sehen« (Adorno GS 10.2: 734). Diese Fähigkeit zur Beobachtung aus der Distanz machte sich Adorno nicht nur für die Analyse kultureller Tendenzen im Nachkriegsdeutschland zunutze, sondern auch für eine von Anfang an scharf formulierte Kritik an den restaurativen politischen Verhältnissen und reaktionären Einstellungen der Deutschen. So moniert er bei seinen Studenten, auf die er als remigrierter Dozent für Philosophie an der Frankfurter Universität trifft, die apologetische Fixierung auf die scheinbar heile Welt des rein Geistigen. Diese Beobachtung ist Thema von Adornos erstem Radiobeitrag nach der Rückkehr, der im Abendstudio des Hessischen Rundfunks 1950 gesendet wird und den die »Frankfurter Hefte« veröffentlichen. Adorno kommt gleich zu Beginn auf den Punkt und kritisiert, dass die Deutschen der Frage nach ihrer eigenen Schuld aus dem Weg gehen. Statt über die Ursachen des Totalitarismus nachzudenken, suche man Schutz beim Herkömmlichen und Gewesenen (Adorno GS 20.2: 459). Zugleich bemängelt er das Fehlen jedweder Avantgarde, und aus diesem Grunde »herrsche ein gespenstiger Traditionalismus ohne bindende Tradition« (Adorno GS 20.2: 458). Seine Ausführungen gipfeln in der These, Bildung habe im Nachkriegsdeutschland die Funktion, »das geschehene Grauen und die eigene Verantwortung vergessen zu machen und zu verdrängen«. So »taugt Kultur dazu, den Rückfall in die Barbarei zu vertuschen« (Adorno GS 20.2: 460). Die konformistische Bewusstseinshaltung der Deutschen gehe Hand in Hand mit einer angepassten und erstarrten Politik, die ihren Nutzen daraus ziehe, dass die Welt in zwei Machtblöcke aufgeteilt sei. Entsprechend habe »Deutschland aufgehört [...], politisches Subjekt in jenem nationalstaatlichen Sinne zu sein« (Adorno GS 20.2: 463). Dem stellt er einen Begriff von Politik gegenüber, der die Veränderung der gesellschaftlichen Realität als ganze beinhaltet. Er wehrt sich gegen die Vorstellung, »daß man Subjekt nur sei als Subjekt gesellschaftlicher Macht, nicht als Subjekt von Freiheit, als Subjekt einer versöhnten Menschheit« (Adorno GS 20.2: 463). Als Teilnehmer bei den ›Darmstädter Gesprächen‹ vom Juli 1950 vertritt er mit aller Vehemenz die These, dass sich die moderne Kunst zur radikalen Negativität als dem einzig möglichen positiven Wert bekennen müsse: Die Kunst hat ihm zufolge eine oppositionelle Funktion, die mit dem Bedürfnis nach Harmonie unvereinbar sei.

Bereits in diesen frühen Beiträgen beruft sich Adorno ausdrücklich auf die kritische Funktion des Intellektuellen, obwohl er damals noch keineswegs als solcher innerhalb der Öffentlichkeit wahrgenommen wird. Das ändert sich in den kommenden Jahren einer exorbitanten publizistischen Aktivität. Sowenig wie von Berührungsängsten des Medienkritikers gegenüber dem Rundfunk oder der Presse die Rede sein kann, so groß ist die Bereitschaft der Redakteure in den Medien, Beiträge von Adorno zu verbreiten. Wann immer und wo immer er das Wort ergreifen wollte, ihm standen die Printmedien sowie die elektronischen Medien zur Verfügung. Diese Medienpräsenz verweist wiederum auf ein breites Interesse innerhalb der sich im Nachkriegsdeutschland allmählich stabilisierenden diskursiven Öffentlichkeit an der fachwissenschaftlichen Kompetenz des Musiktheoretikers, besonders aber an den zeitkritischen Deutungen des Soziologen und Philosophen. So bietet der Hessische Rundfunk Mitte 1954 Adorno und den Mitarbeitern des Frankfurter Instituts für Sozialforschung die Möglichkeit, in einer Folge von Sendebeiträgen das Konzept von Soziologie als Aufklärungswissenschaft anhand zentraler Grundbegriffe darzustellen. Damit wurde das Institut und seine Forschungsrichtung einer größeren Öffentlichkeit bekannt, das die erste akademische Stätte war, an der man im Nachkriegsdeutschland Soziologie studieren konnte. Ein weiteres Themenfeld, auf dem sich Adorno als intellektueller Kritiker profiliert, ist das der Bildung sowie der Reform der Deutschen Universitäten. Hinsichtlich der akademischen Bildung warnt er in einem vom Rundfunk übertragenen Vortrag vor dem Expertentum und der damit verbundenen Entwicklung zur Spezialisierung und zur rein fachlichen Ausbildung. Er plädiert dafür, die Chancen eines unreglementierten Denkens während des universitären Studiums zu nutzen. Er begreift die Universität als einen Raum intellektueller Praxis. Im Zusammenhang damit fordert er den Abbau von autoritären Strukturen und Hierarchien innerhalb der Hochschule, weil damit eine Voraussetzung gegeben sei, dass sich im akademischen Bereich der Typus des freien Menschen entwickeln könne. Darüber hinaus plädiert er für die Auseinandersetzung mit der Politik innerhalb der Universitäten. Denn »der Rückzug von der Politik selber negiert das demokratische Prinzip auch dann, wenn man es kontemplativ gelten lässt. Das ist die Achillesferse der Demokratisierung der deutschen Universitäten« (Adorno GS 20.1: 336 f.).

In seinem gesendeten Vortrag über die »Theorie der Halbbildung« kritisiert er die vorherrschende Tendenz des Bescheidwissens, der Informiertheit, um sich als kultiviert auszuweisen. Das Moment von Prestige, Mit-dabei-Sein sei beim Kulturkonsum ausschlaggebend, nicht die lebendige Auseinandersetzung mit den Bildungsinhalten. Den spezifischen Verfall der Bildung bringt er in der folgenden Formulierung auf den Punkt: »Wer noch weiß, was ein Gedicht ist, wird schwerlich eine gutbezahlte Stellung als Texter finden« (Adorno GS 8: 101).

Trotz all dieser Aktivitäten wird Adorno einer größeren Öffentlichkeit erst mit wachsender Prominenz und seinen Erfolgen als akademischer Lehrer zu Beginn der 60er Jahre bekannt, insbesondere, als er sich im Rundfunk mit den politisch höchst brisanten Themen auseinandersetzt wie: »Was bedeutet: Aufarbeitung der Vergangenheit?«, »Die Bekämpfung des Antisemitismus heute« sowie »Erziehung nach Auschwitz«. Neben diesen vom Rundfunk verbreiteten Vorträgen, in denen er das »Scheinhafte der deutschen Demokratie« kritisiert, profiliert sich Adorno als ein durch seinen kritischen Impetus origineller Gesprächsteilnehmer in Rundfunkdiskussionen zu aktuellen Fragen der Zeit. Wie ein roter Faden zieht sich durch diese publizistischen Beiträge ein Motiv: das Wechselverhältnis von Demokratie, Mündigkeit und Emanzipation. Auf jener Tagung des Koordinierungsrats für Christlich-Jüdische Zusammenarbeit vom Herbst 1959 steht freilich, wenn auch in Verbindung mit diesen Topoi, das durch Hakenkreuzschmierereien brisant gewordene Thema der Vergangenheitsbewältigung im Vordergrund. Adorno warnt vor dem Nachleben des Nationalsozialismus in der Demokratie, das »potentiell bedrohlicher [sei] denn das Nachleben faschistischer Tendenzen gegen die Demokratie« (Adorno GS 10.2: 555 f.). Er stellt, zehn Jahre nach der Verabschiedung des Grundgesetzes, die provokante Frage, ob in Deutschland repräsentative Demokratie mehr sei als eine importierte Staatsform, die man akzeptiere, weil sie mit wirtschaftlichem Wohlstand begleitet war. Er wagt die Spekulation, ob nicht der Parlamentarismus als eine Manifestation von Macht wahrgenommen werde, was ihn wiederum für den autoritätsgebundenen Charakter attraktiv mache. Den Opportunismus gegenüber der demokratischen Ordnung deutet Adorno als Zeichen dafür, dass Demokratie »nicht derart sich eingebürgert (hat), daß sie die Menschen wirklich als ihre eigene Sache erfahren, sich selbst als Subjekte der politischen Prozesse wissen« (Adorno GS 10.2: 559). Als negative Hypothek fällt Adorno zufolge vor allem ins Gewicht, dass die »Aufarbeitung der Vergangenheit [...] nicht gelang und zu ihrem Zerrbild, dem leeren und kalten Vergessen, ausartete« (Adorno GS 10.2: 566). Diese schonungslose Zeitkritik ist ein stilistisches Grundmuster von Adornos Interventionen, die dieser Thematik gelten. Zugleich will er die Augen für jenen Normativismus öffnen, der einer demokratischen Verfassung innewohnt, wofür für ihn die öffentliche Kritik, das Widersprechen und Streiten gehört.

Adorno wollte sich zeit seines Lebens keineswegs auf eine Rolle, schon gar nicht auf eine Berufsrolle festlegen lassen – wenn, dann allenfalls auf die des Künstlers. Er sah sich als Komponist und Musiktheoretiker, als Kulturkritiker und Philosoph, als Gesellschaftstheoretiker und Sozialforscher und wollte sich doch durch keine dieser Tätigkeiten in ihrer Ausschließlichkeit definieren lassen. Ist dieser Anspruch universaler Gelehrsamkeit als Geltung des Mannigfaltigen eine gleichsam treibhausmäßige Bedingung dafür, sich als universeller Intellektueller zu platzieren? Exemplarisch steht der Intellektuelle Adorno aber nicht etwa für die Figur des Intellektuellen, sondern für die scheinbar triviale Erkenntnis einer Soziologie des Intellektuellen: Die Figur des Intellektuellen ist im höchsten Maße individuell und zeitgeschichtlich bedingt, gerade dieser Umstand macht eine verallgemeinerungswürdige Definition nahezu unmöglich. Er führt zu der Annahme, dass der biografische Zugang zu seiner Bestimmung doch mit einigem Gewinn gewählt werden kann, um dieser individuellen Figur und ihren Intuitionen, die sich eben auch aus der Biografie speisen, näher zu kommen. Für den »philosophierenden Intellektuellen«, wie Habermas Adorno genannt hat, finden seine beschriebenen subjektiven Kollektiv- und

Differenzerfahrungen ihren Ausdruck in Intuitionen, die das Motiv sowohl für seine Philosophie als auch für seine intellektuelle Praxis bilden: »Das Bedürfnis, Leiden beredt werden zu lassen, ist Bedingung aller Wahrheit« (Adorno GS 6: 29). Die Biografie ist somit ein Bindeglied in der Bestimmung des Intellektuellen, der sich darüber hinaus durch seine Funktion und seinem Denkstil, der immanenten Logik der intellektuellen Denk- und Argumentationsweise in der Öffentlichkeit, auszeichnet. Adornos Denkstil ist durch seine Intransigenz agonal. Seine Kritikform vertraut ganz der erhellenden Kraft der Dissidenz. Diese Impulse, die der Kritik Adornos ihre Agonalität verleihen, resultieren nicht aus expliziten Wertdispositionen und politischen Überzeugungen, sondern daraus, dass diese Kritik in ihrem Vollzug Tabus bricht. Mit anderen Worten: Adornos Denkstil erhält seine agonalen Qualitäten dadurch, dass seine Kritik bis in die kontradiktorischen Sprachwendungen hinein antikonsensuell ist.

## Literatur

Adorno, Theodor W. (1970–1986): *Gesammelte Schriften*, hg. von Rolf Tiedemann unter Mitwirkung von Gretel Adorno, Susan Buck-Morss und Klaus Schultz (= GS), Frankfurt/M.

Adorno, Theodor W. (1971): »Die Freudsche Theorie und die Struktur der faschistischen Propaganda«, in: ders.: *Kritik. Kleine Schriften zur Gesellschaft*, hg. von Rolf Tiedemann, Frankfurt/M.

Adorno, Theodor W. (1979): *Der Schatz des Indianer-Joe. Singspiel nach Mark Twain*, hg. von Rolf Tiedemann, Frankfurt/M.

Adorno, Theodor W. (2003): *Briefe an die Eltern 1939 – 1951*, hg. von Christoph Gödde und Henri Lonitz, Frankfurt/M.

Adorno, Theodor W./Max Horkheimer (2003): *Briefwechsel*, Bd. I, hg. von Christoph Gödde und Henri Lonitz, Frankfurt/M.

Adorno, Theodor W./Thomas Mann (2002): *Briefwechsel 1943 – 1955*, hg. von Christoph Gödde und Thomas Sprecher, Frankfurt/M.

Auer, Dirk (2003): »Paria wider Willen. Adornos und Arendts Reflexionen auf den Ort des Intellektuellen«, in: *Arendt und Adorno*, hg. von Dirk Auer, Lars Rensmann und Julia Schulze Wessel, Frankfurt/M., S. 35–56.

Demirović, Alex (1999): *Der nonkonformistische Intellektuelle. Die Entwicklung der Kritischen Theorie zur Frankfurter Schule*, Frankfurt/M.

Horkheimer, Max (1985–1996): *Gesammelte Schriften*, hg. von Alfred Schmidt und Gunzelin Schmid Noerr, Frankfurt/M.

Löwenthal, Leo (1983): »Erinnerungen an Theodor W. Adorno«, in: von Friedeburg, Ludwig/Jürgen Habermas (Hg.): *Adorno-Konferenz 1983*, Frankfurt/M., S. 388–401.

Müller-Doohm, Stefan (2003): *Adorno. Eine Biographie*, Frankfurt/M.

Müller-Doohm, Stefan (2007a): »Thomas Mann und Theodor W. Adorno als öffentliche Intellektuelle. Eine Analyse ihres Denkstils«, in: *Thomas Mann Jahrbuch*, hg. von Thomas Sprecher und Ruprecht Wimmer, Bd. 20, S. 43 bis 61.

Müller-Doohm, Stefan (2007b): »Denkerfahrungen oder: Wer war Adorno für uns?«, in: *Adorno-Portraits. Erinnerungen von Zeitgenossen*, hg. und mit einem Vorwort von Stefan Müller-Doohm, Frankfurt/M., S. 95–126.

Müller-Doohm, Stefan (2008): »Sagen, was einem aufgeht. Sprache bei Adorno – Adornos Sprache«, in: Georg Kohler/Stefan Müller-Doohm: *Wozu Adorno?*, Göttingen, S. 26–48.

## Anmerkungen

**1** Diese Erfahrung artikuliert Adorno auch in einer anderen Wendung im Briefwechsel mit Thomas Mann: »Man darf sich ja nicht darüber täuschen, daß die kollektive Energie der Deutschen wirklich in einem Maße wie nie zuvor in das faschistische Unternehmen eingegangen war, und das bedeutet ein Alles oder Nichts. Was zurückblieb, scheint [...] ein Trümmerfeld, beschädigt im Ich, in der Autonomie, in der Spontaneität [...].« Briefwechsel Adorno – Mann, 3. 6. 1950; zu Erfahrungen des Exilanten Mann vgl. Martial Staub: »Im Exil der Geschichte«, in: *Zeitschrift für Ideengeschichte*, Heft 1, 2008.

**2** Intuition wird hier verstanden als eine Verbindungslinie in der biografischen Trias zwischen Gesellschaft – Leben – Werk, die die biografische Erfahrung, in der sich zentral das Soziale einprägt, mit dem Werk verbindet.

**3** Theodor W. Adorno: GS 4, *Minima Moralia*, S. 116; vgl. hierzu auch Dirk Auer (2003), S. 50 f.

## Der Funktionär als Emanzipationsagent –
## Organische und traditionelle Intellektuelle im politischen
## Denken Antonio Gramscis

*Leiv Eirik Voigtländer*

In der Abgeschiedenheit des Kerkers schreibt Antonio Gramsci in 29 Notizheften seinen philosophischen und gesellschaftstheoretischen Nachlass, erschienen unter dem Titel *Quaderni del Carcere – Gefängnishefte* (Gramsci 1991 ff.). In diesem Werkfragment finden sich u. a. Gedanken zu einer marxistisch inspirierten Theorie des Intellektuellen, eine Sozialfigur, die der 1891 auf Sardinien geborene Politiker und Philosoph selbst leidenschaftlich verkörpert hatte, bevor er, von einem faschistischen Sondergericht zu 20 Jahren Zuchthaus verurteilt, als politischer Gefangener von seinem Abgeordnetenmandat, seinem Parteivorsitz und seiner publizistischen Tätigkeit gewaltsam getrennt wird. Nach seinem frühen Tod – Gramsci stirbt 1937 an den Folgen der strapaziösen Haft – und nach dem Ende des italienischen Faschismus nimmt der wohl bekannteste italienische Kommunist posthum Einfluss auf das klassenkämpferische Rollenbild des Intellektuellen: An seinen Überlegungen und Vorschlägen orientieren sich alt- und neulinke »organische Intellektuelle der Arbeiterklasse«.[1]

Zu den Themen, mit denen Gramsci vornehmlich in Verbindung gebracht wird, zählen zweifellos die Hegemonie[2] und der um die Zivilgesellschaft erweiterte sogenannte integrale Staat. Beide Konzepte stehen für sein theoretisches Ringen um ein Verständnis der erwarteten, aber ausgebliebenen proletarischen Revolution im

Westen – um ein Verständnis, das für den kommunistischen Gefangenen zugleich eine zeitgemäße, aus der neuen historischen Erfahrung heraus entworfene, revolutionäre Strategie begründen soll. Die Frage nach der Hegemonie der herrschenden und führenden, also dominanten Klassen auf dem umkämpften Terrain der Zivilgesellschaft ist deshalb zugleich eine Frage nach der Möglichkeit für die bislang beherrschten und fremdbestimmten, also subalternen Klassen, selbst hegemonial zu werden.

Gramsci denkt den gesellschaftlichen Zusammenhalt zwar als durch die latente und manifeste Gewalt der repressiven Staatsapparate gesichert; deren stabilisierende Wirkung behandelt er in den Heften aber nur am Rande. Auch der militärische, häufig an Machiavelli, Clausewitz oder Sorel erinnernde Stil, in dem er seine Gedanken zur Analyse der politischen Kräfteverhältnisse abfasst, um »Schlachtpläne« zu entwerfen und Kräfte zu »mobilisieren«,[3] darf nicht darüber hinwegtäuschen, dass Gramsci kein Theoretiker des Zwanges und der Gewalt ist, sondern einer des Konsenses, des Kompromisses und der spontanen Zustimmung. Die Hegemonie der eigenen Klasse zu behaupten, das setzt in seiner Perspektive voraus, deren partikulares Entwicklungsprojekt auf eine Weise zu formulieren, die es potenziellen Juniorpartnern mit wiederum partikularen Interessen und Perspektiven ermöglicht, sich jenem Projekt anzuschließen, um eigene Ziele im Rahmen eines Kompromisses verfolgen zu können.

Dabei löst Gramsci die marxistische Theorie vom Klassenantagonismus nicht einfach demokratietheoretisch auf. Der umkämpfte Kompromiss, den er ins Auge fasst, macht Herrschaft keineswegs flüssig und deliberativ gestaltbar. Der »Block«,[4] in den die dominante Klasse und ihre Koalitionäre kompromisshaft eingebunden sind, hat seine äußeren Grenzen, hinter denen die ausgegrenzten und der politischen Initiative weitgehend beraubten gesellschaftlichen Gruppen zur Zielscheibe des staatlichen Zwanges werden, sobald sie dem hegemonialen Projekt gefährlich werden. Das bedeutet aber keineswegs, die Hegemonie berühre die Subalternen nur negativ; diese sind der hegemonialen Einheit von Politik, Ökonomie und Kultur schließlich untergeordnet und unterworfen und werden unter ihren spezifischen Bedingungen als Klassenangehörige mit bestimmten Charaktermerkmalen regelrecht formiert. Gramsci interpretiert die italienische politische Geschichte seit der nationalstaatlichen Einigung im 19. Jahrhundert – dem *Risorgimento* – als eine Folge solcher Kompromisse und Ausgrenzungen, die die Massen von ihrer möglichen Rolle als politische, selbstbestimmte Akteure systematisch entfremdet haben. Den Subalternen bleibt unter diesen Bedingungen die zweifelhafte Wahl, unauffällig oder begeistert zu folgen oder aber dem repressiven Apparat des Staates anheimzufallen. Der Faschismus Mussolinis stellt sich in dieser Perspektive vor allem als Fortsetzung und Zuspitzung einer regelrechten politischen Tradition Italiens dar, deren ersehnten Bruch Gramsci durch seine Arbeit an den Heften theoretisch und strategisch vorzubereiten sucht. Die Gruppe von Funktionsträgern, die er als Intellektuelle zusammenfasst, nimmt eine prominente Stellung in seiner subversiven und strategischen Theorie der Hegemonie ein.

### Verhältnis statt Eigenart – Gramscis Definition der Intellektuellen

Im 12. Heft mit dem Titel »Aufzeichnungen und verstreute Notizen für eine Gruppe von Aufsätzen über die Geschichte der Intellektuellen« (Gramsci 1991 ff.: 1495–1532) findet sich eine Überlegung zu der Art und Weise, auf welche Gramsci der Begriff des Intellektuellen definierbar erscheint: »Welches sind die »äußersten« Grenzen der Bedeutung von »Intellektueller«? Lässt sich ein einheitliches Kriterium finden, um gleichermaßen alle verschiedenen und disparaten intellektuellen Tätigkeiten zu kennzeichnen und diese gleichzeitig und in grundsätzlicher Weise von den Tätigkeiten der anderen gesellschaftlichen Gruppierungen zu unterscheiden? Der verbreitetste methodische Irrtum scheint mir der, daß dieses Unterscheidungskriterium in der Eigenart der intellektuellen Tätigkeiten gesucht worden ist statt im Ensemble des Systems von Verhältnissen, in dem sich jene (und folglich die Gruppen, die sie personifizieren) im allgemeinen Zusammenhang der gesellschaftlichen Verhältnisse befinden« (Gramsci 1991 ff.: 1499).

Statt die Gruppe der Intellektuellen anhand einer intrinsischen Qualität, die sich in ihrer beruflichen Tätigkeit ausdrückt, zu bestimmen – etwa anhand ihrer besonderen Denkleistung –, hält sich Gramsci an deren besondere und gemeinsame Funktion im Geflecht der Klassenverhältnisse. So wie der proletarische Arbeiter nicht durch die manuelle oder instrumentelle Arbeit gekennzeichnet ist, die er verrichtet, sondern durch die besonderen Bedingungen der kapitalistischen Produktion, unter denen und zu deren Erhalt er arbeitet, so ist auch der Intellektuelle für Gramsci wesentlich durch die gesellschaftlichen Verhältnisse bestimmt, in denen er sich seines Intellekts beruflich bedient.

Für Gramsci hätte es bereits aufgrund seiner Prämissen abwegig erscheinen müssen, die Intellektuellen mit Mannheim als freischwebend zu begreifen oder mit Adorno im innergesellschaftlichen Exil zu verorten; er behauptet deren direkte Zugehörigkeit zu den verschiedenen sozialen Klassen, zu deren Diensten sie tätig sind: »[E]s gibt keine unabhängige Intellektuellenklasse, sondern jede gesellschaftliche Gruppe [d. h. ökonomische Klasse, L. E. V.] hat eine eigene Intellektuellenschicht oder tendiert dazu, sie sich zu bilden [...]« (Gramsci 1991 ff.: 1948).

## Organische und traditionelle Intellektuelle und die Katharsis der Klassen

Um die Eigenart seines marxistischen Ansatzes zu verstehen, der wiederum konstitutiv für seinen Begriff des Intellektuellen ist, muss man berücksichtigen, dass Gramsci soziale Klassen im Laufe ihrer Geschichte als einem Expansions- und eventuell einem Verfallsprozess unterworfen begreift. Ihre Expansion umfasst wiederum eine Phase bloß ökonomischer Formierung – etwa in Berufsverbänden, die das »ökonomisch-korporative« Interesse ihrer Klasse artikulieren. In der Auseinandersetzung mit den gesellschaftlichen Bedingungen und Voraussetzungen ihrer Reproduktion strebt die Klasse früher oder später danach, auf die Gesellschaft als ganze und nicht allein auf das eigene unmittelbare Umfeld Einfluss zu nehmen. In der zweiten, der »ethisch-politischen« Phase ihres Aufstiegs, ringt die Klasse um den rechtlichen und politischen, aber auch um den kulturellen und moralischen Rahmen, von dem ihre Protagonisten annehmen, dass er ihrer Expansion am zuträglichsten sei. Die Klasse arbeitet sich gewissermaßen aus der Ökonomie in die Politik hinein und wächst an dieser Arbeit.

In diesen Gedanken, die Gramsci als Entwicklungstheoretiker und seine Hegemonietheorie als Entwicklungstheorie ausweisen, ist das Marx'sche Schema von ökonomischer Basis und rechtlich-moralischem Überbau deutlich zu erkennen. Gramsci verwendet in diesem Zusammenhang die in romanischen und angelsächsischen Übersetzungen durchaus üblichen Ausdrücke »Struktur« und »Superstruktur«.[5] Für Gramsci haben die Klassen die Gründe ihrer Existenz nicht allein in der ökonomischen Struktur, denn ohne deren Formierung auf der Ebene der Überbauten oder Superstrukturen könnten sie weder expandieren noch überhaupt bestehen. Der Überbau erscheint bei Gramsci als Sphäre, aus der heraus die Basis gewissermaßen »interpretiert« wird und Lösungen für deren Probleme gesucht werden. Falsche Interpretationen oder versäumte Lösungen führen dann zu einem wachsenden Problemdruck, der sich in letzter Instanz katastrophisch auswirken muss.

Als Funktionäre der Superstrukturen treten nun die Intellektuellen auf die Bühne des Klassenkampfes: »Jede gesellschaftliche Gruppe schafft sich, während sie auf dem originären Boden einer wesentlichen Funktion in der Welt der ökonomischen Produktion entsteht, zugleich organisch eine oder mehrere Schichten von Intellektuellen, die ihr Homogenität und Bewußtheit der eigenen Funktion nicht nur im ökonomischen, sondern auch im gesellschaftlichen und politischen Bereich geben [...]« (Gramsci 1991 ff.: 1497). Diese »organischen Intellektuellen« ihrer Klassen sind nicht unbedingt Intellektuelle im Sinne anderer in diesem Buch besprochener Konzepte; zu ihnen zählen der moderne Ingenieur ebenso wie der Wirtschaftswissenschaftler, zwei Berufsgruppen, die mit ihren jeweiligen Lösungen zugleich Sinn stiften und Verhältnisse rechtfertigen.[6]

Die Philosophen, die einer verbreiteten Vorstellung vom typischen Intellektuellen vielleicht näher kommen als die Techniker der Industrie, lassen sich mit Gramsci als organische Intellektuelle der neuzeitlichen aufgeklärten Fürsten, als historisch tradierte Intellektuelle begreifen – er bezeichnet sie als »traditionelle Intellektuelle«. Zur Zeit ihres ersten Auftretens in der Geschichte standen sie selbst traditionellen Intellektuellen gegenüber: Dem Klerus als Gruppe organischer Intellektueller des mittelalterlichen feudalen Adels.

Die Attribute »organisch« und »traditionell« beziehen sich folglich nicht auf den Grad an Loyalität der Intellektuellen gegenüber einer bestimmten Klasse, sondern auf die gesellschaftliche Funktion ihres jeweiligen Berufes zum historischen Zeitpunkt seiner Entstehung. Die Frage der politischen Zuordnung im Klassenkampf ist dieser Unterscheidung nachgeordnet, wenn auch keineswegs sekundär: Für Gramsci üben die wesentlichen Klassen nämlich mittels ihrer organischen Intellektuellen eine anziehende Wirkung auf die traditionellen Intellektuellen ihrer Zeit aus und tendieren dazu, diese um sich und um die Klasse, deren Kultur sie repräsentieren, zu scharen.

Der privilegierte Ort, an dem die Assimilation von organischen und traditionellen Intellektuellen sich Gramscis Auffassung zufolge vollzieht, ist die politische Partei. Es ist in diesem Zusammenhang geboten, noch einmal an sein entwicklungstheoretisches Staatsverständnis zu erinnern. Der integrale Staat, der sowohl die Momente des Zwanges und des Gewaltmonopols, die politische Gesellschaft *(società politica)*, umfasst als auch die Momente der Hegemonie und des Konsenses, die Zivilgesellschaft *(società civile)*,[7] dient in letzter Instanz der Expansion derjenigen Klassen, die ihn sich im Klassenkampf erobern konnten. Die Parteien, die auf dem zivilgesellschaftlichen Terrain operieren, sind in diesem Sinne bereits Teil des integralen Staates und verhandeln als solche die Probleme der ökonomisch-kulturellen Entwicklung. Durch ihre exponierte Stellung, die sie den Staatsapparaten im landläufigen Sinne gegenüber einnehmen, stehen sie jedoch auch außerhalb des Staates und sind somit in der Lage, auf »liberale Weise« (Gramsci 1991 ff.: 1948),

d. h. individuell und ungezwungen, Mitglieder aufzunehmen und in politischen Austausch miteinander zu bringen. Die Grundfunktion der Partei – so Gramsci (1991 ff.: 1505) – bestehe darin, die eigenen Elemente einer gesellschaftlichen Gruppe herauszuarbeiten, bis sie zu qualifizierten politischen Intellektuellen, Führern, Organisatoren aller Aktivitäten und Funktionen werden, die zur organischen Entwicklung einer integralen zivilen und politischen Gesellschaft gehören.

Neben der Zivilgesellschaft und der politischen Partei als quasi konsensualem Schmelztiegel von organischen und traditionellen Intellektuellen bezieht Gramsci sich auch auf die administrative Seite des integralen Staates – die Intellektuellen erscheinen hier als Spezialisten der Verwaltung, als Personal der im Zuge der Modernisierung überhandnehmenden Bürokratie. Die so verstandene Kategorie der Intellektuellen, schreibt Gramsci, habe sich in der modernen Welt unerhört erweitert. Das bürokratisch-demokratische Gesellschaftssystem habe beeindruckende Massen ausgeformt, die zwar nicht immer durch die gesellschaftlichen Notwendigkeiten der Produktion, aber durchaus durch die politischen Notwendigkeiten der herrschenden grundlegenden Klasse gerechtfertigt seien (Gramsci 1991 ff.: 1503). Die Verwalter des rationalen Staates, dessen Aufstieg Gramsci erlebt, erscheinen in dieser Lesart als organische Intellektuelle des fordistischen Kapitals außerhalb der eigentlich ökonomischen Sphäre. Das Berufsbeamtentum habe die demokratischen Regime und die Parlamente unter seine Kontrolle gebracht. Dieser Mechanismus weite sich nach und nach aus und beziehe in seinen Kreis die großen Spezialisten der privaten praktischen Tätigkeit ein, die somit Regime wie Bürokratie kontrollieren. In dieser Perspektive stellt sich die Bürokratie gewissermaßen als ein Versuch dar, auf die zunehmende Komplexität der modernen Gesellschaft und die daraus erwachsenden Probleme zu antworten (vgl. Gramsci 1991 ff.: 289, 1513). Jeder Versuch, diese Tendenzen von außen zu bannen, wendet er gegen die Kritik der alten Eliten ein, führe »zu nichts weiter als zu Moralpredigten und rhetorischem Gejammer« (Gramsci 1991 ff.: 1514).

Für den distanzierten, traditionellen Intellektuellen kommt es nun darauf an, die Zeichen der Zeit zu erkennen: »[A]uch der große Intellektuelle muß in das praktische Leben eintauchen, ein Organisator der praktischen Aspekte der Kultur werden, wenn er weiterhin führen will: er muß sich demokratisieren, aktueller sein: der Mensch der Renaissance ist in der modernen Welt nicht mehr möglich, wenn an der Geschichte aktiv und direkt immer gewaltigere Menschenmassen teilhaben« (Gramsci 1991 ff.: 716).

## Alltagsverstand vs. gesunder Menschenverstand – Der Intellektuelle als kommunistischer Mäeutiker

An zahlreichen Stellen in seinen Aufzeichnungen erscheint Gramsci als leidenschaftlicher Anhänger einer Art aktivierender Massenaufklärung, der den Kommunismus vom Individuum mit seinen je besonderen Erfahrungen und mit einem grundlegenden Bedürfnis zu selbstbestimmtem und kritisch-selbstbewusstem Handeln her denkt. In dem emanzipativen Entwurf, der sich aus den Gefängnisheften rekonstruieren lässt, schlägt Gramsci einen dreifachen Bogen aus der Unmündigkeit in die individuelle, ökonomische und politische Selbstbestimmung der Subalternen. Dabei weist er den Intellektuellen wesentliche Funktionen bei der Verwirklichung dieses Programms und seiner Komponenten zu; er kann dies tun, gerade weil er deren Begriff, wie oben dargelegt, so ungemein erweitert.

Politische und kulturelle Gleichgültigkeit und Passivität werden Gramsci zum Gegenstand der Kritik und zugleich zum Ausgangs- und Bezugspunkt eines kommunistischen *sapere aude*: Er fragt seinen imaginierten Leser, ob es vorzuziehen sei, auf zusammenhangslose und zufällige Weise zu denken, ohne sich dessen kritisch bewusst zu sein, also an einer Weltauffassung teilzuhaben, die mechanisch von der äußeren Umgebung auferlegt sei, oder stattdessen die eigene Weltauffassung bewusst und kritisch auszuarbeiten »und folglich, im Zusammenhang mit dieser Anstrengung des eigenen Gehirns, die eigene Tätigkeitssphäre zu wählen, an der Hervorbringung der Weltgeschichte aktiv teilzunehmen, Führer seiner selbst zu sein und sich nicht einfach passiv und hinterrücks der eigenen Persönlichkeit von außen den Stempel aufdrücken zu lassen« (Gramsci 1991 ff.: 1345).

Gramsci denkt den Ausschluss aus der hegemonialen Einheit, wie im Zusammenhang mit Hegemonie und Subalternität bereits erwähnt, als charakterprägend. Die politische Irrelevanz und Verantwortungslosigkeit, die mit dem Dasein als Subalterner einhergeht, schlägt sich bis auf den Alltagsverstand der Individuen dieser Klassen nieder: In ihrem Denken und Urteilen bedienen sie sich unkritisch anachronistischer Begriffe und Kalküle; statt als »modern lebende Wesen« erscheinen sie als »Fossile« (Gramsci 1991 ff.: 1376). Ihr borniierter Alltagsverstand und ihre »Unfähigkeit zu vollständiger geschichtlicher Autonomie«, ein Defizit, das Gramsci in diesem Zusammenhang besonders hervorhebt, bedingen sich gegenseitig. Dieser Teufelskreis von Initiativlosigkeit und Alltagsverstand erscheint noch umso absurder, als die Subalternen für Gramsci unter gewissen Gesichtspunkten die entwickeltste Modernität ausdrücken – sie umfassen schließlich das Industrieproletariat als wesentlichem Träger der gegenwärtigen kapitalistischen und erwarteten sozialistischen Gesellschaft.

Die Verschärfung dieses Problems einerseits und andererseits dessen Lösung stehen in Gramscis Überlegungen in einem relativ engen Verhältnis zueinander, sofern sie nämlich jeweils verschiedene Möglichkeiten darstellen, Erfahrung sinnstiftend zu verarbeiten. Gramsci interessiert sich seinem emanzipativ-aufklärerischen Selbstverständnis entsprechend für diejenigen unter ihnen, die zugleich in der Lage sind, die selbstbestimmte Subjektivität der Subalternen zu fördern. Dies sei mit Vorbehalt gesagt – Gramsci hängt nämlich einem Produktivismus an, der die von ihm geforderte Autonomie auf fatale Weise in Frage zu stellen vermag.

In der intellektuellen Emanzipation des Subalternen – Gramsci bezeichnet diesen Prozess des Übergangs vom Objektiven zum Subjektiven und von der Notwendigkeit zur Freiheit als »Katharsis« – erfüllt der engagierte Philosoph als Intellektueller eine wichtige

mäeutische Funktion. Er, der sich von den Nichtphilosophen dahingehend unterscheide, dass er die Geschichte seines Denkens
kenne, soll den kritischen Geist der Subalternen, ihren »gesunden
Menschenverstand«, zur Tätigkeit provozieren. Anstatt *ex novo*
eine Wissenschaft ins Individualleben aller einzuführen, gehe es der
Philosophie der Praxis darum, eine bereits bestehende Tätigkeit zu
erneuern und kritisch zu machen. Es handele sich darum, eine Philosophie auszuarbeiten, die, indem sie bereits eine Verbreitungsten-
denz besitze, weil sie mit dem praktischen Leben verbunden und
ihm implizit sei, zu einem erneuerten Alltagsverstand werde
(Gramsci 1991ff.: 1381f.).

Subjekt dieser Katharsis ist aber weniger der Intellektuelle in seiner
Funktion als mäeutischer Philosoph, als vielmehr der Subalterne
selbst, insofern er sich politisch seinem gesellschaftlichen Dasein
stellt und es theoretisch und praktisch kritisiert. Die praktische
Veränderung der Wirklichkeit wird ihm – im Sinne der Marx'schen
Feuerbachthesen – zum revolutionären Akt der Erkenntnis. Der
Konflikt lässt sich von den Intellektuellen zwar provozieren und
begleiten, durchkämpfen müssen ihn die Massen jedoch selbst.
Gramsci beschränkt die Katharsis nicht auf einen individuellen
Selbstfindungsprozess, sondern erweitert sie zugleich zu einem
massenhaften ökonomischen und politischen Akt, in dem die Subalternen schließlich hegemonial werden. Sein aufklärerisch antieli-
tärer und zugleich antipopulistischer Impetus macht sein Programm anschlussfähig für nachfolgende politisch engagierte Künstler wie Dario Fo oder Pier Paolo Pasolini, die sich ausdrücklich auf
den Autor der Gefängnishefte beziehen.

### Industrialismus und Monogamie –
### Gramscis Vision der Arbeiterautonomie

Auf dem Wege seiner Katharsis begegnet das subalterne Individuum neben dem Philosophen noch weiteren Intellektuellenkate-
gorien, die ihm und seiner Klasse »Homogenität und Bewußtheit
der eigenen Funktion« zu geben suchen – den bereits erwähnten

Übergang von der ökonomisch-korporativen zur ethisch-politischen Phase in der Geschichte einer Klasse als Kollektivsubjekt nennt Gramsci konsequenterweise ebenfalls »Katharsis«. Von der depravierenden Erfahrung des Industriearbeiters in der fordistischen Fabrik aus schlägt Gramsci seinen emanzipativen Bogen in die Arbeiterautonomie; der Intellektuelle, sozusagen als Katharsisagent der Subalternen, muss sich mit der Wirklichkeit des Fabriklebens vertraut machen.

Marx bezeichnet im ersten Band des *Kapitals* die Fabrik sinnbildlich als eine Gerberei, in die der Arbeiter seine Haut trägt, um sich verdingen zu können. Für Gramsci, der sich im 22. Heft unter der Überschrift »Amerikanismus und Fordismus« (Gramsci 1991 ff.: 2061–2101) mit der Fabrik seiner Gegenwart auseinandersetzt, stellt sich die Angelegenheit etwas anders dar: An der Maschine, aber auch und gerade außerhalb der unmittelbaren Produktionssphäre nimmt das Kapital nicht nur auf den Körper, sondern auch auf die sexuellen Dispositionen des fordistischen Arbeiters gezielt Einfluss. Die Geschichte des Industrialismus sei ein unaufhörlicher, oft schmerzhafter und blutiger Prozess der Unterwerfung der Triebe unter immer neue, komplexere und rigidere Normen und Gewohnheiten der Ordnung, Exaktheit und Präzision, schreibt Gramsci über diese Einflussnahme. Die Methoden der Rationalisierung, die von Charles Taylor entwickelt wurden, um die »psycho-physische Anpassung an die neue Struktur« (Gramsci 1991 ff.: 2069) – d. h. an den Entwicklungsstand der Produktivkräfte zu Beginn des 20. Jahrhunderts – zu gewährleisten, stellen nur eines der wichtigen Aufgabenfelder für moderne Intellektuelle dar – in diesem Falle für organische Intellektuelle des Kapitals. Ein anderes, nicht minder wichtiges Feld für die Intervention bietet das private und intime Freizeitverhalten der Massen bzw. dessen Manipulierbarkeit. Gramsci kommentiert in seinem Heft zu Amerikanismus und Fordismus Henry Fords Versuche, die Sexualmoral seiner Arbeiter in Richtung einer heterosexuellen Monogamie zu beeinflussen. Auch die Prohibition interpretiert er in diesem Sinne als Erfordernis des fordistischen Produktions- und Konsumptionsregimes. Den neopuritanischen Initiativen schreibt Gramsci den Zweck zu, außerhalb der Arbeit ein bestimmtes psychophysisches Gleichgewicht aufrechtzuerhalten, das letztlich dazu diene, den physiologischen Zusammenbruch des von der neuen Produktionsmethode ausgepressten Arbeiters zu verhindern (Gramsci 1991ff.: 2087).

Diese Motivation stellt Gramsci nun aber keineswegs in Frage, er rechnet vielmehr fest damit, dass die Arbeiter, nachdem sie die Fabriken im revolutionären Prozess übernommen haben werden, selbst einsehen werden, was ihm offensichtlich erscheint – »daß der neue Industrialismus die Monogamie will« (Gramsci 1991ff.: 2088). Diejenigen, die diese Wahrheit nicht einsehen wollen, werden sich gewissermaßen einer postpuritanischen Erziehung einsichtigerer Intellektueller unterziehen müssen. Gramsci besteht darauf, »daß der depravierendste und ›regressivste‹ ideologische Faktor im Sexualbereich die aufklärerische und libertäre Auffassung sei, die für diejenigen Klassen charakteristisch ist, die nicht eng an die produktive Arbeit gebunden sind, und daß sie von diesen Klassen durch Ansteckung an die werktätigen Klassen kommt« (Gramsci 1991ff.: 2084). Die aus dieser Auffassung resultierende Krise könne zur Dauererscheinung, mit katastrophischer Perspektive werden, da nur der Zwang sie auflösen könne, »ein Zwang neuen Typs, insofern er von der Elite einer Klasse gegen die eigene Klasse ausgeübt wird« (Gramsci 1991ff.: 2085). Gegen die aufklärerische und libertäre Mentalität in der Sphäre der Sexualbeziehungen zu kämpfen heiße dann genau, »diejenigen Eliten zu schaffen, die für die geschichtliche Aufgabe notwendig sind, oder sie zumindest zu entwickeln, damit ihre Funktion sich über alle Sphären der menschlichen Tätigkeit erstreckt« (Gramsci 1991ff.: 2085).

Die Katharsis als Übergang von der Notwendigkeit in die Freiheit gerät Gramsci also ganz hegelianisch zur Einsicht in die Notwendigkeit. Als Wächter dieses Überganges fungieren die Intellektuellen in der Fabrik, nun nicht mehr in mäeutischer Mission, sondern als Vollstrecker des Zwangs der Klasse über ihre uneinsichtigen, unproduktiven und daher gefährlichen Elemente.

Gramsci wäre Ökonomist und nicht Leninist, wenn er die Hegemonie ausschließlich in der Fabrik erkämpfen wollte.[8] Wie oben
erwähnt, deutet Gramsci die moderne politische Partei als den privilegierten Ort, an dem organische und traditionelle Intellektuelle
zu Intellektuellen einer Klasse sich verbinden. In den verstreuten
Passagen zu »demokratischem« und »organischem Zentralismus«
legt Gramsci dar, welche Ansprüche er an die Kommunikation zwischen kommunistischer Parteiführung, Intellektuellen und Mitgliedermassen stellt.

Bei der Rekonstruktion eines optimalen Verhältnisses dieser Gruppen aus seinen Notizen ergibt sich zunächst die Schwierigkeit, dass
Gramsci den Begriff des Intellektuellen aufs Neue inflationär verwendet: »Daß alle Mitglieder einer politischen Partei als Intellektuelle angesehen werden müssen, das ist eine Behauptung, die zu
Spott und zur Karikatur Anlaß geben kann; dennoch, bei genauer
Überlegung, nichts richtiger als dies« (Gramsci 1991 ff.: 1506).
Wie erinnerlich, umreißt Gramsci die Funktion des Intellektuellen
anhand dessen formierender Wirkung auf ein Kollektiv. »Man
wird Rangstufen unterscheiden müssen, eine Partei mag eine grö-
ßere oder geringere Zusammensetzung des höheren oder des nied-
rigeren Ranges haben, darauf kommt es nicht an«, begründet
Gramsci seine Behauptung. »Es kommt auf die Funktion an, die
eine der Führung und der Organisation, also eine erzieherische,
also eine intellektuelle ist« (Gramsci 1991 ff.: 1506). »Die Partei«,
schreibt Gramsci an anderer Stelle, »ist die Erzeugerin der neuen
und ganzheitlichen Intellektualitäten, das heißt der Schmelztiegel
der als wirklicher geschichtlicher Prozeß verstandenen Vereinigung
von Theorie und Praxis« (Gramsci 1991 ff.: 1386).

Gramsci unterscheidet für seine ideale demokratisch-zentralistische
Partei drei Rangstufen – die quantitativ relativ kleine Parteiführung, die Mitgliedermassen und eine an Zugehörigen möglichst
zahlreiche vermittelnde Zwischenschicht von Intellektuellen im engeren Sinne. Diesen weist er integrative Aufgaben zu; sie sollen

verhindern, dass die Führer – wie die sozialdemokratischen Funktionäre zu Beginn des ersten Weltkrieges – in Augenblicken radikaler Krisen abweichen, und sie sollen ähnlich den oben vorgestellten philosophischen Intellektuellen die praktische und theoretische Kompetenz der Mitgliedermassen fördern (Gramsci 1991 ff.: 289). Dabei legt Gramsci besonderen Wert auf die aktive Teilnahme der Anhänger am geistigen und organisatorischen Leben der Partei.

Die emanzipative Wirkmächtigkeit, die Gramsci der praktischen Erfahrung in der demokratisch-zentralistischen Parteistruktur zuschreibt, kommt in dem Bild zum Ausdruck, das er für sein Parteimodell findet: In Anlehnung an Machiavellis *Fürsten*, den er als Manifest deutet, und an den Mythos Sorels vom revolutionären Generalstreik, bezeichnet Gramsci die Partei aufgrund ihres praktischen Vermögens, die Massen zu begeistern und zu aktivieren, an zahlreichen Stellen in den Heften als »modernen Fürst-Mythos«.

Das von Gramsci beschworene Verhältnis von massenhafter Teilnahme an diesem Mythos einerseits und von einer intellektuellen Betreuung der tätigen Massen andererseits ist durchaus geeignet, den wohlmeinenden unter den kritischen Lesern Kopfzerbrechen zu bereiten. Gramsci denkt die politische Einheit in der Organisation nämlich als notwendiges Ergebnis selbstbestimmter und agonaler politischer Praxis ihrer Mitglieder. Die optimistische Dialektik, die sein Denken in dieser Frage kennzeichnet, führt ihn zu der Auffassung, dass die Freiheit in der Partei umso notwendiger ist, als sie allein die Einheit und Einsicht herbeiführen und auf festen Grund zu stellen vermag. Seine beißende Kritik an der Unterdrückung der Tätigkeit der Basis, für die Gramsci Bekanntheit erlangt hat und mit der er posthum – gemeinsam mit Rosa Luxemburg – zum Paten einer Forderung, den Kommunismus demokratisch zu erneuern, werden konnte,[9] geht einher mit einer geradezu totalitär anmutenden Beschwörung der Einheit: Der Prozess der Standardisierung der populären Gefühle, so Gramsci, werde in der Massenpartei von einem mechanischen und zufälligen zu einem bewussten und kritischen. Im Zuge der aktiven und bewussten Mitbeteiligung der Mitglieder in diesem »kollektiven Organismus«, durch »Mit-

Leidenschaftlichkeit« und durch die Erfahrung der unmittelbaren Einzelheiten bildet sich »ein enges Band zwischen großer Masse, Partei, Führungsgruppe, und der gesamte gut gegliederte Komplex vermag sich wie ein ›Kollektiv-Mensch‹ zu bewegen« (Gramsci 1991 ff.: 1424). Indem dieser Fürst-Mythos sich entwickle, schreibt Gramsci in einem anderen Paragraphen, stürze er das gesamte System intellektueller und moralischer Verhältnisse um, und zwar »weil seine Entwicklung gerade bedeutet, daß jede Handlung allein insofern als nützlich oder schädlich, tugendhaft oder verbrecherisch begriffen wird, als sie den modernen Fürsten selbst als konkreten Bezugspunkt hat und dazu dient, seine Macht zu erweitern oder sich ihr zu widersetzen. Der Fürst nimmt in den Bewußtseinen die Stelle der Gottheit und des kategorischen Imperativs ein, er wird die Basis eines modernen Laizismus und einer vollständigen Laisierung des gesamten Lebens und aller die Gewohnheiten betreffenden Verhältnisse« (Gramsci 1991 ff.: 1540).

Vor diesem Hintergrund tritt das grundlegende Problem der intellektuellen Mittlerrolle in Gramscis idealer Partei deutlich hervor. Will der Intellektuelle die tradierte Trennung zwischen sich und den Massen überwinden, so muss er sich Gramsci zufolge darum bemühen, deren elementare Leidenschaften zu fühlen und zu verstehen. Und ebendiese Leidenschaften müsse er »in der bestimmten geschichtlichen Situation erklären [...] und rechtfertigen [...] und sie dialektisch mit den Gesetzen der Geschichte, mit einer höheren, wissenschaftlich und kohärent ausgearbeiteten Weltauffassung, dem ›Wissen‹ verknüpfen« (Gramsci 1991 ff.: 1490).

Was aber, wenn diese innige Beziehung enttäuscht wird? Wenn die Massen sich selbstbestimmt, aber in völlig unerwarteter Richtung von der Partei und ihren Intellektuellen abwenden? Wenn ihre artikulierten Forderungen sich von den Intellektuellen nicht im Hinblick auf den dialektischen Lauf der Welt rechtfertigen lassen? Gramsci verhandelt dieses Problem nicht in seinem Entwurf des Fürst-Mythos, in dem die Einheit sich dialektisch einstellen muss – tugendhaft, wer an dieser Einheit tätig teilhat, verbrecherisch, wer sich ihr widersetzt.

Die erzwungene Abgeschiedenheit der Gefängniszelle, in der Gramsci reflektiert, was er im politischen Engagement erlebt und erfahren hat, hat keine positive Entsprechung in seinem deskriptiven oder seinem präskriptiven Konzept des Intellektuellen. Den Rückzug aus den profanen Angelegenheiten der Gesellschaft wirft Gramsci den traditionellen Intellektuellen, die sich in ihrem gesellschaftlichen Exil eingerichtet haben, schließlich vor. Die je besonderen Erfordernisse, um auf philosophischem, technischem oder politischem Terrain tätig sein zu können und erfolgreich aufzuklären, bestimmen bei Gramsci den Ort intellektuellen Wirkens, der sich in jedem Falle eher nah am gesellschaftlichen Geschehen als fern davon befinden wird.

Die eigentliche Distanz zwischen Intellektuellen und Nichtintellektuellen ergibt sich aus deren jeweiliger Funktion – Gramscis zentralem Definitionsmerkmal. Die Funktion der Intellektuellen besteht nur mitfolgend darin, die Gesellschaft zu beobachten; in erster Linie wirken sie sinnstiftend und zwar sowohl partikular als auch universell. Die funktionale und hierarchische Spaltung der Gesellschaft macht es für die herrschende Klasse gerade erforderlich, dass ihr partikulares Interesse als universelles gilt, eine Geltung, die ihr systematisch erst die eigenen Intellektuellen verschaffen. Auch die Intellektuellen der Subalternen formulieren das partikulare Interesse ihrer Klassen, Gramsci vertraut jedoch mit Marx auf die Kraft und Fähigkeit des Proletariats, die Klassenherrschaft überhaupt aufzuheben, auf dass die Gesellschaft den Staat in sich zurücknehmen kann und die Hegemonie ihren Zwangspanzer sprengt, um ihn ein für alle Mal abzustreifen. Das wahre Universelle muss in dieser geschichtsphilosophischen Perspektive erst verwirklicht werden, es scheint unter den Bedingungen der Herrschaft bestenfalls hervor.

Im Denkstil der progressiven Intellektuellen muss sich deren Einsicht in die Geschichtlichkeit und Wandelbarkeit der gesellschaftlichen Zustände spiegeln. Ihre Kritik zielt auf die Veränderung der

Welt und deshalb auf die revolutionäre Initiative der Subalternen. Auf dem mühsamen Wege der praktischen Überwindung des Alltagsverstandes verallgemeinert sich die besondere Form der Kritik, die bisher auf wenige beschränkt war. Durch die Selbstorganisation der nun selbstbewussten Subalternen hebt sich die besondere Funktion der Intellektuellen in einer einzigen revolutionären Bewegung auf: Intellektueller Denkstil und Funktion der Intellektuellen verallgemeinern sich schließlich.

Gramscis emanzipative Vision ist jedoch gebrochen, in ihr drückt sich eine Dialektik der Aufklärung aus, in der die Befreiung aus der gesellschaftlich zementierten Unmündigkeit bereits zwischen den Zeilen in neue Herrschaft umschlägt. Der Intellektuelle, den Gramsci programmatisch fordert, wirkt als Funktionär der Katharsis zugleich als Agent dieses unheilvollen Umschlags. Abgesehen von den geschichtsphilosophischen Positionen, die sich prägend auf Gramscis normativen Intellektuellenbegriff auswirken, stellt dessen Mangel an Dissidenz wohl die größte Schwierigkeit dar, wenn es gilt, sich diesen Begriff heute zu eigen zu machen. Nicht die gedachte Nähe, sondern die nicht gedachte Distanz irritiert hier, die nicht berücksichtigte Möglichkeit, dass es für den engagierten Intellektuellen einmal geboten sein kann, sich von der Bewegung und ihren Strategien zu distanzieren, öffentlich vor Genossen und Kollegen mit seinem ganzen Einsatz in emanzipativer Absicht quasi die Notbremse zu ziehen.

Die deskriptiven Momente in Gramscis Überlegungen zu den Intellektuellen und zu ihrer Rolle bei der Reproduktion von Hegemonie machen seinen Intellektuellenbegriff jedoch auch in der Gegenwart anschlussfähig. Martin (2002) arbeitet die Überschneidungen und Gemeinsamkeiten der Fragestellung Gramscis mit der Arbeit Baumans (1987, 1995) heraus, der die Rolle der Philosophen und Intellektuellen bei der Rechtfertigung sozialer Herrschaftsverhältnisse untersucht und interpretiert. Wo sich Kultur und Politik zur Hegemonie verbinden, darauf macht Gramsci aufmerksam, gilt es nach der hegemonialen Einbindung und Dienstbarmachung des Intellektuellen samt seiner Kritik zu fragen. Dessen Transgression aus dem kulturellen Feld ins politische ist als solche zumindest geeignet, Hegemonie zu reproduzieren oder zu transformieren. Gramsci provoziert dazu, diese zu untersuchen und kritisch zu hinterfragen; seine Überlegungen zu den Intellektuellen lässt sich adäquat als durchaus ambivalenter Bestandteil eines umfassenderen Theoriefragments der Hegemonie verstehen.

## Literatur

Anderson, Perry (1979): *Antonio Gramsci. Eine kritische Würdigung*, Berlin.

Bauman, Zygmunt (1987): *Legislators and Interpreters. On modernity, postmodernity and intellectuals*, Cambridge/Oxford.

Bauman, Zygmunt (1995): *Ansichten der Postmoderne*, Hamburg.

Buckel, Sonja; Fischer-Lescano, Andreas (Hg.) (2007): *Hegemonie gepanzert mit Zwang. Zivilgesellschaft und Politik im Staatsverständnis Antonio Gramscis*, Baden-Baden.

Fiori, Giuseppe (1979): *Das Leben des Antonio Gramsci*, Berlin.

Gramsci, Antonio (1991): »Einige Gesichtspunkte der Frage des Südens«, in: Neubert, Harald (Hg.): *Antonio Gramsci – vergessener Humanist? Eine Anthologie. 1917–1936*, Berlin, S. 41–68.

Gramsci, Antonio (1991 ff.): *Gefängnishefte. Kritische Gesamtausgabe*, Hamburg.

Habermas, Jürgen (1990): *Strukturwandel der Öffentlichkeit. Untersuchungen zu einer Kategorie der bürgerlichen Gesellschaft*, mit einem Vorwort zur Neuauflage 1990, Frankfurt/M.

Martin, James (1998): *Gramsci's Political Analysis. A Critical Introduction*, Houndmills u. a.

Martin, James (2002): »Between ethics and politics. Gramsci's theory of intellectuals«, in: ders. (Hg.): *Antonio Gramsci. Critical assessments of leading political philosophers*, vier Bde., London, S. 124–144.

Poulantzas, Nicos (2002): *Staatstheorie. Politischer Überbau, Ideologie, Autoritärer Etatismus*, Hamburg.

Votsos, Theo (2001): *Der Begriff der Zivilgesellschaft bei Antonio Gramsci. Ein Beitrag zu Geschichte und Gegenwart politischer Theorie*, Hamburg.

Weiss, Peter (1982): *Notizbücher 1971–1980*, zwei Bde., Frankfurt/M.

## Anmerkungen

**1** Zur Biografie Antonio Gramscis vgl. Fiori (1979).

**2** P. Anderson (1979) würdigt Gramscis Überlegungen zur Hegemonie im Kontext der einschlägigen Debatten der Zweiten und Dritten Internationale sowie militärwissenschaftlicher Positionen H. Delbrücks als in sich widersprüchlichen Versuch, den Zusammenhang von Reform und Revolution auf den Begriff zu bringen. Eine konsistente Theorie lässt sich Anderson zufolge nicht aus den Gefängnisheften rekonstruieren. Dessen ungeachtet hat Gramsci die sozialwissenschaftliche Hegemonietheorie der vergangenen Jahrzehnte mit seinem Beitrag maßgeblich geprägt; vgl. Buckel 2007.

**3** Vgl. das 13. Heft mit dem Titel »Anmerkungen zur Politik Machiavellis« (Gramsci 1991 ff.: 1533–1622).

**4** Die Theorie des hegemonialen Blockes, ein Begriff, der von N. Poulantzas (2002) in seiner Staatstheorie aufgegriffen und weiterentwickelt wird, bereitet Gramsci bereits unmittelbar vor seiner Verhaftung 1926 in seinem Essay-Fragment zur Frage des italienischen Südens vor (vgl. Gramsci 1991).

**5** Zur deutschen Rückübersetzung der Marx'schen Ausdrücke vgl. W. F. Haugs Notiz im editorischen Anhang der *Gefängnishefte* (Gramsci 1991 ff.: A 213).

**6** Vgl. dagegen die prinzipiell antihegemoniale und kritische Motivation des Intellektuellen bei K. Mannheim, die T. Jung in seinem Beitrag herausarbeitet. Gramsci gerät in weitreichende Widersprüche, wenn er einerseits gegen N. Bucharin die soziale und historische Bedingtheit und Relativität seiner eigenen Weltanschauung betont und andererseits dieser Weltanschauung mit Unterstützung der Intellektuellen zur Hegemonie verhelfen will.

**7** Der Begriff der Zivilgesellschaft ist in den 1980er und 90er Jahren auch jenseits der Gramsci-Rezeption intensiv diskutiert worden. J. Habermas (1990: 46 f.) bezieht sich auf jene Debatte, wenn er eine Skizze der Zivilgesellschaft zeichnet, die zugleich einem ersten Verständnis des Begriffs im Sinne Gramscis dienen kann: Die gängige Bedeutung des Ausdrucks »Zivilgesellschaft« schließe »anders als die moderne, seit Hegel und Marx übliche Übersetzung von ›societas civilis‹ in ›bürgerliche Gesellschaft‹, die Sphäre einer über Arbeits-, Kapital- und Gütermärkte gesteuerten Ökonomie nicht mehr« ein. »In den einschlägigen Publikationen sucht man freilich vergeblich nach klaren Definitionen. Den institutionellen Rahmen bilden jedenfalls nicht-staatliche und nicht-ökonomische Zusammenschlüsse auf freiwilliger Basis, die, nur um unsystematisch einige Beispiele zu nennen, von Kirchen, kulturellen Vereinigungen und Akademien über unabhängige Medien, Sport- und Freizeitvereine, Debattierclubs, Bürgerforen und Bürgerinitiativen bis zu Berufsverbänden,

politischen Parteien, Gewerkschaften und alternativen Einrichtungen reichen.«
Zum Begriff der Zivilgesellschaft bei Gramsci vgl. T. Votsos (2001).

**8** Die Hegemonie entspringt in der Fabrik – dieses bekannte Diktum Gramscis
(1991 ff.: 2069) gilt für die fordistisch entwickelten USA, nicht für das rück-
ständige Europa der Zwischenkriegszeit, geschweige denn für Italien, in dem
Gramsci explizit auf den dezidiert politischen Kampf um die Hegemonie setzt.
Darauf weist J. Martin (1998: 63) in seiner Arbeit zu Gramscis politischer
Analyse und zu der zentralen Rolle, die die Intellektuellen darin spielen, explizit hin.

**9** P. Weiss (1982: 608) notiert in seinen Notizbüchern, was posthum zu einer
Art marxistisch-intellektuellem Slogan wird: »[…] Abwesenheit von Zwang
und Dogmatismus – Linie Luxemburg-Gramsci – Voraussetzung: Aufklärung
der historischen Fehler […]«.

# Der Intellektuelle und die Öffentlichkeit

# Sartres Freiheit. Versuch über Ontophobie

*Thomas Macho*

## Ein totaler Intellektueller

Schon in den ersten Abschnitten seiner fulminanten Sartre-Biografie von 2000 – zugleich ein Porträt des 20. Jahrhunderts: »Le Siècle de Sartre« – beschreibt Bernard-Henri Lévy den ehemaligen Lehrer wiederholt als prototypischen Intellektuellen, als »l'intellectuel total« (Bourdieu), der die Nachfolge André Gides (und danach Raymond Arons) angetreten habe. Er charakterisiert den beispiellosen Einfluss, den Sartre auf Freunde und Frauen ausgeübt habe, auf Boheme und Politik, auf ein stetig wachsendes Publikum, ja selbst auf seine Feinde, ohne dabei die Leitfrage zu vergessen, worin sich denn bedeutende Intellektuelle auszeichnen: »Was also ist ein ›großer Intellektueller‹? Wie erlangt gerade dieser Intellektuelle solch unerschütterliche Vorherrschaft? Warum und wieso schreibt man einer Stimme, einem Stil, einem Abenteuer, der Fährte eines Subjekts, dem Fluidum einer Eigentümlichkeit solch rätselhaftes, unbilliges Privileg, solche Gnade zu?« (Lévy 2002: 61) Eine erste Antwort auf diese Fragen rekurriert auf Sartres Ehrgeiz, auf seine unstillbare Neugier und den kategorischen Willen, »›die ganze Welt‹ zu besitzen und sich die Mittel für diese sagenhafte Hegemonie zu verschaffen« (Lévy 2002: 61). Diese Mittel, so argumentiert Lévy, entsprangen der »Tatsache, daß er als einziger sich in allen von der Epoche bereitgehaltenen Genres ausprobiert und häufig genug auch darin brilliert« habe. »Selbstverständlich in der Philosophie, aber auch in Politik, Literatur, Journalismus, Literaturkritik, Reportage. Und darüber hinaus, als ob dies nicht schon genug wäre und als ob er sich dessen versichern müßte, nicht nur alles ausprobiert, sondern dabei auch allem auf den Grund gegangen zu sein: Theater, Chansontexte, Vorträge, Radiosendungen, Kino ...« (Lévy 2002: 61).

Sartre hat bekanntlich philosophisch-systematische Grundwerke verfasst (wie *L'être et le néant* oder *Critique de la raison dialectique*), eine Reihe von Theaterstücken (zwischen *Les mouches* und *Les Troyennes*), einige Erzählungen und Romane, die mit dem Nobelpreis für Literatur ausgezeichnet werden sollten; die Annahme dieses Preises hat Sartre 1964 mit einer spektakulären Geste abgelehnt. Auch stilistisch operierte er an den Grenzen zwischen philosophischer Literatur und literarischer Philosophie. Die berühmtesten Abschnitte aus *La nausée* entwickeln ontologische Positionen, während manche Passagen von *L'être et le néant* geradezu poetischen Glanz ausstrahlen. Mit Hegels Geschichtsphilosophie sei die »Tragödie in die Philosophie eingebrochen, mit Kierkegaard die Biographie als Farce oder Drama«. Spätestens danach sei »das Theater philosophisch« geworden »und die Philosophie dramatisch« (Sartre 1986: 11). Einen besonderen Gipfel erreichte Sartres Werk in seinen exemplarischen Porträts und philosophischen Biografien; insbesondere *Saint Genet* und *L'idiot de la famille* sind Dokumente einer »existenziellen Psychoanalyse«, wie sie Sartre am Ende von *L'être et le néant* gefordert hatte. Neben die Hauptwerke tritt eine kaum überschaubare Fülle von Essays, die Sartre in den zehn Bänden seiner *Situations* publiziert hat. Unter diesen Essays finden sich virtuose Texte zur Malerei und Plastik (zu Tintoretto, Giacometti, Masson), zur Literatur (zu Dos Passos, Faulkner, Ponge), Rezensionen (etwa zu *L'Étranger* von Camus, zu *L'Expérience intérieure* von Bataille oder zu *L'Amour et L'Occident* von Denis de Rougemont), Physiognomien und Nachrufe, an denen Sartre oft monatelang gefeilt hatte (etwa zu Camus, Merleau-Ponty, Paul Nizan). Daneben wurden zahlreiche politische Reden, Aufrufe, offene Briefe, Manifeste und Pamphlete, Leitartikel aus

*Les Temps Modernes* (der Zeitschrift, die Sartre 1945 begründet hatte), moralisch engagierte Stellungnahmen zum Neokolonialismus, zum Algerien- und Vietnamkrieg, zum Marxismus und zum Mai '68 in den *Situations* abgedruckt.

Schließlich müsste Sartre auch als Reiseschriftsteller, Verfasser von Vorworten und Drehbüchern (etwa zu John Hustons Film über Freud), Tagebuch- und Briefschreiber, als geistreicher Interview- und Gesprächspartner gewürdigt werden. Sartre hat sich selbst gern als Monstrum betrachtet, das sich – bei aller Selbstironie und kritischer Distanz zu den eigenen Leistungen und Ambitionen – doch stets als singuläre, außerordentliche Erscheinung behauptete. Mit gewissem Stolz hat er gelegentlich darauf hingewiesen, dass sein Werk, seine Fähigkeit zur Mobilisierung und Ausbeutung der allerletzten Kraftreserven, auch durch den jahrzehntelangen Konsum von Amphetaminen ermöglicht wurde, woraus er eine originelle Gattungsdifferenz zwischen Literatur und Philosophie ableitete: Die Aufputschmittel wurden abgesetzt, »wenn es darum ging, Literatur zu schreiben. [...] Ich war der Ansicht, daß die Art, wie man die Worte wählte, wie man sie nebeneinandersetzte, wie man einen Satz baute, kurz gesagt der Stil, und dann die Art, wie man in einem Roman die Gefühle analysiert, zur Voraussetzung hat, daß man absolut normal ist.« Ganz im Unterschied zur Philosophie: »In der Philosophie bestand Schreiben [...] darin, meine Ideen zu analysieren, und ein Röhrchen Corydran bedeutete: diese oder jene Ideen werden in den zwei kommenden Tagen analysiert« (Beauvoir 1983: 411 f.).

Sartre hat die wesentlichen Denkströmungen des 20. Jahrhunderts geteilt und mitgestaltet. Zumal in seinem Frühwerk ist er als Phänomenologe aufgetreten, dann als Existenzialist, später vor allem als Marxist, mit zeitweiliger Nähe zum Maoismus. Auseinandersetzungen mit der Psychoanalyse oder mit dem Strukturalismus sind in manche Teile des Werks – insbesondere in die Flaubert-Studie – eingeflossen. Sartre gelang es allerdings niemals, als orthodoxer Protagonist einer philosophischen Richtung zu erscheinen; auch und gerade als Marxist blieb er das unverwechselbare

Einzelkind, dessen Koalitionsbedarf nur innerhalb bestimmter Grenzen erfüllt werden konnte. Sartre beschritt einen Sonderweg in der Geschichte der Phänomenologie, der Existentialontologie oder des Marxismus; die auffällig verzögerte Rezeptionsgeschichte von *L'être et le néant* im Horizont der Phänomenologie und Existentialontologie wird nur noch übertroffen durch die nahezu erbärmliche Wirkungsgeschichte der *Critique de la raison dialectique*. Sartres philosophische Hauptwerke haben weder schulbildend gewirkt, noch haben sie fremde Schulen in erheblichem Ausmaß beeinflusst; ihr Erscheinungsbild – ein gewaltiger Umfang, jeweils von ungefähr tausend Seiten, eine Vielzahl terminologischer Innovationen, zumindest im Fall der *Critique* auch ein unübersichtlicher Aufbau und schwieriger Stil – erzwingt geradezu die Frage nach dem roten Faden, mit dessen Hilfe das Textlabyrinth erschlossen werden kann.

Dabei liegt die Antwort durchaus nahe: Was Sartres Œuvre gleichsam »im Innersten zusammenhält«, ist ein emphatischer Begriff von Freiheit, der sich auch in einer tiefverwurzelten – in mehreren Dramen und Werktiteln (von *Huis clos* bis zu *Les séquestrés d'Altona*) artikulierten – Idiosynkrasie gegen alle Formen der Einschließung manifestierte. Aus einer Kaserne bei Tours, in der Sartre seinen Militärdienst ableistete, schrieb er an Simone de Beauvoir: »Ich weiß nicht, ob man von einem höheren Standpunkt her Vergnügen aus der Betrachtung des Gesetzes von der ewigen Wiederkehr ziehen kann. Aber ich habe die Perspektive einer ewigen Wiederkehr vor mir oder zumindest einer, deren Zyklen meine Vorstellungskraft so übersteigen, daß ich sie als ewig ansehe. [...] Ich verfalle dadurch in den Zustand aller Eingesperrten« (Sartre 1988: 43).

### Freiheit und Seinsekel

Eingesperrt – zumindest nach Maßgabe hierarchischer Regeln und Unterrichtsordnungen – fühlte sich Sartre schon als Gymnasiallehrer für Philosophie, sodass er die erste Chance auf Beurlaubung ergriff. 1933 beantragte er – als Nachfolger Raymond Arons – ein Forschungsstipendium am Institut Français in Berlin, um sich dem Studium der deutschen Phänomenologie widmen zu können. In Berlin legte Sartre nicht nur das Fundament für sein philosophisches Frühwerk, sondern begann auch mit Entwurf und Abfassung seines ersten bedeutenden Romans: *La nausée*. Nach der Rückkehr in die französische Provinz, unter das erneute Diktat von Stundenplänen, kollegialen Intrigen und wenig inspirierender Alltagsroutine, verfiel er in eine mehrjährige latente Depression. In dieser Zeit beschäftigte er sich mit allen möglichen Aspekten und Richtungen klinischer Psychologie, experimentierte mit Meskalin und arbeitete an einer Studie über Imagination. Die in Berlin begonnene Auseinandersetzung mit Husserl wurde weiter vertieft; sie führte schließlich zu einer Kritik an Husserls Lehre, die Sartre 1936 unter dem Titel *La transcendance de l'ego* in der Zeitschrift *Recherches philosophiques* publizierte. Seine Grundthese lautete: Das Ich (Ego) ist kein »Bewohner des Bewußtseins« (Sartre 1936–37/1982: 39), sondern dem reinen Bewusstsein – einer Kategorie, die Sartre von Husserl übernahm – völlig äußerlich, transzendent, wie alle anderen Dinge der Welt. Sartre erklärte das Ich also zu einem Objekt, das in seiner psychischen und psychophysischen Gestalt prinzipiell unterschieden werden müsse vom Nichts des absoluten, ichlos reinen Bewusstseins, eines »Phänomen[s] in dem ganz besonderen Sinn, worin sein und erscheinen eins sind«. Dieses Nichts sei »ganz Leichtigkeit, ganz Durchsichtigkeit« (Sartre 1936–37/1982: 46 f.). Was Sartre mit dieser Unterscheidung gewinnen wollte, war freilich kein neuer Begriff der *res cogitans*, auch kein Ansatzpunkt für eine pneumatische Mystik, sondern die Grundlage für einen radikalen Freiheitsbegriff. Im späten Gespräch mit Simone de Beauvoir hat er diese Implikation von *La transcendance de l'ego* klar zusammengefasst: »Das Ich wird ein reales Objekt – das bin ich, das sind Sie – und gleichzeitig eine Quelle der Freiheit. Dieser Widerspruch ist es, den man von Anfang an fühlt und der eine Wahrheit darstellt. [...] Dieser Widerspruch selbst ist für mich die ursprüngliche Quelle der Freiheit« (Beauvoir 1983: 446 f.).

Die literarische Gestalt dieser Freiheitsphilosophie entfaltete Sartres erster Roman, an dem er in Berlin gearbeitet hatte. Ursprünglich wollte er ihn unter dem Titel *Factum sur la contingence* veröffentlichen, dann – in Anspielung auf Dürers Kupferstich – als *Melancholia*; erst Gaston Gallimard, Sartres Verleger, kam auf die Idee, das Werk *La nausée* zu taufen: und mit diesem Titel wurde das Buch im April 1938 auf den Markt gebracht. *La nausée* ist das Tagebuch einer Erkrankung an der sich langsam entwickelnden Gewissheit, dass alle Erklärungen und Gründe die Welt der Existenz verfehlen, ja dass alles Existieren gleichsam abgründig und bodenlos bleibt. »Das Wesentliche ist die Kontingenz« (Sartre 1938/1987: 149). In einem Park erlebt Sartres Held Antoine Roquentin eine Art von Offenbarung, eine Erleuchtung, die jedoch nicht zu einer euphorischen Stimmung führt, sondern vielmehr zu einem elementaren Affekt gegen das Existieren; Roquentin graust vor dem Sein, das er plötzlich in seiner puren Grund- und Sinnlosigkeit wahrzunehmen beginnt: »ganz wabbelig, alles verschmierend, ganz dickflüssig, eine Konfitüre. Und ich war darin, ich, mit dem ganzen Park? Ich hatte Angst, aber ich war vor allem wütend, ich fand das so dumm, so fehl am Platz, ich haßte diese widerliche Marmelade. Es gab noch und noch davon! Das stieg bis zum Himmel, das lief überallhin aus, das erfüllte alles mit seinem glitschigen Niederschlag, [...] dieses dicke, absurde Sein« (Sartre 1938/1987: 152). Sartre hat die Erfahrung eines solchen ontologischen Ekels in *L'être et le néant* nochmals aufgenommen: in einer nahezu deliranten Phänomenologie der »Klebrigkeit«. Für ein Bewusstsein, so Sartre, sei es »grauenhaft, klebrig zu werden. Das Sein des Klebrigen ist ja weiches Haften und durch die Saugkraft aller seiner Teile heimtückische Solidarität und Komplizenschaft eines jeden mit jedem, vage und weiche Bemühung eines jeden, sich zu individualisieren, gefolgt von einem Zurückfallen in ein Flachwerden, das vom Individuum entleert, gänzlich von der Substanz aufgesaugt ist. [...] Das Grauen vor dem Klebrigen ist das Grauen davor, daß die Zeit klebrig wird« (Sartre 1943/1993: 1044).

Am 2. September 1939 wurde Sartre eingezogen; neun Monate später geriet er – nach dem deutschen Blitzsieg – in Gefangenschaft. Im März 1941 wurde er schließlich freigelassen und kehrte zurück nach Paris; zwei Jahre später erschien das Resultat seiner philosophischen Arbeiten während des Kriegs und der Gefangenschaft: *L'être et le néant*. Im Gespräch mit Simone de Beauvoir betonte Sartre, einzig der Krieg habe *L'être et le néant* ermöglicht; er bot die Chance, an der elsässischen Front und später im Lager bei Trier jene Entdeckung weiterzuentwickeln und auszuarbeiten, die er bereits im phänomenologischen Frühwerk gemacht hatte: die Entdeckung des Bewusstseins als »Nichts«, als reine Transparenz, absolute *légèreté* und *translucidité*. Die Behauptung eines dimensionslosen Bewusstseinskerns musste jedoch zwingend mit der Idee der Freiheit verbunden werden. Sartre versuchte daher, das Prinzip des Bewusstseins als aktives Nichts, eigentlich als Nichtung zu denken, und zu diesem Gedanken verhalf ihm tatsächlich der Krieg. »Damit es Zerstörung geben kann, muß es zunächst ein Verhältnis des Menschen zum Sein geben, das heißt eine Transzendenz; und in den Grenzen dieses Verhältnisses muß der Mensch ein Sein als zerstörbar erfassen. Das setzt ein begrenzendes Abtrennen eines Seins im Sein voraus, was [...] schon Nichtung ist. Das betrachtete Sein ist dies und außerhalb dessen nichts.« Beinahe sofort verrät Sartre, woran er denkt: »Der Artillerist, dem man ein Ziel zuweist, bemüht sich, sein Geschütz in diese Richtung einzustellen, unter Ausschluß aller anderen. Aber das wäre noch nichts, wenn nicht das Sein als zerbrechlich enthüllt wäre« (Sartre 1943/1993: 57). Erst im »Nichten« – dieser Entdeckung einer elementaren »Zerbrechlichkeit« des Seins – setzt sich die Freiheit als Ausdruck elementarer *Ontophobie*, nicht als Qualität, sondern Voraussetzung menschlicher Existenz, nicht als Merkmal oder Eigenschaft, sondern Bedingung der Möglichkeit, Merkmale oder Eigenschaften auszudrücken und gegebenenfalls auszulöschen. Sofern es »keinen Unterschied zwischen dem Sein des Menschen und seinem Frei-sein« (Sartre 1943/1993:

113

84) geben sollte, musste sich dieses »Nichten« der Freiheit auch auf sich selbst anwenden lassen. Das menschliche Sein – als das Sein, durch welches sich das Nichtsein in der Welt enthüllt – wurde darum zugleich als ein Sein bestimmt, »das sich selbst gegenüber negative Haltungen einnehmen kann« (Sartre 1943/1993: 119), das sich also selbst zu »nichten« vermag.

In dieser Hervorhebung des Nichtenden unterschied sich Sartre prinzipiell von Heidegger. Beide Philosophen hatten zwar als Artilleriebeobachter – wenngleich in verschiedenen Weltkriegen – gedient; doch während Heidegger im Verlauf der Ludendorff-Offensive die technische Plausibilität des »Vorlaufens in den Tod« erfahren haben mochte – nämlich als Sturmlauf der Infanterie mit strategisch erhöhtem Risiko, den Tod im Feuer der eigenen Geschütze zu erleiden[1] –, beschrieb Sartre den Tod als Tat, als Akt der Tötung, eben als »Nichten«. Weit entfernt von jeder Positivierung des Todes – etwa als »Sein zum Tode«, als das »mögliche Ganzsein des Daseins« (Heidegger 1927/1979: 241–246 oder 252–255) – betonte er die Kontingenz des Todes, die erlitten oder erzeugt werden kann. Sie garantiere keine »Ganzheit«, keine tiefere Bedeutung: »Was man zuallererst festhalten muß, ist der absurde Charakter des Todes. In diesem Sinn muß jeder Versuch, ihn als einen Schlußakkord am Ende einer Melodie zu betrachten, strikt zurückgewiesen werden. Man hat oft gesagt, wir befänden uns in der Situation eines Verurteilten unter Verurteilten, der den Tag seiner Hinrichtung nicht kennt, aber sieht, wie täglich Mitgefangene hingerichtet werden. Das stimmt nicht ganz: man müßte uns eher mit einem zum Tode Verurteilten vergleichen, der sich tapfer auf die Hinrichtung vorbereitet, alle Sorgfalt darauf verwendet, auf dem Schafott eine gute Figur zu machen, und unterdessen von einer Grippeepidemie dahingerafft wird« (Sartre 1943/1993: 917). Gerade die Kontingenz des Todes, seine »Absurdität« zwischen Natur (Grippe) und Gesellschaft (Hinrichtung), verbürgt die Erfahrung der Freiheit als Erfahrung der Selbstnichtung, als Möglichkeit des Freitods, die schon Karl Löwith gegen Heideggers Existentialanalytik in Erinnerung gerufen hatte (Löwith 1966).

Gegen das »Sein zum Tode« setzte Sartre das »Nichten«, gegen Heideggers »Lichtung« den Ekel vor der Konfitüre des Seins, gegen Heideggers Betonung der Angst oder der Langeweile die Erfahrung der Freiheit. Sartres Ontophobie, dieser affektive Widerstand gegen jeden Determinismus und jede gewaltsame Einschließung ins Sein, diese Leidenschaft für die Zukunft und das Offene, avancierte zur Maxime der Kritik. Wie diese Maxime auch im Umgang mit sich selbst praktiziert werden kann, demonstrierte Sartre in seiner Analyse der »Unaufrichtigkeit«, der *mauvaise foi*. Was unter solchem Titel verhandelt werden sollte, war nicht die Lüge oder eine alltägliche Täuschung, sondern vielmehr eine Selbstbelügung, eine konstitutive Beschwindelung des Bewusstseins durch sich selbst. Sartre wollte die Struktur dieser Selbstnichtung sorgfältig herausarbeiten, indem er fragte: Wie kann ich mich so überlisten, daß ich »als Täuschender die Wahrheit« kenne, die »mir als Getäuschtem verborgen ist« – ja vielleicht sogar »sehr genau« kenne, »um sie sorgfältiger vor mir verstecken zu können«? (Sartre 1943/1993: 123). Seine Antwort: Die *mauvaise foi* ist ein Prozess quälender Selbstverkennung, der unentwegt zwischen besserer Einsicht und zynischer Resignation verschwimmt. Das Bewusstsein in der *mauvaise foi* versucht sich zum eigenen Existieren wie zu einem transzendenten Sachverhalt in der Welt zu verhalten: wie zu etwas, das es genauso – oder genauso wenig – angeht wie alles andere auf der Welt. Das Bewusstsein in der *mauvaise foi* vergisst gleichsam unentwegt (ohne doch dieses Vergessen selbst vergessen zu können), was Sören Kierkegaard die »Hauptsache, das Alleinseligmachende« nannte – nämlich »daß ein Mensch in bezug auf sein eigenes Leben nicht sein Onkel ist, sondern sein Vater« (Kierkegaard 1843/1988: 834). Freiheit impliziert aber nicht nur Selbstverantwortung. Anders als Heidegger in *Sein und Zeit* wollte Sartre den Fragen der Ethik und Sozialphilosophie nicht aus dem Weg gehen; er suchte gleichsam nach dem Ansatzpunkt, von dem aus die Freiheitsanalytik in eine Ontologie des sozialen Lebens überführt werden konnte. Heidegger hatte die Frage nach einer Ethik stets abgewiesen; Sartre hingegen glaubte an die Berechtigung dieser Frage, was sich leicht zeigen ließe an seiner Deutung der Blicke, an seiner Phänomenologie der Liebe und sexuellen Begierde, an seiner Frage nach der Freiheit als einer »Verantwortlichkeit des Für-sich«, die sich »auf die gesamte Welt als bevölkerte Welt« (Sartre 1943/1993: 955) erstrecken müsse, an seiner Bemerkung im Schlusskapitel über *Moralische Perspektiven*, die Ontologie dürfe zwar »keine moralischen Vorschriften formulieren«, müsse jedoch erahnen lassen, »was eine Ethik sein kann« (Sartre 1943/1993: 1068) – ja selbst am Versprechen eines »nächsten Buchs« zur Ethik, das Sartre im letzten Satz seines Werks ausgesprochen, gleichwohl zu Lebzeiten nicht eingelöst hat. Erst 1983 sind die *Cahiers pour une morale*, Zeugnisse einer großen unvollendeten Anstrengung, bei Gallimard erschienen (Sartre 2005).

Was in der Philosophie (noch) nicht gelingen konnte, glückte in der Literatur. Am 3. Juni 1943 wurde *Les mouches* uraufgeführt: die Geschichte von Orest, Elektra und der Ermordung Klytämnestras. Der antike Stoff erlaubte dem Autor zahlreiche Anspielungen: Anspielungen auf eine feige Stadt, die der Ermordung ihres Königs tatenlos zusah; Anspielungen auf gefallene Krieger, deren Tod die Überlebenden belastet; Anspielungen auf Einzelgänger und Widerstandskämpfer, die von Geburt an ihrer Tat entgegenlaufen: »Es gibt Menschen, die mit festen Bindungen geboren werden: Sie haben keine Wahl, sie wurden auf einen Weg gestoßen und am Ende des Weges erwartet sie eine Tat, ihre Tat« (Sartre 1943/1991: 114). Eine Tat, die dennoch nicht im Auftrag des Schicksals, zwanghaft, vollstreckt wird, sondern eine freie Tat: »Ich bin frei, Elektra; die Freiheit hat mich getroffen wie ein Blitz. [...] Ich habe meine Tat vollbracht, Elektra, und diese Tat war gut« (Sartre 1943/1991: 167). *Les mouches* war ein Theaterstück über die griechische Hölle; ein knappes Jahr später, am 27. Mai 1944, wenige Wochen vor der Landung der Alliierten in der Normandie, wurde Sartres vielleicht bekanntestes Bühnenwerk uraufgeführt: *Huis clos*, ein Drama über eine moderne Hölle. Ein Akt, drei Personen, ein Salon im Stil des Second Empire; die Türen werden geschlossen: Es gibt kein Draußen mehr. Und wie in einem Langzeitexperiment gruppendynamischer Pionierphasen fallen die Menschen übereinander her. Was Sartre zeigt, ist eine Art von Caféhaus-Inferno, die »ideale Kommunikationsgemeinschaft« als Folterkammer, das Horrorszenario einer Verurteilung zur unwiderruflichen Präsenz; in Sartres Gruselsalon braucht nicht einmal mehr geschlafen zu werden. Die Situation der Eingesperrten, die miteinander verkleben, nicht aufhören können, einander zu quälen, erreicht ihren dramatischen Höhepunkt: »Ein Rost ist gar nicht nötig«, ruft Garcin zum Schluss, »die Hölle, das sind die andern« (Sartre 1944/1991: 59). Der Ausspruch wurde über Nacht berühmt – nicht ganz zu Unrecht, wenn man bedenkt, dass das Stück ursprünglich *Les Autres* hätte heißen sollen. *Huis clos* bildete – ein Jahr nach *L'être et le néant* – einen dramatischen Exkurs zu den Kapiteln über die Ontologie des »Für-Andere-Seins«, gleichzeitig aber auch einen Kommentar zum Trauma der Einsperrung. Dieses Trauma, das in seiner extremsten Fassung wohl das »In-der-Welt-sein« selbst betraf, während die Freiheitslehre den Ausbruch aus dem kosmischen Gefangenenlager proklamierte, hat Sartre auch in seinen Stücken *Morts sans sépulture* (1946) oder *Les séquestrés d'Altona* (1959) gestaltet, in seinem Essay über Tintoretto *Le séquestré de Venise* (1964), in *Les jeux sont faits* (1947) oder in *L'engrenage* (1948). Hölle heißt für Sartre prinzipiell nichts anderes als Eingesperrtsein.

## Politisierte Ontophobie

Den gnostischen Implikationen seines ontophobischen Denkens entging Sartre durch vielschichtige Politisierungen. Einschließung, so könnte gesagt werden, ist ja auch Unterdrückung, nicht bloß *répression*, sondern beklemmende *oppression*: Etwas wird an freier Bewegung und angemessener Entfaltung gehindert. Gegen solche Unterdrückung muss Widerstand aufgeboten werden, *résistance* und Engagement. Sartres vieldiskutiertes Verhältnis zum Marxismus muss stets auf diesen originären, für die Kohärenz seines Werks entscheidenden Impuls bezogen werden: auf die Lehre von der Geburt des Subjekts aus dem Geiste der Losreißung. Keine Aktion, kein Aufstand, keine Schöpfung lässt sich aus Zwecken, Motiven oder Sequenzen irgendeiner Handlung logisch deduzieren; tatsächlich demonstrieren alle deterministischen »Versuche, die Freiheit unter dem Gewicht des Seins zu ersticken«, dass »die Freiheit in ihrem Kern mit dem Nichts zusammenfällt, das mitten im Menschen ist«. Menschliche Wirklichkeit kann sich niemals genügen, »weil sie fortwährend von sich selbst losgerissen wird und weil das, was sie gewesen ist, durch ein Nichts von dem getrennt ist, was sie ist, und von dem, was sie sein wird.« Das »Sein, das das ist, was es ist, kann nicht frei sein. Die Freiheit ist genau das Nichts [...] im Kern des Menschen«, nicht irgendein Sein, sondern »das Sein des Menschen, das heißt sein Nichts an Sein«. Einzig dieses »Nichts an Sein« zwinge jedoch den Menschen, »bis in das kleinste Detail hinein [...] sich zu machen statt zu sein«. Wir sind zur Freiheit »verurteilt«; wir können nicht frei entscheiden, nicht frei sein zu wollen. Wir sind nicht frei, »nicht mehr frei zu sein«. (Sartre 1943/1993: 764 f.)

Gerade aus dieser Erfahrung – der Erfahrung von Freiheit als »Nichts an Sein« – entspringt indes die Gewissheit, dass Freiheit nicht auf eine bestimmte Sehnsucht, auf eine bestimmte Forderung, auf ein bestimmtes politisches Programm reduziert werden kann. Aber jede revolutionäre Forderung – sei es die Forderung nach Frieden oder Arbeit – strebt insgeheim nach Freiheit, und zwar als Befreiung von konkreter *oppression*. Sartre räsonierte nicht über eine Moral, die erst nach dem Fressen komme, sondern behauptete vielmehr die Notwendigkeit, alle »revolutionären Forderungen mit der Idee der Freiheit zu verbinden« (Sartre 1982: 14) Denn selbst der Hunger sei »bereits die Forderung eines Menschen, der verlangt, daß man ihn vom Bedürfnis befreie, von allem, was ihn daran hindert, ein Mensch zu sein. Der Hunger ist bereits die Forderung nach Freiheit« (Sartre 1982: 12). Diese »Forderung nach Freiheit« hat Sartre nicht nur in seinem zweiten philosophischen Hauptwerk, der *Critique de la raison dialectique* (von 1960), propagiert, nicht nur in seinen Biografien über Genet oder Flaubert, sondern auch in einer – bei allen Irrtümern unbeirrbaren – politischen Praxis, die ihn viele Jahre lang als moralische und intellektuelle Autorität legitimierte.

Am 27. Februar 1948 trat Sartre – gemeinsam mit David Rousset, Georges Altman, Jean Rous und Paul Fraisse – als Unterzeichner eines Aufrufs des neugegründeten *Rassemblement Démocratique Révolutionnaire* an die Öffentlichkeit. Gegen die »Politik der Blöcke«, gegen die »kapitalistische Demokratie«, auch gegen die »stalinistische Form« des Kommunismus wollte das *Rassemblement* eine internationale, überparteiliche Bewegung aus »Citoyens, Republikanern, Demokraten, Gewerkschaftern, Revolutionären« initiieren, eine Bewegung für einen Sozialismus der Freiheit: »Es stimmt nicht, daß der Sozialismus ein blutleeres Gesicht oder eine barbarische Maske tragen muß. Mit der Befreiung vom Naziregime haben sich die demokratischen Freiheiten als unersetzbar erwiesen.« Aber mit »der Unterdrückung und dem Erwachen der kolonisierten Völker muß die Freiheit, die ganze Freiheit in der französischen Union verkündet und eingebürgert werden« (Sartre 1982: 9–11). Der Aufruf schloss mit Saint-Just: Das Glück ist eine neue Idee in Europa – und mit Karl Marx. In Erinnerung an den hundertsten Geburtstag des kommunistischen Manifests (das im Februar 1848 in London erschienen war) wurde dessen Schlusszeile zitiert: »Proletarier aller Länder, vereinigt euch!«, allerdings mit einem kleinen Zusatz, der die Politik des *Rassemblement* charakterisieren sollte: »Proletarier *und freie Menschen* aller Länder, vereinigt euch!« (Sartre 1982: 11). Der Zusatz lässt sich als Zeugnis für die schwierige Lage interpretieren, in die ein Intellektueller nach 1945 – nicht nur in Frankreich – zu geraten pflegte: eine Lage, die sich in Merleau-Pontys Frage nach *Humanisme et terreur* (1947) spiegelte. Sartre hatte jahrelang als bürgerlich-liberaler Intimfeind der KPF gegolten. Die Aufführungen von *Les mains sales* (1948) wurden beispielsweise von kommunistischen Parteigängern regelmäßig bekämpft und boykottiert. Sartres moralisches Dogma – die Solidarität mit allen Eingesperrten und Unterdrückten – war eben nicht klassenspezifisch formuliert, sondern entsprang seiner elementaren Freiheitssehnsucht, die sich wie ein *tatsächlich roter Faden* durch das gesamte Werk zieht: »Ich sehe Unterdrückte (Kolonisierte, Proletarier, Juden). Ich will sie von der Unterdrückung befreien. *Diese* Unterdrückten sind es, die mich berühren, und mit ihrer Unterdrückung fühle ich mich solidarisch; ihre Freiheit wird meine anerkennen« (Cohen-Solal 1988: 448).

Sartres Annäherung an den Marxismus vollzog sich nicht zufällig erst 1952, im Anschluss an die KPF-Kampagne zur Freilassung des kommunistischen Matrosen Henri Martin, der wegen der Verteilung von Flugblättern gegen den Indochinakrieg verhaftet und zu fünfjähriger Gefängnisstrafe verurteilt worden war; an dieser Kampagne nahm Sartre aktiv teil und überreichte, gemeinsam mit anderen Prominenten, ein Gnadengesuch an Staatspräsident Vincent Auriol (dem übrigens stattgegeben wurde). *Henri Martin*: So hieß Sartres *Calas*, sein *Dreyfus*.[2] Die Parteinahme für ein vorbildliches Individuum, für dessen Befreiung aus der Gefangenschaft, schließlich das Votum für den antikolonialistischen Kampf, erleichterten Sartres Engagement, das sich im Protest gegen die Hinrichtung des US-amerikanischen Ehepaars Julius und Ethel Rosenberg (verurteilt wegen Atomspionage im Dienste der Sowjetunion) fortsetzte und vertiefte. In den folgenden vier Jahren versuchte Sartre, seine literarische und philosophische Produktion den Interessen der Kommunistischen Partei unterzuordnen. Er verbrauchte seine kreativen Energien für Kongresse, Debatten, Vorträge, Botschaften, Stellungnahmen, Manifeste, Reden und Erwiderungen. Die Aufführung von *Les mains sales* in Wien ließ er gleich selbst verbieten; 1954 wurde er zum Vizepräsidenten der Gesellschaft für französisch-sowjetische Freundschaft gewählt. Im gleichen Jahr reiste er in die Sowjetunion; seine euphorischen Berichte von einem völlig erneuerten Land befremdeten selbst die engsten Vertrauten. Ein Jahr später fuhr er nach China. 1955 wurde das Theaterstück *Nekrassov* uraufgeführt: eine merkwürdige Melange aus Literatur und Propaganda, von allenfalls episodischem Stellenwert für das dramatische Œuvre Sartres.

Episodisch blieb indes auch der Einsatz für die KPF und für die

Sowjetunion; die blutige Niederwerfung des ungarischen Aufstands im Oktober 1956, den Sieg der Panzerkommunisten in Budapest, verurteilte Sartre mit kompromisslos scharfen Worten: »Ohne das russische Volk dafür verantwortlich zu machen, wiederhole ich, daß seine gegenwärtige Regierung ein Verbrechen begangen hat. [...] Und für mich ist das Verbrechen nicht *nur* der Angriff auf Budapest mit Panzern, sondern auch daß er ermöglicht worden ist [...] durch zwölf Jahre Terror und Dummheit.« Unmissverständlich fügte Sartre hinzu, »daß eine Wiederaufnahme der Beziehungen zu denen, die heute die KPF führen, jetzt nicht möglich ist und nie wieder möglich sein wird. Jeder einzelne Satz, jede einzelne Geste von ihnen ist das Ergebnis von dreißig Jahren Lüge und Verknöcherung« (Cohen-Solal 1988: 552). Nach diesem Abschied fühlte sich Sartre nur mehr seinem alten kategorischen Imperativ verpflichtet: jener Aufforderung zur bedingungslosen Solidarität mit allen Unterdrückten, die sich aus der Gewissheit ergibt, dass jeder Anschlag auf die Freiheit irgendeines Menschen immer auch die Anerkennung der *eigenen* Freiheit verweigert. Ab 1956 engagierte er sich vehement gegen den französischen Kolonialkrieg in Algerien, nachdem er sich schon in den frühen 50er Jahren gegen die Kriege in Korea und Indochina ausgesprochen hatte. Seine Begeisterung für die Ziele der nationalen Befreiungsbewegung FLN – *Front national de libération* –, sein Plädoyer für die Botschaft des algerischen Arztes Frantz Fanon, zu dessen Werk *Les damnés de la terre* (1961) Sartre ein mitreißendes Vorwort verfasst hatte, fand auch literarischen Ausdruck. *Les séquestrés d'Altona*, vielleicht das großartigste Theaterstück Sartres, wurde am 23. September 1959 uraufgeführt: eine Parabel auf den Algerienkrieg, die Sartre absichtsvoll im Deutschland der Nachkriegszeit angesiedelt hatte. Das Drama erzählt die Geschichte eines NS-Kriegsverbrechers, der sich jahrzehntelang in sein Zimmer einschließt, um dort vor einem phantastischen Gerichtshof aus Krebsen und Langusten seine Untaten zu rechtfertigen. Der Eingeschlossene will also von den vornherein eingeschlossenen Richtern verurteilt werden, von diesen Wesen aus einem »anderen Universum«, wie Sartre im Gespräch mit Simone de Beauvoir, in letzter Steigerung einer ontophobischen Freiheitsliebe, bekannte: »Wenn ich ein Schaltier esse, esse ich Dinge aus einer anderen Welt. Dieses weiße Fleisch ist nicht für uns, man stiehlt es einem anderen Universum. [...] Es ist vor allem die Vorstellung des Herausziehens, die mich anwidert. Die Tatsache, daß das Fleisch des Tieres von der Muschel dermaßen abgedichtet ist, daß man Geräte benutzen muß, um es herauszuziehen« (Beauvoir 1983: 427). Diesen Alptraum wollte Sartre mit seinen Zeitgenossen teilen: als einen Alptraum der Einschließung und der Schuld, der ihn noch in fortgeschrittenem Alter, bei stark verminderter Sehkraft, nicht nur dazu brachte, an zahlreichen politischen Demonstrationen teilzunehmen, sondern etwa auch den inhaftierten RAF-Terroristen Andreas Baader am 4. Dezember 1974 in Stammheim zu besuchen. Die Öffentlichkeit hatte sich über diese Geste vielfach erregt; Sartre wurde vorgeworfen, er verhöhne die Leiden der Opfer des Terrorismus. Was dabei nicht wahrgenommen wurde, war die Konsequenz einer Haltung, die sich noch einmal – und schon ein ganzes Leben lang – gegen die Wirklichkeit von Gefängnissen richtete.

## Literatur

Adorno, Theodor W. (1964/1997): »Jargon der Eigentlichkeit. Zur deutschen Ideologie«, in: ders.: *Gesammelte Schriften Bd. 6*, hg. von Rolf Tiedemann, Frankfurt/M.

Beauvoir, Simone de (1983): *Die Zeremonie des Abschieds und Gespräche mit Jean-Paul Sartre August-September 1974*, Reinbek.

Cohen-Solal, Annie (1988): *Sartre 1905–1980*, Reinbek.

Heidegger, Martin (1927/1979): *Sein und Zeit*, Tübingen.

Kierkegaard, Sören (1843/1988): *Entweder – Oder*, Teil II, hg. von Hermann Diem und Walter Rest, München.

Kittler, Friedrich (1996): »Il fiore delle truppe scelte«, in: Hans-Ulrich Gumbrecht, Friedrich Kittler und Bernhard Siegert (Hg.): *Der Dichter als Kommandant. D'Annunzio erobert Fiume*, München, S. 205–225.

Lévy, Bernard-Henri (2002): *Sartre. Der Philosoph des 20. Jahrhunderts*, München/Wien.

Löwith, Karl (1966): »Die Freiheit zum Tode«, in: ders.: *Zur Kritik der christlichen Überlieferung. Vorträge und Abhandlungen*, Stuttgart, S. 274–289.

Sartre, Jean-Paul (1936–37/1982): *Die Transzendenz des Ego. Philosophische Essays 1931–1939*, Reinbek.

Sartre, Jean-Paul (1938/1987): *Der Ekel*, Reinbek.

Sartre, Jean-Paul (1943/1991): »Die Fliegen. Drama in drei Akten«, in: ders.: *Gesammelte Werke. Theaterstücke Band I*, Reinbek.

Sartre, Jean-Paul (1943/1993): *Das Sein und das Nichts. Versuch einer phänomenologischen Ontologie*, Reinbek.

Sartre, Jean-Paul (1944/1991): »Geschlossene Gesellschaft. Stück in einem Akt«, in: ders.: *Gesammelte Werke. Theaterstücke Band II*, Reinbek.

Sartre, Jean-Paul (1982): *Krieg im Frieden I. Artikel, Aufrufe, Pamphlete 1948–1954*, Reinbek.

Sartre, Jean-Paul (1986): »Literatur als Engagement für das Ganze«, in: ders.: *Was kann Literatur? Interviews, Reden, Texte 1960–1976*, Reinbek.

Sartre, Jean-Paul (1988): *Briefe an Simone de Beauvoir und andere. Band I*, Reinbek.

Sartre, Jean-Paul (2005): *Entwürfe für eine Moralphilosophie*, Reinbek.

## Anmerkungen

**1** Vgl. Kittler 1996: 223–225. Vgl. aber auch den »Bescheid, den Horkheimer einer Ergriffenen erteilte, die sagte, Heidegger habe doch wenigstens die Menschen endlich wieder vor den Tod gestellt: Ludendorff habe das viel besser besorgt« (Adorno 1964/1997: 505).

**2** Für die Rehabilitierung des am 9. März 1762 hingerichteten Tuchhändlers Jean Calas hatte sich der Philosoph Voltaire eingesetzt, für die Aufhebung der Verbannung des jüdischen Artilleriehauptmanns Alfred Dreyfus (am 22. Dezember 1894) der Romancier Émile Zola.

# Der Intellektuelle und seine Öffentlichkeit:
# Jürgen Habermas

*Isabell Stamm und René Zimmermann*

>»Wenn man gut durch geöffnete Türen kommen will, muss man die Tatsache achten, dass sie einen festen Rahmen haben: dieser Grundsatz [...] ist einfach eine Forderung des Wirklichkeitssinns. Wenn es aber Wirklichkeitssinn gibt, [...] dann muss es auch etwas geben, das man Möglichkeitssinn nennen kann. Wer ihn besitzt, sagt beispielsweise nicht: Hier ist dies oder das geschehen, wird geschehen, muss geschehen; sondern er erfindet: Hier könnte, sollte oder müsste geschehen; und wenn man ihm von irgend etwas erklärt, dass es so sei, wie es sei, dann denkt er: Nun, es könnte wahrscheinlich auch anders sein.«*
>
> *Musil 2005: 16 f.*

Als Jürgen Habermas im Jahr 2005 den Bruno-Kreisky-Preis für das politische Buch erhielt, wurde er aufgefordert, in seiner Rede am Renner Institut in Wien über die Rolle des zeitgenössischen Intellektuellen zu sprechen. Dort skizziert er die Probleme, mit denen dieser in einer mediatisierten Gesellschaft konfrontiert ist. Er präsentiert eine Liste von Tugenden, die ein Intellektueller besitzen sollte, und weist darauf hin, dass, trotz der verschwimmenden Grenzen zwischen Politikern, Experten und Intellektuellen, Letztere mit ihrem »avantgardistischen Spürsinn für Relevanzen« (Habermas 2006: 5) nach wie vor einen Beitrag zum Selbstverständnis moderner Gesellschaften leisten könnten. Habermas bleibt nicht dabei stehen, ausschließlich *über* den Intellektuellen zu sprechen, sondern schlüpft gegen Ende seiner Ausführungen selbst in diese Rolle und spricht *als* Intellektueller über die Zukunft Europas.

Diese Rede steht exemplarisch für Habermas' Verständnis des Intellektuellen; sie zeigt, dass er über eine explizite Vorstellung von dessen Rolle innerhalb der Gesellschaft verfügt und auch sich selbst als Intellektuellen begreift; was noch unterstrichen wird durch die Tatsache, dass er immer wieder in der »Rolle eines demokratischen Staatsbürgers« (Habermas 2006: 3) in philosophische und politische Debatten eingreift. Ein solches Selbstverständnis steht in einem engen Wechselverhältnis zu den konzeptionellen Vorstellungen davon, wo der Intellektuelle in der Gesellschaft zu verorten ist und welche Funktionen er dort erfüllt. Beide wiederum sind eng verzahnt mit Habermas' Vorstellung von Öffentlichkeit und Demokratie, deren Herzstück der praktische Gebrauch der Vernunft bildet.

Dabei zeigt sich, dass die von Habermas selbst angestrebte und propagierte Trennung seines intellektuellen Engagements einerseits und seiner sozialphilosophischen Beiträge andererseits nur schwerlich durchzuhalten ist. Zu sehr spiegelt sich seine normative Theorie von Öffentlichkeit und Demokratie in seinem intellektuellen Denkstil, zu sehr sind die Themen seiner öffentlichen Diskursbeiträge wegweisend für sein wissenschaftliches Interesse. Konfrontiert man zudem jene praktischen und theoretischen Vorstellungen des Wirkens eines Intellektuellen mit den gesellschaftlichen Verhältnissen der Gegenwart, gerät die Sozialfigur des Intellektuellen – und damit auch Habermas selbst – unter zunehmenden Druck.

### Die Debatte um eine europäische Verfassung – ein Beispiel intellektueller Praxis

Im Jahre 1953 betritt der 24-jährige Habermas die öffentliche Bühne mit einem Artikel in der »Frankfurter Allgemeinen Zeitung«, in dem er Heidegger zur Stellungnahme zu dessen unkommentierter Veröffentlichung seiner Vorlesungen aus dem Jahr 1935 aufruft (vgl. Habermas 1953).[1] In enger Anlehnung an sein sich immer stärker ausdifferenzierendes theoretisches Werk finden sich in den folgenden Jahrzehnten zahlreiche öffentliche Interventionen, die weithin für Aufmerksamkeit gesorgt haben und noch immer sorgen. Habermas bezieht kritisch Stellung zu politischen und philosophischen Themen, die für die Allgemeinheit relevant sind: eine demokratische Bildungsreform, ziviler Ungehorsam, Militärinterventionen, Eugenik, dem Verhältnis von Wissen und Glauben, Willensfreiheit ...

Was ihn in jüngster Zeit nach eigener Aussage am meisten aufregt (vgl. Habermas 2006: 6), ist die Frage nach der Zukunft Europas.[2] In den vergangen Jahren hat sich Habermas wiederholt öffentlich zur europäischen Integration geäußert und klar Stellung für eine europäische Verfassung bezogen. Er tat dies zu einer Zeit, als dieses Thema noch auf kaum einer politischen Agenda zu finden war. Sein ›avantgardistischer Spürsinn‹ schien ihm die Bedeutung des Themas Europa anzuzeigen.

Im Rahmen einer Podiumsdiskussion des ›Kulturforums der Sozialdemokratie‹ mit dem damaligen Kanzlerkandidaten der SPD, Gerhard Schröder, sprach Habermas 1998 über den Verlust an nationalstaatlichen Kompetenzen und Legitimität. Er beschrieb diesen Zustand als postnationale Konstellation und prüfte die Szenarien einer Europäischen Union sowie einer kosmopolitischen Demokratie auf ihr Potenzial, Handlungsfähigkeit und eine kollektive Identität jenseits der Grenzen einer Nation auszubilden. In seinem Beitrag wägt Habermas unterschiedliche Meinungen und Argumente von etwa Euroskeptikern und Euroföderalisten ab, lässt sie damit zu Worte kommen, wahrt dabei jedoch eine kritische Distanz – ein Muster, das auch in seinen wissenschaftlichen Abhandlungen präsent ist. Hinsichtlich Europa bemerkte Habermas, dass die Europa-Bürger lernen müssten, »sich über die nationalen Grenzen hinweg gegenseitig als Angehörige desselben politischen Gemeinwesens anzuerkennen« (Habermas 1998: 13). Eine solche Ausweitung der staatsbürgerlichen Solidarität sei nur schrittweise in einem Wechselspiel aus politischer Institutionalisierung und öffentlichem Diskurs möglich. Eine Umstellung der internationalen Verträge auf eine Art ›Charta‹ könnte die Praxis der Meinungs- und

Willensbildung in einer europaweiten Arena stimulieren. Ein auf diese Weise angebahnter demokratischer Prozess bereite den Weg dafür, mittels einer Verfassung die Kompetenzen Europas tatsächlich zu verändern, sei dabei jedoch auf eine europaweite politische Öffentlichkeit angewiesen. Fast schon beiläufig erwähnt Habermas, dass der Weg zur Verfassung ein Lernprozess sei, der zu einer europäisch erweiterten Solidarität und Identität führen kann. Immer wieder finden sich in diesem Beitrag direkte Anlehnungen an seine theoretische Arbeit, und Habermas ist um eine alle Seiten berücksichtigende, geradezu neutrale Position bemüht.

Noch im selben Jahr, als der Vertrag von Nizza, der eine Reform des institutionellen Rahmens der Europäischen Union (EU) hinsichtlich der Osterweiterung beinhaltet und darüber hinaus die Charta der Grundrechte der Europäischen Union proklamiert, nutzte Habermas einen Vortrag im Rahmen der ›Hamburg Lecture‹, um darzulegen, warum Europa eine eigene Verfassung brauche. Schon die ersten Sätze seines Vortrages verdeutlichen, dass er hier deutlicher Position bezieht als noch im Jahr zuvor. Er entkräftet Einwände, zeigt Aspekte auf, die seiner Meinung nach übersehen wurden, und trägt seine Argumente für eine Verfassung vor. Dabei versteht er sich als Bürger Europas, der »unsere« Situation und Probleme thematisiert. Damit schlüpft er in die Rolle dessen, der Interessen und Deutungen der Menschen intellektuell aufnimmt, um sie in die Form europapolitischer Gestaltungsideen zu bringen, die in die europäische Integration passen, die politischen EU-Eliten aber gleichzeitig irritieren. Dass er hier als *Intellektueller* und nicht als *Wissenschaftler* Kritik üben will, verdeutlicht auch die gewählte sprachliche Form. Er führt eine Reihe von Gründen dafür an, warum eine europäische Einigung fortgesetzt und vertieft werden sollte und dass die empirischen Voraussetzungen für ein politisch verfasstes Europa grundsätzlich geschaffen werden könnten. Habermas qualifiziert in dieser Rede die zuvor nur angedeutete intellektuelle und politische Leerstelle bezüglich der elementaren Frage einer europäischen Identität, die über reine Wirtschaftsintegration hinausgeht. Und so sei ein politischer Gründungsakt, wie ihn eine europäische Verfassung darstellen würde, grundlegend, »damit sich eine so unwahrscheinliche Identitätsformation auch über die nationalen Grenzen hinaus erweitern kann« (Habermas 2001). Konsequent plädiert Habermas damit bereits 2001 für ein Verfassungsreferendum, das eine große europaweite Debatte in Gang setzen und damit Anfangspunkt einer europäischen Bürgergesellschaft, einer europaweiten politischen Öffentlichkeit und einer geteilten politischen Kultur sein könne. In enger Anlehnung an seine Öffentlichkeitstheorie sieht Habermas hierin die Grundlage für legitimes Regieren der EU. Er erkennt jedoch an, dass Europa noch sehr weit von einer vereinten Stimme entfernt sei, sodass sich ein »Europa der zwei oder drei Geschwindigkeiten« (Habermas 2001) anböte, das sich vorübergehend in Kern und Peripherie gliedern möge.

Und diese Vision eines nicht nur wirtschaftlich geeinten Europas ist es dann auch, die im Jahre 2003 zur wohl weitestrezipierten intellektuellen Betätigung in dieser Frage führte: In einem gemeinsamen Aufruf mit Jacques Derrida und in enger Abstimmung mit einer Reihe prominenter europäischer Intellektueller veröffentlichte Habermas seine Vorstellungen zu einer künftigen europäischen Außenpolitik. Habermas plädiert hier dafür, den in Nizza 2001 beschlossenen Mechanismus der verstärkten Zusammenarbeit zu nutzen, um der EU – beginnend mit einer verstärkten gemeinsamen Außen- und Sicherheitspolitik – gewisse staatliche Qualitäten zu verleihen und so nach außen handlungsfähig zu werden. Dies würde eine Sogwirkung entfalten, der sich die anderen Mitglieder auf Dauer nicht entziehen könnten. Gleichwohl bleibt Habermas hier seiner häufig Ambivalenzen aufzeigenden Darstellungsweise treu und warnt davor, dass dieses avantgardistische Kerneuropa sich nicht zu einem Kleineuropa verfestigen dürfe, sondern offen bleiben müsse für jene, die deren Ideen mitzutragen bereit sind.

In seinen Beiträgen zur Zukunft Europas zeigt sich sehr deutlich, dass es Habermas wagt, konkrete Lösungsansätze und ambitionierte Zukunftsvorstellungen zu präsentieren. Dieser Glaube an Veränderung und der Versuch, aktiv in die Meinungs- und Willensbildung der demokratischen Öffentlichkeit einzugreifen, sind wesentliche Merkmale seiner intellektuellen Praxis. So ließ sich Habermas im Jahr 2005 noch kurz vor dem Referendum in Frankreich dazu provozieren, in einem Aufruf an die französische Bevölkerung für die Verfassung zu werben, um eine Lähmung Europas zu verhindern, die das Integrationsprojekt auf lange Zeit schwächen würde.[3] Mit der Ratifizierung der Europäischen Verfassung hätte sich Habermas' erster Schritt zu einer gemeinsamen Identität durch ein europäisches Verfassungsreferendum verwirklicht. Allerdings wollten sich im Vorfeld dieser Abstimmung die von Habermas visionierten Ansprüche und Hoffnungen nicht erfüllen. Schon hier scheint seine Kritik an jenen Verfehlungen des Prozesses auf: In Ermangelung einer europäischen Öffentlichkeit, die keine grenzübergreifende Bündelung von Themen anstoßen und diskutieren konnte, seien 25 Einzelvoten nationaler Staaten als Gefahr zu sehen, da eben nationale und nicht europäische Gründe eine Zustimmung oder Ablehnung der Verfassung bewirkten.

Und so verwundert es nicht, dass Habermas unmittelbar nach dem antizipierten ›Nein‹ zur Verfassung aus Frankreich und den Niederlanden eine kritisch-ambivalente Bestandsaufnahme vorlegt (vgl. Habermas 2005b). In einem Artikel für die »Süddeutsche Zeitung« (vgl. Habermas 2005a) macht er eine mangelnde Vision von einem geeinten Europa als Kernmoment der Ablehnung des Verfassungsentwurfes aus. Es fehle eben eine politische Perspektive, die die Bürger für ein historisch einzigartiges Projekt gewinnen könne. Und so sei eben das ganze Projekt »über die Köpfe hinweggerollt«. Selbst in der Ablehnung des Referendums kann Habermas allerdings einige Hoffnungsfunken ausmachen: So habe sich das »Nein« nicht gegen die europäische Einigung gerichtet, sondern nur gegen das *Wie* dieser Einigung, also gegen die eigenen politischen Eliten, die in falschem Bewusstsein Europa national instrumentalisieren. Und auch in diesem Artikel fehlt nicht der allgegenwärtige Vorschlag, dann doch mit einem Kerneuropa jene Vertiefung voranzutreiben, die im großen Haus der 25 nicht möglich sei.

Betrachtet man die unterschiedlichen Argumente, die Habermas im Laufe der Debatte zur Zukunft Europas vorstellt, erkennt man, dass er seine Argumente zur Diskussion stellt, auch auf die Gefahr hin, später seine Meinung ändern oder neue Vorschläge präsentieren zu müssen. Er geht in besonderem Maße ein Irrtumsrisiko ein, das unvereinbar ist mit einem elitären Verständnis des Intellektuellen als Sinnvermittler (Müller-Doohm 2006: 268). Er vertraut auf die Kraft des »besseren Arguments« und wird auch deshalb nicht müde, in seinen jüngeren Auslassungen zu Europa die Probleme zu betonen, die »ungelöst bleiben, wenn wir auf der Hälfte des Weges zu einem politisch handlungsfähigen und demokratisch verfassten Europa stehen bleiben« (Habermas 2006a): der Verlust demokratischer Substanz, die Unfähigkeit, nach außen geschlossen aufzutreten, sowie nach innen funktionsfähige soziale Standards zu wahren und den kulturellen Pluralismus positiv zu wenden. Habermas beschreibt sich selbst als »Europa-Alarmisten« und regt sich auf über die »Lähmungsstarre« nach dem Scheitern der beiden Verfassungsreferenden in Frankreich und den Niederlanden. Mit ungewöhnlich klaren Worten klagt er die Europa-Politik als »unverholen elitär« und »bürokratisch« an (Habermas 2007c: 96). Er sieht die Zukunft der europäischen Union im Sinne der neoliberalen Orthodoxie entschieden, wenn es nicht gelinge, die Frage nach einer endgültigen Verfassung Europas bis zur nächsten Europawahl 2009 zum Gegenstand eines europaweiten Referendums zu machen. Er mischt sich ein, mit der Hoffnung, einen Beitrag zur politischen Meinungs- und Willensbildung zu leisten. Habermas erscheint ein solches Referendum als einziger Lösungsansatz, das Projekt der Integration nicht den als unfähig qualifizierten politischen Eliten zu überlassen, sondern sie den europäischen Bevölkerungen in die Hand zu geben. Mit großer Eindringlichkeit appelliert er, dass die Regierungen »ihre faktische Ohnmacht erkennen und dieses einzige Mal das Verfahren aus der Hand geben und ›mehr Demokratie wagen‹« (Habermas 2007) müssten. Jüngst verkündete Habermas diese Vision noch einmal im Rahmen der SPD-Reihe »philosophy meets politics« (vgl. Habermas 2007b; zusammenfassend 2007a), in der er auf den stellvertretenden SPD-Chef und Außenminister Frank-Walter Steinmeier traf. Habermas betonte, dass der 2007 auf den Weg gebrachte Vertrag von Lissabon zwar ein diplomatischer Erfolg sei, dieser allerdings die Mentalität und die Beteiligung der Bevölkerung außer Acht lässt. Besonders auffällig an Habermas' jüngsten Einmischungen ist jedoch, dass er nun das zuvor nur implizit wahrnehmbare Selbstverständnis seiner intellektuellen Praxis expliziert. Begibt er sich ins Handgemenge, sieht sich Habermas nicht als »sozialwissenschaftlich beobachtenden Experten, der den handelnden Politiker berät«, sondern »als Intellektuellen, der eher fürs Normative einer etwas ausgreifenden Perspektive als für das Pragmatische der naheliegenden Probleme zuständig ist« (Habermas 2007c: 96). Als Intellektueller darf er abschweifen und Visionen vortragen – Visionen, wie etwa die Idee eines politisch verfassten und handlungsfähigen Europas, das von einer Solidarität getragen wird, die das Resultat eines demokratischen Legitimationsprozesses ist. Ob er damit seine zuvor so energisch vorgetragenen Lösungsvorschläge gleichsam zu Utopien degradiert, sei dahingestellt. Wichtig für das Verständnis seiner intellektuellen Praxis erscheint hingegen der Modus des Vortragens selbst. Er stellt seine Visionen beziehungsweise Argumente als »mehr oder weniger folgenlos räsonierender Staatsbürger, dessen erwachsenes politisches Leben sich zeitlich mit der Geschichte dieser Republik deckt« (Habermas 2007c: 96) zur Debatte. Als einer von vielen hofft er auf Hörer und Sprecher zu treffen, die seine Argumente anerkennen oder diese mit guten Gründen entkräften. Die sprachliche Gestalt seiner intellektuellen Kritik ist durchaus eine andere als die des Sozialphilosophen, doch er kann nicht gänzlich seiner theoretischen Terminologie entfliehen – und muss es vielleicht auch gar nicht. Schließlich trägt sein Wissen als Philosoph und Sozialwissenschaftler entscheidend zu seiner Meinung bei. Er bedient sich der Kraft der theoretisch unterfütterten Argumente und versucht diese in eine praktische Diskussion einzubringen.

Seine intellektuelle Praxis ist dadurch gekennzeichnet, dass er nicht grundsätzlich auf Agonalität, sondern auf Konsensfindung, auf das Pro und Kontra von Gründen setzt. Die appellative Funktion seiner intellektuellen Kritikform zielt auf eine solche Art von politischer Öffentlichkeit und deliberativer Demokratie, wie er sie theoretisch beschreibt. Es lässt sich also festhalten, dass Habermas' Beiträge zur Zukunft der europäischen Verfassung nicht nur inhaltlich eingebunden sind in seine Konzeptionen von Öffentlichkeit und Demokratie, sondern das darüber hinaus die Verinnerlichung dieser ein wesentliches Element seines Selbstverständnisses als Intellektueller ist.

## Kommunikatives Handeln und demokratisch-deliberative Öffentlichkeit

In anderen Worten: Das Habermas'sche Ziel, die Bedingungen der Möglichkeit einer vernunftgeleiteten Verständigung in einer demokratisch-deliberativen Öffentlichkeit zu bestimmen, bildet die Grundlage für seine intellektuelle Praxis. Aus diesem Grund scheint es an dieser Stelle gerechtfertigt, seine Konzepte einer politischen Öffentlichkeit und einer deliberativen Demokratie in unserem Kontext zu skizzieren.

Bereits im *Strukturwandel der Öffentlichkeit* (1962) findet sich sein kommunikatives Ideal, das im weiteren Werk zum normativen Standard kommunikativer Praxis avanciert. Im Anschluss daran ist ein beträchtlicher Teil seines Werkes darauf gerichtet, die *philosophischen* Bedingungen für das klassisch-liberale Öffentlichkeitsmodell neu zu durchdenken. In den folgenden zwei Jahrzehnten nimmt dieser Gedankengang systematisch Gestalt an und findet in seinem ersten Hauptwerk *Theorie kommunikativen Handelns* (1981) ihren vorläufigen Höhepunkt. Hier kritisiert Habermas die rein an Zweck-Mittel-Relationen orientierte Rationalität als unzureichend und setzt ihr die Vorstellung einer kommunikativen Vernunft entgegen. Ziel ist nicht weniger, als die bereits existierende kommunikative Vernunft in der politischen Öffentlichkeit gegen die Rationalitäten von Markt und Verwaltung zu verteidigen und auszubauen. Kommunikative Macht, die sich aus dem zwanglosen Zwang des besseren Argumentes speist, ist das Konzept, das die Voraussetzung für die Konzeption einer deliberativen Demokratie und einer veränderten Konzeption von Öffentlichkeit sein wird.

Die Möglichkeit diskursiver Konfliktlösungen hängt von zwei Bedingungen ab: erstens von denen einer rationalen Konfliktbearbeitung. Hier stehen Anforderungen an die *argumentierenden Subjekte* im Vordergrund. Argumentationen sind dabei Kommunikationsformen, die anspruchsvolle kommunikative Kompetenzen voraussetzen (vgl. Habermas 1982a: 245 f.), wie etwa Widerspruchsfreiheit und Wahrhaftigkeit bei Aussagen, Verständigungsbereitschaft und Perspektivübernahme. Die zweite Bedingung bezieht sich auf das Urteil, unter welchen Voraussetzungen ein Konsens legitim und rational ist. Dabei geht es um die Bedingungen einer *idealen Sprechsituation*, also um strukturelle Anforderungen an eine rationale Konfliktlösung (vgl. Habermas 1982a: 177–183), wie etwa Begriffsklarheit, Chancengleichheit beim Zugang zu Diskursen und das Fehlen einer Beschränkung durch Autorität oder äußeren Zwang (wie Zeitdruck). Habermas akzentuiert drei grundlegende gesellschaftliche Beschränkungen dieser idealen Diskurssituation: (a) die fehlende Offenheit im Hinblick auf Raum und Zeit, (b) die Belastung durch gesellschaftliche Konflikte und deren Eskalationspotenzial (c) sowie die Dominanz einer rein strategischen Konfliktregelung (vgl. Habermas 1983: 102, 1982a: 179 sowie 1990: 41 f.). Somit bedarf es institutioneller Vorkehrungen, um diesen kontrafaktischen Bedingungen der Diskursethik Rechung zu tragen. Neben dem Recht – auf das hier nicht explizit eingegangen werden kann – ist dies eine demokratisch-deliberative Öffentlichkeit.

In dieser Perspektive haben die Kommunikations- und Teilhaberechte der Bürger deshalb eine privilegierte Stellung, weil sie für die demokratische Willensbildung in Rechtsstaaten konstitutiv sind. Deliberative Politik stellt ein problemlösendes *Verfahren* dar, um *legitimes* Recht zu erzeugen; ihr Kern besteht aus einem Netzwerk von Diskursen und Verhandlungen, die die rationale Lösung pragmatischer, ethischer und moralischer Fragen ermöglichen soll (vgl.

ebd.: 359f.). Das ist es, was im Verfahrensbegriff der Demokratie, der Deliberation, ausgedrückt wird. Die Institutionalisierung soll nach Habermas die Teilnahme*chance* aller am politischen Prozess gewährleisten, aber dieser soll nicht davon abhängen, ob alle oder nur wenige diese Chance wahrnehmen (vgl. Habermas 1992: 362f. und 438f.). Er nennt dies die »Prozeduralisierung der Volkssouveränität« (ebd.: 363).

Allerdings kann auch der rechtsstaatlich regulierte Machtkreislauf des politischen Systems sich den oben skizzierten Diskursregeln nur annähern (vgl. ebd.: 396–398). Es bleibt eine Spannung bestehen zwischen dem diskurstheoretisch erklärten normativen Selbstverständnis des Rechtsstaates und der sozialen Faktizität der mehr oder weniger in rechtsstaatlichen Formen ablaufenden politischen Prozesse. Die Schwäche der deliberativen Politik besteht vornehmlich darin, dass ihre Ergebnisse zwar als kommunikativ erzeugte Macht gedeutet werden können, aber gleichzeitig die sozialen Machtpotenziale glaubwürdig drohender Akteure und die administrative Macht von Amtsinhabern zur kommunikativen Macht in Konkurrenz treten.

Es ist Aufgabe von *Zivilgesellschaft* und *politischer Öffentlichkeit*, die deliberativ erzeugte kommunikative Macht gegen soziale und administrative Macht zu schützen (vgl. 1992: 211 und 334). Dies erfordert eine Stärkung der politischen Öffentlichkeit und somit die fortschreitende Demokratisierung einer prinzipiell lernfähigen Gesellschaft. In letzter Instanz steht und fällt die gesellschaftliche Rationalität nach Habermas mit einer demokratischen, kritikfähigen und begründungspflichtigen Öffentlichkeit.

Diese Öffentlichkeit wird von ihm verstanden als »Netzwerk für die Kommunikation von Inhalten und Stellungnahmen, also von *Meinungen*« (ebd.: 436), in dem sich Meinungen bündeln und verdichten und somit zur öffentlichen Meinung werden. Idealiter reproduziert sich diese Öffentlichkeit durch kommunikatives Handeln und stellt somit den Raum der diskursiven Konfliktlösung dar. In ihr kann sich sowohl ein gesellschaftliches Bewusstsein als auch eine kritische Selbstbeschreibung der Gesellschaft ausbilden. Öffentlichkeit besteht nach Habermas einerseits aus parlamentarischen Körperschaften. Diese sind vorwiegend als Rechtfertigungszusammenhang strukturiert, in denen Positionen und Vorschläge öffentlich begründet werden müssen. Andererseits bedarf es einer nicht durch vorab definierte Verfahren regulierten Öffentlichkeit, die vom allgemeinen Publikum der Staatsbürger getragen wird (vgl. ebd.: 366, 373 f. und 429–435). Diese plurale, informelle Meinungsbildung ist umso legitimationsverbürgender, desto stärker auch in ihr die Verfahrensregeln der Diskursethik zum Tragen kommen.

Öffentlichkeit erfüllt zwei gesellschaftliche Funktionen. Zum einen muss sie Probleme wahrnehmen und identifizieren, zum anderen diese Probleme auch überzeugend und so einflussreich thematisieren, dass sie vom parlamentarischen Komplex übernommen und bearbeitet werden. Themen wie etwa die Verelendung von sogenannten Entwicklungsländern, die ökologische Frage, der Feminismus oder die Nutzung von Atomenergie: All dies sind Fragen, die nicht in den etablierten Machtzentren ihren Ausgangspunkt genommen haben, sondern von Betroffenen, von Intellektuellen, von kritischen Wissenschaftlern etc. Es sind also Fragen, die nicht vom Zentrum ausgingen, sondern von der Peripherie und von dort über Zeitschriften, Hochschulen oder Bürgerforen zu sozialen Bewegungen wurden. Auf diesem Wege können bisher vernachlässigte oder bewusst ignorierte Themen in die Massenmedien gelangen und somit einem breiten Publikum zugänglich gemacht werden. Derart auf die öffentliche Agenda gebracht, muss auch das politische Zentrum sich mit diesen Fragen beschäftigen. Auf diese Weise entstehen – rechtsstaatlich geschützt – kommunikative Gegenmächte gegen die Systemimperative von Macht und Geld.[4] Auf diese Weise sieht Habermas den öffentlichen Gebrauch von Vernunft gewährleistet.

Eine detranszendierte Version der Kant'schen Idee des öffentlichen Gebrauchs der Vernunft ist es dann auch, die im Zentrum des Habermas'schen Verständnisses der politischen Rolle und Verantwortung der Intellektuellen liegt. Die Zahl seiner wissenschaftlichen Ausführungen *über* den öffentlichen Intellektuellen ist, gemessen an der Menge an Beiträgen, die er *als* Intellektueller geleistet hat, verschwindend gering. Analytisch auseinandergesetzt hat er sich vor allem mit den Profilen von Intellektuellen, die er besonders schätzt oder die durch ihr Werk einen Einfluss auf ihn als Sozialphilosophen und Intellektuellen hatten. Zu diesen zählen unter anderem Karl Jaspers, Theodor W. Adorno, Alexander Mitscherlich, Hannah Arendt und nicht zuletzt Heinrich Heine.

Die analytische Auseinandersetzung mit solchen intellektuellen Praktiken konzentriert sich vor allem auf die sozialhistorischen Möglichkeiten und bedeuten ihm zwei Bedingungen, die die Funktion und den Ort des Intellektuellen definieren: erstens der jeweils vorherrschende Typ von Öffentlichkeit und zweitens die Ausgestaltung der politischen Praxis. Interessanterweise mehren sich Habermas' Darlegungen seiner theoretischen Vorstellung des öffentlichen Intellektuellen erst, nachdem er selbst seine Konzeptionen von ebendiesen beiden Feldern ausgearbeitet hat. Die analytische Aufgabe, den Ort und die Funktion des Intellektuellen näher zu bestimmen, scheint vor diesem Hintergrund schon fast trivial. Die Definition ist klar: Intellektuelle sind Bürger mit Reputation in bestimmten professionellen Bereichen, die ihre speziellen beruflichen Kompetenzen öffentlich nutzen, um ohne Delegation ihre begründeten Meinungen zu Themen zu äußern, die für die Allgemeinheit relevant sind (vgl. Habermas 1999: 330). Durch ihre Eingriffe betreten sie die Arena einer politischen Öffentlichkeit, ohne den eigenen beruflichen Kontext zu verlassen. Aus diesem Grund unterscheiden sich die Intellektuellen von strategisch handelnden Politikern, die gänzlich von politischen Organisationen aufgesogen sind. Sie unterscheiden sich von Journalisten, die hauptberuflich die Öffentlichkeit informieren. Und sie unterscheiden sich von Dilettanten, deren öffentliche Äußerungen ungeplant und zufällig sind. Intellektuelle thematisieren mit provokativen und zugespitzten Argumenten verletzte Rechte und unterdrückte Wahrheiten, überfällige Innovationen und verzögerten Fortschritt (vgl. Habermas 1987: 29). Habermas charakterisiert Intellektuelle überaus positiv: sie sind seiner Meinung nach freischwebend, spontan, leidenschaftlich und ein Stück weit unberechenbar (vgl. Habermas 2006: 3).

Ihre spezifische Rolle erhalten die Intellektuellen durch die Adressierung einer politischen Öffentlichkeit. Sie sind angewiesen auf die Öffentlichkeit als Resonanzboden ihres Engagements. Die diffusen Netzwerke einer Öffentlichkeit, die in der Zivilgesellschaft verankert sind, sind der Ort, an dem komplexe moderne Gesellschaften ein Selbstbewusstsein ausbilden und Probleme diskutieren können. Intellektuelle tragen deshalb nicht nur zum öffentlichen Diskurs, sondern auch zum Selbstverständnis von modernen Gesellschaften bei. So sind sie zugleich Geburtshelfer und Abhängige der politischen Öffentlichkeit.

Intellektuelle können nur dort ihren Platz finden, wo ein Verfassungsstaat die Bedingungen für eine politische Öffentlichkeit als ein Medium der demokratischen Meinungs- und Willensbildung garantiert. Habermas beschreibt, wie die Intellektuellen nach ihrem normativen Selbstverständnis in eine Welt gehören, in der das politische Leben nicht als Monopol des Staates wahrgenommen wird. Der öffentliche Intellektuelle ist auf den Rahmen einer Demokratie deliberativen Zuschnitts angewiesen, die selbst wiederum von dem Engagement misstrauischer und streitbarer Bürger lebt.

Obschon eine moderne Demokratie sich auf diese Weise des kritischen Engagements der Intellektuellen als einer Kategorie von Bürgern unter Bürgern bedient, können diese keinen elitären Status für sich beanspruchen. Sie können nicht behaupten, dass sie im Besitz einer »höheren Wahrheit« seien (Lassmann 2000: 819). Ihr Engagement kann sich auf keine andere Legitimität berufen als auf die Rolle als demokratische Bürger (vgl. Habermas 2006: 3). Wenn der öffentliche Intellektuelle seine Vernunft gebraucht, vertraut er den

Regeln des öffentlichen Diskurses sowie der Kraft der besseren Argumente trotz ihres kontrafaktischen Charakters.[5]

Die normativen Komponenten dieses Konzeptes der Rolle vom Intellektuellen lassen sich kaum verhehlen. Vergegenwärtigt man sich nochmals die eingangs herausgearbeiteten Elemente der Habermas'schen intellektuellen Praxis, so liest sich die theoretische Funktionsbestimmung des Intellektuellen von Habermas wie das verinnerlichte, normative Selbstverständnis seines eigenen Engagements. Fraglich erscheint jedoch, inwiefern diese abstrakte, wenngleich von Habermas angestrebte Form intellektueller Aktivität auch im Einklang mit einer und insbesondere seiner intellektuellen Praxis steht. Denn die enge Bindung der Rolle und der Funktion des Intellektuellen an eine politische Öffentlichkeit der deliberativen Demokratie verweist auf die Bedingungen der Möglichkeit intellektuellen Engagements. Die Einmischungen des Intellektuellen fußen auf dem anspruchsvollen, kommunikativen Ideal diskursiver Konfliktlösung. Die Äußerungen von Intellektuellen bedürfen wie alle Diskursbeiträge nicht nur einer kommunikativen Kompetenz, sondern institutionellen Vorkehrungen, um den kontrafaktischen Bedingungen der Diskursethik Rechnung zu tragen. Die Intellektuellen unterliegen dem Spannungsverhältnis zwischen ihrem Selbstverständnis und der sozialen Faktizität politischer Prozesse. Betrachtet man insbesondere die gegenwärtige politische Öffentlichkeit Europas, stellt sich die Frage, ob der öffentliche Intellektuelle unter den aktuellen gesellschaftlichen Bedingungen noch seinen Platz findet und seine Funktion erfüllen kann. Das Unterfangen intellektuellen Engagements erscheint zumindest voraussetzungsvoll.

### Der gespaltene öffentliche Intellektuelle

Ein wesentlicher Punkt, den Habermas in seinen Beiträgen für eine europäische Verfassung herausarbeitet, ist, dass eine europäische Öffentlichkeit bislang nicht existiert. Eine solche könne sich nur durch die politischen Öffentlichkeiten der Mitgliedstaaten herausbilden, indem hier das Thema Europa und die Belange der jeweils anderen Mitgliedstaaten Teil öffentlicher Diskurse werden. Seine Argumente trägt Habermas somit konsequenterweise nationalen Öffentlichkeiten vor, vornehmlich in Deutschland; aber auch in anderen europäischen Ländern äußert er sich zur Zukunft der Gemeinschaft. Doch welchen Zugang findet Habermas zu diesen Öffentlichkeiten, in einem politischen Raum, der zwar rechtstaatlich Meinungsfreiheit garantiert, sich jedoch den idealtypischen Vorstellungen eines öffentlichen Diskurses nur annähern kann? Welche Wirkung können die vorgetragenen Argumente entfalten, wenn ihnen ökonomische und administrative Macht gegenüberstehen?

Die Intellektuellen sind angewiesen auf Massenmedien, die ihre Meinungen einem breiten Publikum zugänglich machen, ebenso wie auf ein politisches Zentrum, das die vorgetragene Meinung aufgreift. Habermas wählt als Forum für seine Einmischungen meist außeruniversitäre Vorträge, die er im Rahmen von Preisverleihungen (2006: Bruno-Kreisky-Preis; Verleihung des Staatspreises des Landes NRW), öffentlichen Vorlesungen (2001: ›Hamburg lectures‹) oder Diskussionsrunden (2007: ›philosphy meets politics‹) hält, ebenso wie Beiträge in den großen deutschen Zeitungen (in unserem Beispiel: »Frankfurter Allgemeine Zeitung«, »Süddeutsche«, »Die Zeit«). Seine wissenschaftliche Reputation erhöht das Gewicht, das ihm in öffentlichen Debatten zugesprochen wird. Dieser Umstand eröffnet ihm die Gelegenheit, sich direkt mit politischen Entscheidungsträgern auseinanderzusetzen (z. B. konnte er auf Veranstaltungen der SPD direkt die Partei und zentrale Persönlichkeiten wie Gerhard Schröder oder Frank-Walter Steinmeier ansprechen), und erleichtert ihm den Zugang zu auflagenstarken Medien. Die Reden und Beiträge »des einflussreichsten lebenden Philosophen« (Richard Rorty), »unseres Kritikers« (Axel Honneth) bzw. »Deutschlands Staatsphilosophen« (»Frankfurter Allgemeine Zeitung«) werden nicht nur bloß erwähnt, sondern unverändert abgedruckt. Damit erhält er die Möglichkeit, sich innerhalb einer großen Öffentlichkeit Gehör zu verschaffen, die anderen Bürgern normalerweise verwehrt ist. Es gelingt ihm, was er analytisch darstellt: Er kann seine berufliche Reputation nutzen, um seine begründete Meinung öffentlich und ohne Delegation zu Themen zu äußern.

An der Präsenz Habermas' in öffentlichen Debatten ist bemerkenswert, dass er sich überwiegend auf schriftbasierte Medien konzentriert und seine öffentlichen Auftritte kurz hält. Er ist ein Mann des geschriebenen Wortes, der dem Verfertigen der Gedanken beim Reden offenbar misstraut (Funken 2008: 8). Er verzichtet bewusst auf die Präsenz in audiovisuellen Medien, schränkt damit aber gleichsam den Kreis der potenziellen ›Hörer und Sprecher‹ ein. Über diese Art der *Veröffentlichung* werden seine Argumente zu Diskursbeiträgen, die auf antwortende *Leser* treffen. Wie intensiv solche Antworten ausfallen können, verdeutlicht in unserem Beispiel etwa die ausführliche Kritik im Anschluss an das Plädoyer mit Derrida für ein Kerneuropa, der Habermas wiederholt begegnet ist (vgl. Habermas 2003a u. b). Er provoziert Reaktionen und trägt damit zur Meinungs- und Willensbildung bei. Über die Jahrzehnte ist Habermas durch sein intellektuelles Engagement zu einem Impulsgeber für die Wahrnehmung von öffentlichen Relevanzen geworden. Von ihm gehe gar, so wird behauptet, eine diskursive Macht aus (Funken 2008: 8). Es scheint außer Frage, dass die intellektuelle Praxis von Habermas eine Wirkung in jener Öffentlichkeit hinterlässt, die Qualitätsmedien zur Meinungs- und Willensbildung nutzen. Inwieweit seine intellektuellen Beiträge politisch wirksam werden, lässt sich jedoch nur schwerlich beurteilen. Die jüngste ›Diskussion‹ mit Außenminister Steinmeier zeigte allerdings, dass der Philosoph bei der Politik auf wenig Resonanz zu stoßen scheint. Vielleicht ist Habermas hier zu avantgardistisch in seinem Streben nach einer europäischen Identität. Vielleicht reicht die mit den vorgetragenen Argumenten verbundene kommunikative Macht nicht aus, um kurzfristig in politischen Druck umgewandelt zu werden.

Die intellektuelle Praxis von Habermas erscheint in einer Mediengesellschaft konservativ und nüchtern. Passen er und seine Vorstellung des Intellektuellen überhaupt noch in eine Zeit, in der mit

Fug und Recht von einem weiteren »Strukturwandel der Öffentlichkeit« gesprochen werden kann? Der Sozialphilosoph Habermas thematisiert die veränderte Rolle des Intellektuellen in der Gegenwart und zeigt, dass die Umstellungen des zentralen Mediums von Print zum Fernsehen und schließlich zum Internet zu einer unerwarteten Vergrößerung der Medienöffentlichkeit und einer parallelen Verdichtung der Kommunikationsnetzwerke geführt hat. Wie schon einmal in der Geschichte wandeln sich Kommunikationsbedingungen hin zu größerer Inklusion und zu höherer Egalität. Diese gewandelte Öffentlichkeit, die dem Intellektuellen seinen Ort zuweisen könnte, ist in unserer Gegenwartsgesellschaft inklusiver, der Austausch intensiver als jemals zuvor. Aber auch die Gefahr, im Stimmengewirr unterzugehen, ist größer. Und so erkennt Habermas richtig, dass gerade Intellektuelle an einer Überdosis dieses lebenspendenden Elements Öffentlichkeit zu ersticken drohen (vgl. Habermas 2006: 4). Unter diesen fortschreitend deformalisierten und differenzierten Bedingungen scheint der aktuelle soziale Ort des Intellektuellen im besten Falle unscharf zu sein. In einer Mediengesellschaft vermischt sich der diskursive Austausch von Argumenten mit inszenierten, Aufmerksamkeit erregenden Auftritten (vgl. Habermas 2006: 4).[6] Die Unterschiede zwischen Intellektuellen, Experten und Prominenten verschwimmen.

Angesichts dieser Entwicklungen zweifelt Habermas selbst, ob man den öffentlichen Intellektuellen in zeitgenössischen Gesellschaften denn überhaupt noch braucht. Er räumt ein, dass er nicht frei sei von der Vorstellung des Niedergangs des Intellektuellen, die Sartre schon vor Jahrzehnten in die Diskussion eingebracht hatte (vgl. Habermas 2006: 3). Was der Sozialphilosoph hier analytisch beschreibt, erlebt der engagierte Intellektuelle als unüberwindbare Kluft zwischen seinem normativen Selbstverständnis und der sozialen Faktizität. Insofern wird der öffentliche Intellektuelle in der Mediengesellschaft gespalten.

Auf analytischer Ebene gelingt es Habermas, den Intellektuellen in die Gegenwart zu retten. Der öffentliche Intellektuelle könne auch unter den veränderten Bedingungen der Mediengesellschaft eine wichtige Rolle spielen, sofern er bestimmte unheroische Tugenden, wie Habermas sie nennt, besitzt. Hierzu gehören vor allem ein Sinn dafür, was fehlt oder »was ›anders sein könnte‹; ein bisschen Phantasie für den Entwurf von Alternativen und ein wenig Mut zur Polarisierung, zur anstößigen Äußerung, zum Pamphlet« (Habermas 2006: 5). Er schlägt vor, die öffentlichen Intellektuellen in der Mediengesellschaft als ein Frühwarnsystem zu verstehen. Doch ist es wirklich dieser Feinsinn, der diese Figur in der Mediengesellschaft vor dem Untergehen bewahrt?

Dieses flammende Plädoyer für den öffentlichen Intellektuellen und seine Bedeutung in der Gegenwart bringt vielmehr zum Ausdruck, dass Habermas trotz allem an seinem Selbstverständnis als Intellektueller festhält. Es ist der Eifer, diesem normativen Ideal intellektuellen Engagements zu folgen, der die intellektuelle Praxis Habermas' von anderen Intellektuellen unserer und vergangener Zeiten unterscheidet. Deutlich wird jedoch auch, dass, obwohl Habermas als Wissenschaftler und Intellektueller unterschiedlich wahrgenommen werden möchte, diese Trennung in zwei Rollen nicht durchzuhalten ist. Beide Rollen sind zwar mit spezifischen Aufgaben, Intentionen und Verhaltensweisen verbunden. Doch der Intellektuelle beruft sich nicht nur auf die kognitiven und kommunikativen Kompetenzen des Wissenschaftlers, er nutzt darüber hinaus dessen Reputation als Schlüssel, um Zugang zu einem größeren Publikum zu erhalten. Und genau davon ist der Einfluss und die Reichweite der intellektuellen Praxis Habermas' bestimmt. Er bleibt freilich nicht nur auf eine funktionierende Öffentlichkeit angewiesen, sondern auch auf die dritte Instanz der ›Qualitätsmedien‹, die seine Argumente aufgreifen und auflagenstark verbreiten. Die Qualitätspresse wird damit zur Vermittlerin zwischen politischer Öffentlichkeit und dem Intellektuellen. Vielleicht ordnet Habermas deshalb dem öffentlichen Intellektuellen in jüngerer Zeit nunmehr eine untergeordnete Rolle zu (Habermas 2008 im Druck: 182).

## Literatur

Bolz, Norbert (vorauss. 2008): »Habermas als der Erzieher der Deutschen«, in: Funken (2008).

Funken, Michael (Hg.) (2008 im Druck): *Über Habermas*, Frankfurt/M.

Habermas, Jürgen (1953): »Mit Heidegger gegen Heidegger denken. Zur Veröffentlichung von Vorlesungen aus dem Jahre 1935«, in: »Frankfurter Allgemeine Zeitung« vom 25. Juli.

Habermas, Jürgen (1981): »Die Moderne ein unvollendetes Projekt«, in: ders.: *Kleine Politische Schriften I–IV*, Frankfurt/M., S. 444–464.

Habermas, Jürgen (1982a u. b): *Theorie des Kommunikativen Handelns*, Band 1 u. 2, 2. Auflage, Frankfurt/M.

Habermas, Jürgen (1983): *Moralbewußtsein und Kommunikatives Handeln*, Frankfurt/M.

Habermas, Jürgen (1987): »Heinrich Heine und die Rolle des Intellektuellen in Deutschland«, in: ders.: *Eine Art Schadensabwicklung – Kleine politische Schriften VI*, Frankfurt/M., S. 25–54

Habermas, Jürgen (1989): *The New Conservatism – Cultural Criticism and The Historian's Debate*, Oxford.

Habermas, Jürgen (1990): *Strukturwandel der Öffentlichkeit. Untersuchungen zu einer Kategorie der bürgerlichen Gesellschaft*, Frankfurt/M.

Habermas, Jürgen (1991): *Erläuterungen zur Diskursethik*, Frankfurt/M.

Habermas, Jürgen (1992): *Faktizität und Geltung. Beiträge zur Diskurstheorie des Rechts und des demokratischen Rechtsstaates*, Frankfurt/M.

Habermas, Jürgen (1999): »Noch einmal: Zum Verhältnis von Theorie und Praxis«, in: ders.: *Wahrheit und Rechtfertigung. Philosophische Aufsätze*, Frankfurt/M., S. 319–330.

Habermas, Jürgen (2001): »Warum braucht Europa eine Verfassung? Nur als politisches Gemeinwesen kann der Kontinent seine in Gefahr geratene Kultur und Lebensform verteidigen«, in: »Die Zeit« 27/2001.

Habermas, Jürgen (2003): »Unsere Erneuerung. Nach dem Krieg. Die Wiedergeburt Europas«, in: Blätter für deutsche und internationale Politik 7, S. 877 bis 881.

Habermas, Jürgen (2003a): »Europäische Identität und universalistisches Handeln. Nachfragen an Jürgen Habermas«, in: Blätter für deutsche und internationale Politik 7, S. 801–806.

Habermas, Jürgen (2003b): »Fusion oder Spaltung? Die Kerneuropa-Initiative in der Debatte. Zdislaw Krasnodebski, Jutta Limbach, Adolf Muschg und Wolfgang Schäuble diskutieren mit Jürgen Habermas«, in: Blätter für deutsche und internationale Politik 8, 935–945.

Habermas, Jürgen (2004): »Ist die Herausbildung einer europäischen Identität nötig, und ist sie möglich?«, in: ders.: *Der gespaltene Westen*, Frankfurt/M., S. 68–85.

Habermas, Jürgen (2005): »Das illusionäre ›Nein der Linken‹. Erklärung vom Jürgen Habermas vom 5. Mai 2005«, in: Blätter für deutsche und internationale Politik 6, S. 755–757.

Habermas, Jürgen (2005a): »Über die Köpfe hinweggerollt. Europas GAU – Anreiz oder Lähmung?«, in: »Süddeutsche Zeitung« vom 6. Juni, S. 15.

Habermas, Jürgen (2005b): »Europa ist heute in einem miserablen Zustand. Interview von Adam Krzeminski mit Jürgen Habermas«, in: »Die Welt« vom 4. Mai.

Habermas, Jürgen (2006): »Ein avantgardistischer Spürsinn für Relevanzen. Was den Intellektuellen auszeichnet«, Dankesrede bei der Entgegennahme des Bruno-Kreisky-Preises am 9. März 2006.

Habermas, Jürgen (2006a): »Dankesrede anlässlich der Verleihung des Staatspreises 2006 des Landes Nordrhein-Westfalen« am 7. November.

Habermas, Jürgen (2007): »Europa: Vision und Votum«, in: Blätter für deutsche und internationale Politik 5, 517–520.

Habermas, Jürgen (2007a): »Erste Hilfe für Europa. Die europäischen Regierungen müssen über ihren Schatten springen und den eigenen Bürgern endlich die Chance geben, über die Zukunft der Union zu entscheiden«, in: »Die Zeit«, 49/2007.

Habermas, Jürgen (2007b): »Europapolitik in der Sackgasse. Nicht die Bevölkerungen, die Regierungen sind der Hemmschuh. Plädoyer für eine Politik der abgestuften Integration«, Vortrag am 23.11. im Rahmen der SPD-Reihe »philosophy meets politics«.

Habermas, Jürgen (2007c): *Ach, Europa*, Frankfurt/M.

Habermas, Jürgen (2008 im Druck), in: Funken (2008).

Honneth, Axel (1999): »Unser Kritiker. Jürgen Habermas wird siebzig: eine Ideenbiographie«, in: »Die Zeit«, 25/1999.

Lassmann, Peter (2000): »Enlightenment, Cultural Crisis, and Politics: The Role of the Intellectuals from Kant to Habermas«, in: The European Legacy, Vol. 5, No. 6, S. 815–828.

Müller-Doohm, Stefan (2006): »Zur Soziologie intellektueller Denkstile. Gemeinsamkeiten und Differenzen zwischen Theodor W. Adorno und Jürgen Habermas«, in: Blum, Howald/Reese-Schäfer, Walter (Hg.): *Die Intellektuellen und der Weltlauf. Schöpfer und Missionare politischer Ideen in den USA, Asien und Europa nach 1945*, Baden-Baden, S. 259–274.

Musil, Robert (2005): *Der Mann ohne Eigenschaften*, Reinbek.

Vobruba, Georg (2007): »Kritik der Europakritik. Die intellektuelle Perspektive auf die europäische Integration«, in: Osteuropa 7, S. 3–12.

## Anmerkungen

1 Und so liegt die Interpretation nicht fern, dass dieser erste öffentliche Vernunftgebrauch ein Motiv für seine theoretische Zuwendung zum Thema der Öffentlichkeit darstellt (vgl. Honneth 1999).

2 Zu einer generellen Einordnung des Themas Europa und Intellektuelle vgl. Vobruba 2007.

3 Am 2. Mai druckte die französische »Le Monde« einen Appell u. a. von Habermas, der Verfassung zuzustimmen. Bedingt durch den ungewissen Ausgang des Referendums appellierte er zudem am 5. Mai im »Nouvel Observateur« an die französische Linke, mit Ja zu stimmen (vgl. übersetzt Habermas 2005).

4 Hier sollte noch einmal betont werden, dass es Habermas auch in *Faktizität und Geltung* vornehmlich um die Bedingungen der Möglichkeit einer derart kritischen Öffentlichkeit geht und nicht so sehr um deren empirisch angebbare Wahrscheinlichkeit (vgl. ebd.: 460).

5 Hier deutet sich jedoch eine Widersprüchlichkeit in dem analytischen Konzept der öffentlichen Intellektuellen von Habermas an. Indem Habermas diese soziale Figur mit besonderen Zugangsmöglichkeiten kraft ihrer Reputation und mit außerordentlichen kommunikativen Kompetenzen ausstattet, setzt er dessen Status als Staatsbürger unter vielen aufs Spiel. Die öffentlichen Intellektuellen verfügen damit über eine Art »kommunikativer Macht«, die der Erfüllung der so voraussetzungsreichen Diskursregeln entgegensteht. Folglich können sich diese nicht mehr auf jene Autorität berufen, die aus erfüllten Erwartungen in Diskursen ersteigt. Stattdessen haftet ihnen ein elitärer Status an.

6 Auch hier erinnert Habermas' Insinuation, dass Inszenierungen statt echter Diskurse aus aktiven Teilnehmern passive Zuschauer machen, stark an sein Werk von 1962, in dem er ja nicht nur den Aufstieg einer kritischen Öffentlichkeit nachzeichnet, sondern auch deren Verfall bemängelt (vgl. Habermas 1990a: 202–204, §19, 284 und 318f.). Habermas stellt hier fest, dass sich das Publikum *von einem räsonierenden zu einem konsumierenden* gewandelt hat, die Öffentlichkeitsmedien demnach ihr Konsumentenpublikum vorrangig mit Unterhaltung statt mit Aufklärung und Diskursen bedienen. Diesen theoretischen Blick – der noch stark an Adornos Kulturkritik angelehnt war – revidiert Habermas in seinem späteren Werk zwar, aber auch in der Ausgabe von 1990 hält er an der Beschreibung »der veränderten Infrastruktur einer vermachteten Öffentlichkeit im großen und ganzen fest« (Habermas 1990: 29).

# Noam Chomsky: Empörung als öffentliche Aufgabe

*Jan H. Free*

## Einleitung: Des Intellektuellen postmodernes Unglück

Seit Schopenhauer ist bekannt: Wer gehört werden will, muss etwas zu sagen haben. Dieser Bedingung nachzukommen sei heutzutage schwer. Die Klage lautet, dass die Postmoderne mit ihren Dekonstruktionen den Glauben der Intellektuellen unterminiere, etwas aussagen zu können. Ohne Frage: Die klassisch modernen Universalismen sind längst historisiert und relativiert. Und weil die westlichen Werte sich als eben nur westlich erweisen, fehlt heutigen Intellektuellen die anziehende Selbstgewissheit vergangener Intellektuellengenerationen, die noch wahlweise Wahrheit, Vernunft, Fortschritt oder gar den Weltgeist zu repräsentieren glaubten. Die Postmoderne hingegen »can provide neither a unique content-full moral account nor a single universally binding moral narrative« (Cherry 2002: 342), welche für die Transgression vom Wissenschaftler zum öffentlichen Intellektuellen aber als notwendig erachtet wird.[1] Infolgedessen verliert der »Auserwählungsmythos des Intellektuellen« (Macho 1992: 42–50) an Wirkung. Er beruhte schließlich darauf, dass Intellektuelle Bedeutendes, Wichtiges schreiben und einem Publikum mitteilen – oder gar mitteilen müssen. Aber wo sind diese Bedeutsamkeiten, die sich Intellektuelle als Sprachrohre nehmen? Sie sind offenbar alle zerredet, eher destruiert als dekonstruiert.[2]

Das macht wissenschaftsinterne Debatten zwar spannend, verringert aber ihre Anschlussfähigkeit an Wirklichkeiten außerhalb der Akademie. Es ist folglich kein Zufall, dass die wichtigsten öffentlichen Intellektuellen zumeist gehobenen Alters sind: Sie sind ohne Postmoderne wissenschaftlich sozialisiert worden, weswegen es ihnen leichter fällt, als selbstgewisse, moderne Intellektuelle aufzutreten und allgemeinverständlicher zu sein. Ihr Grundtenor ist, dass hinter ein erreichtes Maß an Zivilisierung nicht zurückgefallen werden dürfe und dass an bestimmten Visionen darüber festgehalten werden müsse, was erreicht werden soll: Ihr Ziel ist das bestmögliche Gedeihen und Werden aller Menschen.[3] Und sie glauben zu wissen, wie dieses Ziel erreicht werden kann – ein Gedanke, der postmodernen Akademikern fremd ist.[4]

Auch Noam Chomsky hält an den modernen Errungenschaften fest. In seinen Beiträgen als öffentlicher Intellektueller zeigt er sich unberührt von postmodernen Zweifeln und richtet sich nach dem einfachen Credo: »Die Intellektuellen haben die Verantwortung, die Wahrheit zu sagen und Lügen aufzudecken« (Chomsky 1971: 126). Dieses Programm revoltiert um ein naives, innerhalb der Wissenschaften vom Menschen nicht mehr haltbares Verständnis von Wahrheit und Wirklichkeit, und doch (oder gerade deswegen) hat es Chomsky viel Zustimmung und Ruhm eingebracht, beispielsweise den Titel des global wichtigsten Intellektuellen[5] und eine ausführliche und lobende Rezension von Seiten des Präsidenten Venezuelas, Hugo Chavez, der während seiner Rede vor der UN-Vollversammlung am 20. September 2006 Chomskys Buch *Hegemony or Survival* (2003) minutenlang in den Händen hielt, es besprach und den Anwesenden zur Lektüre empfahl.[6]

Selbst manche sonst unerschütterliche Zyniker fasziniert Chomskys ungebrochenes Vertrauen in die menschliche Vernunft, seine gewollt unkonstruktive, kompromisslose Kritik an den Machthabenden, seine Verweigerung jeder Versöhnung oder Unterordnung und seine nie wankende Überzeugung, die Wahrheit, die Tatsachen und die Mehrheit der Bevölkerung auf seiner Seite zu haben. Er will provozieren, polarisieren, aufrütteln und wirkt mitunter wie der letzte verbliebene Kampfhund der Aufklärung. Jedes Argument ist ihm recht, sofern es nur die Richtigen trifft, und es gilt immer die für seine Gegner nachteiligste Interpretation des Geschehens.[7] Die Analyse eines erfolgreichen Intellektuellen ist augenscheinlich interessant in einer Zeit, in der Sozial-, Kultur- und Geisteswissenschaftler darüber klagen, dass sie in der medialen Öffentlichkeit kaum gehört werden. Die Hoffnung ist, dass sich von ihm etwas lernen ließe über die Voraussetzungen hoher Absatzzahlen und großer Bekanntheit. Bestätigt nicht sein Erfolg die These von der zersetzenden Wirkung der Postmoderne auf das Selbstbewusstsein der Geistes- und Kulturwissenschaftler? Zeigt Chomskys Beispiel vielleicht sogar, wie ein Intellektueller »funktionieren« muss, um publizistischen Erfolg zu haben?

### Chomsky und der Verrat der Intellektuellen

Entscheidend in Chomskys Werdegang als öffentlicher Intellektueller sind die Jahre 1965–67. Seitdem hat die Quantität seiner Arbeiten zweifelsohne zugenommen, doch seine Beiträge bekamen keine neue Qualität. Seine linguistische Theorie der generativen Grammatik wurde zwar ein wenig verändert, aber die Grundidee sei immer noch dieselbe wie zu Beginn der 1960er Jahre, betont Chomsky.[8] Und bezüglich seiner politischen Beiträge trifft die Kontinuitätsthese noch stärker zu, versteht er sie doch als konsequenten Einsatz für ewige, unveränderliche Freiheiten und Rechte der Menschen.[9]

Unter dem Eindruck des Vietnamkriegs nahm Chomsky nach einer aufsehenerregenden und öffentlichkeitswirksamen Karriere als Linguist[10] politische Ambitionen seiner kommunistisch-anarchistischen Jugendzeit wieder auf. Der Aufsatz »The Responsibility of Intellectuals«, der 1966 im *Mosaic* und 1967 im *New York Review of Books* erschien,[11] leitete seine Karriere als politischer Publizist ein, die er seitdem neben seinen wissenschaftlichen Studien zur Linguistik verfolgt.

Chomsky entwickelte nicht erst aufgrund des Vietnamkriegs ein politisches Interesse. Er war schon in jungen Jahren begeistert von

Sozialismus, Kommunismus und Anarchismus. Der Vietnamkrieg war folglich kein Erweckungsmoment, sondern ein Startsignal: Angesichts des Schweigens der führenden US-amerikanischen Intellektuellen der 1960er Jahre sah Chomsky sich dazu verpflichtet, an ihrer Stelle der Verantwortung der Intellektuellen nachzukommen.

In seinen ersten politischen Veröffentlichungen versucht er, das Schweigen der Intellektuellen zu erklären. Er geht dabei von der Annahme aus, dass es zwei Intellektuellentypen gäbe: auf der einen Seite den *freischwebenden Intellektuellen*, auf der anderen den *professionellen Intellektuellen* (Chomsky 1971: 8). Der freischwebende Intellektuelle sei bei seinen intellektuellen Interventionen nicht disziplinär und akademisch-institutionell gebunden. Er könne seiner intellektuellen Libido folgen und »sich mit Problemen beschäftigen, die in sich interessant und wichtig sind – unabhängig davon, ob er dabei Erfolg hat oder nicht« (ebd.). Diese Rolle sei »traditionsgemäß ... die eines unparteiischen Kritikers« (1971: 120).

Der professionelle Intellektuelle sei hingegen limitiert durch spezifische Expertise und Methodenzwang. Er erkenne die interessanten und wichtigen Probleme nicht, weil er »dazu neigt, Probleme aufgrund der von ihm beherrschten Methode zu definieren« (1971: 8). Folgerichtig sei er auf die Anwendung seiner Expertise fixiert, nicht an einem allgemeinen Erkenntnis- oder Aufklärungsgewinn. Er habe »den verständlichen Wunsch, sein Können zu erproben« (ebd.) und orientiere sich an von der Regierung offiziell anerkannten Problemen – nicht an der den Intellektuellen aufgegebenen Suche nach der Wahrheit (1971: 130). Der professionelle Intellektuelle äußere seine Kritik in einem Modus, der von den Machthabenden als verantwortungsbewusste Kritik anerkannt und beachtet wird. Sie zeichne sich dadurch aus, dass die herrschenden Vorannahmen und Zielvorstellungen des gesellschaftlichen Hegemons nicht hinterfragt werden, sondern nur die Wahl der Mittel – der Zweck, also das Ziel des Mitteleinsatzes, interessiert den professionellen Intellektuellen nicht.

Der freischwebende Intellektuelle sei demgegenüber auf eine als

»hysterisch« denunzierte Kritik verpflichtet, die ebendiese dominierenden Normen und Ziele hinterfragt. Nur so könne man der
Verantwortlichkeit der Intellektuellen nachkommen, die Chomsky
folgendermaßen bestimmt: Intellektuelle müssten die Wahrheit aussprechen (1971: 126), Lügen aufdecken (ebd.), Handlungen nach
ihren Ursachen, Motiven und verborgenen Absichten hin untersuchen (125), den »Schleier von Verzerrung und Verdrehung, Ideologie und Klasseninteresse« (126) zerreißen, die Tatsachen genau
beschreiben und das Beschriebene nicht rechtfertigen (27), die Perspektive der Opfer und der Unterdrückten einnehmen (121) und
die Axiome der professionellen Intellektuellen (und damit auch die
der »Macht«) in Frage stellen (135).

Chomsky erklärt, dass der professionelle Intellektuelle den freischwebenden Intellektuellen verdrängt habe – deswegen auch das
Schweigen der Intellektuellen angesichts des Vietnamkriegs. Es sei
eine Schicht von vornehmlich sozialwissenschaftlichen Akademikern entstanden, die für die Interessen der Regierung sich und ihr
Wissen bereitwillig instrumentalisieren lassen: die *neuen Mandarine*, die über ein Geflecht von Kommissionen, Think Tanks und
Posten als Berater einen privilegierten Zugang zur politischen
Macht hätten. Während viele Kommentatoren mit dem größeren
Einfluss der Wissenschaftler auf das Staatshandeln die Hoffnung
verbanden, dass die »Menschen der Macht menschlich und zivilisiert werden« (Ithiel de Sola Pool, zitiert nach Chomsky 1970: 9),
kann Chomsky diese Hoffnung nicht teilen: »Welche Gründe gibt
es, ganz allgemein, für die Annahme, daß jene, deren Machtanspruch sich auf Wissen und Können stützt, die Macht heilsamer
ausüben werden als die, deren Anspruch sich auf Reichtum und
vornehme Herkunft stützte? Man könnte im Gegenteil erwarten,
daß der neue Mandarin auf gefährliche Weise arrogant, aggressiv
und unfähig wäre, Niederlagen hinzunehmen, anders als sein Vor-
gänger, dessen Machtanspruch durch begrenztes Wissen, mangelnden Eifer oder sichtbare Fehler an Renommee nichts einbüßte«
(Chomsky 1971: 11).

Schließlich habe, so Chomsky, der Vietnamkrieg sinnfällig gemacht, dass die Aussicht auf Zivilisierung der Machthabenden durch die Mitarbeit der professionellen Intellektuellen trügt. Die von Chomsky als brutal und verbrecherisch verurteilte Vorgehensweise der US-Truppen in Vietnam und ihre verwendeten Techniken zur Bevölkerungskontrolle gingen nicht auf die Expertise von Militärs zurück, sondern auf die der Sozialwissenschaftler, die Vietnam als Testfeld für verschiedene Methoden zur Bevölkerungskontrolle und -manipulation benutzt hätten. Die professionellen Intellektuellen hätten mit ihren Plänen zur Befriedung durch erzwungene Modernisierung die »Normen unserer Zivilisation aufgegeben« (1971: 59).

Dieses Ergebnis überrascht Chomsky, erkennt er doch in der »doppelt privilegierten Position des amerikanischen Gelehrten« (1971: 20), bestehend aus dem freien Zugang zu Informationen und dem direkten Zugang zur Macht, optimale Voraussetzungen dafür, dass Intellektuelle ihre Verantwortung wahrnehmen könnten. Anhand einer detaillierten Rezension eines Buchs zum spanischen Bürgerkrieg zeigt Chomsky jedoch, wie wenig sich selbst liberale Intellektuelle über die Grenzen ihres Denkens im Klaren sind und sich Alternativen zur herrschenden Wirtschafts- und Sozialordnung nicht mehr vorstellen können – was zur sehr einseitigen Bewertung historischer Ereignisse führt (1971: 60–111). Wenn selbst liberale Wissenschaftler nicht ihre intellektuelle Rolle als »hysterische«, progressive Kritiker wahrnehmen, so folgert Chomsky, wie vermag man dann noch ernsthaft erwarten, dass die weitaus stärker inkorporierten professionellen Intellektuellen ihr Versprechen einer humaneren und reibungslos funktionierenden Gesellschaft realisieren könnten? Durch selbstproduzierte Eingrenzungen ihres Vorstellungsvermögens könnten die Intellektuellen Abweichungen von Vorgaben und vom selbstverständlichen Ordnungsideal nur als zu bekämpfendes Defizit begreifen, aber nicht als Beginn einer weiteren Zivilisierung der Gesellschaft. Angesichts der »natürlichen Tendenz, sich nicht der Wahrheit und Gerechtigkeit, sondern der Macht und deren wirksamen Ausübung zu verschreiben« (1971: 114) sei nur die Entwicklung und Implementierung eines noch

wirksameren Ausbeutungssystems zu erwarten (112). Die Vorgehensweise in Vietnam ginge »reibungslos in ein System der einhei-
mischen Repression über« (113), das sogar »Taktiken der Gestapo« (ebd.) beinhalte.[12]

Chomskys Kritik der Intellektuellen folgt grundsätzlich dem seit
Julien Bendas *La trahison des clercs* (1927/1978) bekannten Muster, das den Intellektuellen eine Abkehr von ihren klassischen, un-
bedingten Werten der Aufklärung vorwirft. Schon Benda klagte
seine Zeitgenossen ob ihres Werterelativismus und ihrer Zweck-
orientierung an. Die Intellektuellen hätten nach »ewigen Dingen
und Werten« (Benda 1978: 114) zu suchen und diese Universalismen dann ohne Eigeninteresse zu verteidigen. Chomsky leistet mit
dem bisher Referierten eine aktualisierte Wiederholung von Bendas
klassischer Kritik – möglicherweise unwissentlich, denn Bendas
Werk bleibt bei Chomsky unerwähnt.

Doch abseits der deskriptiven Kritik an ihren Zeitgenossen unterscheiden sich Benda und Chomsky. Benda plädierte für eine strikte
Entweltlichung und Distanzierung der Intellektuellen, um in inter-
esseloser, aber kritischer Kontemplation der Welt »einen Kult der
Gerechtigkeit und der Wahrheit entgegenzusetzen« (Benda 1978:
120). Die Intellektuellen sollten gerade in Abwendung vom politischen Tagesgeschäft ihre universelle Position wiederfinden und als
»Offiziant[en] der abstrakten Gerechtigkeit, unbefleckt von Passionen für irdische Beweggründe« (1978: 116) die Welt zur Ordnung
rufen. Benda wehrte sich insbesondere gegen die voluntaristische
Bevorzugung der Erfahrung gegenüber der Vernunft, mit der zu
seiner Zeit einige Intellektuelle ihr Engagement für politische Par-
tikularismen (Faschismus, Kommunismus, Rassismus) rechtfertig-
ten. Die Vernunft sei Voraussetzung jeder Erfahrung (1978: 52),
weswegen Erfahrung, Empfindung oder Erleben nicht gegen die
Vernunft ausgespielt werden könnten. Man müsse aus dem Erlebten heraustreten, um das Erlebte verstehen zu können, schreibt
Benda (1978: 40) und spricht dem Evidenten und Intuitiven jede
Geltung für intellektuelle Aktivitäten ab.

Chomsky schlägt hingegen die gegenteilige Richtung ein. Er strebt eine Rehabilitierung der authentischen moralischen Empörung als Grundlage intellektueller Interventionen an. Seine Begründung für diesen Schritt ist zweiteilig. Zunächst sei ihm während der Lektüre einer Untersuchung über die Logistik der NS-Menschenvernichtung aufgefallen, dass über Unmenschliches nicht diskutiert werden könne, ohne dass man selbst unmenschlich werden würde (Chomsky 1969: 14). Der Vietnamkrieg beispielsweise produziere derartige Ungeheuerlichkeiten, dass jedes sachliche, nüchterne Argument unangemessen sei, selbst wenn es sich gegen den Krieg wende. Die traditionellen Methoden der wissenschaftlichen Auseinandersetzung seien in solchen Fällen kontraproduktiv, denn: »Mit dem Eintritt in die Arena der Argumente und Gegenargumente, der technischen Möglichkeiten und Taktiken, der Fußnoten und Zitate, mit dem Eingehen auf die Voraussetzung, daß die Debatte über gewisse Streitfragen legitim sei, hat man bereits seine Menschlichkeit verloren« (ebd.).

An die Stelle wissenschaftlicher Kritik müsse moralisch authentische Kritik treten, die sich nicht an wissenschaftliche Standards hält. Aber, und hier beginnt der zweite Teil des Arguments, es sei auch gar nicht der Problemstellung angemessen, wissenschaftliche Methoden zur Analyse zu verwenden, denn die Sozial- und Politikwissenschaften versteht Chomsky als eine moderne Version des Priesterbetrugs. Chomsky besteht darauf, dass der gesunde Menschenverstand für eine angemessene Bewertung von Politik und Gesellschaft völlig ausreichend sei.[13] Laut Chomsky »gibt [es – J. F.] weder einen Fundus an Theorien noch einen Vorrat an relevanten Informationen, die das Verständnis des Laien übersteigen« (Chomsky 1971: 137). Infolgedessen sei jeder Mensch ebenso legitimiert wie die akademischen Sozial- und Politikwissenschaftler, sich zu aktuellen Problemen der Welt zu äußern. Denn »jeder kann ein moralisches Individuum sein, das sich um menschliche Rechte und Probleme sorgt« (1971: 141), und diese Sorge sei Theorie genug für Analysen des Politischen bzw. Sozialen und den verzerrenden Theorien der Sozialwissenschaften überlegen. Denn um ihre Existenz als Wissenschaftler aufrechtzuhalten, simulierten die Sozialwissenschaften »die äußerlichen Merkmale jener Wissenschaften [...], die einen signifikanten rationalen Inhalt haben« (ebd.) und präsentierten sich als Experten, die »technische Probleme mit Hilfe ›raffinierter‹ Methoden« (ebd.) lösen können. Aus Chomskys Sicht erklären Sozialwissenschaftler einfache moralische Probleme zu komplizierten technisch-theoretischen Problemen und denunzieren diejenigen, die diesen Etikettenschwindel nicht mitmachen, als irrational, hysterisch und unverantwortlich. Diese Abwertung von Moral sei die Grundlage des Selbstverständnisses eines jeden Sozialwissenschaftlers, die deswegen hinter ihrer Fassade technischer Rationalität die moralischen Probleme und Imperative nicht mehr erkennen könnten: Die Kategorien authentischer Kritik existieren für den »nüchternen Sozialwissenschaftler einfach nicht« (ebd.). Insofern muss Chomskys Aussage, dass jeder ein moralisches Individuum sein könne, variiert werden: jeder, außer den Sozialwissenschaftlern, die von vornherein nur professionelle Intellektuelle sein können.

Wenn die moralische Empörung der Laien der zutreffende Maßstab für die Bewertung von politischen und sozialen Problemen ist, sind die berechtigten Analysten dieser Probleme nicht die gemeinhin als zuständig ausgewiesenen akademischen Experten. Die kritische Funktion der freischwebenden Intellektuellen könne folglich nur von Naturwissenschaftlern, Psychologen und anderen für ›die Macht‹ uninteressanten, weil nicht instrumentalisierbaren Wissenschaftlern erfüllt werden.[14] Sie verstünden die Theorien der Sozialwissenschaftler nicht und könnten deswegen die Probleme als das erkennen, was sie eigentlich sind.[15]

Chomskys Vorstellung der Sozialwissenschaftler als amoralische wissenschaftliche Experten in einem eigentlich moralischen, unwissenschaftlichen Feld ist die polemische Verlängerung seiner langjährigen, intensiven Kritik des Behaviorismus, dem mächtigen Paradigma der US-amerikanischen Sozialwissenschaften. In den *humanities* herrschte seit Ende des 19. Jahrhunderts und bis vor kurzem das Ideal des Wissenschaftlers als *social engineer* vor, der die gute Gesellschaft und die gute Politik am Reißbrett plant und dann entsprechende Methoden zu ihrer Implementierung entwirft. Der damit einhergehende Ordnungsfanatismus vieler Sozialwissenschaftler fand Mitte des 20. Jahrhunderts ein sicheres Fundament im Menschenbild des Behaviorismus, das die Menschen per Reiz-Reaktions-Schemata als konditionierbar, formbar und deswegen verbesserungsfähig begriff. Dass Chomsky seit 1959 gegen dieses Menschenbild des Planungsutopismus wiederholt vehementen, aber den Spielregeln der Wissenschaft entsprechenden Einspruch erhoben hat, ist gerechtfertigt und zu begrüßen.[16] Aus dem Einspruch ist aber in *Die Verantwortlichkeit der Intellektuellen* eine Polemik geworden, die ausnahmslos alle Sozialwissenschaftler und Kulturwissenschaftler einschließt. Diese antisoziologische Haltung ist bereits aus sprachwissenschaftlicher Sicht unhaltbar[17] und wird auch dem großen Stellenwert der Moralität innerhalb der US-amerikanischen Sozialwissenschaften nicht gerecht, in der die christliche Commonsense-Moral traditionell als Korrektiv des social engineering gesehen wird (Vidich u. Lyman 1985).

Aber es geht Chomsky nicht um Wissenschaftsgeschichte, sondern um die Rehabilitierung radikaler Kritik. Da er diese nur in Form von authentischer Empörung für möglich hält, stellt er sich auf die Seite der über ›die da oben‹ erbosten Laien.[18] Dementsprechend schließen seine Vorträge regelmäßig mit Wendungen wie dieser: »Wir können – und sollten – uns an die ganz einfachen Werte halten: Aufrichtigkeit und Wahrhaftigkeit, Verantwortlichkeit und innere Beteiligung an den Angelegenheiten der Welt« (Chomsky 2004a: 78). Dem Standard der Moralphilosophie, dass diese »ganz einfachen Werte« weder eindeutig noch überall und immer gültig sind, verweigert Chomsky seine Anerkennung und bekommt dafür Zustimmung von jenen, denen es in der globalisierten Postmoderne nach absoluten Gewissheiten verlangt. Chomsky macht die Welt und ihre Probleme einfach und eindeutig, verkürzt sie aber so sehr, dass pragmatische Lösungen und Regelungen nicht mehr möglich sind.

Chomskys Anmerkungen zu den Intellektuellen sind unsystematische, geradezu atheoretische Versatzstücke aus Debatten um einzelne politische Konfliktsituationen. Infolgedessen bleiben einige Leerstellen. Beispielsweise tauchen Universalismen häufig in Chomskys politischen Texten auf, ohne dass sie begründet würden. Doch willkürlich sind sie nicht: Chomskys rigorose Kritik der Intellektuellen und seine eigene intellektuelle Praxis werden nachvollziehbarer, nimmt man seine epistemologischen und vielleicht anthropologisch zu nennenden Grundannahmen näher in Augenschein.

Es ist zunächst auffällig, dass Chomsky Politik als etwas auffasst, das jeder Mensch verstehen kann, sofern er über die notwendigen Informationen verfügt. Seine politischen Arbeiten sind entsprechend empirisch ausgelegt. In ihnen führt er Dokumente und Statistiken an und interpretiert sie kurz. In einem Interview verkündete Chomsky, dass die Welt eben so sei, wie sie ist,[19] und scheinbar will er in seinen politischen Schriften durch Fakten und Dokumentwiedergabe vor allem daran erinnern, wie die Welt »wirklich« ist, abseits der massenmedial hergestellten »thought control in democratic societies« (Chomsky 1989). Sein Werk sei entschieden nichttheoretisch, erklärt Chomsky: Das faktisch Gegebene unverfälscht wiederzugeben wäre zwar trivial, aber für die Erkenntnis der auch trivialen Weltpolitik bestens geeignet.[20] Die Lügen der neuen Mandarine zerbrächen an den Fakten der Welt.

Chomsky glaubt also an die Existenz von Sachverhalten, Wahrheiten und Fakten, die aus sich heraus Aussagen und Beweise produzieren.[21] Ihm gilt bereits die mit Polemik angereicherte Präsentation von scheinbar unumstößlichen Fakten als schlagendes Argument. Seine Kommentierung von präsentierten Fakten und Zitaten nimmt nicht mehr Zeilen in Anspruch, als für die reine Wiedergabe dieser Daten benötigt wurde. Da Chomsky zudem gerne in jedem Absatz ein neues Thema anschneidet, entsteht den Lesern der Eindruck eines argumentativen Husarenritts. Zeit zur Analyse bleibt selten.[22]

Dieses Vorgehen macht deutlich: Chomsky versteht einen politischen oder sozialen Konflikt als ein Puzzle, dessen Komplettierung in erster Linie davon abhängig ist, dass genug Puzzleteile gefunden und bekannt sind. Gregory Treverton (2001), Sicherheitsexperte und ehemaliger Vizevorsitzender des *National Intelligence Council* der USA, betont hingegen, dass im 21. Jahrhundert nicht mehr Puzzle, sondern Rätsel *(mysteries)* zu lösen seien: Rätsel könne man nicht mehr dadurch lösen, dass man Informationen anhäufe; man müsse vielmehr vorliegenden Interpretationen und Fakten neue und sinnvollere Informationen und Interpretationen abringen. Hierbei kann Chomskys Ansatz des trivialen Erkenntnisgewinns durch Enttheoretisierung von vermeintlich autonomen Tatsachen kaum helfen. Entsprechend konzentriert Chomsky sich auf zeitlich und thematisch gut eingrenzbare Fragen nach Kriegsschuld oder »wahren« Gründen für den Ausbruch von Konflikten, aber zur Klärung der fast unüberschaubar komplexen Praxis aktueller politischer Probleme, wie z. B. von Nationbuilding oder Societybuilding nach humanitären Interventionen, hat er nur wenig beizusteuern.[23]

Dem Einwand, dass Chomsky auch nicht hilfreich, sondern radikal kritisch sein will, ist stattgegeben, aber dann dürfen Chomsky und seine Verbündeten sich nicht über die geringe Bedeutung ihres Ansatzes und ihrer Studien unter Politik- und Sozialwissenschaftlern wundern, die zumeist andere Ziele haben als eine radikale Kritik des gesamten kapitalistischen Systems. Es mag ein Hinweis auf wachsende Frustration Chomskys angesichts der zunehmend schwächer werdenden Resonanz auf seine Publikationen bei Sozial- und Politikwissenschaftlern sein, dass Chomskys Ton sich in den 1990er Jahren verschärft hat (Januschek 2004): Ohne mindestens einen Vergleich der USA mit dem nationalsozialistischen Deutschland kommen seine Aufsätze und Interviews nicht mehr aus.[24]

Auf die politischen Entwicklungen in den 1990er Jahren kann Chomsky auch nur mit rhetorischer Radikalisierung reagieren, weil seine Universalismen und ethischen Grundlagen eine Anpassung seines Ansatzes an die vielschichtige und vieldeutige Rätsel-Struktur der heutigen Welt nicht zulassen. Sie führen ihn zu einem selten gewordenen hoffnungsvollen Menschenbild, an dem er auch in einer von der Bedingtheit aller Ethiken überzeugten akademischen Umgebung festhält. Dieses Bild setzt sich aus zwei Komponenten zusammen: aus einer anarchistischen und einer anthropologischen.

Die anarchistische Grundlage seiner politischen Einstellungen hat Chomsky in dem Buch *For Reasons of State* (1973) ausführlich dargestellt und auch in späteren Interviews und Beiträgen betont.[25] Er geht davon aus, dass Menschen ihr Zusammenleben ohne Eingriffe von Institutionen und Autoritäten friedlich und harmonisch organisieren könnten, wenn sie aus den Zwängen der kapitalistischen Produktionsweise oder der realsozialistisch-stalinistischen Bürokratie befreit sind. Ohne staatliche Institutionen trete das Gute im Menschen wieder hervor, was eine bessere Organisation des Sozialen erlaube. Des Anarchisten Naturzustand ist also das Gegenteil des Hobbes'schen, der in der momentanen Ideologie der machtnahen US-Intellektuellen eine wichtige Argumentationsfigur ist.[26] Das allgemeine Ziel des Anarchismus ist deswegen auch, die sozialen Strukturen abzubauen, um ihre positive Naturzustandsvorstellung verwirklichen zu können, während alle anderen politischen Ideologien sich auf die Konzeption von optimalen Institutionen konzentrieren. Sie streben die Entfernung vom Naturzustand an, wohingegen Anarchisten wie Chomsky zu ihm zurückkehren wollen.[27]

Die anthropologische Komponente findet sich in der Linguistik Noam Chomskys, die der biologischen Ausstattung des Menschen einen zentralen Platz einräumt: Angesichts der Komplexität von Sprache sei die Lernphase bei Kindern zu kurz, weswegen es eine genetische Determinierung des Spracherwerbs geben müsse. Das behavioristische Lernmodell könne weder die enorme Leistungsfähigkeit des kindlichen Spracherwerbs ausreichend erklären noch die Tatsache, dass nur Menschen sprechen können. Chomsky stellt diesem Modell sein Konzept einer organischen *presocial language faculty* entgegen. Das menschliche Gehirn sei einzigartig, und ein »hochgradig festgelegtes genetisches Programm [bestimme – J. F.]

die grundlegenden strukturellen Eigenschaften unserer ›mentaler Organe‹« (Chomsky 2004a: 71). Wenn also die menschliche Sprache einzigartig ist, sei es äußerst naheliegend, dass diese Einzigartigkeit mit der Einzigartigkeit des menschlichen Gehirns zusammenhinge. Diese Überlegungen führen Chomsky zur Annahme eines »genetisch programmierten Schematismus der Sprache« (2004a: 72)[28] und eines primordial-genetischen Rahmens des Denkens und Sprechens, eines »bioinheritance of our mind/brain« (Bergesen 2004: 368).[29] Schließlich sei der Mensch in jeder Hinsicht Teil der Natur, also müsse auch das Denken von der Biologie des Menschen abhängen, folgert Chomsky (1979: 66).

Die Vorstellung der genetischen Festlegung eines bestimmten Wesens des Menschen verbindet sich in Chomskys Texten mit seinen politischen Grundannahmen. Er geht davon aus, dass ihre natürliche Ausstattung die Menschen darauf auslegt, in Freiheit und ohne Einschränkung ihrer individuellen Handlungen durch Organe der Vergesellschaftung zu leben.[30] Aus der natürlichen Ausstattung des Menschen ergibt sich, nach Ansicht Chomskys, eine natürliche Ausstattung mit Ansprüchen gegenüber anderen Menschen und Institutionen.[31] Die politisch-sozialen Aspekte seines positiven Menschenbilds begründet Chomsky aber nicht, wohingegen das Thema der menschlichen Natur einen großen Teil seiner linguistischen Studien ausmacht. Die Vermittlung der eher linguistischen Komponenten des Menschen mit den politisch-sozialen wird von Chomsky nicht explizit erläutert. Wie oder ob z. B. die *presocial language faculty* mit dem wesensmäßigen und scheinbar angeborenen Freiheitsstreben der Menschen vermittelt ist, bleibt undeutlich. Es entsteht aber aus Chomskys Texten der Eindruck, dass so wie die Menschen zur Sprache geboren sind, sie auch zum Leben in Freiheit geboren seien.

Dass Argumentationen, die auf die selbstverständliche Natur Bezug nehmen, eine große Überzeugungskraft haben, hat bereits Roland Barthes in seinem Band *Mythen des Alltags* (1964) beschrieben: »Das Behauptete wird sogleich als Begründung gelesen« (Barthes 1964: 113) und nicht mehr als begründungsbedürftig erkannt. Kein

Wunder also, dass Chomskys politische Grundsätze sich in exemplarischen »moral truisms« (Chomsky 2003) erschöpfen, die dem Commonsense auch ohne weitere Erläuterung sofort einsichtig sind: Menschen wollen z. B. selbstbestimmt leben, Macht korrumpiert, und doppelte moralische Maßstäbe sind verachtenswert. Würde Chomsky seine Prinzipien rechtfertigen, würden sie ihre »natürliche« Überzeugskraft verlieren. Chomsky stellt sich gar auf die Seite des Holocaust-Leugners Henri Faurisson, um dessen Recht auf Meinungsfreiheit zu verteidigen, weil dieses absolute Grundrecht nicht gerechtfertigt werden müsse, völlig unabhängig vom jeweiligen Inhalt der geäußerten Meinung.[32] Meinungsfreiheit sei eben ein *moral truism*, evident und nicht begründungspflichtig.

Das politische Äquivalent der angeborenen Sprachfähigkeit der Menschen ist aber nicht nur ihr Freiheitsstreben, sondern auch die *Universal Declaration of Human Rights*, erklärt Chomsky (2004b). Er diskutiert nicht, dass dieser Menschenrechtskatalog eine sehr westliche Prägung aufweist.[33] Die sich ergebende Schieflage ist aber beträchtlich. Denn wenn die Menschenrechte ebenso zu den menschlichen Universalien gehören wie die Sprachfähigkeit, hat Chomsky hier ein Produkt der westlichen Ideengeschichte zu einer menschlichen Konstante erhöht. Es mag sein, dass für die meisten »Westler« die Vorstellung von angeborenen, universellen Rechten ganz selbstverständlich ist, aber in anderen Regionen ist dieses Konzept nicht ohne weiteres zu vermitteln. Menschenrechtsvorstellungen sind voraussetzungsvoll und bedürfen gewisse Entwicklungen der Theologie und der Rechtstheorie.[34] Weil ihm die Voraussetzungen seiner politischen Universalismen aber nicht bekannt sind, erklärt Chomsky westliche Vorstellungen zu natürlichen, nicht begründungsbedürftigen Grundlagen aller politischen und öffentlichen Handlungen. Er spricht immer von der Welt, meint aber einen globalisierten Westen.

## Fazit: Der absolute Intellektuelle

Die moralische Empörung zeigt an, wann und zu welchen Anlässen die Intellektuellen ihrer Verantwortung nachkommen müssen. Der Gegenstand ihrer Empörung entspricht nicht ihrer zertifizierten Expertise: Der Linguist Chomsky schreibt als Intellektueller nicht über linguistische Probleme, sondern über politische. Die Arena des Intellektuellen ist folglich nicht thematisch definiert, sondern durch den Radius seiner Aufmerksamkeit und Empörungen gegeben. Seine Kritik kann deswegen nicht die Kritik eines Experten sein; sie sprengt den »normalen« Rahmen des Themas. Wirtschaftliche Empfehlungsstudien z. B. greift der Chomsky'sche Intellektuelle nicht mit dem Mitteln der Wirtschaftswissenschaften an, sondern macht auf moralische Implikationen der Empfehlungen aufmerksam. Militärisch gerechtfertigte Maßnahmen kritisiert er nach ethischen Maßstäben als unerträglich und sieht dabei von militärisch-sicherheitspolitischen Imperativen ab. Konsequenterweise ist die intellektuelle Kritik dann aus der Sicht der Kritisierten »hysterisch« und unsachlich, das Thema verfehlend. Sie verweigert das übliche akademische Spiel von Argument und Gegenargument und kritisiert auf der Grundlage von offensichtlichen, universellen Wahrheiten, deren Gültigkeit für den kritisierten Fall nicht erst begründet werden muss.

Wie diese Wahrheiten beschaffen sind, bleibt bei Chomsky undeutlich. Chomskys Maßgaben für eine intellektuelle Kritik ergeben eine Destruktion des Vorherrschenden: Wahrheiten sagen, Lügen aufdecken, Verschleierungen durchbrechen usw. Sie enthalten aber keinen Kriterien- oder Methodenkatalog, woran und wie diese Wahrheiten, Lügen und Verschleierungen erkannt werden können. Chomsky verlässt sich auf das Moment der moralischen Empörung: Wenn sie einsetzt, ist man auf das zu Kritisierende, auf die Lügen und Übel gestoßen. Eine Rationalisierung oder Systematisierung dieser Empörung ist nicht notwendig. Sie wird sogar explizit zurückgewiesen. Denn Chomskys Konzeption von intellektueller Kritik ist eine antiakademische: Der Intellektuelle kommt seiner

Verantwortung als Intellektueller gerade dann nach, wenn er nicht als professioneller Akademiker tätig ist.

Regelt sich die Kritik durch Empörung, findet sie in dem Maße Zuspruch und Aufmerksamkeit, in dem das Publikum die Empörung des Intellektuellen teilt. Der geneigte Leser schätzt Chomskys Texte aber nicht nur deswegen, weil seine Einschätzungen von einem berühmten Menschen geteilt werden, sondern auch, weil Chomsky Datensätze zusammenstellt, mit denen zunächst oft nur intuitive Empörung begründet werden kann. Die Prozession der Sachverhalte rationalisiert und legitimiert dann das, was man ›sowieso‹ schon immer irgendwie‹ geahnt, aber nicht gewusst hatte. Der intellektuelle Beitrag sanktioniert die ihn initiierende Empörung und damit auch jene Werte und Normen, deren Verletzung ja ihre Empörung erst ausgelöst hatte. Die Rationalisierung der Empörung via Datenparade kontert zwar mitunter das unerträgliche Obrigkeitsargument des »Sachzwangs« aus, erledigt letztlich aber den Gegenstand der Empörung: Der Chomsky'sche Intellektuelle muss z. B. von Afghanen nichts wissen, um sich über die Intervention in Afghanistan empören zu können.[35] Dadurch läuft die intellektuelle Kritik des Chomsky-Modells in Gefahr, in einer westlichen Nabelschau steckenzubleiben.

In der sogenannten Postmoderne befragen nun Forscher jene Werte und Normen auf ihre Bedingungen, Universalität und Reichweite, die von Intellektuellen nach Chomskys Verständnis verteidigt werden sollen. Diese derart dekonstruierten Werte und Normen verlieren ihre Selbstverständlichkeit und dadurch auch an Potenzial, Empörung auszulösen. Oder genauer: Die postmoderne Reflexion macht die historische und regionale Bedingtheit authentischer Empörung kenntlich. Vor dem Hintergrund dieses Wissens ist es den Empörten nicht mehr möglich, sich als Agenten eines universellen Kollektivsingulars (z. B. Humanität, Fortschritt, Nation) zu verstehen, was in Chomskys Konzeption aber wesentlich ist. Um es polemisch zu verkürzen: Die radikale Historisierung der westlichen Kategorien institutionalisiert Zweifel, die mit dem Selbstverständnis eines verantwortungsvollen Intellektuellen nach Chomskys Modell nicht zu vereinbaren sind. Denn dieser ist auf die Gewissheit angewiesen, dass er die Lügen und Verschleierungen einerseits erkennen und andererseits durch Wahrheiten ersetzen kann. Chomsky ist der Meinung, dass jeder Mensch zu dieser Erkenntnisleistung natürlich befähigt ist, abseits aller historischen und sozialen Bedingungen. Wer dieser Auffassung nicht folgen mag, kann Chomskys Kritik der Intellektuellen nur als unzureichend zurückweisen.

Wenn aber die bekannte These stimmt, dass in der heutigen verwirrenden Zeit ein großes Bedürfnis nach Erklärung und Interpretation des Geschehens besteht, ist Chomskys starker Rekurs auf die allgemeine menschliche Ausstattung – nicht nur anatomischer, sondern auch ethischer Art – ein wesentlicher Vorteil. Denn sofern das Bedürfnis nach Erklärung aus dem Wegfall von Gewissheiten entsteht, ist es eher durch intellektuelle Texte zu erfüllen, die neue Gewissheiten anbieten oder – wie im Chomskys Fall – alte, moderne Gewissheiten unter der Hand bestätigen, als durch Texte, die in Anschluss an den postmodernen *state of the art* auf den ersten Blick nur neue Zweifel und Ungewissheiten produzieren. Weil Chomsky den »gesunden Menschenverstand« zur Grundlage seiner politischen Schriften nimmt, erscheinen seine Antworten einem großen Publikum als einleuchtend. Sein hoffnungsvolles Menschenbild bietet zudem auch eine positive Perspektive, eine minimale Chance auf ein Happy End. Wie kann da ein an Foucault oder Blumenberg[36] geschulter Gesellschafts- oder Kulturwissenschaftler mithalten?

## Literatur

Barthes, R. (1964): *Mythen des Alltags*, Frankfurt/M.

Benda, J. (1978): *Der Verrat der Intellektuellen*, 3. Aufl., München (Erstveröffentlichung 1927).

Bergesen, A. J. (2004): »Chomsky versus Mead«, in: *Sociological Theory* 22 (3), S. 357–370.

Blumenberg, H. (1987): *Das Lachen der Thrakerin. Eine Urgeschichte der Theorie*, Frankfurt/M.

Carr, D. (1997): »Die Realität der Geschichte«, in: K. E. Müller und J. Rüsen (Hg.), *Historische Sinnbildung. Problemstellungen, Zeitkonzepte, Wahrnehmungshorizonte, Darstellungsstrategien*, Reinbek, S. 309–327.

Cela-Conde, C. J., u. Marty, G. (1998): »Noam Chomsky's Minimalist Program and the Philosophy of Mind. An Interview«, in: *Syntax* 1 (1), S. 19–36.

Cherry, M. J. (2002): »Of Intellectual History, Postmodern Ethical Banality, and the Search for Moral Content«, in: *HEC Forum* 14 (4), S. 342–354.

Chomsky, N. (1969): *Amerika und die neuen Mandarine. Politische und zeitgenössische Essays*, Frankfurt/M.

Chomsky, N. (1971): *Die Verantwortlichkeit der Intellektuellen*, Frankfurt/M.

Chomsky, N. (1973): *For Reasons of State*, London.

Chomsky, N. (1979): *Language und Responsibility*, New York (Erstveröffentlichung 1977).

Chomsky, N. (1989): *Necessary Illusions. Thought Control in Democratic Societies*, London.

Chomsky, N. (1996): *Anarchism, Marxism and Hope for the Future* [Electronic Version], in: *Red & Black Revolution*, 2. Retrieved 2007–10–04 f.rom http://www.zmag.org/chomsky/interviews/9505-anarchism.html.

Chomsky, N. (1997): *Media Control. The Spectacular Achievements of Propaganda*, New York.

Chomsky, N. (1999): *Sprache und Politik*, Berlin.

Chomsky, N. (2000): *A New Generation Draws the Line. Kosovo, East Timor and the Standards of the West*, London.

Chomsky, N. (2001): *War Against People. Menschenrechte und Schurkenstaaten*, Hamburg.

Chomsky, N. (2003): »Commentary: Moral truisms, empirical evidence, and foreign policy«, in: *Review of International Studies* 29 (4), S. 605–620.

Chomsky, N. (2004a): »Gleichheit«, in: M. Schiffmann (Hg.), *absolute Noam Chomsky*, Freiburg, S. 66–79.

Chomsky, N. (2004b): »Universals of human nature«, in: *Psychotherapy and Psychosomatics* 74 (5), S. 263–268.

Chomsky, N. (2005a): »Simple truths, hard problems: Some thoughts on terror, justice, and self-defense«, in: *Philosophy* 80, S. 5–28.

Chomsky, N. (2005b): *»Warum hassen sie uns?« Die weltweiten Interventionen der USA*, Berlin.

Coker, C. (1987): »The Mandarin and the Commissar: The Political Thought of Noam Chomsky«, in: S. Modgil u. C. Modgil (Hg.), *Noam Chomsky. Censensus and Controversy*, New York, S. 269–278.

Conrad, C., u Martina, K. (1994): »Geschichte ohne Zentrum«, in: C. Conrad u. K. Martina (Hg.), *Geschichte schreiben in der Postmoderne. Beiträge zur aktuellen Diskussion*, Stuttgart, S. 9–37.

Daxner, M., Free, J. H., Schüßler, M., u. Thiele, U. (2007): »Staatsgründungs-krieg und Heimatdiskurs. Afghanistan – und die Grundlagen und Probleme humanitärer Interventionen«, in: *Kommune. Forum für Politik, Ökonomie, Kultur* 25 (6), S. 62–81.

Dirlik, A. (2002): »Whither history? Encounters with historicism, postmoder-nism, postcolonialism«, in: *Futures* 34 (1), S. 75–90.

Fuller, S. (2006): »The public intellectual as agent of justice: In search of a regime«, in: *Philosophy and Rhetoric* 39 (2), S. 147–156.

Guerlain, P. (2006): »Robert Kagan and Noam Chomsky. Two ways of being a political intellectual«, in: *Comparative American Studies* 4 (4), S. 446 bis 458.

Herman, D. (2005): »Global public intellectuals poll«, in: *Prospect Magazine* 116, S. 20–21.

Hunt, L. (2007): *Inventing Human Rights. A History*, New York.

Hymes, D. (1982): »Review of Noam Chomsky«, in: G. Harman (Hg.), *On Noam Chomsky. Critical Essays*, 2. Aufl., Amherst, MA, S. 316–333.

Januschek, F. (2004): »Noam Chomsky: Sprache und Politik«, Vortrag, im Rahmen der Vorlesungsreihe »Weltliteratur«, TU Braunschweig, 06. 07. 2004.

Kagan, R. (2003): *Macht und Ohnmacht. Amerika und Europa in der neuen Weltordnung*, Berlin.

Koerner, K., u. Tajima, M. (1986): *Noam Chomsky. A Personal Bibliography 1951–1986*, Amsterdam.

Koschorke, A., Lüdemann, S., Frank, T., u. Matala de Mazza, E. (2007): *Der fiktive Staat. Konstruktion des politischen Körpers in der Geschichte Euro-pas*, Frankfurt/M.

Laffey, M. (2003): »Discerning the patterns of world order: Noam Chomsky and international theory after the Cold War«, in: *Review of International Studies* 29 (4), S. 587–604.

Luhmann, N. (1993): »Subjektive Rechte: Zum Umbau des Rechtsbewußtseins für die moderne Gesellschaft«, in: ders.: *Gesellschaftsstruktur und Semantik. Studien zur Wissenssoziologie der modernen Gesellschaft, Band 2*, Frank-furt/M., S. 45–104.

Lyons, J. (1970): *Noam Chomsky*, New York.

Macho, T. H. (1992): »Geistesgegenwart. Notizen zur Lage der Intellektuel-len«, in: M. Meyer (Hg.), *Intellektuellendämmerung? Beiträge zur neuesten Zeit des Geistes*, München, S. 38–56.

Niose, D. (2007): »Noam Chomsky. On humanism, the vulnerability of se-cular nationalism, and the mother of all book plugs«, in: *The Humanist* 67 (1), S. 20–25.

Pateman, B. (Hg.) (2005): *Chomsky on Anarchism*, Edinburgh.

Pollard, S. (1971): *The Idea of Progress. History and Society*, Middlesex (Erstveröffentlichung 1968).

Putnam, H. (1990): *Vernunft, Wahrheit und Geschichte*, Frankfurt/M. (Erstveröffentlichung 1981).

Reckwitz, A. (2003): »Die Krise der Repräsentation und das reflexive Kontingenzbewusstsein. Zu den Konsequenzen der post-empirischen Wissenschaftstheorien für die Identität der Sozialwissenschaften«, in: T. Bonacker, A. Brodocz u. T. Noetzel (Hg.), *Die Ironie der Politik. Über die Konstruktion politischer Wirklichkeiten*, Frankfurt/M., S. 85–103.

Schiffmann, M. (2004): *absolute Noam Chomsky*, Freiburg.

Schwehm, J. (2006): *Präventive Selbstverteidigung als Antwort? Rekonstruktion eines Weltbildes*, Berlin.

Searle, J. R. (1982): »Chomsky's Revolution in Linguistics«, in: G. Harman (Hg.), *On Noam Chomsky. Critical Essays*, 2. Aufl., Amherst, MA, S. 2–33.

Smith, N. (1999): *Chomsky. Ideas and Ideals*, Cambridge.

Treverton, G. F. (2001): *Reshaping National Intelligence for an Age of Information*, Cambridge.

Turner, B. S. (2006a): »British sociology and public intellectuals: consumer society and imperial decline«, in: *The British Journal of Sociology* 57 (2), S. 169–188.

Turner, B. S. (2006b): »Public intellectuals, globalization and the sociological calling: a reply to critics«, in: *The British Journal of Sociology* 57 (3), S. 345–351.

Vidich, A. J., u. Lyman, S. M. (1985): *American Sociology. Worldly Rejections of Religion and Their Directions*, New Haven.

Weiss, T. G., u. Hoffman, P. J. (2007): »The Fog of Humanitarianism: Collective Action Problems and Learning-Challenged Organizations«, in: *Journal of Intervention and Statebuilding* 1 (1), S. 47–65.

## Anmerkungen

1 Dazu s. Fuller (2006) und Turner (2006a, 2006b).

2 Einen ersten Überblick verschafft Reckwitz (2003).

3 Also nicht nur ›the greatest happiness of the greatest number‹, Jeremy Benthams bekanntes *principle of utility*, das es strenggenommen erlaubt, Menschen auszusondern, sofern dies den Quotienten von happiness und number erhöht (Putnam 1990: 188 ff.). Man muss hierbei auch im Blick behalten, dass das principle of utility von Bentham aus dem Diskurs der Jurisprudenz – und hier genauer: aus der Debatte um Angemessenheit von Strafen und Folter – ent-

nommen wurde (Hunt 2007: 80f., 242; Pollard 1971: 44f.), wo die Definition der Grundgesamtheit des Geltungsbereichs des Prinzips nicht zur Disposition stand. Wendet man es unbedarft für social engineering und auf die Frage von sozialer Inklusion und Exklusion an, überdehnt man es völlig und erhält nahezu irrsinnige Ergebnisse.

**4** Die Grenzen zwischen der Postmoderne und der Moderne verlaufen natürlich nicht nur entlang der Generationen. Zuletzt haben sich vermehrt jüngere Forscher für eine Rückkehr zu einem etwas unbedarfteren Universalismus ausgesprochen, um als öffentliche Intellektuelle wieder handlungsfähig werden zu können. Turner z. B. empfiehlt eine »Malthusian sociology« (Turner 2006b: 348), was allerdings auf eine nationalökonomisch ausgerichtete Soziologie als zeitgemäßer Zulieferwissenschaft der zeitgenössischen Kameralistik hinauszulaufen droht.

**5** S. Herman 2005.

**6** Der entsprechende Ausschnitt der Rede kann im Internet auf der Video-Plattform youtube.com unter der URL http://www.youtube.com/watch?v=V6WX 64O8S1U (zuletzt überprüft am 27. 04. 2008) verfolgt werden. Zum Abschluss bedauerte Chavez, den seines Wissens nach jüngst verstorbenen Chomsky nicht mehr treffen zu können (New York Times, 23. 09. 2006, »Chavez regrets not seeing Chomsky before he ›died‹«), was ebenjenen nicht hinderte, sich sehr lebendig darüber zu freuen, dass sein Buch zwei Tage nach Chavez' Auftritt den ersten Platz der Bestseller-Liste der USA erklommen hatte (Niose 2007: 20).

**7** Chomskys Redeweise ist der der französischen Revolutionäre verblüffend ähnlich, insbesondere beim Umgang mit Staatsoberhäuptern: Chomsky dämonisiert mächtige Staatsmänner ebenso zu Monstern (Coker 1987: 275f.), wie französische Revolutionäre den festgesetzten und entmachteten Ludwig XVI. und seine Frau als Monstren darstellten (Koschorke, Lüdemann, Frank u. Matala de Mazza 2007: 222ff.). Chomsky leistet mit seinen Beiträgen ebensolche »grimmige Profanationen« (224) der Übermächtigen, wie es die manische Verbürgerlichung des Königs von Seiten der jungen französischen Republikaner tat.

**8** S. Chomsky 1999: 17.

**9** S. Chomsky 2004b.

**10** Zu den frühen linguistischen Arbeiten Chomskys siehe Lyons (1970).

**11** Zur Editionsgeschichte von Chomskys frühen Werken siehe Koerner und Tajima (1986).

**12** Auch der jüngste Irakkrieg sei von den USA u. a. deswegen begonnen worden, um »die radikale Umstrukturierung der amerikanischen Gesellschaft« (Chomsky 2005b: 59) herbeizuführen.

**13** Diese Ansicht teilt Chomsky mit Michael Moore (vgl. den Beitrag von Arnulf Deppermann und Klaus Neumann-Braun im vorliegenden Band).

**14** Chomsky nennt als legitime Kritiker diejenigen Wissenschaftler, »die keinen Zugang zur Macht [und – J. F.] keine Kontakte nach Washington«
(Chomsky 1971: 136) haben. Warum allerdings die aufgeführten Physiker keinen Zugang zur Macht haben sollten, erschließt sich mir vor dem Hintergrund
des Manhattan-Projekts jedoch nicht.

**15** Ausführlicher gibt Laffey (2003: 599 ff.) Chomskys Verständnis von sozialwissenschaftlichen Theorien wieder (s. aber auch Chomsky 1979: 53 ff.).

**16** Die knappste Wiedergabe von Chomskys Argumenten bietet wohl Searle
(1982: 2): »He once remarked that the very expression ›behavioural sciences‹
suggests a fundamental confusion between evidence and subject matter. Psychology, for example, he claims is the science of mind; to call psychology a
behavioural science is like calling physics a science of meter readings.«

**17** Hymes (1982: 330 f.) zeigt in einer knappen Fußnote, dass Chomsky sich
damit jeden Zugang zu Interdependenzen zwischen Sprache und Sprachgebrauch bzw. Sprachentwicklung verbaut. Laut Hymes ist selbst innerhalb der
Linguistik eine Ablehnung der Sozial- und Kulturwissenschaften weder sinnvoll noch haltbar, denn Sprache verändert sich, z. B. je nach sozialem Milieu,
was mit Chomskys Linguistik allein nicht mehr erfasst werden könne.

**18** Guerlain (2006) betont diese populistische Ausrichtung als wesentlich für
Chomskys intellektuelle Praxis und charakterisiert ihn als »bottom-up-theorist« (452). Guerlain berücksichtigt aber fast nur die deskriptiven, empirischen
Elemente von Chomskys politischen Arbeiten und kann deswegen nicht ange-
ben, welche Theorien Chomsky als bottom-up-theorist vertritt, sondern nur,
welche Meinungen er hat.

**19** S. Cela-Conde u. Marty 1998: 23.

**20** S. Laffey 2003: 600.

**21** Vgl. aber z. B. Carr 1997, Conrad u. Martina 1994 oder Dirlik 2002.

**22** Anschaulich in Chomsky 2005a.

**23** Vgl. exemplarisch Chomsky 2000, 2001, 2003. Zum Problem der Komplexität von internationalen Nachkriegsverwaltungen siehe zuletzt Weiss und
Hoffman (2007). Chomsky behandelt nur einen Ausschnitt der Gegenstände
seiner Empörungen, nämlich die normativen Dimensionen des Anlasses. Solange mit der UdSSR noch der große politische Gegenentwurf vorhanden war,
dominierten jene normativen Aspekte auch in der Tat die politikwissenschaftlichen Auseinandersetzungen. Seit den 1990er Jahren vollzieht sich allerdings
eine Hinwendung zum Pragmatismus, die Chomsky nicht mitmacht. Ihm geht
es weiterhin vorrangig um die Bewertung von Handlungen und Ereignissen der
internationalen Politik. Er fragt z. B., ob die Invasion des Iraks gut oder
schlecht war, aber nicht, wie die Verwaltung und Befriedung dort am effektivs-
ten und besten organisiert sein sollte. Letzteres ist aber die interessantere Frage,

deren Beantwortung den von der Invasion Betroffenen eher helfen dürfte als ein weiterer Nachweis, dass die Invasion nicht legitim war – das ist vergleichsweise unbestritten, zumindest außerhalb einzelner politiknaher Kreise.

**24** Franz Januschek interpretiert diese »hypothetischen Vergleiche« (Januschek 2004) als eine diskursanalytische Methode zur Markierung des Selbstverständlichen durch Aussprechen des Unsagbaren. Mag sein, dass Chomsky diesen diskursiven Effekt erzielt, dass er ihn beabsichtig, zeigt sich nirgends an.

**25** So z. B. in Chomsky 1996 und Pateman 2005.

**26** S. z. B. Kagan 2003, vgl. Schwehm 2006.

**27** Die Schnittstelle zu Rousseau ist offenkundig.

**28** Dieser Schematismus überschreibe aber nicht die Möglichkeit zur individuellen Variation der genetisch determinierten Grundlage, so Chomsky (2004a: 72).

**29** Folglich lehnt Chomsky die gängigen Ansätze zur pädagogischen Sprachvermittlung vehement ab (Bergesen 2004, Smith 1999: 106–135).

**30** S. Coker 1987: 275f. und Laffey 2003: 594f.

**31** Besonders deutlich wird dieser kaum vermittelte Schluss von angeborener Sprach- und Erkenntnisfähigkeit auf Rechtsansprüche in Chomsky 2004b. Aber zugegeben: Chomsky selbst bestreitet jede Verbindung zwischen seinen linguistischen und seinen politischen Schriften. Entsprechend gibt es keine einschlägigen Zitate, die die hier behaupteten Verbindungen zwischen politischen und linguistischen Schriften zweifelsfrei bestätigen. Gleichsam aus Mangel an Beweisen aber die Selbsteinschätzung Chomskys auch in der wissenschaftlichen Kommentierung Chomskys Selbstbeschreibung zu übernehmen, erscheint mir übereilt, wo es doch wenigstens Indizien für einen grundlegenden Denkstil Chomskys gibt.

**32** S. Schiffmann 2004: 142.

**33** S. z. B. Hunt 2007.

**34** S. v. a. Luhmann 1993.

**35** Dieses Verhältnis ist ein grundsätzliches Problem im Umgang mit humanitären Interventionen (siehe Daxner, Free, Schüßler u. Thiele 2007).

**36** Selbstverständlich gehört Hans Blumenberg nicht in den Kanon der sogenannten Postmoderne. Sein Name steht aber hier auch deswegen an exponierter Stelle, um darauf aufmerksam zu machen, dass die Frage nach den historischen und sozialen Bedingungen der Moral der Geschichte nicht typisch postmodern ist. Die Perspektivierung der Situation, die einen diachronen und synchron verbindlichen normativen Maßstab unmöglich macht, ist bereits im Historismus angelegt und in den begriffsgeschichtlichen und wissenschaftsgeschichtlichen Untersuchungen des 20. Jahrhunderts ein prominentes Motiv (Blumenberg 1987: 117).

# Richard Rorty: Intellektuelle als liberale Ironiker

*Hartwig Germer und Reinhard Schulz*

## Inkommensurable Vokabulare

Richard Rorty, einer der prominentesten Wegbereiter des *linguistic turn* in der Philosophie des 20. Jahrhunderts, gilt als Vermittler von neopragmatischen und postanalytischen Traditionen und vehementer Kritiker der abendländischen Metaphysik. Fragt man im Ausgang von Rorty nach der Rolle des Intellektuellen, so ist diese in der sprachphilosophischen Position eines Denken und Sprechen verbindenden Vokabulars zu suchen, über das der Intellektuelle seine öffentliche Wirksamkeit zu entfalten vermag. Unter Missachtung dieser sprachanalytischen Voraussetzung wird man keinen Zugang zu der von Rorty vertretenen Position finden, wird sich an unerklärlichen »Widersprüchen« stören oder aufreiben und Rortys philosophische Haltung womöglich selbstgefällig, relativistisch oder gar verantwortungslos nennen. Sieht man jedoch genauer hin, so zeigt sich, dass Rortys Sprache und Handeln vermittelnder Pragmatismus, der zuweilen Gefahr läuft, naturalistisch missverstanden zu werden, die Analyse verschiedener Diskursformen (Vokabulare) hinsichtlich ihres geregelten Zeichengebrauchs zum Ziel hat. Dieser Ansatz macht es Kritikern schwer, ihre Kritik an Rorty zu untermauern, weil sich diese Kritik möglicherweise allein in der dem Kritiker zur Verfügung stehenden Sprache artikulieren lässt und damit Rortys These der Unvereinbarkeit verschiedener (Kritiker-)Vokabulare nur bestätigt. Man stößt unwillkürlich an argumentative Grenzen, an Übergänge zu anderen Vokabularen, die sich nicht vollständig ineinander übertragen lassen. Gelegentlich aber, so die Interpretation von Rorty, höre man eine Metapher, die produktiv irritiere und damit gefalle, weshalb man sie im Kopf behalte und in die Sätze des eigenen Vokabulars so lange einbaue, bis diese Metapher nicht mehr weiter auffalle und selbstverständlich geworden sei. Dieser Vorgang, so Rorty, könne jederzeit an jedem Ort immer wieder aufs Neue geschehen. Die verschiedenen Vokabulare seien nun einmal kontingent und keineswegs voraussetzungslos und das sei – so könnte man Rorty interpretieren – auch gut so. Wir, die Sprechenden, können gar nicht anders, als an Gewohntes anzuknüpfen, vermögen es aber stets, auf sich ändernde Bedingungen flexibel und mit an die jeweilige Situation angepassten Beschreibungen zu reagieren. Ähnlich wie Gene (und hier liegt die Gefahr eines insgeheim unterstellten Naturalismus) bilden Vokabulare einen »Pool«, aus dem heraus sich von Fall zu Fall an die (Umwelt-) Erfordernisse angepasste Verknüpfungen verwirklichen ließen, und je nach Größe dieses Pools stehe eine entsprechende Variationsbreite zur Verfügung.

Es kann für alle Arten von *Erklärung* keine »nicht zirkuläre« Begründung geben, sondern »nur« eine *Beschreibung*, die anders ist als andere Beschreibungen. Alle Argumentation zielt deshalb nicht auf unwiderlegbare Beweise, die man erkennen kann, wenn man nur rational genug ist, sondern basiert auf einer »Geschichte«, die jemand, in diesem Falle Rorty, uns erzählt. Dieser Art metaphysikkritischer »linguistischer Behaviourismus« (Habermas 1988: 29) sprachlichen Verhaltens erübrigt die tranzendentalphilosophische Frage nach den Bedingungen der Möglichkeit von Erfahrung. An die Stelle eines prinzipiengeleiteten Metaphysikers tritt der Austausch von füreinander verschiedenen Betroffenenperspektiven. Nur wenn man die eigene Perspektive als kontingent auffasst, kann man auch die Notwendigkeit einsehen, die Geschichten anderer Menschen für prinzipiell möglich und gültig zu erachten. Während die Theorie niemanden auslässt, indem sie Allgemeingültigkeit für sich beansprucht, kann man eine Geschichte lesen und verstehen, auch ohne sich in ihr wiederzufinden. Geschichten erlauben es, den Anderen in der Rolle des Erzählers/der Erzählerin zu sehen, ohne sich rechtfertigen zu müssen, er/sie selbst sein zu dürfen. Oder andersherum: Niemand zwingt andere dazu, sich zu rechtfertigen, wenn man ihnen bloß die eigene Geschichte erzählt. Die Theorie aber behandelt demgegenüber alle ihre Adressaten gleich: Stimmt die Praxis nicht mit der Theorie überein, dann ist das umso schlimmer für die Praxis. Indem nun aber jemand die universelle Wahrheit einer Theorie behauptet, stellt er damit andere mit *ihren* Überzeugungen ins moralisch-praktische Abseits. Denn sofern deren Rechtfertigung nicht im Rahmen dieser Theorie liegt oder sie auf ein anderes Vokabular zurückgreifen müssen, das nicht zu der postulierten Theorie passt, wird ihnen jegliche Möglichkeit der eigenen Darstellung genommen. Die Folge ist dann Sprachlosigkeit, die Rorty nach Möglichkeit vermeiden möchte. Denn um handlungsfähig zu bleiben, wenn der Widerspruch als Handlungsoption entfalle, drohe der falsche Ausweg in die physische Gewalt. Dies ist besonders dann ein Problem, wenn die Theorie moralische Implikationen aufweist, die nicht kompromissfähig sind. Moralische Auseinandersetzungen bewegten sich demnach immer am Rand der Eskalation (Luhmann 1987: 318).

Rortys Essay »Wilde Orchideen und Trotzki«, ein »Stück Autobiographie« (Rorty 2000: 139), soll der bisher geschilderten Position Deutlichkeit verleihen und verständlich werden lassen, wie Rorty zu seiner Sicht der Dinge gelangt sein könnte. Nun sind Autobiografien selten das Ergebnis gesammelter Tagebuchaufzeichnungen, sondern meist die rückblickende Interpretation der eigenen Geschichte von einem herausgehobenen, geglätteten und geschönten Standpunkt aus, um die Erzählung nicht ins Uferlose geraten zu lassen. So unternimmt es Rorty, seine Erfahrungen als Zwölfjähriger im Vokabular des erwachsenen Philosophen zu schildern und ihm damit Fragen in den Mund zu legen, zu deren inhaltlicher Tiefe der Philosoph erst viel später gekommen sein kann, womit er aber gleichzeitig seiner biografischen Geschichte eine Stringenz verleihen kann, die es braucht, um seinem Leben in der Kürze des Essays einen roten Faden verleihen zu können.

Rorty ist 1931 in New York geboren, und seine Geschichte in »Orchideen und Trotzki« beginnt zu Beginn der 40er Jahre in einem »abgelegenen Dörfchen« namens Flatbrookville, wo 1940 John Frank, ein Sekretär Trotzkis, sich nach dessen Ermordung für einige Monate bei Rortys Familie versteckte. Seine Eltern hatten mit der Kommunistischen Partei Amerikas gebrochen, engagierten sich aber in der Arbeiterbewegung. Rortys spätere philosophische Position ist durch dieses politische Geschehen in seiner Kindheit beeinflusst: Auf der einen Seite bestand eine existenzielle Bedrohung durch Stalins Häscher und damit verbunden eine Abkehr vom sowjetischen Kommunismus, auf der anderen Seite schreibt er aber: »Ich wusste, dass die Unterdrückung der Armen kein Ende nehmen würde, ehe der Kapitalismus überwunden war. [...] Somit wusste ich im Alter von zwölf Jahren, dass der Sinn des Menschseins darin bestand, das Leben dem Kampf gegen soziale Ungerechtigkeit zu widmen« (Rorty 2000: 141).

Bei einem skeptischen Philosophen wie Rorty sollte man sich schon wundern, wenn er glaubt, den »Sinn des Menschseins« erkannt zu haben, aber dem Zwölfjährigen nimmt man diese Position gerne ab, auch wenn das ein wenig frühreif wirkt. Aber genau darauf will Rorty hinaus: Diese Sicherheit in den fundamentalen Fragen, wie wir das Leben wertschätzen, unser Sinn für Gerechtigkeit, unser Gefühl für Solidarität, wird nicht erst über philosophische Reflexion entwickelt, sondern sie entsteht mit der Sozialisation: unhinterfragt und selbstverständlich. Zwei Bücher seien es gewesen, die aus den Regalen seiner Eltern hervorstachen: *The Case of Leon Trotzki* und *Not Guilty*. Und in seinem »Denken nahmen sie die gleiche Stellung ein wie bei anderen Kindern die Familienbibel: Das waren Bücher, von denen Strahlen der Erlösungswahrheit und des sittlichen Glanzes ausgingen« (Rorty 2000: 140).

Man könnte auch verallgemeinern, es sei eben Zufall, mit welcher moralischen Prägung jemand sein Leben beginnt, um darauf seine Zukunft zu bauen. In seiner autobiografischen Erzählung »Orchideen und Trotzki« liegt die Erklärung dafür, warum er viel später politisch ein liberaler Linker geworden ist. Es war die nicht weiter hinterfragbare Grundlage der eigenen Sozialisation, was er als erwachsener Intellektueller als richtig und falsch empfindet. Rorty hätte genauso gut von langwierigen Diskussionen und Auseinandersetzungen über Werte mit seinen Eltern berichten können, in deren Beschreibung die reflektierte Grundlage einer vernunftphilosophischen Position sichtbar geworden wäre, aber das widerspräche der philosophischen Position des Pragmatisten Rorty, der ja den roten Faden einer Kindheitsgeschichte zur Erklärung des Zustandekommens eines erwachsenen liberalen Linken erfand. Ob seine Kindheit in dieser Form stattgefunden hat oder nicht, ist irrelevant, solange gewährleistet ist, dass sie so hätte stattfinden *können*. Dies ist die komplementäre Seite, die Rorty dem Leser vermitteln möchte: die private Seite, die des Ironikers. Hier zeichnet er das Bild eines eigenbrötlerischen Jungen, der neben der politischen Ausrichtung seines Lebens durch seine Eltern und deren Freunde seinen scheinbar im Widerspruch dazu stehenden persönlichen Neigungen nachgeht: der Liebe zu wilden Orchideen.

»Wilde Orchideen sind selten und sie sind ziemlich schwer zu erkennen« (Rorty 2000: 141).

Mit diesem Bild beschreibt er die große Herausforderung der Ironiker: Die Mühsal des (Er)Findens der eigenen Selbstbeschreibung. Von seinem Erwachsenenstandpunkt der Sicht auf die Welt empfand er es als eine tiefe Beunruhigung, dass er dieses »Interesse für gesellschaftlich nutzlose Blumen« (Rorty 2000: 142) damals hatte. Steht die persönliche Leidenschaft des ästhetischen Wohlgefallens im Gegensatz zum *Sinn des Menschseins*, dem Einsatz gegen soziale Ungerechtigkeit? Diese Frage steht im Zentrum der Rorty'schen Erzählung, und er zeigt zwei Wege auf, die er zur Lösung dieses Problems vorfand. Der erste Weg war der Versuch, durch den christlich-religiösen Glauben seine »private[n] Obsessionen zu überwinden und auf diese Weise den Mitmenschen aus angemessener Demut zu dienen« (Rorty 2000: 144). Aber er konnte nicht glauben, was er im Glaubensbekenntnis aussprach. Der zweite Weg war das Studium der Philosophie. Rorty beginnt sein Studium, indem er im Alter von fünfzehn Jahren »alles von Platon« (ebd.) liest und zu der Überzeugung kommt, »dass Sokrates Recht hatte: Tugend war tatsächlich Erkenntnis« (ebd.). Das kommt ihm im Rahmen der Dramaturgie seiner Erzählung sehr entgegen, da er vermutet, dass seine Begabung ausschließlich intellektueller Natur sei. Aber es tut sich für ihn von Beginn an eine Spannung im Platonismus selbst auf: Die eine Seite bestand darin, »im Meinungsstreit alle anderen besiegen« (ebd.) zu können und »die Schulhof-Tyrannen« (ebd.), die ihm in den Pausen nachsetzten, argumentativ davon abzuhalten, ihn weiterhin zu drangsalieren. »Das zweite Ziel besteht im Erreichen eines Zustands, in dem alle Zweifel ausgeräumt sind, in dem man sich aber gar nicht mehr auf argumentative Auseinandersetzungen einlassen möchte« (Rorty 2000: 145).

Beide Ziele schienen ihm gleichermaßen wünschenswert, aber Rorty fand nicht heraus, wie sie unter einer Idee (der »einen Utopie«) zu vereinigen wären. Diese Suche bringt ihn schon früh auf die zentrale Frage seiner lebenslangen intellektuellen Existenzweise, ob es denn überhaupt einen Standpunkt zu einer beliebigen Streitfrage gäbe, dem eine nichtzirkuläre Begründung zugrunde liege, und kommt dabei zu dem folgenden Ergebnis: »Doch wenn es keinen derartigen Standpunkt gab, schien die ganze Vorstellung von der ›Vernunftgewissheit‹ und auch die ganze sokratisch-platonische Vorstellung von der Verdrängung der Leidenschaft durch Vernunft nicht viel Sinn zu haben« (Rorty 2000: 146).

Damit wurde für Rorty im Rahmen seiner metaphysischen Aufräumarbeit gewiss, dass allen Philosophen, deren Schriften er las, die Gemeinsamkeit zukam, dass sie sich auf Grundprinzipien berufen, die mit den Grundprinzipien ihrer Gegner unvereinbar erscheinen. Jürgen Habermas hat in dem Aufsatzband *Wahrheit und Rechtfertigung* den Titelaufsatz Richard Rorty gewidmet. Darin bringt er Rortys Abschiedsschmerz von der einen antiken Utopie gegen Rorty selbst ins Spiel, wenn er schreibt: »Der Abschied von der analytischen Philosophie kann nicht zur entwerteten Metaphysik zurückführen. Deshalb bleibt nur die Dramatisierung des Abschieds von Philosophie überhaupt« (Habermas 1999: 234). Als Ahnherrn für diesen Abschied beruft sich Rorty immer wieder auf

Friedrich Nietzsche, den er neben den Pragmatisten James und De-
wey zu den wichtigsten Vertretern eines metaphysikkritischen Philosophierens zählt. Der Grundgedanke von Rortys Neuansatz ist
dabei ein Radikalschnitt zwischen der erstarrten, weil autoritäts-
fixierten philosophischen und der politischen Aufklärung, für die
allein die Hoffnung auf das Bessere übrig bleibt *(Hoffnung statt
Erkenntnis)*, der wir aber laut Rorty durch vernünftige Argumentation kein Stück näher kommen können.

## Das Glück der Intellektuellen

Rorty ist aus der Sicht der Vernunftphilosophen ein Ketzer, weil
Vernunft für ihn nichts bedeutet. Er »lästert« unentwegt über ein
Heiligtum der Menschheit und verleugnet den Funken Gottes in uns
Menschen. Rorty ist jemand, der die Säkularisierung nicht bei der
Umbenennung von »Gott« in »Vernunft« haltmachen lassen will,
sondern die Aufhebung der ganzen Idee einer zeit- und ortlosen
metaphysischen Wahrheit fordert. Das macht vielen Menschen
Angst, und zu Recht könnte man dies als Grausamkeit bezeichnen,
eben als dasjenige, was Rorty um jeden Preis zu vermeiden sucht,
denn er selbst bezeichnet sich nach Judith Shklars Definition als
einen Liberalen, jemand, für den es nichts Schlimmeres als Grausamkeit gibt. Dieser scheinbare Widerspruch lässt sich aber auflösen, wenn man Rortys »Erzählung« »Orchideen und Trotzki« weiter folgt. Rorty ist nämlich nicht nur Liberaler, sondern auch Ironiker, also ein liberaler Ironiker. Als Ironiker sieht Rorty solche
Menschen an, die daran glauben, dass ihr Vokabular kontingent
sei, die glauben, ihre Sprache sei ein zufälliges Sozialisationspro-
dukt zu einer jeweils bestimmten Zeit und an einem bestimmten
Ort. Es sind jene Menschen, die nach den Voraussetzungen ihrer
Sprache suchen, jener Sprache, die ihnen ihre Selbstbeschreibung
zwar ermöglicht, als Sprache aber nur über die Beschreibung in
einem anderen Vokabular zugänglich ist. Ironiker sind Menschen,
die sich neu beschreiben wollen und die sich nicht damit zufrieden-

geben, zu sagen: So bin ich eben! Sondern bei denen ihre Lebens-
beschreibung auf den Satz hinausläuft: So wollte ich es! Diese Menschen sind neugierig auf andere Beschreibungen, sie brauchen das
Gespräch, lesen viele Bücher, und Rorty bezeichnet sie als Intellektuelle in der schlichten Bedeutung, dass sie in hohem Maße gebildeter sind als andere. Sie fürchten den Tod auch aus dem Grund,
weil er das Ende einer Suche bedeutet, die niemals zu einem Abschluss gebracht werden kann. Grausamkeit besteht für diese Menschen darin, dass ihnen die Möglichkeit dieser Suche verweigert,
dass ihnen der freie Austausch mit anderen, die an andere Wahrheiten glauben und ein anderes Vokabular, als sie selbst benutzen,
verhindert wird. Ironiker finden ihr privates Glück in der Neuerfindung des Vokabulars ihrer Selbstbeschreibungen und brauchen daher den Rückhalt einer Gesellschaft, die ihnen dieses Streben erlaubt. Rorty findet sich in seiner eigenen Selbstbeschreibung in einer solchen, der amerikanischen Gesellschaft wieder, ihm scheint es
so, als wäre ihm diese produktive Möglichkeit gegeben. Deshalb
kann er die amerikanische Gesellschaft in diesem Sinne verteidigen
und erregt damit bei einigen Kritikern dieser Gesellschaft immer
wieder Anstoß.

Mit dieser Haltung trennt Rorty etwas, was für viele untrennbar
scheint: das Öffentliche und das Private. Während Vernunftphilosophen gemeinhin von der Verwirklichung des eigenen Selbst in der
Art und Weise einer der Menschheit zukommenden Gemeinsamkeit
sprechen und darin die Voraussetzung für eine moralische Öffentlichkeit sehen, will Rorty von dieser Verbindung nichts wissen.
Moral und moralische Öffentlichkeit sind für ihn nur kontingente
Variationen von Sichtweisen, die auf der Kontingenz verschiedener
Vokabulare beruhen, also eben nicht unabhängig von Zeit und Ort
sind. Eine Moral, die dem menschlichen Wesen an sich gerecht
würde, kann es für Rorty nicht geben, da er so etwas wie das
Wesen einer Sache oder das Wesen des Menschen nicht für eine
sinnvolle Beschreibung hält. Eine bestimmte Sprache könne der
Wahrheit nicht angemessener sein als eine andere, niemand könne
sich aus seiner Sprache herausheben und sie von außen beurteilen,

somit bleibe nur das Nebeneinander der verschiedenen Wahrheiten, womit das *Erkennen* von dem Wesen einer Sache an der sprachlichen *Erfindung* von Wahrheit hängt. »Wenn der Terminus ›Beschreibung der Welt‹ von der Ebene der durch Kriterien bestimmten Sätze innerhalb von Sprachspielen weg auf die Ebene ganzer Sprachspiele verlagert wird, von Sprachspielen, zwischen denen wir nicht mehr durch Bezug auf Kriterien entscheiden können, dann läßt sich die Vorstellung, daß die Welt entscheidet, welche Beschreibungen wahr sind, nicht mehr mit klarer Bedeutung füllen. [...] Richten wir unser Augenmerk [...] auf die Vokabulare, in denen Sätze formuliert werden, statt auf die einzelnen Sätze, dann können wir zum Beispiel wahrnehmen, daß Newtons Vokabular uns zwar Vorhersagen über die Welt leichter macht als das des Aristoteles, daß das aber nicht bedeutet, daß die Welt Newtonisch spricht. Die Welt spricht überhaupt nicht. Nur wir sprechen« (Rorty 1989: 25).

Rorty pickt sich Teile aus den Schriften anderer Philosophen heraus und baut sie anschließend neu zusammen. Mehr und mehr liest er diese Philosophen »nur« noch als Literaten, beschreibt sie als Ironiker, so wie er diesen Begriff selbst eingeführt hat. Damit konstruiert er eine Art von System, das nicht nur kohärent ist, sondern auch durch die innere Plausibilität einer selbstgestifteten Historizität glänzt. Kohärenz soll die Vernunftgewissheit ersetzen, ohne ein absolutes Wahrheitskriterium bilden zu können. »Denn Kohärenz ist eine Sache der Widerspruchsvermeidung, und die ist recht leicht zu erreichen, wenn man dem Rat des heiligen Thomas folgt: ›Stößt du auf einen Widerspruch, so triff eine Unterscheidung.‹ Philosophisches Talent bestand [...] darin, dass man, sobald man in einer solchen Klemme gefangensaß, das umliegende intellektuelle Gelände derart neu beschrieb, dass die vom Gegner benutzten Begriffe irrelevant, trugschlüssig oder fade wirkten. Wie sich herausstellte, hatte ich eine Begabung zu derlei Neubeschreibungen« (Rorty 2000: 146).

Hier setzt Rorty seine Interpretation von Hegels *Phänomenologie des Geistes* ein, die besagt, dass die in der Zeit aufeinanderfolgenden Philosophen sich durch Neubeschreibungen ausbooten, und so »kann sich die List der Vernunft sogar einen solchen Wettbewerb zunutze machen. Sie kann ihn benutzen, um das Begriffsnetz einer freieren, besseren und gerechteren Gesellschaft zu weben« (Rorty 2000: 147).

Verbunden mit einer an die Biologie angelehnten Analogie, ergibt dies die These vom Pool der Vokabulare, den es in seiner Variationsbreite zu erhalten gilt, um einen *Wettbewerb* interessant, effektiv und flexibel zu gestalten. So kann Rorty von einem »*sozialen Gebrauch*« (ebd.) der Philosophie selbst und des Studiums der Philosophie sprechen und eine soziale Verpflichtung der Philosophen konstruieren, die sich auf die *öffentliche* Sphäre bezieht und eine liberale Gesellschaft, wenn auch nicht absolut begründet, so doch durch Plausibilität zu legitimieren sucht. »Die Vorstellung, demokratische Verhältnisse durch Zwang und nicht durch Überredung einzuführen, Männer und Frauen also zum Freisein zu zwingen, ist in sich widersprüchlich. Aber es ist nicht selbstwidersprüchlich, die Absicht zu verfolgen, sie zur Freiheit zu überreden. Wenn wir Philosophen weiterhin eine Funktion zu erfüllen haben, so besteht sie in genau dieser Art von Überredung« (Rorty 2000: 24 f.).

Rorty postuliert die »Fähigkeit, Mitleid zu haben mit den Schmerzen anderer« (Rorty 2000: 151) oder anders gesagt, »daß Grausamkeit das schlimmste ist, was wir tun« (Rorty 1989: 14), und so kommt die Funktion des Intellektuellen zustande, Ungerechtigkeit im Allgemeinen und institutionalisierte Ungerechtigkeit im Besonderen zu thematisieren und Solidarität zwischen Gruppen oder Individuen zu schaffen, die sich sonst gegenseitig ausgrenzen würden. »*Denn von Intellektuellen erwartet man, daß sie sich um Fragen der sozialen Gerechtigkeit kümmern und dazu äußern*« (Rorty 1998: 80).

Mit dieser Erwartung gibt Rorty sich denn auch als Pragmatisten zu erkennen, denn es gibt keine bestimmte Methode, kein Patentrezept, wie soziale Gerechtigkeit zu bewerkstelligen sein soll, sondern es geht um die Nützlichkeiten, die sich an der Utopie einer liberalen Gesellschaft messen lassen können. Beschreibungen oder besser noch *Neu*beschreibungen können hier hilfreich sein. Ein

Film oder Roman, geschrieben aus der subjektiven Sicht einer ausgegrenzten Gruppe, könne vielleicht mehr zur Befreiung von Unterdrückung in der Gesellschaft beitragen als ein großangelegter Appell an die Menschenrechte. Es scheinen mehr die kleinen Dinge im Leben zu sein, von denen Rorty sich Hilfe für die großen Veränderungen verspricht.

Er schätzt die gut gemachte Kampagne mehr als die politische Bewegung, denn sie ist von vornherein begrenzt und bietet Anschlussmöglichkeiten für weitere Kampagnen. Es ist die Resignation, vor der sich Rorty fürchtet, die beim Scheitern einer großangelegten Bewegung, mit der man sich identifiziert hat, das Ideal einer besseren Welt mit sich in den Abgrund reißen könnte. Das Scheitern einer einzelnen Kampagne dagegen sei kalkulierbar und leichter zu verkraften. Lieber ein paar kontinuierliche Reformen mit zwischenzeitlichen Fehlschlägen als eine gescheiterte Revolution, der man lange nachtrauert, scheint Rortys Rezept für die öffentliche Intervention des Intellektuellen zu sein. Das beziehe sich ebenso auf Theorien, die einen Anspruch auf allumfassende Wahrheit erheben, deren Schwerfälligkeit im Hinblick auf das »eine Große« der Flexibilität angesichts der Variationsbreite der vielen kleinen Nützlichkeiten unterlegen sei. Unterstützt wird diese Sicht durch Rortys Konstruktion des Ironikers. Immer schon neugierig auf die Beschreibungen anderer, auf für ihn fremde Vokabulare, sucht der Ironiker zwar den Kontakt zu anderen, will aber nicht in der Verallgemeinerbarkeit der Fremdbeschreibung einer bestimmten Gruppe aufgehen. Der scheinbare Selbstwiderspruch, der entsteht, wenn man von der »Gruppe der Ironiker« spricht, löst sich dadurch auf, dass die private von der öffentlichen Sphäre getrennt bleibt. *Privat* haben Ironiker in der Art ihrer Selbstbeschreibungen möglicherweise nicht miteinander verträgliche Auffassungen, während sie *öffentlich*, als Liberale, die Auffassung teilen, dass diese Differenzen so lange schützenswert sind, solange niemand dadurch in seiner Freiheit begrenzt wird. Somit scheint der *Liberale Ironiker* die idealen Voraussetzungen für einen Intellektuellen bereitzustellen, wie Rorty ihn sich vorstellt.

Aber es gibt keine absolute Gewissheit für eine der vertretenen Positionen, denn es gibt keine nichtzirkuläre Begründung dafür. Fragen wie »Warum soll man nicht grausam sein?« oder die Frage danach, wann man private Selbsterschaffungspläne verfolgen und wann man gegen Ungerechtigkeit kämpfen soll, lassen sich nicht eindeutig beantworten, denn sie sind aufgrund ihrer Unbeantwortbarkeit falsch gestellt. »Das, wozu man die Zustimmung aller erreichen kann (das Universelle), verdient nicht automatisch ein Vorrecht gegenüber dem, wo das nicht gelingt (dem Idiosynkratischen)« (Rorty 2000: 150).

Das bedeute eine Menge Unsicherheit in grundlegenden Fragen, und das bedeutet, »daß ein Ironiker – einer, der Zweifel an seinem abschließenden Vokabular, seiner moralischen Identität und vielleicht seinem Verstand hat – dringend und unbedingt mit anderen Menschen sprechen muss, [...] weil nur Gespräche ihn dazu befähigen, mit seinen Zweifeln fertig zu werden, sich selbst zusammen zu halten, sein Netzwerk aus Überzeugungen und Wünschen soweit kohärent zu halten, daß er noch handeln kann« (Rorty 1989: 301).

Die Sensibilität des Ironikers für fremde Vokabulare kann auch zu einer Sensibilität für die Situation von unterdrückten Mitgliedern der Gesellschaft führen, für die, die durch Leiden ihre Fähigkeit zum sprachlichen Ausdruck dieser Leiden verloren haben. Rorty spricht von der Sprachlosigkeit der Opfer. Hier ist der Intellektuelle gefragt, um ihnen Ausdrucksmöglichkeiten zur Verfügung zu stellen, mit denen sie sich wieder Gehör in der Gesellschaft verschaffen können. Rorty geht von zwei Handlungsoptionen aus, von denen er die eine bevorzugt: Man kann miteinander sprechen, um etwas zu erreichen, und wenn man nicht mehr sprechen kann, dann bliebe als Ausweg nur die Gewalt. Der Liberale, der Grausamkeit vermeiden will, sorgt sich darum, ob alle am Diskurs teilnehmen können, denn seine Sprache zu verlieren sei grausam, nicht nur für Ironiker. Gewalt ist das letzte Mittel, das Rorty wählen möchte, wenn Sprache zu keiner Einigung mehr führen kann. Prinzipiell ablehnen würde er sie aber nicht.

Es scheint, als würde Rorty den liberalen Ironiker als den Prototyp des Intellektuellen beschreiben, also quasi sich selbst. Er fordert keinen blinden Aktionismus, sondern einen durch das Ideal der liberalen Gesellschaft inspirierten. Der Intellektuelle braucht die Fähigkeit zur Neubeschreibung, weil nur so verkrustete Anschauungen, die blind für das Leiden anderer sind, aufgebrochen werden können. Und er braucht die Sensibilität für fremde Vokabulare, um seinen eigenen Horizont den Entwicklungen anzupassen und um den Blick auf die »Wir-Gruppe« um eventuell ausgegrenzte Menschen erweitern zu können, um diese Ausgrenzung selbst zu bemerken. Dass Rorty bei dem Intellektuellen die Sphären des Öffentlichen und des Privaten wieder vereint, ist wohl eher dem Umstand geschuldet, dass es sich hier einerseits um einen soziologischen Spezialtypus handelt. Andererseits ist es aber auch die strikte Trennung des Privaten vom Öffentlichen, die dem Ironiker die Möglichkeit bietet, sein Anderssein als Anlass zu nehmen, auf der öffentlichen Seite, als Liberaler, für die Vielfalt des Andersseins überhaupt zu kämpfen. Wer das Fremde scheut, sich vielleicht vor ihm fürchtet, der wird wohl kaum einen Grund haben, für dessen Erhalt das Wort zu ergreifen, wenn er nicht gar die Unterdrückung des fremden Anderen geflissentlich »übersieht«. Die liberale Gesellschaft, wie sie Rorty vorschwebt, eröffnet die Möglichkeit, die Andersartigkeit nicht als Gefährdung, sondern als Bereicherung und Bedingung für ihren Erhalt zu erleben. Man kann die Gemeinschaft unter der Fragestellung beobachten, ob alle integriert sind, ob alle gleich behandelt werden: Hat jeder eine Wohnung, eine Arbeit, einen Lebenspartner, einen Fernseher etc. oder wenigstens die gleiche Möglichkeit, dieses zu bekommen? Dies ist die Frage nach der quantitativen Gleichheit aller. Was mit dieser Frage aber übersehen werden kann, ist die Frage nach der qualitativen *Gleichwertigkeit*: Hat jeder die Arbeit, die Wohnung, den Lebenspartner, den oder die er/sie sich auch wünscht? Will jemand gar keinen Fernseher, sondern etwas völlig anderes, das nicht von allen gewünscht wird, etwas, was der Beobachter auch gar nicht kennt, noch kennen kann? Dies kann aus der Gleichheitsperspektive nicht wahrgenommen werden, steht dieser Wahrnehmung eher im Weg. Bei Rorty scheint es der Blick aus der privaten Perspektive zu sein, der Blick des Ironikers, der dem Betrachter einen Argwohn vermittelt, wenn sich nichts Fremdes, Anderes, nichts Idiosynkratisches zeigt. Der Mangel an Ungleichheit ist ein Indiz für Fremdbestimmung und Unterdrückung, ein Indiz dafür, dass jemandem seine eigene Ausdrucksmöglichkeit verwehrt wird.

Rorty will den Ist-Zustand der Gesellschaft, aus der er kommt, nicht schönreden, will aber andererseits nicht übersehen, dass sie ihm die Prägung gegeben hat, die Kontingenz seiner selbst und die Möglichkeit der eigenen Neubeschreibung zu erkennen. Diese Möglichkeit der privaten Neuerfindung will er allen Menschen erlaubt wissen. Ob aus ironistischem Eigennutz oder liberaler Toleranz – das bleibt unentscheidbar.

## Literatur

Rorty, R. (1989): *Kontingenz, Ironie und Solidarität*, Frankfurt/M.
Rorty, R. (1994): *Hoffnung statt Erkenntnis*, Wien.
Rorty, R. (1999): *Stolz auf unser Land*, Frankfurt/M.
Rorty, R. (2000): *Philosophie und die Zukunft*, Frankfurt/M.
Habermas, J. (1988): *Nachmetaphysisches Denken*, Frankfurt/M.
Habermas, J. (1999): *Wahrheit und Rechtfertigung*, Frankfurt/M.
Luhmann, N. (1984): *Soziale Systeme*, Frankfurt/M.

# III

# Der Intellektuelle – Distanz und Opportunismus

# Die Reflexion des Intellektuellen bei Hannah Arendt

*Jörn Ahrens*

Die Frage, wie sich der Standpunkt Hannah Arendts zum Problem des Intellektuellen oder der Intellektualität beschreiben ließe, könnte in einem Satz beantwortet werden: Eine Reflexion auf ein solches Problem findet bei Hannah Arendt nicht statt; sie interessiert sich nicht einmal dafür. Fahndet man in ihren Schriften, sogar in den üppigen Ausgaben ihrer Briefe, nach Statements, wenigstens nach Äußerungen zu diesem Thema, könnte die Enttäuschung nicht extremer ausfallen. Es findet sich nämlich rein gar nichts. In ihren Briefen fällt immerhin ab und zu der Begriff, etwa wenn sie ihrem Mann schreibt, sie habe in Paris einige Intellektuelle getroffen. Ein einziges Mal sagt Arendt dann doch etwas Inhaltliches über die Intellektuellen, nämlich in einem Interview mit Günter Gaus aus dem Jahr 1964; und was sie dort sagt, drückt Enttäuschung aus und dient zur Illustration für ihre programmatische Abwendung von der Philosophie.

Angesprochen darauf, was für sie den Schock von 1933 ausgemacht habe, antwortet Arendt, schockierend sei gewesen, »daß die Freunde sich gleichschalteten! Das Problem, das persönliche Problem war doch nicht etwa, was unsere Feinde taten, sondern was unsere Freunde taten. [...] Ich lebte in einem intellektuellen Milieu, ich kannte aber auch andere Menschen. Und ich konnte feststellen, daß unter den Intellektuellen die Gleichschaltung sozusagen die

Regel war. Aber unter den andern nicht. [...] Ich war der Meinung, das hängt mit diesem Beruf, mit der Intellektualität zusammen. [...] daß es im Wesen dieser ganzen Sachen liegt, daß man sich sozusagen zu jeder Sache etwas einfallen lassen kann, das sehe ich immer noch so. Sehen Sie, daß jemand sich gleichschaltete, weil er für Frau und Kind zu sorgen hatte, das hat nie ein Mensch übelgenommen. Das Schlimme war doch, daß die dann wirklich daran glaubten! Für kurze Zeit, manche für sehr kurze Zeit. Aber das heißt doch: zu Hitler fiel ihnen was ein. Und zum Teil ungeheuer interessante Dinge! [...] Sie gingen ihren eigenen Einfällen in die Falle, würde ich heute sagen« (Arendt 1997: 56 f.). Aus diesem Zitat erhellt sich die negative Notation, die der Begriff des Intellektuellen für Arendt ganz offensichtlich besitzt. Diese Negativität muss allerdings in der spezifischen Perspektive betrachtet werden, die Arendt ihr angedeihen lässt.

Beispielsweise geht es für sie kaum darum, die Intellektuellen als grundsätzlich affirmativ veranlagt zu charakterisieren. Die Kategorie der Affirmation entstammt dem Instrumentarium der Ideologiekritik, von der sich Arendt immer nachdrücklich abgesetzt hat. Eher als um eine reflexionslose Bejahung der jeweiligen Herrschaftsverhältnisse, mit denen man sich rasch arrangieren kann, ist ihr an der Hervorhebung einer Differenz gelegen, die für das Denken Hannah Arendts von entscheidender Bedeutung ist. Was sie am Denken des Intellektuellen offensichtlich problematisch findet, ist dessen Ästhetizismus; die intellektuelle Praxis ist interesselos im kantischen Sinne des Schönen. Deshalb ist sie auch so leicht korrumpierbar, denn im Krisenfall entpuppt sie sich rasch als ein Denken ohne Verantwortung. Was Arendt noch in ihrer Erinnerung nach 30 Jahren frappiert, ist die Tatsache, dass es zwischen der Philosophie und dem Politischen keine Verbindung zu geben scheint. In diesem Sinne geht Arendt davon aus, »daß es zwischen Philosophie und Politik eine Spannung gibt. Nämlich zwischen dem Menschen, insofern er ein philosophierendes, und dem Menschen, insofern er ein handelndes Wesen ist [...]« (Arendt 1997: 45). Diese Differenz zwischen einer philosophischen und einer politischen Existenz sollte fortan nicht nur ihr Denken bestimmen, sondern ihre gesamte Existenz.[1]

Das bedeutet, das eigene Denken auf die vorrangigen Probleme der Zeit zu richten, um zunächst die Bedingungen des Politischen und die Möglichkeit, darin zu handeln, verstehen zu können. Eine solche Praxis kann zwar die Kluft zwischen Philosophie und Politischem nicht völlig schließen, sie kann aber das Politische denkend, theoretisch einholen, weshalb Hannah Arendt sich zwar nicht mehr als Philosophin, durchaus aber (wenn auch ungern) als politische Theoretikerin bezeichnet hat. Der Intellektuelle hingegen ist so gesehen ein Artist, der das Denken unter ästhetischen Gesichtspunkten betreibt, was die humane Dimension seiner Tätigkeit entwertet. Die Differenz zwischen Philosophie und Politik, die den Intellektuellen weiterhin charakterisiert, hat eine apolitische Haltung zur Welt zur Folge. Die Haltung der Welt gegenüber muss Arendt zufolge aber notwendig eine politische ein; anders lässt sich kein Verhältnis zur Welt herstellen. Deshalb lautet ihr Credo auch: »Ich will Politik sehen mit, gewissermaßen, von der Philosophie ungetrübten Augen« (Arendt 1997: 45).

Das heißt nun aber nicht, Hannah Arendt selbst sei keine Intellektuelle gewesen. Genau in dieses Spannungsfeld hinein, das dem ihre eigene Arbeit dominierenden Spannungsfeld zwischen Philosophie und Politik, Privatheit und Öffentlichkeit korrespondiert, muss Arendts Verständnis des Intellektuellen rekonstruiert werden. In einem Brief an sie pointiert 1958 ihr Mann, Heinrich Blücher, recht gut, wo er den intellektuellen Kern von Arendts Tätigkeit verortet. Anlässlich der Frage, ob Arendt einwilligen solle, die Laudatio zur Verleihung des Friedenspreises des deutschen Buchhandels an ihren Lehrer Karl Jaspers zu halten, meint er, darin sei etwas »grundsätzlich Politisches« involviert, »nämlich daß Jaspers wie Du darin ganz einig seid, daß Ihr Euch um die Zukunft des Menschen kümmert und um sonst nichts« (Arendt/Blücher 1999: 472). Gänzlich unbekümmert legt Blücher in diese Briefstelle ein ihm sonst weitgehend abgehendes Pathos, das er auch gleich zu ironisieren sucht, wenn er anfügt: »Wie Nietzsche. Und ich.« Dennoch darf man fra-

189

gen, was er wohl meint, wenn er sagt, Arendt sei wesentlich an der »Zukunft des Menschen« gelegen. Hinweise darauf finden sich beinahe folgerichtig in Arendts Laudatio auf Jaspers, worin sie sich mit dem für sie zentralen Thema des Erscheinens des Menschen in der Öffentlichkeit befasst. Zunächst unterscheidet sie zwischen Person und Subjekt und betont, das Subjekt sei stets geschieden vom Objekt seiner Tätigkeit, vollständig zentriert auf sich selbst und daher einsam, ohne Kontakt zu den anderen. Die Person hingegen könne überhaupt nur da erscheinen, »wo es einen öffentlichen Raum gibt« (Arendt 1989: 91; vgl. Jaeggi 1997). Definiert als »geistiger Raum«, bindet Arendt diesen an einen Begriff der »humanitas«, um das »Personhafte« schließlich als das Wesen von Humanität im Sinne einer Ethik der Aufklärung zu etikettieren. »Gewonnen wird die Humanität nie in der Einsamkeit und nie dadurch, daß einer sein Werk der Öffentlichkeit übergibt. Nur wer sein Leben und seine Person mit in das ›Wagnis der Öffentlichkeit‹ nimmt, kann sie erreichen [...]. Dadurch wird das ›Wagnis der Öffentlichkeit‹, in dem die ›humanitas‹ gewonnen wird, ein Geschenk an die Menschheit« (Arendt 1989: 91). Schließlich definiert dieser »geistige Raum« den Bereich des Politischen wie auch den des Handelns, und nur darin lässt sich Arendt zufolge erfahren, »was Freiheit positiv ist« (Arendt 1994: 201). Nicht nur fallen für sie Handeln und Reden in eins; das Handeln ist auch gleichbedeutend damit, frei zu sein. Menschliche Freiheit liegt in diesem öffentlich erscheinenden Handeln zwischen Menschen; es muss aber hergestellt, bewusstgemacht werden durch die bewusste Tätigkeit des Geistes.[2] Sich handelnd einzumischen bedarf also immer erst einmal der Reflexion und vor allem einer Praxis des Urteilens.

Zwischen dieser Laudatio und dem Gespräch mit Günter Gaus liegen nur sechs Jahre; dennoch könnte, bei gleichbleibender Emphase des Öffentlichen,[3] die Bestimmung des Philosophischen nicht gegensätzlicher ausfallen. Denn während Arendt Gaus gegenüber nicht nur eine strikte Trennung des Politischen von der Philosophie vornimmt, sondern sich auch ausdrücklich selbst von der Philosophie absetzt, bemüht sie sich 1958 noch um eine tätige Synthese beider Bereiche. Beiden gemeinsam sei, dass sie alle angingen, weshalb insbesondere auch die Philosophie in die Öffentlichkeit gehöre. Im Anschluss daran unterscheidet Arendt den Philosophen vom Wissenschaftler und definiert, Ersterer hafte für seine Meinungen mit seiner Person (Arendt 1989: 92). Das entspricht eigentlich sehr stark dem Bild des klassischen Intellektuellen als desjenigen, der sich kraft seiner Fähigkeit zur Reflexion, Abstraktion und vor allem zum Urteilen öffentlich für öffentliche Belange einsetzt – wenn auch gezeichnet in der für Arendt eigenen Terminologie.

Die Verantwortung intellektueller Tätigkeit, selbst wenn Arendt das Wort niemals verwenden würde, läge also im öffentlichen Erscheinen, mit dem die Person für ihr Tun einsteht und sich bewährt. Dieses Erscheinen ist nun gerade nicht banal oder selbstverständlich, sondern im Denken Arendts von zentraler Bedeutung für die Konstituierung einer gemeinsamen Welt der Menschen, die im gemeinsamen Handeln erfolgt und darin, sich der damit verbundenen Öffentlichkeit auszusetzen (vgl. Arendt 1992). Dass es dabei unter anderem auch um die »Zukunft des Menschen« geht, wie Blücher sich ausdrückt, legt Hannah Arendt in einer 1957 erschienenen Eloge auf Jaspers dar, wenn sie davon spricht, dass unter den gegebenen politischen Bedingungen von einer »Solidarität der Menschheit« gesprochen werden könne, die in sich eine »globale Verantwortlichkeit« berge (vgl. Arendt 1989: 102). In diesem Sinne wäre die Zukunft des Menschen auch eine »Geschichte der Menschheit« ebenso wie eine »Philosophie der Menschheit«, die Wert auf ihren Plural legte. Nicht, wie üblicherweise definiert, bevölkere *der* Mensch die Erde, vertieft in einen einsamen Dialog mit sich selbst, »sondern *die* Menschen, die miteinander reden und sich verständigen« (Arendt 1989: 102). An dieser plural angelegten Theorie des Handelns und des öffentlichen Erscheinens haftet nicht nur der Kerngehalt von Arendts politischer Theorie, sondern auch die eine Hälfte ihres verdeckten Konzepts einer intellektuellen Existenz. Die andere Hälfte findet sich in ihrer nicht abreißenden Auseinandersetzung mit dem Judentum und ihrer eigenen Identität als Jüdin. »Meine nicht-bürgerliche oder literarische Existenz beruht darauf«, schreibt sie kurz nach dem Krieg, im Januar 1946, an Karl Jaspers, »daß ich dank meines Mannes politisch denken und historisch sehen gelernt habe und daß ich andererseits nicht davon abgelassen habe, mich historisch wie politisch von der Judenfrage her zu orientieren« (Arendt/Jaspers 1993: 67). Diese Verortung erlangt zentrale Bedeutung für das intellektuelle Selbstverständnis Hannah Arendts. Indem sie nicht nur historisch und politisch von »der Judenfrage« her denkt, sondern darin ebenso ihre Position der Reflexion selbst integriert, entwickelt sie ein exemplarisches Modell für das Verhältnis zwischen der Gesellschaft und einem diese betrachtenden Gegenüber.

Dieses Gegenüber erlangt für Arendt Gestalt in der Figur des Parias, die, unter dem Eindruck einer ebenso ambivalenten Emanzipation wie Assimilation von jüdischen Dichtern, Schriftstellern und Künstlern entwickelt, »eine für die moderne Menschheit sehr bedeutsame neue Idee vom Menschen« (Arendt 1976: 48) enthalte.[4] Der Paria ist derjenige, »welcher in der Wirklichkeit der politischen und sozialen Welt keinen angestammten Platz hat«, der »von der Gesellschaft Verachtete« (Arendt 1976: 51). Diese vor allem habituell definierte soziale Randstellung ermöglicht es dem Paria, eine eigentümliche Distanz zu jener Gesellschaft einzunehmen, in der er lebt, an der er aber nur partiell teilhat, zu der er daher auch nur eingeschränkt gehört. Der Paria ist zwar kein Fremder im strengen Sinne des Wortes, aber er transportiert dennoch ein Befremden der Gesellschaft gegenüber, so wie auch seine Existenz Befremden auslöst. Diese Distanz, die einerseits soziale Reglementierungen und Sanktionierungen nach sich zieht, eröffnet andererseits einen eigentümlichen Möglichkeitsraum. Am Beispiel Heinrich Heines etwa erläutert Arendt, wie der Paria aus seiner »natürlichen Distanz [...] zu allem Menschenwerk« heraus, »das Wesen der Freiheit« erfahren kann (Arendt 1976: 52).[5] Da sich die Existenz des Parias jenseits der klassischen Gesellschaftskonventionen, Strukturen und Herrschaftsmuster vollzieht, kann er ein Bewusstsein dafür entwickeln, dass Freiheit nicht in erster Linie auf das Abschütteln vermeintlicher Unterdrückungsmomente fokussiert, sondern auf ein

Wissen darum, dass Freiheit zuallererst ein Zustand des Geistes ist und darüber hinaus die Bedingung einer menschlichen Existenz in der Welt: »Frei wird der Mensch geboren, und in die Knechtschaft verkauft er sich immer nur selbst« (Arendt 1976: 52).

Unter dem Eindruck einer gescheiterten, zumindest nicht vollendeten jüdischen Emanzipation entwickelt der Paria ein feines Gespür für vermeintliche Freiheiten und subtile Mechanismen der Unterdrückung. Diese Situation prädestiniere den Paria dazu, zum Rebellen zu werden, sofern er sich nicht bis zur Selbstverleugnung anpassen wolle.[6] Unter Rückgriff auf Bernhard Lazare spricht Arendt von der doppelten Knechtschaft, die erst der »Abhängigkeit von den feindlichen Mächten der Umwelt«, dann der von den »eigenen ›hochvermögenden Brüdern‹« ausgesetzt sei (Arendt 1976: 56). Politisch gesehen sei dann »jeder Paria, der kein Rebell wurde, mitverantwortlich für seine eigene Unterdrückung, und damit mitverantwortlich für die Schändung der Menschheit in ihm. Vor dieser Schande gibt es kein Entkommen« (Arendt 1976: 56). Der Paria besitzt demnach in politischer und moralischer Hinsicht einen exemplarischen Status. In ihm verdichtet sich eine Universalie der Menschheit, nämlich die Bedeutung einer metaphysisch voraussetzungslosen Freiheit, und zugleich die Notwendigkeit, diese Freiheit institutionell zu sichern.

Es ist die Figur des Parias, über deren Ausführung es Hannah Arendt möglich ist, zu einer für die weitere Entwicklung der politischen Theorie und vor allem einer politischen Ethik maßgeblichen Schlussfolgerung zu gelangen: dass es nämlich des unveräußerlichen Rechts bedarf, Rechte zu haben, um als Mensch unter Menschen leben zu können, wie sie am Beispiel der völlig entrechteten Staatenlosen in den 1930er und 40er Jahren ausführt (Arendt 1986: 462 ff.). Im Paria, dem von der Gesellschaft Ausgestoßenen, sedimentieren sich demnach die eigentlichen moralischen Ansprüche der Moderne, die als nur »unvollendetes Projekt« (J. Habermas) in ihm zu sich selbst kommt.[7] Wenn die auf Kant beruhende, moderne Lesart des autonomen, vernünftigen Subjekts diesem vorrangige Bedeutung gegenüber unvernünftigen und unbegründeten gesellschaftlichen Strukturen einräumt, dann lässt sich die damit verbundene Subjektkonzeption an der Figur des Parias paradigmatisch machen. Die Brüche, wie auch die Versprechen einer aufgeklärten Moderne lassen sich an der Gestalt des Parias und der in ihr implizierten Ethik der Menschheit ablesen. Schon früh hat Hannah Arendt diese Einsicht in ihrer Dissertation über Rahel Varnhagen formuliert: »Immer repräsentieren darum die Paria in einer Gesellschaft, welche auf Privilegien, Geburtsstolz, Standeshochmut basiert, das eigentlich Humane, spezifisch Menschliche, in Allgemeinheit Ausgezeichnete. Die Menschenwürde, die Achtung vor dem menschlichen Angesicht, die der Paria instinktartig entdeckt, ist die einzig natürliche Vorstufe für das gesamte moralische Weltgebäude der Vernunft« (Arendt 1998: 224).[8] Diese Entdeckung kann der Paria machen, weil er innerhalb und außerhalb der Gesellschaft zugleich steht; nicht außerhalb ihrer Regeln und Gesetze, aber außerhalb ihrer Konventionen und Anerkennung. Ethisch ist er zurückgeworfen auf die reine Substanz des Menschlichen, während er sozial die Kompetenz zu einem scharfen, analytischen Blick auf diese Gesellschaft erwerben kann, die ihm die Bedingungen seiner Existenz diktiert und dabei den Makel ihrer Ambivalenz offenlegt. Insofern ist es bezeichnend, dass Arendt nicht nur davon spricht, dass die Juden in dieser Gesellschaft traditionell den Status des Parias erhalten hätten, sondern dass vielmehr der Paria stets der Jude in der Gesellschaft gewesen sei (Arendt 1976: 63). Das macht nicht den Status als Paria, wohl aber den als Jude zu einer latent metaphorischen Angelegenheit, was darauf verweist, dass für Arendt die Juden prädestiniert waren, die Rolle des Parias zu übernehmen, die jedoch in der Charakterisierung als Jude keineswegs aufging.

Die Figur des Parias ist der des Intellektuellen, seinem Anliegen und seiner Aufgabe in der Gesellschaft, erstaunlich ähnlich. Normativ geht es darum, in der Welt in jedem Augenblick, in jeder Statuslage, Mensch sein zu dürfen – eine nur scheinbare Banalität, die den Juden schon im ambivalenten Prozess der »Emanzipation« verweigert war.[9] Für den Paria und sein Gegenbild, den Parvenü, der sich mit den Gegebenheiten dieser Welt zu arrangieren sucht, gibt Hannah Arendt verschiedene Beispiele, welche Strategien möglich seien, sich in einer Existenz außerhalb der Gesellschaft einzurichten, die diese Gesellschaft dennoch nicht verlässt. Allerdings gibt sie zu bedenken, dass dies Modelle des 18. und 19. Jahrhunderts seien, wohingegen dergleichen im 20. Jahrhundert nicht mehr möglich sei, da zumindest dem Paria im Kern ja doch immer daran gelegen sei, das Prinzip durchzusetzen, Mensch sein zu dürfen. Dieses Anliegen jedoch rüttelt an den Grundfesten des Bestehenden. »Denn dies kleinste Vorhaben, die Menschenrechte zu verwirklichen, ist gerade wegen seiner einfachen Grundsätzlichkeit das allergrößte und das allerschwerste, das Menschen sich vornehmen können« (Arendt 1976: 73). Wenn Arendt – nicht zufällig am Beispiel Kafkas – den Schluss zieht, die Anstrengungen eines Individuums, solches zu verwirklichen, führten »höchstens zur Belehrung, nicht zur Veränderung der Welt« (Arendt 1976: 73), dann umschreibt sie exakt die Rolle, das Selbstverständnis und die Aufgabe des Intellektuellen in der modernen Gesellschaft. Dieser nimmt darin, freilich nicht annähernd vergleichbar eingeschränkt oder gar gefährdet in seiner persönlichen Existenz, die Rolle des Parias ein.

Der entscheidende Unterschied mag darin bestehen, dass der Intellektuelle sich selbst absentiert. Seine Existenz als Paria wäre dann eine aus Berufung und Wahl und nicht durch soziale, politische und historische Umstände determiniert. Mit dem klassischen Paria, wie ihn Hannah Arendt beschreibt, teilt er allerdings jene Distanz zur Gesellschaft, die ihn zur Analyse derselben befähigt und die in erster Linie durch ein normatives Verständnis des Menschen geleitet ist, unabhängig von jeder Rücksicht auf soziale Institutionalisierungen und Sentiments. Hannah Arendt selbst hat mit ihrer Biografie und der bewussten Schwerpunktsetzung ihres Denkens gewissermaßen die Synthese aus diesen Facettierungen des Parias in Richtung des Juden und des Intellektuellen gebildet. Was der Paria nach Kafka auf sich nehmen könnte und womit er im bloßen, konsequenzlosen Belehren der anderen, der Gesellschaft, scheitern muss, erhob sie zu ihrer Lebensmaxime. Selbstbewusst hat Hannah Arendt das Belehren, das eigentlich folgenloses Räsonnement wäre, als eine Praxis geadelt, die keine Wünsche offenlässt. »Ich selber wirken? Nein, ich will verstehen. Und wenn andere Menschen verstehen – im selben Sinne, wie ich verstanden habe –, dann gibt mir das eine Befriedigung wie ein Heimatgefühl« (Arendt 1997: 46f.). Damit radikalisiert Arendt die von ihr so eindringlich beschriebene Figur des Parias noch, denn sie reklamiert für sich keine andere Heimat mehr als die des Geistes.[10] Bei einer so politischen Denkerin wie Arendt, die die Bedeutung des gemeinsamen Handelns wie fast niemand sonst hervorgehoben hat, wirkt das zunächst erstaunlich.

Dieses Befremden legt sich aber, wenn man die Bedeutung berücksichtigt, die Arendt dem Schritt beimisst, sich öffentlich zu exponieren, wie sie in ihrer Laudatio für Karl Jaspers hervorhebt – eine theoretische Figur, die das Zentrum ihres Buches über die Vita activa bildet. Dieses Wagnis, sich als Person in der Öffentlichkeit zu positionieren, wäre demzufolge das erste existenzielle Wagnis, das der Intellektuelle gezielt einginge.[11] Daraus erwächst ein zweites Wagnis, das aus dem Handlungscharakter dieses öffentlichen Erscheinens resultiert: »Wir fangen etwas an; wir schlagen unseren Faden in ein Netz der Beziehungen. Was daraus wird, wissen wir nie. [...] Und nun würde ich sagen, daß dieses Wagnis nur möglich ist im Vertrauen auf die Menschen. Das heißt, in einem – schwer genau zu fassenden, aber grundsätzlichen – Vertrauen in das Menschliche aller Menschen. Anders könnte man es nicht« (Arendt 1997: 70). Schließlich, hat sie einmal betont, schaffe gerade das Räsonieren »einen Raum zwischen den Menschen, in dem Freiheit wirklich ist« (Arendt 1994: 205). Eine als politisches Handeln verstandene intellektuelle Existenz würde diesem Verständnis zufolge Verantwortung für die Welt übernehmen und für die Gewährleistung respektive für die Herstellung der Würde des Menschen; es wäre dies ein Handeln, das sich zuallererst um »die Zukunft des Menschen« kümmerte.

## Literatur

Arendt, H./Blücher, H. (1999): *Briefe 1936–1968*, hg. v. Lotte Köhler, München.

Arendt, H. (1976): *Die verborgene Tradition. Acht Essays*, Frankfurt/M.

Arendt, H. (1986): *Elemente und Ursprünge totaler Herrschaft*, München.

Arendt, H. (1989): *Menschen in finsteren Zeiten*, München.

Arendt, H. (1992): *Vita activa oder Vom tätigen Leben*, München.

Arendt, H. (1994): »Freiheit und Politik«, in: dies.: *Zwischen Vergangenheit und Zukunft. Übungen im politischen Denken I*, München.

Arendt, H. (1997): »Fernsehgespräch mit Günter Gaus«, in: dies.: *Ich will verstehen. Selbstauskünfte zu Leben und Werk*, München.

Arendt, H. (1998): *Rahel Varnhagen. Lebensgeschichte einer deutschen Jüdin aus der Romantik*, München.

Arendt, H./Jaspers, K. (1993): *Briefwechsel 1926–1969*, hg. v. Lotte Köhler u. Hans Saner, München.

Auer, D. (2003): »Paria wider Willen. Adornos und Arendts Reflexionen auf den Ort des Intellektuellen«, in: ders., L. Rensmann u. J. Schulze Wessel (Hg.): *Arendt und Adorno*, Frankfurt/M.

Bauman, Z. (1987): *Legislators and Interpreters: On Modernity, Post-Modernity and Intellectuals*, Cambridge.

Benhabib, S. (1998): *Hannah Arendt. Die melancholische Denkerin der Moderne*, Hamburg.

Boll, M. (1997): *Zur Kritik des naturalistischen Humanismus. Der Verfall des Politischen bei Hannah Arendt*, Wien.

Chomsky, N. (1971): *Die Verantwortlichkeit der Intellektuellen*, Frankfurt/M.

Eyerman, R. (1994): *Between Culture and Politics: Intellectuals in Modern Society*, Cambridge.

Heuer, W. (1992): *Citizen. Persönliche Integrität und politisches Handeln. Eine Rekonstruktion des politischen Humanismus Hannah Arendts*, Berlin.

Jaeggi, R. (1997): *Welt und Person. Zum anthropologischen Hintergrund der Gesellschaftskritik Hannah Arendts*, Berlin.

Opstaele, D. J. (1999): *Politik, Geist und Kritik. Eine hermeneutische Rekonstruktion von Hannah Arendts Philosophiebegriff*, Würzburg.

Said, E. W. (1997): *Götter, die keine sind. Der Ort des Intellektuellen*, Berlin.

# Anmerkungen

**1** Den Versuch, Arendts Begriff der Philosophie zu rekonstruieren, hat Dag Javier Opstaele (1999) unternommen.

**2** Ganz ähnlich hat Edward Said die Bedeutung der Öffentlichkeit für die Praxis des Intellektuellen hervorgehoben: »Der zentrale Punkt scheint mir zu sein, daß der Intellektuelle ein Individuum ist, das die Fähigkeit besitzt, eine Botschaft, eine Sicht, eine Haltung, Philosophie oder Meinung *in* der Öffentlichkeit und *für* eine Öffentlichkeit zu repräsentieren, zu verkörpern und zu artikulieren [...]« (Said 1997: 17). Treffender lässt sich kaum umschreiben, wie Hannah Arendt Jaspers' Erscheinen in der Öffentlichkeit charakterisiert und wie letztlich auch ihr eigenes Verständnis intellektueller Intervention zu sehen ist.

**3** Auch diese Betonung der Öffentlichkeit findet sich bei Said, der genau wie Arendt das Öffentliche vom Privaten absetzt und meint, einen »privaten Intellektuellen« gebe es nicht; »von dem Augenblick an, wo man etwas niederschreibt und veröffentlicht tritt man in die Öffentlichkeit« (Said 1997: 18).

**4** Die Bedeutung der Figur des Parias für Hannah Arendts Verständnis des Intellektuellen hat bereits Dirk Auer in einem grundlegenden Aufsatz hervorgehoben. Auer führt aus: »Für Arendt ist es der außerhalb der Gesellschaft stehende ›selbstbewußte Paria‹, der allein noch für ein verantwortungsvolles Leben stehen kann« (Auer 2003: 43).

**5** Ähnlich meint auch Said, der Intellektuelle handele auf der Grundlage universeller Prinzipien, die besagen, dass, wo es um Freiheit und Gerechtigkeit geht, alle Menschen von den Weltmächten und Staaten akzeptable Verhaltensnormen erwarten dürfen [...]« (Said 1997: 17).

**6** Vgl. dazu auch Heuer 1992, insb. Kap. 5.

**7** Bezeichnend ist, dass Arendt zwar auf Moral, nicht auf Wahrheit reflektiert, die doch in aller Regel und von ganz unterschiedlichen Denkern als eines der dringenden Anliegen des Intellektuellen genannt wird. So hat Noam Chomsky bereits Anfang der siebziger Jahre reklamiert, die Intellektuellen seien »in der Lage, die Lügen der Regierungen zu entlarven, die Handlungen nach ihren Ursachen, Motiven und oft verborgenen Absichten zu analysieren« (Chomsky 1971: 125); sie hätten per se die »Verantwortung, die Wahrheit zu sagen und Lügen aufzudecken« (ebd.: 126). Und auch Zygmunt Bauman hebt hervor, intentionale Bedeutung des Intellektuellen sei es u. a., für die Wahrheit und für die Urteilskraft einzutreten (vgl. Bauman 1987: 2). Diesen Wahrheitsanspruch hingegen hat Arendt nie geteilt, ihm vielmehr immer misstraut, wo sie grundsätzlich für eine Pluralität der Geschichten eintrat.

**8** Hingegen führt Sheila Benhabib aus, Arendts politische Theorie entbehre der normative Grundlagen; ihre Überlegungen zur Moral seien nicht »nur flüchtig und können kaum überzeugen«, vielmehr fehle ihrem Werk auch »eine Rechtfertigung der normativen Dimension des Politischen, d. h. sie übergeht die Frage nach sozialer und politischer Gerechtigkeit und stiftet dadurch Verwirrung« (Benhabib 1998: 303). Das kann man so sehen. Tatsächlich liegt dieser Perspektive aber ein äußerst konventionelles Verständnis von Moral zugrunde; gleichzeitig übergeht Benhabib den Unterschied zwischen Moral und Normativität. Richtig ist, dass für Arendt das Problem der sozialen und politischen Gerechtigkeit zweitrangig, ja geradezu unpolitisch ist gegenüber dem viel grundlegenderen Problem der Menschenrechte als der Voraussetzung überhaupt für die Realisierung eines politischen Raumes. Dies setzt allerdings einen ziemlich starken Begriff von Ethik und einen dezidiert normativen Zugang zur eigenen Theoriebildung voraus.

**9** Vgl. a. 1997, insb. Kap. 2.

**10** Als originäre Heimat des Intellektuellen hat Said diese Praxis und den Raum des Geistes beschrieben und mit einem moralischen Imperativ des Handelns versehen: »Wenn man schreibt oder spricht, geht es natürlich nicht darum, recht zu behalten, sondern darum, eine Änderung des moralischen Klimas herbeizuführen« (Said 1997: 108).

**11** In diesem Sinne heißt es bei Ron Eyerman: »Intellectuals are first of all that social category which performs the task of making conscious and visible the fundamental notions of society« (Eyerman 1994: 6).

# Karl Jaspers

*Bernd Weidmann*

In einigen seiner zahlreichen autobiografischen Texte bekennt Karl
Jaspers, dass er bereits in jungen Jahren, als er noch im großbürgerlichen Oldenburger Elternhaus wohnte, Spinozas Lebensregel
»caute« verinnerlicht und zu seiner eigenen gemacht habe. Diese
Ermahnung zur Vorsicht, mit der Spinoza seine Briefe zu versiegeln
pflegte, war keineswegs strategisch gemeint. Sie stellte keine praktische Klugheitsregel in der Tradition der europäischen Moralistik
dar, sondern entsprang dem tiefen Bedürfnis nach geistiger Unabhängigkeit. Obwohl ein streitbarer Kopf und von aufrechter Gesinnung, wollte Spinoza sich nicht in unnötige, weil vordergründige
und von der Wahrheit ablenkende Auseinandersetzungen verwi-
ckeln lassen. Er zog es vor, in ungestörter Ruhe an seinem philosophischen Werk zu arbeiten und nur dann in den öffentlichen Diskurs einzugreifen, wenn es die Verteidigung seiner geistigen Unabhängigkeit erforderte.
Überblickt man den Weg, den Jaspers in der Philosophie zurück-
gelegt hat, fällt auf, wie konsequent er bis zu seinem Tod Spinozas
Lebensregel gefolgt ist. Schon am Beginn seiner philosophischen
Karriere, als er 1922 in Heidelberg den zweiten Lehrstuhl für Philosophie erhält, steht die Sorge um seine geistige Unabhängigkeit
im Vordergrund seines Schaffens. Jaspers, der aus der Medizin gekommen ist und sich mit der *Allgemeinen Psychopathologie* (1913)

sowie der *Psychologie der Weltanschauungen* (1919) bereits einen Namen gemacht hat, erlebt den mutigen Wechsel zur Philosophie zunächst als harte Bewährungsprobe. Wie in anderen deutschen Universitäten auch, ist in Heidelberg die Schulphilosophie herrschend, verkörpert durch Heinrich Rickert, den Repräsentanten der Südwestdeutschen Schule des Neukantianismus. Da Jaspers keiner Schule angehört und auch keinerlei Ambitionen in diese Richtung erkennen lässt, gilt er schnell als Außenseiter und Sonderling, zumal er in der Philosophie noch ungeübt ist und seine Veranstaltungen dazu benutzt, sich die fehlenden Kenntnisse anzueignen. Auf diese Weise selbst mehr Lernender als Lehrender, zieht er den Spott mancher Kollegen und Studenten auf sich. Um ihnen keine weitere Angriffsfläche zu bieten, publiziert er acht Jahre lang nichts mehr und arbeitet in aller Stille an seinem späteren dreibändigen Hauptwerk *Philosophie* (1932). Durch dieses voluminöse Werk, das mit den Bänden »Philosophische Weltorientierung«, »Existenzerhellung« und »Metaphysik« nichts weniger als eine Neubegründung der Philosophie anhand ihrer drei klassischen Gegenstände Welt, Seele und Gott unternimmt, erwirbt sich Jaspers einen Ruf als ernst zu nehmender Philosoph und bringt seine inneruniversitären Kritiker zum Verstummen.

Die *Philosophie* ist jedoch mehr als bloß das Produkt einer achtjährigen Anstrengung, denn sie reflektiert zugleich die Haltung, in der sie entstanden ist. Vor allem im zweiten Band, der »Existenzerhellung«, hat Jaspers seine von Spinoza übernommene Lebensregel »caute« aus ihrem biografischen Kontext herausgelöst, auf eine begriffliche Ebene gehoben und existenzphilosophisch begründet. Demnach hat der Mensch als Existenz die Möglichkeit des Selbstseins, deren Verwirklichung allerdings an die Voraussetzung geknüpft ist, dass er Zurückhaltung üben kann. Mögliches Selbstsein erfordert die Kraft des Wartenkönnens, die den rechten Zeitpunkt abpasst und sich nicht vorzeitig verschwendet. Die »Gefahr des Antizipierens«, der vorzeitigen Festlegung auf jemand, der man eigentlich nicht sein will, ist für Jaspers allemal größer als die »Gefahr des Verpassens«, der fehlenden Entschlossenheit zum

Selbstsein (Jaspers 1932: 127). Das erklärt, warum er bevorzugt Phänomene wie die Scham vor anderen, die Treue zu sich selbst oder die Ehrfurcht gegenüber der geistigen Überlieferung und ihren großen Gestalten in den Vordergrund stellt. Ihnen allen ist gemeinsam, dass sie einen schnellen Zugriff verbieten und das Denken für die Zukunft offenhalten. Da Existenz als mögliches Selbstsein nicht unmittelbar, sondern »nur in einem Aufbau wirklich werden kann« (Jaspers 1932: 127), ist die ihr gemäße Rede »ein Schweben von Ausdruck und Gedanke, der nirgends haftet und nicht zum Haften verleitet und doch erhellend oder gar erweckend sein kann« (Jaspers 1932: 290). Wer solcherart Zurückhaltung übt, weicht also keineswegs aus oder verbirgt gar etwas, sondern bekundet den Willen zur Kontinuität eines aufbauenden Lebens.

Wie Jaspers nur wenig später selbst erfahren muss, kann diese Zurückhaltung in bestimmten politischen Kontexten problematisch werden, und doch hält er sie für unverzichtbar, um als Philosoph, der noch nach dem ihm angemessenen Selbstverständnis sucht, handlungsfähig zu bleiben. Nur wer sich mit deutlichen Äußerungen vorläufig zurückhalte, anstatt sich bei jeder Gelegenheit zu Wort zu melden, könne, sobald der rechte Zeitpunkt gekommen sei, authentisch, also ohne falsche Empörung und überhitzte Leidenschaft, »die Dinge auf die Spitze treiben oder auf des Messers Schneide bringen, damit sie wahrhaft und wirklich entschieden werden« (Jaspers 1932: 69). Das klingt plausibel, hat Jaspers aber nicht davor bewahrt, ein entschiedenes Eintreten für die Weimarer Republik zu versäumen. Eines ist dagegen unbestritten: Der Philosoph, der »sagt, was ist, und die Dinge bei ihren unheiligen Namen nennt« (Jaspers 1932: 105), wagt den Schritt in die politische Öffentlichkeit mit dem Ziel der Gesellschaftsveränderung. Jaspers hat das bereits in der *Philosophie* in aller Deutlichkeit gesehen und mit der ihm eigenen analytischen Schärfe formuliert, auch wenn er noch Jahrzehnte brauchen sollte, bis er diesen Anspruch endgültig einlöst: »In die Objektivität der Gesellschaft zu treten, ist Bedingung für das Selbstsein. Ganz aus ihr herauszutreten, ist wie ein Fallen ins Nichts. Gegen sie kämpfend aufzutreten oder sich von ihr, jedoch im Blick auf sie, abzukehren, ist eine unaufhebbare Daseinsqual und bedeutet den Willen zu einer Umgestaltung der gegenwärtigen Objektivität der Gesellschaft« (Jaspers 1932: 375). Mit diesen wenigen Worten skizziert Jaspers die ambivalente Situation des Intellektuellen in der Moderne und steckt zugleich den Weg ab, auf dem er selbst als Intellektueller zum politischen Schriftsteller wird. Wie in der zitierten Äußerung vorweggenommen, führt ihn dieser Weg zu jener kämpferischen Auflehnung und symbolischen Verweigerung, die auch für andere Intellektuelle, besonders für Adorno, so charakteristisch ist.

Auf dem genannten Weg können drei Etappen unterschieden werden. Die erste ist durch die Jahre 1931 bis 1945 markiert und zeigt den Intellektuellen in der Schwebe. Gegen Ende der Weimarer Republik, in einer Zeit zunehmender politischer Radikalisierung von links und rechts, nimmt Jaspers einen politisch indifferenten Standpunkt ein. Aus Sorge, eine politische Stellungnahme lege ihn ungewollt auf eine der beiden Seiten fest, lässt er sein Urteil bewusst offen und zieht sich auf eine abwartende Haltung zurück, anstatt seine Stimme für die untergehende Republik zu erheben. Nach der nationalsozialistischen Machtübernahme wird aus dieser freiwilligen Haltung rasch eine erzwungene. Da Jaspers mit seiner jüdischen Frau in Deutschland bleibt und mehrere Gelegenheiten zu einer Emigration verstreichen lässt, ist eine politische Stellungnahme so gut wie ausgeschlossen.

An dieser politischen Zurückhaltung ändert sich auch nach der Befreiung von der NS-Diktatur zunächst wenig, obwohl Jaspers jetzt verstärkt an die Öffentlichkeit tritt. Die nun beginnende zweite Etappe, die von 1945 bis 1958 reicht, zeigt den Intellektuellen als akademischen Lehrer, der zwar die politische Situation erhellt und Kritik durch Aufklärung übt, auf eine politische Stellungnahme aber nach wie vor verzichtet, weil ihm das sein Beruf verbietet.

Erst mit der Friedenspreisrede von 1958 gibt Jaspers seine politische Zurückhaltung auf. Sie läutet die dritte Etappe ein, die bis 1968 anhält und den Intellektuellen als politischen Schriftsteller zeigt. In seinem letzten Lebensjahrzehnt avanciert Jaspers zu einem der radikalsten Kritiker der Bundesrepublik, ohne sie jedoch prinzipiell in Frage zu stellen. Er entlarvt die Doppelmoral der Politiker in der Bundestagsdebatte über die Verjährung von NS-Verbrechen, unterstützt die Gegner der geplanten Notstandsgesetzgebung und sympathisiert mit der Studentenbewegung, weshalb man ihn in der bürgerlichen Öffentlichkeit denn auch bald ins linke politische Spektrum stellt.

### Der Intellektuelle in der Schwebe (1931–1945)

Die ambivalente, zwischen Autonomie und Engagement pendelnde Stellung des Intellektuellen zur Öffentlichkeit kommt erstmals in der Schrift *Die geistige Situation der Zeit* zum Ausdruck. Sie geht auf eine Anfrage des Göschen-Verlags von 1929 zurück, ob Jaspers für das tausendste Bändchen der »Sammlung Göschen« etwas zum Thema »Die geistigen Bewegungen der Gegenwart« schreiben wolle. Seine Reaktion ist typisch, denn sie spiegelt sein Bedürfnis nach geistiger Autonomie ebenso wider wie seinen Drang zu politischem Engagement: Er sagt ohne zu zögern zu, weil es ihn reizt, mit einer aktuellen Schrift an die Öffentlichkeit zu treten, ändert aber sofort das Thema, weil er um seine philosophische Unabhängigkeit fürchtet. Da er die geistigen Bewegungen nicht übersehe und keinen Begriff davon habe, was im Ganzen geschieht, könne er nur die geistige Situation erhellen, die dem Ganzen zugrunde liege und vor deren Hintergrund es überhaupt erst verständlich werde. Das mochte zutreffen, war aber auch ein Vorwand. Jaspers hätte sich auf die geistigen Bewegungen durchaus einlassen können und wäre wohl auch zu einer Einschätzung des Geschehens gelangt, aber daran dachte er in keinem Moment. Da die Arbeit an der *Philosophie* fast beendet war, wollte er nichts veröffentlichen, was damit in keinem Zusammenhang stand und das Werk vielleicht in einem falschen Licht erscheinen ließ. Vielmehr ging es ihm darum, das in der *Philosophie* eher zeitlos Dargestellte auf die konkrete Gegenwart anzuwenden. Ihm war bewusst, mit der *Philosophie* das

Fundament eines philosophischen Lebens zu legen, auf dem alle weiteren Publikationen aufbauen konnten. Deshalb ließ er das bereits im September 1930 fertiggestellte Manuskript vorläufig noch in der Schublade und gab es erst ein Jahr später zur Veröffentlichung frei, als auch die *Philosophie* vollendet war. Im Oktober 1931 erschienen, ging *Die geistige Situation der Zeit* der Veröffentlichung der *Philosophie* (im Dezember 1931, aber datiert auf 1932) unmittelbar voraus und kündigte das Werk wirkungsvoll an.

Obwohl das Göschen-Bändchen die geistige und nicht die politische Situation zum Thema hat, wird es für Jaspers im Rückblick die erste politische Schrift seiner Karriere. Die entscheidende historische Zäsur, die nicht nur Stimmung und Ton des Bändchens erklärt, sondern auch einige seiner inhaltlichen Positionen verständlich macht, ist die Erfahrung des Ersten Weltkriegs. Jaspers gehört noch zu jener Generation von Intellektuellen, die das wilhelminische Kaiserreich trotz seines geistlosen Materialismus und seiner satten Spießbürgerlichkeit als verlässlichen Rahmen ihrer Lebensgestaltung empfunden haben. Politik und Kultur blieben nahezu völlig getrennt, was besonders in den Wissenschaften zu einer weitreichenden Freiheit des Geistes führte. Davon bekam auch noch Jaspers etwas mit, als er ab 1908 in der Heidelberger Psychiatrie einer aufgeschlossenen, für alle Fragen offenen Berufsgemeinschaft von Ärzten angehörte. Hier fand er das ideale geistige Umfeld vor, um ungestört und frei von äußerem Zwang seinen akademischen Lebensweg zu beginnen. Der Ausbruch des Ersten Weltkriegs bereitete dieser dauerhaft erscheinenden Welt des Geistes ein jähes Ende. Indem der Krieg den Übergang von der wilhelminischen Klassengesellschaft zu einer modernen Massengesellschaft rapide beschleunigte, erhielt die Politik, verstanden als Auseinandersetzung um die richtige Gesellschaftsordnung, eine bisher ungeahnte Bedeutung. Nicht nur die Universitäten wurden mit politisch motivierten Reformvorschlägen konfrontiert, die literarische Öffentlichkeit insgesamt geriet in den Sog des Politischen. Geistige Auseinandersetzungen um die Frage, wie zu leben sei, waren von nun an immer auch politische Auseinandersetzungen, insofern sie früher oder später zu der Frage führten, wie die Gesellschaft, in der man lebte, am besten einzurichten sei. Anders als vor dem Krieg war das Individuelle vom Allgemeinen nicht mehr zu trennen.

Im Unterschied zu vielen seiner Kollegen empfindet Jaspers das Eindringen des Politischen in die Welt des Geistes nicht als Niedergang. Vielmehr entdeckt er unter dem Einfluss Max Webers sein Interesse für politische Fragen. Nach den Jahren entrückter Geistigkeit im wilhelminischen Kaiserreich bedeutet der Ausbruch des Krieges für ihn den Eintritt in eine geschichtliche Welt, die ihn substanziell bindet, sowie die Identifikation mit einem Staat, durch den er nicht nur sein bloßes Dasein gesichert, sondern auch sein mögliches Selbstsein gefördert weiß. Wie Max Weber ein erklärter Gegner des Kaisers und seiner Politik, glaubt er an Deutschlands weltgeschichtliche Aufgabe, »zwischen russischer Knute und angelsächsischer Konvention« den »Geist der Liberalität, der Freiheit und Mannigfaltigkeit persönlichen Lebens, der Größe abendländischer Überlieferung« zu bewahren (Jaspers 1957: 66), und fühlt sich dazu berufen, einen Beitrag zu ihrer Erfüllung zu leisten. Er verbindet den individuellen Willen zur Kontinuität eines aufbauenden Lebens mit dem allgemeinen Willen zum Staat. Seine Tätigkeit als Intellektueller zielt von nun an auf ein Deutschland, in dem der von Max Weber skizzierte Menschentyp noch Raum zu seiner Entfaltung hat. Das Politische gilt ihm als geistige Wirklichkeit, an der teilzuhaben eine große Herausforderung darstellt. Das wird deutlich an der Verantwortung, die Jaspers dem Intellektuellen aufbürdet: Es ist »die Verantwortung dessen, der erst in der Welt er selbst ist und für das, was geschieht, sich schuldig hält, sofern er nicht getan hat, was er konnte, um für das zu sorgen, was geschehen sollte« (Jaspers 1931a: 83).

Die Frage ist allerdings, ob Jaspers dieser Verantwortung gerecht wird. Als erste politische Schrift, mit der er an die Öffentlichkeit tritt, enthält *Die geistige Situation der Zeit* keine politische Stellungnahme. Um sich nicht vorzeitig zu vergeuden und sein Denken einer drohenden Politisierung auszusetzen, hat er darauf verzichtet, die Dinge beim Namen zu nennen und sie auf die Spitze zu treiben, damit sie entschieden werden.

Zunächst ist festzuhalten, dass aktuelle politische Ereignisse kaum erwähnt werden. Es gibt lediglich ein paar vereinzelte Hinweise auf den Ersten Weltkrieg, den Jaspers allein auf seine geistigen Ursachen zurückführt, und den Versailler Vertrag, den er, ganz im Sinne der konservativen Propaganda, als Diktatfrieden versteht. Die Frage nach einer deutschen Kriegsschuld unterbleibt jedoch ebenso wie die Kritik an der Entfesselung nationalistischer Instinkte durch die Staatsgründung 1871 und der zunehmenden Militarisierung der Gesellschaft in den Jahrzehnten danach. Überhaupt scheint Jaspers konkrete Bezugnahmen auf Deutschland zu scheuen, obwohl es doch den Erfahrungshorizont bildet, vor dessen Hintergrund er schreibt. Die unruhigen Jahre der Weimarer Republik sind ständig präsent und kommen doch an keiner Stelle direkt zur Sprache. Geistige Bewegungen und politische Kräfte, deren ungebremstes Aufeinanderprallen das Bild dieser Zeit bis heute prägt, werden nicht voneinander unterschieden. Falls sie doch einmal erwähnt werden wie »Bolschewismus und Faszismus« (Jaspers 1931a: 84 u. 99), erscheinen sie als harmlose, vor dem Anspruch des Selbstseins ausweichende Möglichkeiten des Daseins und nicht als menschenverachtende, aggressiv an die politische Macht strebende Ideologien.

Weiterhin fällt auf, dass Jaspers unentschlossen über den Dingen steht. Weltanschauliche Gegensätze und ihren Austrag in den entsprechenden gesellschaftlichen Kämpfen hält er für vordergründige Scheingefechte: »Die alten Gegensätze der Weltanschauungen von Individualismus und Sozialismus, von liberal und konservativ, von revolutionär und reaktionär, fortschrittlich und rückschrittlich, materialistisch und idealistisch passen nicht mehr, obgleich sie noch überall als Fahne oder als Scheltworte dienen müssen. Eine Auseinandersetzung mit Weltanschauungen, als ob es deren mehrere gäbe, zwischen denen man zu wählen habe, ist nicht mehr die Methode, zu seiner Wahrheit zu kommen« (Jaspers 1931a: 135). Die Überwindung solcher Gegensätze könnte dem um seine geistige Unabhängigkeit besorgten Intellektuellen in der Tat geboten erscheinen, wenn es um ein politisches Engagement für die Demokratie geht. Dann nämlich ist es unerheblich, ob einer eher individualistisch oder eher sozialistisch, eher liberal oder eher konservativ denkt, denn in einer Demokratie sind alle diese Weltanschauungen lediglich Schattierungen, die für den in einer Partei gebundenen Politiker relevant sein mögen, beim unabhängigen Intellektuellen, der über den Parteien steht, aber im Hintergrund bleiben. Doch diesen Einsatz für die in der Weimarer Republik zunehmend gefährdete Demokratie zu leisten, ist Jaspers offensichtlich nicht bereit. Statt mit Nachdruck für sie zu werben, statt politische Freiheit, Parlamentarismus und Rechtsstaatlichkeit als geschichtliche Errungenschaften zu preisen, äußert er ihr gegenüber eine verhaltene Skepsis. Er erkennt, dass es zu ihr keine Alternative gibt, hegt aber beträchtliche Zweifel hinsichtlich ihrer Umsetzung. Die Masse sei zur Demokratie nicht fähig. So liegt denn auch das Motiv für die Überwindung der genannten weltanschaulichen Gegensätze woanders. Jaspers hält deren Fortbestand für obsolet, weil sie von der Wahl des Selbstseins ablenken.

Damit ist schließlich der Punkt erreicht, an dem die ganze Problematik des Göschen-Bändchens deutlich wird. Jaspers stilisiert die Wahl des Selbstseins zur Frage der Menschenwürde in einer Gesellschaft, in der die Masse zur politischen Herrschaft gelangt ist und alle Unterschiede geistigen Ranges einzuebnen droht. Damit ist klar: Die Menschenwürde ist hier nicht an die Anerkennung von Menschenrechten gebunden, sie ist kein universaler Anspruch des Menschen als Menschen, sondern höchster Ausdruck eines bestimmten Menschentyps, und zwar jenes Menschentyps des umfassend gebildeten, geistig kultivierten Europäers, dessen Rettung Max Weber zur weltgeschichtlichen Aufgabe Deutschlands erklärt hat. Aufgrund der geänderten politischen Situation ein Jahrzehnt nach Kriegsende kann Jaspers an dieser Aufgabe nicht mehr ungebrochen festhalten. Zwar will er sie keinesfalls aufgeben, doch sieht er zum gegenwärtigen Zeitpunkt keine Möglichkeit, wie sie zu erfüllen sei. Deshalb lenkt er den Blick auf die Zukunft, von der er zwar nicht weiß, was sie bringen wird, auf die er aber vorbereitet sein muss, um im rechten Augenblick gezielt eingreifen zu können. Das Offenbleiben für zukünftige Möglichkeiten setzt den Verzicht auf gegenwärtige Verwirklichungen voraus. Jaspers muss sich mit seinem politischen Urteil zurückhalten. Da er nach seinem Selbstverständnis als Intellektueller zu den politischen Fragen der Zeit jedoch nicht schweigen darf, kann er nur darüber reden, indem er sie »in die Schwebe« (Jaspers 1931a: 137) bringt. Dieses Vorgehen erklärt die zahlreichen, gegen das Ende hin gehäuft auftretenden appellativen Äußerungen, die eine unbestimmte Erwartungshaltung wecken, ohne inhaltlich etwas auszusagen.

Die Haltung der Schwebe hat ein selbstkritisches Moment, indem sie den Intellektuellen vor einer Politisierung seines Denkens bewahrt. Gegenüber dem politischen Geschehen ist sie jedoch eher unkritisch, denn die Identifikation des Intellektuellen mit dem Staat als einer geistigen Wirklichkeit, an deren Gestaltung er teilhaben will, schließt eine allzu große Distanz aus. Jaspers will nicht kritisieren, er will mitarbeiten. Dieser Wille zur Mitgestaltung dürfte der Grund sein, warum er im Juli 1933, nur wenige Monate nach der Machtübernahme der Nationalsozialisten, einige »Thesen zur Frage der Hochschulerneuerung« aufstellt und ausgerechnet über die Vermittlung Heideggers dem badischen Kultusministerium zukommen lassen will – jenem Kultusministerium, das noch vor der Verabschiedung des »Gesetzes zur Wiederherstellung des Berufsbeamtentums« durch die Reichsregierung den berüchtigten »Badischen Judenerlass« verfügte, nach dem alle im badischen Staatsdienst beschäftigten Juden, also auch die Dozenten und Assistenten der Universität Heidelberg, umgehend zu beurlauben seien. Ein opportunistischer Grund wie der, dass Jaspers seine durch die Ehe mit einer Jüdin tendenziell gefährdete Stellung durch Anbiederung an die Machthaber festigen wollte, scheidet aus. In einem Brief an die Eltern vom August 1933 begrüßt er die Abschaffung der Gelehrtenrepublik und den Übergang zum Führerprinzip vor dem Hintergrund seiner Erfahrungen in den zurückliegenden Jahren (Kirkbright 2004: 261). Bereits im Dezember 1931 hat er in der »Frankfurter Zeitung« einen angeblichen Niedergang der Universität beklagt und ganz im zukunftsgerichteten Gestus des Göschen-Bändchens gefordert: »Gegenwärtige Reformpläne sind zu befragen, ob sie nicht eine Verwandlung der deutschen Universität in die Allerweltsuniversität als bloße Schule bewirken oder gar bewirken wollen. Wir müssen ausschauen, wo die politische Macht ist, die gegen die Bodenlosigkeit intellektueller Spielerei und gegen die Verschulungstendenzen der Menge unser eigenstes deutsches Gut, die Substanz unserer geistigen Tradition, die zugleich Weltgeltung hat, zu ihrer Sache macht« (Jaspers 1931b). Die von Jaspers herbeigesehnte politische Macht scheint nun tatsächlich die Herrschaft übernommen zu haben, denn eine »deutsche Wissenschaft« zählt zu den vorrangigen Zielen nationalsozialistischer Universitätspolitik. Jaspers sieht in der neuen politischen Situation einige Chancen. In seinen »Thesen« spricht er von der »Möglichkeit einer wahrhaften Erneuerung deutscher Wissenschaft« und erinnert an die »Idee der deutschen Universität« (Jaspers 1933: 10). Offensichtlich unterscheidet Jaspers den Nationalsozialismus vom Faschismus, denn anders als diesen hält er ihn keineswegs für ein Ausweichen vor dem Selbstsein. Vielmehr traut er ihm die »Entfaltung deutschen Wissenwollens« zu in der Hoffnung, er werde die »neue Gestalt der deutschen geistigen Persönlichkeit« hervorbringen (Jaspers 1933: 12).

An dieser Hoffnung wird jedoch zugleich die Differenz zu den Nationalsozialisten sichtbar. Für Jaspers ist die »deutsche Wissenschaft« keine Frage der Rasse, sondern eine Frage des Geistes. Nach wie vor denkt er in den von Max Weber vorgezeichneten Bahnen und glaubt an Deutschlands weltgeschichtliche Aufgabe, den Menschentyp des umfassend gebildeten, geistig kultivierten Europäers zu bewahren. So sieht er neben den Chancen auch die Gefahren der neuen politischen Situation. Besonders warnt er vor einer Politisierung der Universität zu einer nationalsozialistischen Kaderschmiede: Das Gelingen der Reform hänge davon ab, »ob man die Bedingungen geistigen Schaffens herstellt oder die schulmäßige Abrichtung siegen lässt« (Jaspers 1933: 26). Diese Bedingungen seien mehr denn je die Freiheit von Forschung und Lehre sowie das Streben nach Wahrheit. Die Universität, so Jaspers, müsse gerade jetzt, da in Staat und Gesellschaft die politischen Voraussetzungen für eine »deutsche Wissenschaft« geschaffen werden, von politischen Auseinandersetzungen aller Art frei bleiben. Angesichts der längst vollzogenen Politisierung der Universität erscheint das Festhalten an der Universität als politikfreiem Raum hochgradig naiv. Zugleich zeigt es jedoch, dass Jaspers im Unterschied zu Heidegger nicht chiliastisch denkt und die lange Zeit des Wartens für vollendet hält. Trotz aller Naivität ist Jaspers vorsichtig: Er bleibt bei seiner Haltung der Schwebe. Sein Standpunkt ist rein geistig und deshalb politisch indifferent. Jaspers ist kein Gegner, aber auch kein Befürworter der Nationalsozialisten. In völliger Verkennung der Gegenwart glaubt er nach wie vor an eine offene Zukunft.

Es dauert nicht lange, bis Jaspers seine Naivität erkennt, doch für ein politisches Engagement in der Öffentlichkeit ist es nun zu spät. Um das Leben seiner Frau, aber auch das eigene nicht zu gefährden, muss er sich mit Kritik am Regime zurückhalten und sich im Umgang mit den Behörden arrangieren. Er sieht sich gezwungen, die geistige Haltung der Schwebe in einem politisch untragbaren Kontext fortzusetzen. Dennoch weiß er um die ganze Problematik seines Taktierens und ist bereit, dafür die Verantwortung zu übernehmen. Da er nach innen Distanz wahrt, ist sein Verhalten nicht opportunistisch, obwohl es nach außen wie Opportunismus aussieht.

Diese innere Distanz verdankt Jaspers seinem Philosophieren. Es eröffnet ihm eine Gegenwelt zur nationalsozialistischen Realität, ein ideelles Reich der Freiheit, das ihm über die faktische Unfreiheit hinweghilft. Die Arbeit am Werk, der ungebrochene Wille zur Kontinuität eines aufbauenden Lebens, lässt um ihn herum allmählich eine dicke Schutzmauer entstehen. Der Preis dafür ist allerdings hoch. Bis er 1937 in den vorzeitigen Ruhestand versetzt wird und 1938 Publikationsverbot erhält, lehrt und veröffentlicht er weiter und verrät damit jene Kollegen, die bereits 1933 beides verloren haben. Als schließlich auch ihm beides genommen ist, zieht er die Arbeit im Stillen, ohne Hörer und Leser, einer öffentlichen Wirksamkeit im Ausland vor. Sein 1939 bis 1942 geführtes Tagebuch, in dem er diese für ihn selbst überraschende »Kontinuität fast um jeden Preis« (Jaspers 1967b: 152) zu rechtfertigen sucht, offenbart eine erschreckende Zuspitzung auf das eigene Werk unter völliger Ausblendung der Not um ihn herum, so etwa des Abtransports der Heidelberger Juden in das Internierungslager Gurs am 22. Oktober 1940. Obwohl selbst zunehmend bedroht, hat er sich zum Bleiben in Deutschland entschlossen und vertraut darauf, das Schicksal möge ihn und seine Frau vor dem Schlimmsten bewahren. In dieser Zeit lebt er nach der Maxime »nicht eingreifen«, was so viel heißt wie nicht dem Schicksal vorgreifen oder gar selbst Schicksal spielen wollen. Dieser Amor Fati ist die Haltung der Schwebe in letztmöglicher Konsequenz.

## Der Intellektuelle als akademischer Lehrer (1945–1958)

Das Schicksal hat es gut gemeint mit dem Ehepaar Jaspers, denn zwei Wochen bevor Gertrud Jaspers hätte abtransportiert werden sollen, wurde Heidelberg von der US-Armee besetzt. Es spricht für Jaspers, dass er in der Dankbarkeit über die Rettung nicht die Frage nach einer persönlichen Schuld unter der NS-Diktatur vergisst. Was er, zumindest im Tagebuch, verdrängt hat, kommt nun an die Oberfläche und verlangt Rechenschaft. So bekennt er 1945 in einer Rede anlässlich der Wiedereröffnung der Universität Heidelberg: »Wir sind nicht, als unsere jüdischen Freunde abgeführt wurden, auf die Straße gegangen, haben nicht geschrien, bis man auch uns vernichtete. Wir haben es vorgezogen, am Leben zu bleiben mit dem schwachen, wenn auch richtigen Grund, unser Tod hätte doch nichts helfen können. Dass wir leben, ist unsere Schuld« (Jaspers 1965: 32). Wie schon so oft in seinem Leben bewegen ihn auch diese persönlichen Erfahrungen zu einer philosophischen Reflexion, die das Individuelle mit dem Allgemeinen verbindet. Im Wintersemester 1945/46 hält er eine Vorlesung über »Die geistige

Situation in Deutschland«, aus der seine berühmte Schrift *Die Schuldfrage* (1946) hervorgeht. Mit ihr präsentiert sich Jaspers erstmals in seinem gewandelten Selbstverständnis als akademischer Lehrer.

Nachdem Jaspers in den ersten Jahren seines Ordinariats in die neue Rolle eines akademischen Lehrers mühsam hat finden müssen, tritt er nun, nach langjähriger Erfahrung und unterstützt durch den Erfolg seiner Veröffentlichungen, viel selbstbewusster auf. Die Haltung der Schwebe hat ihn und seine Frau unbeschadet durch die NS-Diktatur gebracht. Im Bewusstsein der Zeitgenossen hat sie ihm sogar eher genützt als geschadet. Obwohl er nie öffentlich gegen das Regime aufgetreten ist, hat ihm das beharrliche, auf Anbiederung verzichtende Aushalten im Land den Ruf eines moralischen Gewissens der Nation eingetragen. Ausdrücklich bekennt er sich nun zum Beruf des akademischen Lehrers, wohl wissend, dass er sich das Vertrauen seiner Hörer angesichts der nationalsozialistischen Politisierung der Universität erst noch erwerben muss: »Wir Professoren werden durch die Weise unserer Lehre zu zeigen haben, dass der radikale Unterschied zwar auch durch bestimmte Inhalte, entscheidend aber in der Denkungsart selber besteht.« (Jaspers 1946: 12) Das ist keine rhetorische Floskel, sondern Ausdruck verantwortungsbewusster Selbstkritik. In der Einsicht, dass ihn die Haltung der Schwebe politisch in eine Sackgasse geführt hat, ist er bereit, sie aufzugeben. Er hat erkannt, dass Appelle allein, ohne konkrete Inhalte, dazu noch an ein nicht näher bestimmtes Publikum, wirkungslos verpuffen oder gerade diejenigen erreichen, die eigentlich nicht gemeint sind. Wie schon der auf das Göschen-Bändchen anspielende Titel der Vorlesung ankündigt, wendet er sich nun ausdrücklich an die Deutschen. Didaktisch geschickt behält er die mündliche Form des Vortrags in der Veröffentlichung bei, um seinen Anspruch deutlich zu machen, als akademischer Lehrer nicht nur zu den Hörern im Saal, sondern zur ganzen Nation zu sprechen. Ebenso geschickt wechselt er in seiner Rede zwischen der ersten Person Singular und der ersten Person Plural, um den Eindruck zu zerstreuen, er spreche aus moralischer Besserwisserei von oben herab. Es geht um »uns Deutsche«, also auch um ihn selbst, wenn er sagt: »Ich möchte zu Ihnen sprechen über unsere Situation, streife also ständig an das unmittelbar Aktuelle, das als konkrete Politik nicht unser Thema ist und nicht sein soll. Worauf wir uns besinnen wollen, das ist aber eine Voraussetzung auch für unser politisches Urteilen« (Jaspers 1946: 14).

Aus dieser Ankündigung geht zweierlei hervor: Zum einen zeigt sie, dass dem akademischen Lehrer von Berufs wegen bestimmte Grenzen gezogen sind; er darf keinen politischen Standpunkt äußern und kann deshalb die Haltung der Schwebe nicht völlig preisgeben. Zum anderen umreißt sie die Aufgabe des akademischen Lehrers, durch Klärung von Begriffen und Prüfung von Vorurteilen die Ausbildung eines politischen Standpunkts zu fördern. In *Die Schuldfrage* erfüllt Jaspers diese Aufgabe vorbildlich. Mit seiner Unterscheidung zwischen krimineller, politischer, moralischer und metaphysischer Schuld will er keineswegs ein unterstelltes Bedürfnis der Deutschen nach ethischer Selbstbesinnung befriedigen. So naiv ist nicht einmal er. Vielmehr will er die Deutschen aus politischen Erwägungen davon überzeugen, dass eine solche ethische Selbstbesinnung unverzichtbar ist. Obwohl die Gründung eines neuen deutschen Staates noch in weiter Ferne erscheint, kann sie nach Jaspers nur erfolgreich sein, wenn sie von einem gewandelten Staatsbewusstsein getragen ist. Das wiederum setzt eine Wandlung, eine ethische Erneuerung der Staatsbürger voraus, die ihre Versäumnisse und Verfehlungen der vergangenen Jahre aufarbeiten müssen, um die Entstehung einer neuen Diktatur zu verhindern. Jaspers legt den Fokus dieser Aufarbeitung weit zurück. Ausgangspunkt der erforderlichen Wandlung ist nicht erst das Staatsbewusstsein der NS-Diktatur, sondern bereits das der Weimarer Republik, da hier die Ursachen für die spätere Entwicklung liegen. Die Tatsache, dass den Deutschen nach wie vor eine »gemeinsame ethisch-politische Grundlage fehlt«, führt Jaspers auf eine gravierende Unfähigkeit zur Kommunikation zurück, die letztlich für die zunehmende Gewalt in den politischen Auseinandersetzungen der Weimarer Republik und die Entstehung der NS-Diktatur verantwortlich ist: »Wir haben Schatten nur des wirklich gemeinsamen politischen Bodens, auf dem stehend wir solidarisch bleiben könnten auch in den heftigsten Auseinandersetzungen. Uns mangelt in hohem Maße das Miteinanderreden und Aufeinanderhören. Uns mangelt Beweglichkeit, Kritik und Selbstkritik. Wir neigen zum Doktrinären« (Jaspers 1946: 23). Da diese kommunikativen Fähigkeiten zugleich demokratische Tugenden sind, hofft Jaspers, durch eine weitgehende, möglichst alle Deutschen mit einbeziehende Erörterung der Schuldfrage ein gewandeltes Staatsbewusstsein auszubilden. Die Unterscheidung einzelner Schuldbegriffe soll den anstehenden Verständigungsprozess erleichtern, indem sie die Neigung zu generalisierenden Anklagen einerseits, ausweichenden Verteidigungen andererseits zu überwinden hilft.

Jaspers richtet sein Hauptaugenmerk auf die politische und moralische Schuld, da sie die breite Masse der Deutschen betreffen. Kriminelle Schuld, die auf objektiv nachweisbare, gegen bestehende Gesetze verstoßende Verbrechen beschränkt ist, sieht Jaspers nur bei einer Minderheit von Deutschen gegeben, während die Übernahme metaphysischer Schuld, der Schuld, dem Fremden nicht die gleiche absolute Solidarität gewährt zu haben wie dem Nächsten, eine philosophische Kompetenz erfordert, die nur bei den wenigsten vorhanden ist. Politische Schuld haben dagegen alle Deutschen auf sich geladen, moralische Schuld die meisten. Politische Schuld ist an die deutsche Staatsbürgerschaft geknüpft, von der die NS-Diktatur getragen wurde, reicht von der stillschweigenden Duldung bis zur aktiven Unterstützung des Regimes und unterzieht alle deutschen Staatsbürger der politischen Haftung im Sinne der Wiedergutmachung an den Opfern. Moralische Schuld betrifft die große Zahl von Handlungen und Unterlassungen, die gegen das ungeschriebene, aber in der Stimme des Gewissens vernehmbare Sittengesetz verstoßen. An der Schnittstelle zwischen beiden ist Jaspers besonders interessiert, da hier am deutlichsten zum Vorschein kommt, warum das gewandelte Staatsbewusstsein nur ein demokratisches sein kann. Es gibt politische Handlungen, die moralisch geboten sind, aus denen aber trotzdem politische Schuld entsteht, weil sie nicht der Moral wegen vollzogen werden. Ein Beispiel ist der Kampf gegen den Nationalsozialismus mit dem Ziel, ihn auf seinem Weg zur Macht zu stoppen. Wer daran teilnimmt, kann politisch schuldig werden, wenn er wie sein Gegner nach unbegrenzter Macht strebt anstatt nach jener moralisch allein vertretbaren Macht, »welche das Recht, die Menschenrechte, verwirklicht. Das Unterlassen der Mitarbeit an der Strukturierung der Machtverhältnisse, am Kampfe um die Macht im Sinne des Dienstes für das Recht, ist eine politische Grundschuld, die zugleich eine moralische Schuld ist« (Jaspers 1946: 33). Indem Jaspers solche Grenzfälle erörtert, sensibilisiert er die Deutschen nicht nur für die Komplexität der Schuldfrage, sondern eröffnet ihnen zugleich einen Weg, auf dem sie die gesuchte »ethisch-politische Grundlage« finden können: »Das Ethos des Politischen ist Prinzip eines staatlichen Daseins, an dem alle beteiligt sind durch ihr Bewusstsein, ihr Wissen, ihr Meinen und Wollen. Es ist das Leben politischer Freiheit als ständige Bewegung des Verfalls und des Bessermachens. Dies Leben ist ermöglicht durch die Aufgabe und Chance der Mitverantwortung aller« (Jaspers 1946: 34).

Jaspers holt jetzt nach, was er im Göschen-Bändchen noch versäumt hat. Er wirbt für die Demokratie, engagiert sich für politische Freiheit, Achtung der Menschenrechte und Rechtsstaatlichkeit. Er steht nun nicht mehr über den Dingen, sondern nimmt einen politischen Standpunkt in der Wirklichkeit ein. So vertritt er in *Vom Ursprung und Ziel der Geschichte* (1949) die These, dass es angesichts der allgemeinen Not nach dem Zweiten Weltkrieg zum Sozialismus keine Alternative gebe, wobei er unter Sozialismus keineswegs den marxistischen Sozialismus versteht: »Sozialismus heißt heute jede Gesinnung und jede Tendenz und jeder Plan, die auf die Ordnung des Zusammenarbeitens und Zusammenlebens aller gehen unter dem Maßstab der Gerechtigkeit, unter Ablehnung von Privilegien« (Jaspers 1949: 217). Die entscheidende Frage sieht er darin, wie diese Bestrebungen politisch umgesetzt werden. Nachdem er in *Die geistige Situation der Zeit* noch dazu aufgerufen hat, die verschiedenen weltanschaulichen Differenzen zu transzendieren, plädiert er nun dafür, sie auszutragen. Er hält nicht mehr die Gegensätze an sich für falsch, sondern lediglich ihre Verabsolutierung zu unversöhnlichen Antithesen. Diese Revision ist Ausdruck seines neuen demokratischen Bewusstseins. Jaspers hat erkannt, dass politische Auseinandersetzungen ein Korrektiv der eigenen Meinung sein können, wenn man die gegnerische Position ernst nimmt. Überzogene Forderungen verlieren dann ihre absolute Geltung und werden auf ein vernünftiges Maß zurückgeschraubt. So bringt Jaspers den Sozialismus gegen individualistischen Eigensinn, kapitalistische Ausbeutung und liberalistische Gleichgültigkeit in Stellung, warnt aber zugleich davor, Persönlichkeitsentfaltung, Eigentum und Freiheit insgesamt abzuschaffen. Konkret folgt aus dieser Position das Votum für eine Sozialisierung der Produktionsmittel in den Großbetrieben sowie eine staatliche Planung in den Versorgungsbetrieben und der Schlüsselindustrie im Rahmen einer freien Marktwirtschaft.

Mit der Einnahme eines politischen Standpunkts wächst bei Jaspers die Sorge um die geistige Unabhängigkeit. In seinen Äußerungen über den Sozialismus macht er unmissverständlich klar, dass er selbst kein Sozialist ist, sondern in erster Linie ein Demokrat, dessen Demokratieverständnis bis zu einem gewissen Grad sozialistisch geprägt ist. Die für den Intellektuellen charakteristische Ambivalenz zwischen Autonomie und Engagement kommt am deutlichsten in der folgenden Äußerung zum Ausdruck: »Wir wissen nicht, ob die politische Freiheit mit der sozialistischen Verwirklichung in der Welt wachsen oder ob sie verloren gehen wird« (Jaspers 1949: 239). Jaspers sieht sowohl die Chancen als auch die Gefahren, doch gemäß seinem Selbstverständnis als akademischer Lehrer, der seine geistige Unabhängigkeit zu wahren und von der Äußerung politischer Stellungnahmen abzusehen hat, misst er den Gefahren eine höhere Bedeutung bei. Für die größte Gefahr hält er einen schleichenden Übergang des Sozialismus in eine totalitäre Weltanschauung, eine Verzerrung der sozialistischen Idee zur kommunistischen Ideologie. Damit hat Jaspers zugleich seine Aufgabe für die kommenden Jahre gefunden. Der akademische Lehrer tritt als Aufklärer illusionärer Täuschungen und Mahner vor drohenden Fehlentwicklungen auf.

Das alles klingt nach einer Erdung des schwebenden Intellektuellen in der politischen Situation, und dennoch ist er als akademischer Lehrer dazu gezwungen, seine Haltung der Schwebe fortzusetzen. Jaspers darf die Dinge nicht beim Namen nennen, geschweige denn auf die Spitze treiben, damit sie entschieden werden. Bereits in *Die Schuldfrage* hat er klargestellt: »Es ist niemals Sache der Vorlesungen, die Regierungen in ihren Handlungen zu kritisieren oder zu belobigen« und auf diese Weise in »Entscheidungen des Tages einzugreifen« (Jaspers 1946: 13). Diese Selbstbeschränkung nimmt das vorzeitige Ende des Weges vorweg, den Jaspers in *Die Schuldfrage* eingeschlagen hat. Motiviert war die Schrift von der Aufgabe, den Deutschen den politischen Neuanfang zu erleichtern und sie beim Übergang von der Diktatur zur Demokratie orientierend zu begleiten. Solange diese Entwicklung noch am Anfang stand wie zu der Zeit, als Jaspers seine Vorlesung über »Die geistige Situation in Deutschland« hielt, gab es wenig zu kritisieren, da Politik in erster Linie von den Besatzungsmächten und nicht von den Deutschen gemacht wurde. Je mehr aber die politische Verantwortung in deutsche Hände überging, umso drängender wurde die Frage, ob der Übergang von der Diktatur zur Demokratie gelungen war. Wie auch immer die Antwort ausfallen mochte, es wurde unvermeidlich, Personen und Ereignisse beim Namen zu nennen. Jaspers musste diesen Weg also zwangsläufig aufgeben. Dabei kamen ihm lebensgeschichtliche wie weltgeschichtliche Zäsuren entgegen. 1948 zog er nach Basel um, sodass ihn eine intensivierte Beschäftigung mit Deutschland in ein falsches Licht gebracht hätte. Ein Jahr später, 1949, brach mit der doppelten deutschen Staatsgründung und der Zündung der ersten sowjetischen Atombombe der Kalte Krieg endgültig aus, sodass nun andere Probleme im Vordergrund standen. Bereits mit *Vom Ursprung und Ziel der Geschichte*, das auf seine erste Basler Vorlesung im Sommersemester 1948 zurückging, wagte sich Jaspers auf die Bühne der Weltpolitik. Dieser mutige Ausgriff aufs große Ganze barg die Gefahr, eine komplexe

Situation auf platte Vereinfachungen zu verkürzen. Er besaß aber auch den Vorteil, nicht allzu konkret werden zu müssen und auf Details verzichten zu können. Das Drama der Weltpolitik kam mit drei Akteuren aus, den Vereinigten Staaten und der Sowjetunion, dazwischen Europa. Als Jaspers dann 1950 seine mehrjährige Beschäftigung mit der Atombombe einleitete, war nur noch von den beiden Großmächten die Rede. Deren Gegenüberstellung vor einem apokalyptischen Hintergrund bot den Anlass für geschichtsphilosophische Spekulationen, die von der politischen Situation völlig abstrahierten. Jaspers stand nun wieder ganz über den Dingen.

Der Aufsatz »Das Gewissen vor der Bedrohung durch die Atombombe« (1950) formuliert den Ansatz, den Jaspers in den folgenden Jahren zwar erheblich vertiefen, aber nicht verändern wird. Danach ist die Atombombe primär kein politisches, sondern ein ethisches Problem. Um es dauerhaft zu lösen, greifen politische Vorschläge wie die beiderseitige Abrüstung, einseitige Aufrüstung des Westens oder gegenseitige Abschreckung zu kurz. Solange sich die Menschen nicht ändern, sei selbst der aussichtsreichste dieser Vorschläge, die beiderseitige Abrüstung, kein verlässliches Mittel, weil das Vertrauen ineinander fehle. Das Leben müsse erst wieder wahrhaftig werden, dann könne auch das Problem der Atombombe gelöst werden. Ähnlich wie seinerzeit beim Göschen-Bändchen weicht Jaspers aus Sorge um seine geistige Unabhängigkeit vor einer komplizierten, unübersichtlichen Situation zurück. Anstatt das Wagnis einzugehen, verzichtet er auf einen politischen Standpunkt und schließt mit einem Appell an den Einzelnen, durch ein gewandeltes Leben einen Beitrag zur Abschaffung der Atombombe zu leisten.

Nun weiß auch Jaspers, dass die Menschen sich nicht von heute auf morgen ändern werden. Deshalb geht er in seinem Rundfunkvortrag »Die Atombombe und die Zukunft des Menschen« (1956) einen Schritt weiter und fragt, wie zu handeln sei, falls der Westen durch die politische Entwicklung vor die Alternative »Freiheit oder Totalitarismus?«, nach einem politischen Slogan der Zeit vor die Alternative »Tot oder rot?« gestellt werde. Für die Antwort benötigt Jaspers zwei Jahre, in denen er den Vortrag zu einem Buch gleichen Titels ausarbeitet. Obwohl er nun ausführlich die politische Situation erörtert, also erstmals in seiner langen Karriere die Dinge explizit beim Namen nennt, vermag er dem politischen Diskurs keine neuen Impulse zu geben. Vielmehr macht seine Antwort auf die Frage des Vortrags deutlich, dass der Intellektuelle, der seiner geistigen Unabhängigkeit wegen auf die Einnahme eines politischen Standpunkts verzichtet, umso leichter einem verfällt. Der Westen, so Jaspers, könne die unheilvolle Alternative abwehren, indem die westlichen Staaten ihren nationalen, auf absolute Souveränität zielenden Eigensinn überwinden und in solidarischer Selbstbehauptung ihre atomare Überlegenheit gegenüber dem Osten ausspielen. Da aber auch das in absehbarer Zeit nicht wahrscheinlich sei, appelliert Jaspers an den Einzelnen, die unheilvolle Alternative in die Frage aufzulösen, wofür er leben will und wodurch sein Leben ein menschenwürdiges Leben wird. Aus der von Jaspers getroffenen Entscheidung für die Freiheit gegen den Totalitarismus folgt der Wille zur Umkehr vor dem Hintergrund der Notwendigkeit, im Ernstfall eher zu sterben als in Unfreiheit zu leben. »Entweder wächst der Mensch durch Freiheit zu sich selbst und hört nicht auf in der Spannung solchen Wachsens oder er hat sein Recht zu leben verwirkt. Er muss seines Lebens würdig sein oder er vernichtet sich« (Jaspers 1958: 247).

Man hat zu Recht darauf hingewiesen, dass Jaspers mit dieser Position die westliche Politik legitimiert und den Status quo auf Dauer stellt. Angesichts dieses dürftigen Resultats erscheint der betriebene Aufwand der beiden zurückliegenden Jahre geradezu grotesk. Obwohl beim Publikum ein Erfolg, hält die Kritik das fünfhundert Seiten starke Buch für zu akademisch. Jaspers hat das bereits während der Arbeit gesehen und daraus schließlich seine Konsequenzen gezogen: Wer auf die politische Situation eingeht, darf nicht mehr als akademischer Lehrer schreiben. Er muss seine Haltung der Schwebe überwinden und politischer Schriftsteller werden.

Nur wenige Wochen nach der Veröffentlichung des Atombomben-
buches bekommt Jaspers in der Frankfurter Paulskirche den Frie-
denspreis des deutschen Buchhandels verliehen. Seine aus diesem
Anlass gehaltene Rede »Wahrheit, Freiheit und Friede« (1958) ist
ein Schlüsseltext für sein Selbstverständnis als Intellektueller und
kann in ihrer wegweisenden Bedeutung nicht überschätzt werden.
Jaspers nutzt das mediale Großereignis zu seiner Vorstellung als
politischer Schriftsteller, und zwar nicht nur repräsentativ, sondern
auch performativ.

Nachdem Jaspers in Vorwort und Einleitung zum Atombomben-
buch von sich selbst noch als Lehrer der Philosophie gesprochen
hat, stellt er in der Friedenspreisrede klar, dass er sich von nun an
einer anderen Gruppe zugehörig fühlt: »Wir Schriftsteller arbeiten
an der Denkungsart« (Jaspers 1965: 184). Zur Gruppe der Schriftsteller mögen auch Professoren zählen, die in ihrem bürgerlichen
Leben dem Beruf des akademischen Lehrers nachgehen, doch als
Schriftsteller werden sie zur öffentlichen Person, deren private Be-
rufsausübung für ihr Selbstverständnis irrelevant ist. Mit einer anschaulichen Metapher gibt Jaspers zu verstehen, dass er auf seinen
bürgerlichen Beruf keine Rücksicht mehr nehmen wird: »Wohl mag
der Schriftsteller wie in einen leeren Raum sprechen, in dem der
Sturm sein Wort verweht schon im Augenblick, wo es gesprochen
wird, ohne Widerhall. Wenn er darunter nicht leidet, ist es ihm
nicht ernst. Wenn er es nicht erträgt, ist er Schriftsteller nicht durch
die einzige Legitimation, die er kennt: seine Gewissheit, dass gesagt
werden solle, was er sagen will« (Jaspers 1965: 184). Im Unterschied zum akademischen Lehrer, der den Schutz einer Institution
genießt und in politisch windstiller Atmosphäre an einem vielbe-
achteten Lebenswerk arbeiten kann, dafür aber auf die Äußerung
eines politischen Standpunkts verzichten muss, gibt der politische
Schriftsteller jeden Rückhalt auf, um frei und ungehindert Kritik zu
üben.

Jaspers belässt es jedoch nicht bei einer bloßen Ankündigung. Vor politischer Prominenz und internationaler Presse gibt er zugleich ein Beispiel, wie diese Kritik in Zukunft aussehen wird: Sie wird auf die politischen Ereignisse in Deutschland bezogen sein und auch vor Personen keinen Halt machen. So kritisiert er das vorherrschende Streben nach materiellem Wohlstand sowie das hartnäckige Festhalten am Nationalstaatsgedanken einerseits, die Verdrängung der NS-Vergangenheit sowie die Vernachlässigung der politischen Selbsterziehung andererseits. Besonders hart geht er mit den politischen Parteien ins Gericht, »die durch eine winzige Schicht von Parteipolitikern die Regierung des Landes fast wie ein Fremdkörper an sich genommen haben« (Jaspers 1965: 182). Mit dieser Hinwendung zu Deutschland setzt Jaspers den in *Die Schuldfrage* begonnenen Weg wieder fort. Hat er damals versucht, den Deutschen den politischen Neuanfang zu erleichtern und sie beim Übergang von der Diktatur zur Demokratie orientierend zu begleiten, zieht er nun Bilanz und fragt, ob der Übergang gelungen ist. Seine Antwort ist ernüchternd. Die Demokratie sei in der Bundesrepublik nur formal, ihr fehle die materiale Basis in der Bevölkerung. Damit steht für Jaspers die Aufgabe der kommenden Jahre fest: durch unablässige Kritik auf die gefährliche Fehlentwicklung hinzuweisen, auch wenn es für einen echten politischen Neuanfang vielleicht zu spät ist und allenfalls Raum für Korrekturen besteht.

Hat Jaspers sein politisches Urteil lange Zeit in der Schwebe gelassen, ist er nun darauf bedacht zu zeigen, wo er steht. Seine Kritik ist wirkungsvoller, wenn klar ist, von welcher Position sie geäußert wird. Wiederholt vertritt er einen politischen Standpunkt, der einen Regierungswechsel einklagt und damit zur bestehenden Regierung auf Distanz geht. Als die CDU nach der Präsidentschaftskrise um Adenauer an Glaubwürdigkeit verliert, wirbt er für eine große Koalition, in der Adenauer Bundeskanzler bleibt und Willy Brandt Außenminister wird. Als dann Jahre später tatsächlich eine große Koalition regiert, setzt er seine Hoffnungen in die SPD. In beiden Fällen äußert Jaspers nicht eine politische Meinung, sondern tritt für einen Politikwechsel ein, dessen Notwendigkeit er in den entsprechenden Schriften begründet.

Wie weit Jaspers in seinem politischen Engagement zu gehen bereit ist, zeigt sein Telegramm an die Bundestagsabgeordneten am Vorabend der berühmten Verjährungsdebatte des 10. März 1965. Was für den akademischen Lehrer undenkbar ist, zählt der politische Schriftsteller zu seinen zentralen Aufgaben: bei Fragen, die das Selbstverständnis des politischen Gemeinwesens betreffen, in aktuelle politische Entscheidungen einzugreifen. Jaspers sieht in der Verjährungsdebatte eine große, in dieser Form vielleicht einmalige Chance, den bisher kaum ausgeprägten politischen Willen zu einem echten, mit der Vergangenheit radikal brechenden politischen Neuanfang doch noch zu bekunden, indem die Parlamentarier die Unverjährbarkeit von NS-Verbrechen feststellen. Da er den Abgeordneten aber nicht ganz traut, formuliert er drei Forderungen, die er mit den Worten »Wäre ich Politiker, würde ich auf drei Entscheidungen drängen« (Jaspers 1966: 121) einleitet. Die Tatsache, dass Jaspers hypothetisch den Standpunkt des handelnden Politikers einnimmt, wirft ein Licht auf sein eigenes Handeln als politischer Schriftsteller.

Ein weiterer Beleg für sein verstärktes politisches Engagement stellt die Solidaritätsadresse an die Veranstalter des Kongresses »Notstand der Demokratie« (1966) dar. Jaspers, der das gemeinsame Auftreten von Intellektuellen bisher stets gemieden hat, solidarisiert sich nun in leidenschaftlichen Worten mit Professoren wie Wolfgang Abendroth, Ernst Bloch und Jürgen Habermas oder Schriftstellern wie Heinrich Böll, Hans Magnus Enzensberger und Martin Walser. Sie alle gehören dem Kuratorium des Kongresses an und zählen zu den führenden Vertretern der außerparlamentarischen Opposition. Berührungsängste mit den vorwiegend linken Intellektuellen hat Jaspers nicht. Vielmehr sieht er in ihnen Mitstreiter für eine Sache, in der er selbst engagiert ist, seitdem er sich in *Wohin treibt die Bundesrepublik?* (1966) mit den geplanten Notstandsgesetzen eingehend beschäftigt hat. Umso größer ist sein Bedauern, »bloßer Zuschauer« (Jaspers 1967c) bleiben zu müssen. Durch diese entschiedene Positionierung gerät Jaspers unversehens in eine andere Haltung. Sein langjähriger Wille zur Mitgestaltung wird überlagert von einer kämpferischen Auflehnung. Das wird vor allem an *Wohin treibt die Bundesrepublik?* und der darauf folgenden *Antwort* deutlich. Jaspers nennt jetzt die Dinge beim Namen und treibt sie auf die Spitze, damit sie entschieden werden. Angesichts einer fortschreitenden Aushöhlung der Demokratie durch die Parteienoligarchie befürchtet er in der Bundesrepublik einen schleichenden Übergang zur Diktatur. Schonungslos listet er die Versäumnisse und Verfehlungen auf, die ihn zu dieser Einschätzung bewogen haben. Da ist zunächst die Tatsache, dass zahlreiche ehemalige Nationalsozialisten öffentliche Ämter bekleiden, prominenteste Beispiele sind Hans Globke, von 1953 bis 1963 Staatssekretär im Kanzleramt unter Adenauer, und Kurt Georg Kiesinger, ab 1966 Bundeskanzler der großen Koalition. Dann sind da die zahlreichen Krisen und Affären, in denen deutlich geworden ist, dass es die beteiligten Politiker mit dem Grundgesetz nicht so genau nehmen, so vor allem die Präsidentschaftskrise (1959) um Adenauer und die »Spiegel«-Affäre (1962) um Strauß. Schließlich ist da der unbefriedigende, für Jaspers empörende Verlauf der Verjährungsdebatte, die nicht die erhoffte Aufhebung, sondern lediglich eine vierjährige Verschiebung der Verjährungsfrist von NS-Verbrechen erbracht hat. Jaspers sieht in diesen Tendenzen den Weg zu einer erneuten Diktatur beschritten, der durch die drohende Verabschiedung der Notstandsgesetze so gut wie vollendet wäre. Um das zu verhindern, versucht er die Bevölkerung zu mobilisieren, indem er »Streiks«, »Massenaufmärsche« und andere »Äußerungen der Empörung« anregt (Jaspers 1966: 166).

Dieses verstärkte politische Engagement scheint auf Kosten der geistigen Autonomie zu gehen. Jaspers habe, so monieren die Kritiker, seine philosophische Unabhängigkeit verloren. Er spiele die Autorität, die er in der Philosophie erworben habe, ungeniert in der Politik aus, obwohl er hier nicht kompetent sei. Doch dieser klassische Vorwurf gegenüber dem Intellektuellen zieht im Fall von Jaspers nicht. Hätten die Kritiker genau gelesen, wäre ihnen aufgefallen, dass er gerade auch in seinen späten politischen Schriften seinem frühen existenzphilosophischen Ansatz verpflichtet bleibt.

Schon sein Bild vom politischen Schriftsteller, der darunter leidet, dass seine Kritik in den Wind gesprochen ist, und es dennoch erträgt, knüpft an die weitsichtige Formulierung in der *Philosophie* an, wonach der Eintritt in die Objektivität der Gesellschaft eine unaufhebbare Daseinsqual bedeute. Doch es gibt auch direkte Bezüge, die keinen Zweifel lassen, dass Jaspers im Bewusstsein handelt, den damals erhobenen Anspruch einzulösen. Wenn er etwa in einem Interview sagt, der politische Schriftsteller »engagiert sich für etwas, nennt die Dinge beim Namen, persönlich wie sachlich« (Jaspers 1969: 180), knüpft er damit unmittelbar an die eingangs zitierte Formulierung aus dem Hauptwerk an, geht aber mit dem Zusatz »persönlich wie sachlich« weit darüber hinaus, denn an die Notwendigkeit, Politiker namentlich anzugreifen, dachte er damals noch nicht. So gelingt es ihm, die Kontinuität seines Wirkens herauszustellen und zugleich die Entwicklung zu betonen, die er inzwischen vollzogen hat. Ähnliches gilt für die andere eingangs zitierte Formulierung aus dem Hauptwerk, die Jaspers in der *Antwort* an seine Kritiker aufgreift: »Der politische Schriftsteller muss die Dinge denkend auf die Spitze treiben« (Jaspers 1967a: 234). Während er damals aber lediglich behauptete, dass die Dinge dadurch wahrhaft und wirklich entschieden werden, kann er das nun, nach den Erfahrungen eines langjährigen politischen Engagements, inhaltlich konkretisieren: »Denn nur auf diesem Wege wird Klarheit. Sie entsteht durch die idealtypische Steigerung zum Guten und zum Bösen hin. Diese Steigerung ist nicht als solche die Wirklichkeit, sondern an ihr wird die Wirklichkeit gemessen.« Der politische Schriftsteller weiß, dass er übertreibt und den gesicherten Boden sachlicher Analyse verlässt. Er sieht aber zu diesem Vorgehen keine Alternative, will er seiner Aufgabe konstruktiver Kritik gerecht werden. Denn nur dadurch, dass er das Mögliche bis in seine letzten Konsequenzen durchdenkt, kann er auf drohende Gefahren hinweisen, auch wenn sie zum gegenwärtigen Zeitpunkt über das Wahrscheinliche (noch) hinausgehen. Dabei setzt er sich bewusst der Gefahr des Irrtums aus. Die gängige, noch aus den 50er Jahren stammende Wendung »Bonn ist nicht Weimar« kann Jaspers nicht daran hindern, vor einer schleichenden Entwicklung der Bundesrepublik zu einer Diktatur zu warnen. Ließe er sein politisches Urteil dagegen in der Schwebe wie vor 1933, entzöge er sich seiner Verantwortung als Intellektueller und machte sich noch einmal politisch schuldig. Auch vor diesem Hintergrund sind seine politischen Schriften der 60er Jahre zu lesen. So liegen jene gar nicht so seltenen Interpreten, die dem späten Jaspers aufgrund seiner überspitzten politischen Urteile eine fortschreitende Senilität unterstellen, gleich doppelt falsch.

Jaspers war zeitlebens auf die Wahrung seiner geistigen Autonomie bedacht. Als er sich in der Friedenspreisrede 1958 zu verstärktem politischem Engagement entschloss, wurden diese Bemühungen intensiver. Mit jeder politischen Stellungnahme drohte seine philosophische Unabhängigkeit verlorenzugehen. Deshalb setzte er alles daran, sie aufrechtzuerhalten. Ein geeignetes Mittel sah er in der Publikation von Sammelbänden wie *Lebensfragen der deutschen Politik* (1963) oder *Hoffnung und Sorge* (1965), in denen er seine wichtigsten politischen Schriften der Nachkriegszeit zusammenfasste. Diese Bücher zielten nicht nur auf die politische Orientierung des Publikums, sie waren auch ein Medium der Selbstverständigung. Mit ihrer Hilfe vergewisserte sich Jaspers des zurückgelegten Weges und machte sich selbst, vor allem aber dem Publikum klar, dass seine politischen Urteile keine spontanen Eindrücke, keine privaten Meinungen waren, sondern in der Kontinuität eines aufbauenden Lebens standen.

Außerdem suchte Jaspers seine philosophische Unabhängigkeit über eine Reflexion auf die Aufgaben des politischen Schriftstellers zu wahren. Sie fand gelegentlich in den Texten selber statt, hauptsächlich aber in Vorworten und Einleitungen, Gesprächen und Interviews, schließlich in einem einschlägigen Text über »Politische Schriftsteller und politisches Handeln« (1965). Der zentrale Satz dieses Textes lautet: »Niemand zwar kann den Anspruch erheben, unabhängig zu sein, wohl aber das Leben seines Denkens daranzusetzen, dieser Unabhängigkeit sich zu nähern« (Jaspers 1965: 370).

Angesichts dieser Bemühungen war Jaspers von der kritischen bis ablehnenden Rezeption des Bundesrepublikbuches tief getroffen. Die *Antwort* an seine Kritiker zeigt ihn als einen Intellektuellen, dessen kämpferische Auflehnung in symbolische Verweigerung übergegangen ist. In seinem Schlusswort lässt er seinen Gefühlen freien Lauf: »Wenn meine Schriften zur Bundesrepublik aus Solidarität, nicht aus primärer radikaler Feindseligkeit erwachsen sind, so ist in ihnen doch sekundär eine außerordentliche Feindseligkeit gewachsen« (Jaspers 1967a: 234).

Der Mangel an gutem Willen in der Bevölkerung mochte einer der Gründe sein, warum Jaspers 1968 seine Hoffnungen in die studentische Protestbewegung setzte. Bedenkt man die Emotionalität der zitierten Äußerung, wäre es nicht überraschend, wenn er auch in diesem Fall leidenschaftliche Worte gefunden hätte, Worte des Aufbruchs und der Begeisterung. Doch Jaspers bleibt sich bis zum Schluss treu. Als er in einem seiner letzten Interviews auf die Studentenbewegung angesprochen wird, antwortet er in der für sein Selbstverständnis als politischer Schriftsteller charakteristischen Haltung: »Sinn und Motive der Studentenunruhen sind mir nicht durchsichtig. Aber zunächst begrüße ich die Erregung der jungen Menschen, wenn ich auch hoffen möchte, dass sie dies als politische Bürger, nicht als Studenten täten. Es geschähe dann aus der politischen Verantwortung des Einzelnen, und der Raum der Universität würde nicht politisiert. Aber dass sie überhaupt politisch denken und auch handeln wollen, ist etwas Positives, das den Vorrang vor diesen Bedenken verdient« (Jaspers 1969: 215). Diese Antwort verdeutlicht noch einmal die Entwicklung, die Jaspers seit dem Göschen-Bändchen vollzogen hat. Wieder erscheint ihm die politische Situation unübersichtlich, doch anstatt in einer politisch indifferenten Haltung der Schwebe zu verharren, nimmt er nun einen politischen Standpunkt ein und weiß doch seine geistige Unabhängigkeit zu wahren.

# Literatur

Bonanni, Giandomenico (2008): »›Man ist doch auch Europäer und Mensch.‹ Karl Jaspers und der Erste Weltkrieg«, in: Knut Eming/Thomas Fuchs (Hg.), *Karl Jaspers – Philosophie und Psychopathologie*, Heidelberg, S. 91–101.

Jaspers, Karl (1931a): *Die geistige Situation der Zeit*, Berlin ($^{13}$1979).

Jaspers, Karl (1931b): » … könnte wieder eine Rangordnung im geistigen Leben fühlbar werden«, in: »Frankfurter Zeitung« Nr. 929, 14. Dezember 1931, Morgenblatt, S. 6.

Jaspers, Karl (1932): *Philosophie*, Bd. II: *Existenzerhellung*, München ($^{5}$1994).

Jaspers, Karl (1933): »Thesen zur Frage der Hochschulerneuerung«, hg. von Hans Saner, in: Jahrbuch der Österreichischen Karl-Jaspers-Gesellschaft 2 (1989), S. 5–28.

Jaspers, Karl (1946): *Die Schuldfrage*, Heidelberg.

Jaspers, Karl (1949): *Vom Ursprung und Ziel der Geschichte*, München ($^{8}$1983).

Jaspers, Karl (1957): *Philosophische Autobiographie*, erw. Neuausgabe, München ($^{2}$1984).

Jaspers, Karl (1958): *Die Atombombe und die Zukunft des Menschen. Politisches Bewusstsein in unserer Zeit*, München ($^{6}$1982).

Jaspers, Karl (1965): *Hoffnung und Sorge. Schriften zur deutschen Politik 1945–1965*, München.

Jaspers, Karl (1966): *Wohin treibt die Bundesrepublik? Tatsachen – Gefahren – Chancen*, München ($^{10}$1988).

Jaspers, Karl (1967a): *Antwort. Zur Kritik meiner Schrift »Wohin treibt die Bundesrepublik?«*, München.

Jaspers, Karl (1967b): *Schicksal und Wille. Autobiographische Schriften*, hg. von Hans Saner, München.

Jaspers, Karl (1967c): »Grußadresse an das Kuratorium«, in: *Notstand der Demokratie. Referate, Diskussionsbeiträge und Materialien vom Kongress am 30. Oktober 1966 in Frankfurt am Main*, red. von Helmut Schauer, Frankfurt am Main, S. 24.

Jaspers, Karl (1969): *Provokationen. Gespräche und Interviews*, hg. von Hans Saner, München.

Kirkbright, Suzanne (2004): *Karl Jaspers. A Biography. Navigations in Truth*, New Haven.

Saner, Hans (1970): *Karl Jaspers*, Reinbek (1991).

Saner, Hans (1991): »Jaspers' ›Thesen zur Frage der Hochschulerneuerung‹ (1933) in kritischem Vergleich zu Heideggers Rektoratsrede«, in: Kurt Salamun (Hg.), *Karl Jaspers. Zur Aktualität seines Denkens*, München, S. 171–188.

Weidmann, Bernd (2003): »Absolute Solidarität – metaphysische Schuld – bedingte Solidarität«, in: Jahrbuch der Österreichischen Karl-Jaspers-Gesellschaft 16 (2003), S. 25–76.

Weidmann, Bernd (2008a): »Wahrheit und Kritik. Zur politischen Funktion der Universität bei Karl Jaspers und Hannah Arendt«, in: Knut Eming/Thomas Fuchs (Hg.), *Karl Jaspers – Philosophie und Psychopathologie*, Heidelberg, S. 105–134.

Weidmann, Bernd (2008b): »Karl Jaspers und die studentische Protestbewegung. Der Umschlag von Kommunikation in Kampf am Beispiel Rudi Dutschkes«, in: Andreas Cesana/Gregory J. Walters (Hg.), *Karl Jaspers: Geschichtliche Wirklichkeit mit Blick auf die Grundfragen der Menschheit*, Würzburg, S. 385–405.

## Pierre Bourdieu: Selbstreflexion als Politik der Überschreitung. Für ein Bündnis intellektueller Interessen in einer globalisierten Welt

*Thomas Becker*

Auf die Frage eines Journalisten, ob man in unserer Zeit noch von ›links‹ und ›rechts‹ reden könne, soll der französische Soziologe Pierre Bourdieu geantwortet haben, er habe sich einer politischen Veranstaltung von algerischen Immigranten angeschlossen – Jean Marie Le Pen sei nicht dabei gewesen. Positionen sind zwar relativ, aber gerade daher werden sie als determinierende Strukturen nur sichtbar, wenn sie in ein Verhältnis zueinander gesetzt werden. Wo im vielstimmigen Medienzeitalter die Freiheit von jeder fixierender Positionierung proklamiert wird, übersehen intellektuelle Propheten allzu leicht, dass ihre diskursive Flexibilität auf determinierenden Strukturen sozialer Relationen ruht. Nach Bourdieu scheint es daher angebracht, zuallererst die Intellektuellen von ihren Prophetien der Freiheit zu befreien, wenn von ihrer Funktion der Kritik die Rede ist.

Es fällt allerdings auf, dass Bourdieu in den 1990er Jahren es trotz seiner distanzierten Haltung gegenüber sozialen Prophetien nicht an öffentlichen Stellungnahmen hat mangeln lassen, die er mit sozialen Utopien wie etwa einem Europa ›von unten‹ zu flankieren wusste. Damit hat sich Bourdieu innerhalb des postmodernen Abgesangs einer klassischen Anführerrolle des Intellektuellen weiterhin für dessen klassische Funktion des Kritikers ausgesprochen.[1]

Sind Bourdieus Angriffe auf Diskurs- und Intersubjektivitätstheorie also nur scheinrhetorische Manöver der Distinktion, mit dem er sich in der medialen Öffentlichkeit als letzter universalistischer Intellektueller über die postmodernen Verfechter der dekonstruktiven Unübersichtlichkeit herausheben wollte – wie manch einer seiner Gegner vermutet?[2]

Während man jedoch von Bourdieu angesichts der weltumspannenden Problematik eines zunehmend ungezügelt sich ausbreitenden ökonomischen Marktes die ausschließliche Forderung nach einem universalen Intellektuellen erwarten würde, hat er sich für Michel Foucaults ›spezifischen Intellektuellen‹ ausgesprochen (Bourdieu 2001b: 36f.).[3] Und die Behauptung einer moralischen Universalität im Habermas'schen Sinne einer transzendentalpragmatischen Begründung der Kommunikation hat Bourdieu stets als unhistorisch abgelehnt, nämlich als Position,[4] die ihre eigene Entstehungsbedingung nicht reflektiere: »[U]m die *Realpolitik* der Vernunft, für die ich plädiere, philosophisch zu begründen, muß ich – gegen die transzendentale Illusion, die dazu verleitet, die universellen Strukturen der Vernunft im Bewusstsein oder in der Sprache anzusiedeln – daran erinnern, daß die Vernunft ein Produkt der Geschichte ist, das ohne Unterlaß mittels einer historischen Aktion reproduziert werden muß, die auf die Sicherstellung der *gesellschaftlichen Bedingungen der Möglichkeit des vernünftigen Denkens* gerichtet ist. [...] Gegen die Universalpragmatik, wie sie etwa Habermas vertritt, muß eine Politik des Universellen in Vorschlag gebracht werden. Transhistorische Universen von Kommunikation gibt es nicht, wohl aber gibt es gesellschaftlich eingerichtete Kommunikationsformen, die der Herstellung des Universellen förderlich sind« (Bourdieu 1991: 51).

Der Favorisierung eines spezifischen Intellektuellen stehen nun in der Tat wiederum andere Aussagen in Interviews und in seinen *Regeln der Kunst* gegenüber, in denen er einen universalistischen Standpunkt vertritt (Bourdieu 2001d: 523ff.). Die Parteinahme für den spezifischen Intellektuellen stellt jedoch keineswegs einen Widerspruch zur Forderung nach universellen Elementen einer kritischen Vernunft dar, sondern ergibt sich vielmehr folgerichtig aus

Bourdieus Theorie spezifischer Felder kultureller Produktion (Kunst, Religion, Wissenschaft, Philosophie etc.). Diese zeichnen sich ihm zufolge dadurch aus, dass sie im Laufe der Geschichte einen spezifischen Eigenwert und nicht etwa wie bei Max Weber eine gegenüber dem Feld der Macht indifferente Wertneutralität entwickelt haben. Felder kultureller Produktion sind als Universen mit einer je spezifischen Logik des Universalen anzusehen, da sie externe soziale Einflüsse wie sozialen Status und ökonomische Interessen abzuwehren vermögen. Die daraus im kulturellen Feld gewonnene oppositionelle Haltung zu Gewinn- und Geltungssucht der Akteure auf der politischen Bühne dient nicht nur dazu, partikulare Interessen als feldexterne Kräfte zurückweisen; ihre in einem spezifischen Feld entwickelte Normen konnten seit Zolas Erfindung des Begriffs *Intellektueller* für eine Politik der Antipolitik gegen die normativen Vorstellungen eines von sich selbst überzeugten Macht-Feldes in Anschlag gebracht werden: »Was ist das Fundament dieser antipolitischen Politik? Es ist die Existenz sozialer Universen, deren grundlegendes Gesetz die Ablehnung der dem politischen und ökonomischen Feld eigenen Gesetzmäßigkeit darstellt, die Ablehnung der von diesen Feldern anerkannten Zwecke und Werte wie Geld, Macht, Würden. Mit Zolas Stellungnahme in der Dreyfus-Affaire ist die Umkehrung der Wertetafel vollendet: die Intellektuellen geben sich nicht damit zufrieden, den Zwecken von Kommerz und Lohnarbeit innerhalb der Grenzen ihrer verkehrten Welt eine Absage zu erteilen; sie wollen ihre Anti-Werte im normalen Leben selbst, auf dem Gebiet der Ethik (insbesondere was den Bereich des Sexuellen anbelangt) und gleichfalls, was zumindest in den Augen der Verteidiger der bestehenden Ordnung eine gravierende *Übertretung* darstellt, auf dem Gebiet der Politik behaupten. [...]. Die Intellektuellen nehmen für sich das Recht in Anspruch, den heiligsten Werten der Gemeinschaft – vor allem denen des Patriotismus und Nationalismus – zuwiderzuhandeln [...]« (Bourdieu 1991: 45).

Während sich das Feld der Macht stets als zeitlos universale Position zu legitimieren bemüht ist und daher einen rein moralischen und von sozialen Bedingungen abstrahierenden Universalismus zu schätzen weiß (Bourdieu 2001e: 90f. u. 158f.), hat sich intellektuelle Kritik in Opposition zu diesem Anspruch eines Monopols formiert, das Vernunft und Allgemeinheit für sich allein zu beanspruchen versucht. Wer also universale Elemente einer intellektuellen Kritik ernst nimmt, muss zum Kritiker des rein ethischen Universalismus bzw. einer historisch invariablen, universalistischen Vernunft werden, die ihre privilegierte Stellung als soziale Bedingung der Möglichkeit nicht mitreflektiert.

Im Endkapitel seines kultursoziologischen Hauptwerks *Die Regeln der Kunst* sieht Bourdieu die zeitgenössische Bestimmung des Intellektuellen durch den dort eingenommenen Universalismus keinesfalls ausreichend beschrieben. Vielmehr geht er von einer paradoxen Doppelstellung des Intellektuellen im sozialen wie im historischen Sinn aus: »Der Intellektuelle ist ein paradoxes Wesen, das sich als solches nicht begreifen läßt, wenn man es nur über die obligate Alternative von Autonomie und Engagement, reiner Kultur oder politischer Kultur zu fassen versucht. Das liegt daran, daß es sich historisch im und durch das Überschreiten dieses Gegensatzpaares konstituiert hat« (Bourdieu 1991: 524). Eben diese paradoxe Situation wird auch an Bourdieus eigenen Strategien offenkundig: Sein ständiges Schwanken zwischen Prophetie und mikroperspektivischer Sozialdiagnose, zwischen Universalismus und spezifischem Standpunkt scheint zu bestätigen, dass die Position des Intellektuellen in einem historisch und sozial beweglichen Kräfteverhältnis zwischen antipolitischer ›Reinheit‹ autonomer Felder und politischer Kritik angelegt ist, das es im sozialen Raum zu überschreiten gilt. Mit der Forderung nach Überschreitung dieses sozialen Kräfteverhältnisses hat auch Bourdieu den im klassischen Sinne universalen Intellektuellen verabschiedet.

Dennoch zeigt nun die Verabschiedung des rein universalistischen Standpunktes bei Bourdieu eine etwas andere Note als bei Foucault. Während Foucault an die jederzeit mögliche Heterodoxie des experimentierenden Denkens als Gegensatz zur kanonischen Orthodoxie in den Wissenschaften appelliert, sieht Bourdieu in dieser kritischen Haltung zwar einen der wichtigsten Ausgangspunkte für die Autonomisierung der Kulturproduktion, aber noch keineswegs den Schritt zur intellektuellen Kritik an der in der Globalisierung zunehmend von medialen Meinungsmonopolen unterstützten Ökonomisierung kultureller Felder. Die zunehmende Ökonomisierung der Wissenschaften untergräbt nach Bourdieu deren (relative) soziale Autonomie, durch die erst eine kritische Haltung des spezifischen Intellektuellen ermöglicht wird. Auch wenn Foucaults Forderung nach historischer Selbstreflexion und Aufdeckung der Kämpfe um die Entstehung moderner Subjektivität in den wissenschaftlichen Diskursen dem Anspruch Bourdieus sehr ähnlich ist, muss doch festgehalten werden, dass seine Machtanalysen die Problematisierung von Interessen nicht nur vernachlässigen, sondern *expressis verbis* verwerfen.[5] Damit konnte sich Foucault im philosophischen Feld von einer ideologiekritischen Sozialphilosophie distinguieren, die spezifische Techniken der Machtausübung in den Humanwissenschaften übersieht. Eine zeitgenössische Kritik an der durch Meinungsmonopole und Ökonomie zunehmend bestimmten Globalisierung wird aber wohl kaum dem Anspruch auf Selbstreflexion gerecht werden können, wenn sie den eigenen Standpunkt der Machtanalyse als von ökonomischen Interessenskonflikten unberührt ansieht. Foucaults Anspruch auf machtkritische Selbstreflexion fehlt jene Aufmerksamkeit für die eigene soziale Position, die erst durch ihren Abstand zur Welt der Ökonomie ermöglicht wird (Bourdieu 2001c: 82 ff.). Jedes wissenschaftliche Feld ist laut Bourdieu zwar aufgrund seiner relativen und spezifischen Autonomie von ökonomischen Interessen befreit und dadurch in der Lage, Avantgarden zu formen, folgt darin aber *spezifischen* Interessen, die ihre Valenz vornehmlich diesem Feld verdanken. Die daraus resultierende ambivalente Stellung des Intellektuellen macht Bourdieu dadurch kenntlich, dass er dieses spezifische Interesse auch das *Interesse an der Interesselosigkeit* eines jeweiligen Feldes nennt (Bourdieu 1998: 141).

Die wissenschaftliche Expertenkultur verdankt ihre Stellung und damit einen Teil ihres aufklärerischen Auftrags dem Bruch mit den

Interessen des sozialen Alltags. Durch diesen Bruch ist erst die Möglichkeit garantiert, in einem von gewöhnlichen Konflikten und determinierenden Faktoren befreiten spezifischen Feld nach Lösungen zu suchen. Aber ebendieser epistemologische Bruch mit den lebensweltlichen Interessen steht stets in Gefahr, eine scholastische Vernunft hervorzubringen, welche nicht mehr auf die realen Probleme der Gesellschaft antwortet, indem sie die den feldexternen Akteuren schwer verständliche Eigenlogik zur Aufrechterhaltung ihrer Autonomie nicht ganz zu Unrecht verteidigt (Bourdieu 2001e: 99 ff.). Zu einer scholastischen Vernunft gerät diese Verteidigungshaltung, wenn sie die ›Reinheit‹ der eigenen Profession schon als ausreichenden Grund für die Opposition zu einem normalisierten Politikverständnis versteht. In Anlehnung an den Ethnozentrismus nennt Bourdieu diese Haltung auch einen scholastischen Epistemozentrismus (Bourdieu 2001e: 65).

Gegenüber dem Extrem des reinen Universalismus deutet sich beim spezifischen Intellektuellen also die umgekehrte Gefahr des Epistemozentrismus an. Die dekonstruktive Kritik am Logozentrismus der Wissenschaften lässt sich in der Tat allzu oft von der Überzeugung leiten, dass ein experimentelles Verhalten innerhalb der eigenen Professionalisierung schon *per se* eine antipolitische Politik sei. Damit vollzieht diese Avantgarde der Philosophie jedoch genau das, was das Feld der Macht von ihr verlangt: sich nicht einzumischen und sich mit der gesamten Subtilität ihres subversiven Experimentierens auf den Kampf innerhalb der eigenen Profession zu beschränken (Bourdieu 2001e: 55 f.). Der spezifische Intellektuelle kann sich aber in seinem Anspruch auf antipolitische Politik nicht nur mit der die Autonomie seines Feldes garantierende Interesselosigkeit begnügen. »Die Sozialgeschichte lehrt uns, dass es keine Sozialpolitik ohne eine soziale Bewegung zu deren Durchsetzung gibt, und daß es nicht, wie man uns heute glauben machen will, der Markt ist, der die Marktwirtschaft ›zivilisiert‹ und damit maßgeblich zu ihrer heutigen Effizienz beigetragen hat, sondern die soziale Bewegung. Wer dem Europa der Banken und des Geldes – flankiert von einem schon weit fortgeschrittenen Europa der Polizei und

Strafverfolgung sowie [...] einem Europa des Militärs – ein soziales Europa entgegensetzen will, der muß sich folglich die Frage stellen, wie sich die dafür notwendigen Kräfte mobilisieren lassen [...]« (Bourdieu 2001a: 18).

Nun ist freilich die Kritik an der epistemozentrischen Vernunft des Wissenschaftlers keineswegs nur die Sache Bourdieus. Gerade Massenmedien tendieren dazu, den spezifischen Logiken kultureller Felder reserviert gegenüberzustehen, indem sie ihnen ein unverständliches Expertenwissen vorwerfen. Bourdieu wird denn auch in der Tat nicht müde, auf das trojanische Pferd der Verwechslung von Kritik und medienintellektuellem Chic zu verweisen. Die Prophetien und theoretischen Spielereien des gegenüber universaler Vernunft opponierenden spezifischen Intellektuellen können im Medienzeitalter auf der Ebene der außeruniversitären Öffentlichkeit stillschweigend mit dem Feld der Macht kollaborieren, wenn ihre einzelnen Aktionen, so experimentell sie auch sein mögen, auf kurzlebige Anerkennungsprofite der Medien ausgerichtet sind. Da nämlich die Medien nicht an Innovationen als Ergebnis der durch lange Zyklen bestimmten Aneignung kulturellen Kapitals, sondern an modischer Neuheit interessiert sind, tendieren sie dazu, die spezifische Eigendynamik ihrer Produktionsbedingungen den Wissenschaften als aktuellere und gesellschaftlich adäquatere Sicht aufzudrängen, sodass intellektuelle Komplexität als zu entsorgende Pedanterie eines weltscheuen Akademismus diskriminiert werden kann: »Die Frage, wer Intellektueller ist, oder besser: was genau intellektuelle Tätigkeit sei, ist nicht zu trennen von jener anderen: wer über diese Frage mit befinden darf. [...] Denn nahezu immer erfolgen die Anschläge gegen die Autonomie diverser Felder der [kulturellen, Th. B.] Produktion für Produzenten, angefangen beim Wissenschaftsfeld, im Namen einer Ausweitung des Kreises der ›Richter‹. Ob er sich – in Biologie ebenso wie in der Poesie oder Soziologie – bei der Verdammung von Erzeugnissen, deren Produktion den internen Normen und Ansprüchen eines autonomen Feldes folgt, auf das ›Volk‹ beruft oder, auf einer scheinbar ganz anderen Ebene, als Maß allen kulturellen Wertes auf die Fähigkeit,

›im Fernsehen gut anzukommen‹, oder auf journalistische Klarheit: der Anti-Intellektualismus, der unter Journalisten, aber im weiteren unter allen deklassierten, zur Befriedigung externer Nachfrage gezwungenen Produzenten spontan grassiert und der sich in den unterschiedlichsten Formen äußern und rechtfertigen kann [...], dieser Anti-Intellektualismus liegt als permanente Drohung auf allen, die über das historisch errungene *Privileg* verfügen, im Hinblick auf eine ›Nachfrage‹ zu produzieren, die von ihnen selbst geschaffen wurde« (Bourdieu 1988: 346).

Einer epistemozentrischen Vernunft ist daher im Medienzeitalter auch nicht einfach mit einer Forderung nach öffentlicher, über die je eigene Profession hinausgehende Außenwirkung beizukommen. Denn vereinzelte radikale intellektuelle Aktionen dienen der Logik einer Medienöffentlichkeit und können daher sehr wohl eine Schwächung der Autonomie und damit des intellektuellen Potenzials kultureller Felder zur Folge haben. Zur notwendigen Reflexion über das ambivalente Interesse an Interesselosigkeit gehört folglich nicht nur die Ablehnung des monetären Profits und weltlicher Statussymbole, sondern ebenso sehr das Eintreten für das eigene Interesse an der dauerhaften Autonomie. Wenn Intellektuelle in radikalen Einzelsituationen vom ihrem Interesse an Autonomie absehen, kann dies nämlich von den Medien ausgenutzt werden, um die journalistische Logik des außergewöhnlich Neuen gegen die Autonomie intellektueller Felder auszuspielen. In dieser Kritik handelt es sich nicht um eine generelle Medienschelte, wie oft in der Presse gegenüber Bourdieu behauptet wurde, sondern um die Kritik an ebenjenen Intellektuellen im Feld kultureller Produktion, welche ihre Arbeit am kulturellen Kapital zugunsten einer sozialen Anerkennung durch öffentliche Medien nicht nur vernachlässigen, sondern die Autonomie des eigenen Feldes zwecks persönlicher Machtzunahme (an sozialem Kapital) unterlaufen.

Daher definiert keineswegs allein der Anschluss an soziale Bewegungen die von Bourdieu als notwendige Korrektur des Epistemozentrismus geforderte Bündnisfähigkeit des Intellektuellen. Solche Bündnisse müssen immer durch den Zusammenschluss von experimentellen Akteuren unterschiedlichster intellektueller Felder flankiert werden. Fehlt nämlich Letzteres, führen vereinzelte Aktionen nur zur Wiederauferstehung jenes obsoleten Intellektuellen-Konzepts, das sich seit den sozialen Bewegungen der 1960er Jahre grundsätzlich desavouiert hat. Wie Foucault distanziert sich auch Bourdieu von diesem noch durch Jean-Paul Sartre definierten Intellektuellen-Ideal: Laut Bourdieu haben sich allzu viele Intellektuelle der 1960er Jahre dem Proletariat aus schlechtem Gewissen ›geopfert‹ und dabei übersehen, dass sie durchaus eigene Interessen zu verteidigen haben: nämlich das Interesse eben an der Autonomie resp. der Interesselosigkeit, aus der allein heraus dauerhaft angeeignete Formen spezifischer Wissenschaftskompetenzen entstehen. Die Enttäuschung über die ausgebliebene Revolution, die im Grunde die Selbsttäuschung über die eigenen Interessen ist,[6] hat daher auch einige linksradikale Intellektuelle dazu getrieben, sich rechten Bewegungen anzuschließen, um sich weiter der Illusion der individuellen Anführerschaft im Namen radikaler Kritik eines zu führenden ›Volkes‹ hingeben zu können. Neben dem Aufruf, sich sozialen Bewegungen anzuschließen, hat Bourdieu immer daran festgehalten, dass die Kompetenz zum Entwurf einer Alternative zur neoliberalen Wirtschaftsform in einer globalisierten Welt nur durch einen Zusammenschluss experimentell denkender Intellektueller aus verschiedensten Feldern aufgeboten werden kann. »Es reicht nicht aus, sich nur politisch einzumischen, […]. Es bleibt doch auch die Ohnmacht des einzelnen Intellektuellen. Das läßt sich nur kollektiv überwinden. Unser Fachwissen ist kollektiver Natur, man müßte gemeinsam im Rahmen verschiedenster Gruppen, wennmöglich interdisziplinär und international, politische Fragen angehen. Natürlich ist das eine Utopie« (Bourdieu 2000: 1).

Ein Bündnis experimentierender Intellektueller mit dem Ziel der Neuerfindung einer antipolitischen Politik soll nicht nur vor den medialen Verlockungen schnelllebiger Distinktionsgewinne bewahren, sondern zudem die Disposition zur Problematisierung von Handlungsautonomien jenseits der jeweils einzelnen Felder dauerhaft sichern, ohne dabei dem überheblichen Ehrgeiz des herkömmlichen Intellektuellen zu verfallen, als Einzelner für alles und an jeder Front eine aktuelle Antwort parat zu haben (Bourdieu 1993: 71). Somit ist auch das Bündnis der Intellektuellen notwendig durch eine amphibienhafte Aufgabe der Überschreitung definiert, die zwischen sozialer Bewegung außerhalb kultureller Felder und internem Zusammenschluss avantgardistischer Akteure aus unterschiedlichen kulturellen Feldern zu stehen hat.

Die Reflexion über das Verhältnis von intellektuellem Handlungsspielraum und determinierender Struktur markiert auch Bourdieus eigene soziale und historische Stellung als französischer Intellektueller innerhalb des Poststrukturalismus. Während man im französischen Sprachraum unter dem Intellektuellen den von Zola in der Affäre Dreyfus erfundenen Begriff für den über sein spezifisch wissenschaftliches oder literarisches Feld hinaus engagierten Akteur mit hohem Bildungskapital versteht, klassifiziert man im deutschsprachigem Raum alle Akteure mit großem, meist universitär erworbenem kulturellem Kapital allgemein unter die soziale Gruppe der Intellektuellen. Bourdieus Begriffsbestimmung verdankt sich der Überwindung des Gegensatzes von Handlungstheorie und klassischem Strukturalismus resp. Systemtheorie, womit er weder dem französischen noch dem deutschen Verständnis vollkommen entspricht.

Wenn allen Einzelhandlungen vorgängige Strukturen zugrunde liegen, kann die Einzelhandlung einer antipolitischen Politik den Akademiker noch nicht zum Intellektuellen machen. Einzelhandlungen werden erst durch eine Struktur bzw. durch ein System ermöglicht. Mit der Habitustheorie geht Bourdieu nun andererseits davon aus, dass eine Struktur in unterschiedlichen Habitusformen inkorporiert ist, sodass die Feldstruktur durch Kämpfe um Positionen einer dynamischen Entwicklung ausgesetzt ist, die kein Ende der Geschichte und keine endgültige Systemstabilität kennt. Dieser Kampf darf nicht als Kampf um des Kampfes willen missverstanden werden, weil Macht und Einfluss in spezifischen Feldern auch mittels symbolischer Innovationen errungen werden kann. Bourdieu überschreitet damit die im Poststrukturalismus behauptete Opposition zwischen Ökonomismus und Kulturalismus, Handlungstheorie und Systemzwang, zwischen Geschichte und Struktur, ohne auf einen statischen Strukturalismus oder auf mikrosoziologische Intersubjektivitätstheorien zurückzufallen.

In *Homo Academicus* unterscheidet er innerhalb des universitären Feldes den intellektuellen Pol vom akademischen Pol. Diese strukturelle Polarität entspricht zunächst einer (systemischen) Gesetzmäßigkeit im Verbrauch an Arbeitszeit zur Erlangung von symbolischem (= kulturelles plus soziales) Kapital, die allen Einzelkarrieren voraus liegt: Da hohe soziale Positionen im universitären Feld einen entsprechenden Einsatz in der bürokratischen Arbeit durch Gremienarbeit und Konferenzen (d. i. soziales Kapital) verlangen, geht diese Zeit notwendig für die Akkumulation kulturellen Kapitals verloren. Mit anderen Worten: Den universitär gut integrierten Positionen stehen intellektuelle Positionen gegenüber, die trotz hoher wissenschaftlicher Reputation geringere institutionelle Macht besitzen. »Wie jede Form von Macht, die nur in Ansätzen institutionalisiert ist und die Übertragung auf Bevollmächtigte ausschließt, kann universitäre Macht nur um den Preis steter und beträchtlicher Zeitaufwendungen akkumuliert und erhalten werden. Daraus folgt, daß [...] Erwerb und Ausübung von Verwaltungsmacht im universitären Feld (die eines Dekans oder Rektors etwa) oder einer offiziösen Machtstellung wie der eines einflußreichen Mitglieds in einem Wahlausschuß oder ähnlichen Gremien faktisch die Akkumulation eines Kapitals an wissenschaftlicher Autorität beeinträchtigt – und umgekehrt. Analog zur Akkumulation symbolischen Kapitals in einer vorkapitalistischen Gesellschaft, in der die wirtschaftlichen und kulturellen Mechanismen nur in geringem Maße objektiviert sind, wird die Akkumulation des spezifischen Kapitals an akademischer Autorität mit dem Einsatz der ganzen Person erkauft, das heißt der Zeit, die sie aufwenden muß, um das Institutionennetz zu kontrollieren, in dem universitäre Macht erzeugt und ausgeübt wird, und auch, um sich in die Tauschvorgänge einschalten zu können, zu denen die einschlägigen Treffen und Versammlungen Anlaß bieten und in denen sich allmählich das Kapital an wechselseitig erwiderten Diensten ausbildet, das zum Aufbau von Bündnissen, einer besonderen Klientel und generell eines stillschweigenden Einverständnisses aller Beteiligten unabdingbar ist« (Bourdieu 1988: 167).

Gegenüber dem deutschen Verständnis betont Bourdieu, dass die sozial und historisch vorausliegende Struktur für die Bildung des Intellektuellen freilich nicht schon durch die Universität oder die Gesamtheit der Akteure eines jeweiligen kulturellen Feldes gegeben ist, sondern erst durch avantgardistische, mit der Orthodoxie im permanenten Kampf stehenden Positionen zustande kommt. Das universitäre Feld reproduziert den strukturellen Gegensatz zwischen dem Habitus des freien Autors und dem des Professors auf institutioneller Ebene durch den Unterschied zwischen intellektuellen Forschern und dem universitären Typus des strengen, aber ebenso fantasielosen *homo academicus* (Bourdieu 1988: 184). Als Beispiele für die intellektuelle Position gibt Bourdieu in seinen empirischen Analysen der französischen Universität der 1960er Jahre die Stellung von Foucault und Roland Barthes an, die zwar eine hohe wissenschaftliche Reputation genossen, aber zunächst einen marginalen universitären Status innehatten (Bourdieu 1988: 185).

Der Gegensatz zwischen »den öffentlich anerkannten Oblaten des Hohenpriesteramts und den [...] modernistisch eingestellten Kleinhäretikern« verdankt in Frankreich seine »besondere Intensität dem Umstand [...], daß das universitäre Feld jahrhundertelang von den Wertvorstellungen des literarischen Feldes beherrscht worden ist«, sodass sie gleichsam als ›epistemologische Paare‹ fungieren (Bourdieu 1988: 190). Zola konnte also für die Erfindung des Begriffs *Intellektueller* nicht nur auf den strukturell dauerhaften Gegensatz zwischen institutionell gesichertem Status des Professors versus Literat, sondern auch auf einen homologen Dualismus innerhalb des universitären Systems selbst zurückgreifen, um institutionelle bzw. universitäre Positionen unter dem Banner einer antiinstitutionell disponierten Kritik zu versammeln. Der Intellektuelle ist erst durch eine spezifische Struktur, die durch lange historische Kämpfe zustande gekommen ist, der Möglichkeit nach Intellektueller und nicht allein durch ein vereinzeltes Engagement.

Die reflexive Sensibilisierung für die eigene Stellung im sozialen Raum hat Bourdieu mit dem von ihm eigens erfundenen Begriff der Sozioanalyse umschrieben (Bourdieu 1996: 96). Der Anspruch der Reflexivität in der Soziologie ist keineswegs neu. Doch erst der mit dem Begriff Sozioanalyse (in Anspielung an die Psychoanalyse) formulierte Anspruch des Soziologen, nicht nur den anderen zu analysieren, sondern die Analysemittel auf die Stellung des Analysierenden selbst zurückzubeziehen und folglich die Bedingung der Möglichkeit zum Verstehen der Anderen wiederum zu verstehen, erlaubt es, Bourdieus Stellung innerhalb des Poststrukturalismus auch theoretisch kenntlich zu machen. Bourdieu teilt zwei grundsätzliche Formen der Vernunftkritik mit dem Poststrukturalismus: zum einen die Kritik am Logozentrismus, die er in der Form seiner Kritik an dem schon erwähnten Epistemozentrismus weiterführt, zum anderen die Kritik an einer Subjektivität, die Reflexion im Bewusstsein fundiert und sich nicht mehr selbst als Effekt einer objektiven vorgängigen Struktur sieht (Wacquant 1996: 76). Den philosophischen Poststrukturalismus kritisiert er nun jedoch für dessen mangelnde soziologische Reflexivität, der inmitten seiner Historisierung seine eigene soziale Position verschleiert.

Die Originalität von Philosophen wie Derrida und Foucault, so Bourdieu (1996: 96 f.), erkläre sich aus der Tatsache, dass sie in den 1960er Jahren durch die neuen sozialen Bewegungen in eine sonderbare Lage gebracht wurden, da ihre durch die Institution garantierte legitime Stellung zu bröckeln begann. Nun hatte aber schon Gilles Deleuze als Erster die klassische Opposition zwischen Professor und Literat durch seine neue Nietzscherezeption zu Beginn der 1960er Jahre in die Philosophie eingebracht und theoretisch fruchtbar gemacht (Pinto 2005: 292 f.), was ihm ermöglichte, die akademische Philosophiegeschichte im Namen einer literarischen Philosophie zu verabschieden. Vor dem Hintergrund der französischen Tradition konnte auf dieser Basis die Not der wegbrechenden institutionellen Macht zur Tugend einer antiinstitutionellen Haltung der literarisch orientierten Philosophie verwandelt werden. Diese beanspruchte die Fortsetzung der langanhaltenden Opposition zwischen Literatur und Wissenschaft in der französischen Universität, um die Philosophie wieder zu ihrer seit der Antike behaupteten Funktion als Leitwissenschaft zu ermächtigen, womit sie deutlich in Konkurrenz zu neuen Sozialwissenschaften (wie etwa zu der relativ jungen Disziplin der Ethnologie oder einer soziologisch orientierten Semiotik) trat. Es ist bezeichnend, dass die zeitgleich vollzogene Abgrenzung dekonstruktiver Kritiker gegenüber Saussures wissenschaftlicher Begründung der Linguistik in der Schrift ein transzendentales Apriori aller Zeichenspiele sah, um den Anspruch der Linguistik auf wissenschaftlich-institutionelle Anerkennung im Namen eines an der Literatur orientierten Zeichenspiels als Logozentrismus zu diskriminieren: Die eigene institutionelle Stellung kann damit gerade im Namen einer literarisch orientierten Philosophie verleugnet werden.

Nun wäre daran kaum die antiinstitutionelle Haltung zu kritisieren, die nach Bourdieu selbst den intellektuellen Pol eines Feldes definiert, als vielmehr die damit einhergehende Verschleierung der sozialen Möglichkeitsbedingung der avantgardistischen Kritik selbst, welche die Konkurrenzverhältnisse und damit historisch spezifischen Machtkämpfe in den Wissenschaften übersieht. Einer internen Bündnisfähigkeit der Intellektuellen kann eine solche Verschleierung von sozialen Kämpfen kaum dienlich sein. Es ist offensichtlich, dass hier stillschweigend die in der französischen Universität historisch besonders stark ausgebildete symbolische Oppositionsbeziehung zwischen institutionalisiertem Wissenschaftler und freiem Literaten in Dienst genommen, aber zugleich doch verschwiegen wird, indem man die Ablehnung von Schrift zur Grundkonstante eines metaphysischen Logozentrismus im abendländischen Denken jenseits der französischen Geschichte schlechthin erklärt. (Das vielzitierte Beispiel der platonischen Ablehnung von Schrift entspringt einer esoterisch-aristokratischen Position, die gegen eine Vermassung von Theorien gerichtet war, und ist daher im sozialen Sinne nicht dieselbe wie die im gleichen Atemzuge für das Abendland als schicksalhaft verstandene Rede Paulus' vom geisttötenden Buchstaben, da Letzterer doch vielmehr bestrebt war, eine exoterische Volksreligion jenseits der Schriftgelehrten zu etablieren.) Mit der von der Dekonstruktion behaupteten, in sich identischen abendländischen Tradition einer logozentrischen Ablehnung der Schrift wird die der Philosophie eigene Geschichte der Metaphysikkritik zur orientierenden interdisziplinären Kritik am Logozentrismus aller Wissenschaften um den Preis einer Verschleifung sozialer Unterschiede verklärt. Um das metaphysische Prestige der literarisch orientierten Philosophie als fundamentaler Orientierungswissenschaft gegenüber soziologischer Objektivierung retten zu können, muss die Dekonstruktion die Grenze zwischen wissenschaftlichem und literarischem Schreiben im Namen einer mangelnden Selbstreflexion der eigenen historischen Entstehung verleugnen, was sich in der inzwischen modisch gewordenen Grenzverwischung zwischen Literaturwissenschaften und Philosophie sowie zwischen literarischem und wissenschaftlichem Autor deutlich indiziert.

Auf diese Grenzverwischung zwischen wissenschaftlichem und literarischem Autor hat Bourdieu mit seiner poststrukturalistischen Soziologie des kulturellen Feldes reagiert, indem er eine selbstreflexive Kritik des Epistemozentrismus an der eigenen Disziplin formulierte: Während die herkömmliche Soziologie in einer Gegenbewegung zur Dekonstruktion ihre ambivalente Stellung zwischen philosophischer Reflexion und Methode zunehmend durch statistische Analysen zu kompensieren versucht und Kulturanalyse nur noch als Analyse von Massenphänomenen betreibt, da sich die individualisierten Produktionen einer fortgeschrittenen Autonomie kultureller Felder nicht mehr statistisch erfassen lassen, hat Bourdieu auf diese Herausforderung gerade mit der Verbindung von strukturalistischen und qualitativen Methoden reagiert, um die individualisierten Autoren der Avantgarde in ihren Kämpfen für Autonomie als relationale Handlungsstrategien sichtbar und damit die daraus sich ergebenden historischen Innovationsbewegungen eines

Feldes soziologisch objektivierbar zu machen. Bourdieus *Regeln der Kunst* stellen mit der Analyse der Entstehung des literarischen Feldes im 19. Jahrhundert ein Beispiel für die empirische Erschließung kultureller Felder zur Verfügung, das sich sowohl dem zunehmenden epistemozentrischen Hang der Soziologie, sich der Kultur allein nur als messbarem Massenphänomen zuzuwenden, als auch der enthistorisierenden Verschleierung des institutionellen Standpunktes eines wissenschaftlichen Beobachters im philosophisch-semiotisch definierten Poststrukturalismus entgegensetzen lässt. Die Bestimmung des kritischen Intellektuellen ist daher bei Bourdieu sehr eng an die soziale Definition einer Autonomie des Autorenstandpunktes angelehnt. Insbesondere deutschen Soziologen, die in den *Feinen Unterschieden* vornehmlich die Referenz für Bourdieus Sozialkritik sehen, ist häufig entgangen, dass sich ein starker Impuls der Bourdieu'schen Globalisierungskritik seiner Theorie von der Autonomie kultureller Felder verdankt.[7] Soziologen interessieren sich nicht (mehr) für Autoren ›hoher‹ Literatur als soziales Phänomen, da sich deren Autorschaft nicht mit statistischen Methoden objektivieren lässt.[8]

Foucault betonte zwar stets, dass der Historiker seine eigene Stellung selbst zu reflektieren hat, da wir als Subjekte Effekte von Machtstrukturen sind; dies betrifft aber in der praktischen Umsetzung nicht seine soziale Stellung als Autor innerhalb der eigenen wissenschaftlichen Institution: Während er die Entstehung von Institutionen wie etwa des Gefängnisses und der Klinik analysiert, fehlt für die Einlösung eines Anspruchs der selbstreflexiven Machtanalyse die Problematisierung von Machtspielen in der Universität. Dies wiegt umso schwerer, als Foucault selbst in deutlicher Kritik an der Rolle des Intellektuellen im Sartre'schen Sinne nahezu denselben Ansatz verfolgt wie Bourdieus Sozioanalyse: »Die Intellektuellen sind selbst Teil [...] [des] Machtsystems; die Vorstellung, daß sie die Agenten des ›Bewußtseins‹ und des Diskurses sind, gehört zu diesem System. Heute kommt es dem Intellektuellen aber nicht mehr zu, sich an die Spitze oder an die Seite aller zu stellen, um deren stumme Wahrheit auszusprechen. Vielmehr hat er dort gegen die Macht zu kämpfen, wo er gleichzeitig deren Objekt und deren Instrument ist: in der Ordnung des ›Wissens‹, der ›Wahrheit‹, des ›Bewußtseins‹, des ›Diskurses‹« (Foucault 1987: 108). Auch bei Foucault setzt sich trotz deutlicher Distinktion gegenüber ideologiekritischen Diskursen und der enthistorisienden Dekonstruktion hier und da das schlechte Gewissen des Intellektuellen der 1960er Jahre fort, das eben von den eigenen Interessen absieht, um seine Stimme den analysierten Delinquenten in der Psychiatrie und dem Gefängnis zu leihen. Damit soll nicht die theoretische Leistung der neuartigen Machtkritik Foucaults in Frage gestellt werden. Vielmehr wird die stillschweigend individualistische Note in seiner Forderung des spezifischen Intellektuellen mit der Korrektur einer selbstreflexiven Offenheit der eigenen Interessen konfrontiert: Dem spezifischen Intellektuellen fehlt es keineswegs an Individualismus, sondern an undogmatischer Bündnisfähigkeit im Namen dieses Individualismus. Die von Bourdieu geforderte Form der reflexiven Sozioanalyse, mit welcher der Intellektuelle seine universitäre Stellung historisch und sozial in Blick bringen und als eine Voraussetzung zur politischen Kritik verstehen sollte, zielt stets auf das doppelte Bündnis des spezifischen Intellektuellen innerhalb und außerhalb der Felder kultureller Produktion. Ohne den an ihrer Autonomie interessierten Zusammenschluss der spezifischen Intellektuellen fallen diese trotz subtilster Theorien und radikaler Einzelaktionen auf die Position der dekonstruktivistisch-literarischen Ironie gegenüber wissenschaftlicher Objektivierung zurück, welche eine Reaktion auf ihre komplexen Theorien in Form ›volksnaher‹ bzw. populistischer Intellektualität provozieren und die Autonomie kultureller Produktion von innen her pervertieren kann.

## Literatur

Bourdieu, Pierre (2001a): »Für eine europäische soziale Bewegung«, in: ders., *Gegenfeuer 2. Für eine europäische soziale Bewegung*, Konstanz, S. 14–26.
Bourdieu, Pierre (2001b): »Für eine engagierte Wissenschaft«, in: ders., *Gegenfeuer 2. Für eine europäische soziale Bewegung*, Konstanz, S. 34–42.

Bourdieu, Pierre (2001c): »Kultur in Gefahr«, in: ders., *Gegenfeuer 2. Für eine europäische soziale Bewegung*, Konstanz, S. 82–99.

Bourdieu, Pierre (2001d): »Für einen Korporatismus des Universellen«, in: ders., *Die Regeln der Kunst. Genese und Struktur des literarischen Feldes*, Frankfurt/M., S. 523–535.

Bourdieu, Pierre (2001e): *Meditationen. Zur Kritik der scholastischen Vernunft*, Frankfurt/M.

Bourdieu, Pierre (200): »Gespräch mit Franz Schultheis über Jean-Paul Sartre«, in: »Süddeutsche Zeitung« Nr. 89, Beilage vom 15./16. April 2000. S. 1.

Bourdieu, Pierre (1998): *Praktische Vernunft. Zur Theorie des Handelns*, Frankfurt/M.

Bourdieu, Pierre/Wacquant, Loïc J. D. (1996): *Reflexive Anthropologie*, Frankfurt/M.

Bourdieu, Pierre (1993): »Wie die freien Intellektuellen befreien«, in: ders., *Soziologische Fragen*, Frankfurt/M., S. 66–76.

Bourdieu, Pierre (1991), »Der Korporatismus des Universellen. Die Rolle des Intellektuellen in der modernen Welt«, in: *Pierre Bourdieu. Die Intellektuellen und die Macht*, hg. v. Irene Dölling, Hamburg, S. 41–65.

Bourdieu, Pierre (1990): *Was heißt sprechen. Die Ökonomie des sprachlichen Tausches*, Wien.

Bourdieu, Pierre (1988): *Homo Academicus*, Frankfurt/M.

Bourdieu, Pierre (1971): »Champ du pouvoir, champ intellectuel et habitus de classe«, in: *Scolies. Cahiers de recherches de l'Ecole Normale Supérieure* 1971 (1), S. 7–26.

Foucault, Michel (2003): »Die politische Funktion des Intellektuellen«, in: ders., *Schriften in vier Bänden. Dits et Ecrits 1976 – 1979*, hg. v. Daniel Defert und François Ewald unter Mitarbeit von Jacques Lagrange, Bd. 3, Frankfurt/M., S. 145–152.

Foucault, Michel (1987): »Gespräch zwischen Michel Foucault und Gilles Deleuze. Die Intellektuellen und die Macht«, in: *Michel Foucault. Von der Subversion des Wissens*, hg. v. Walter Seitter, Frankfurt/M., S. 106–115.

Foucault, Michel (1977): *Überwachen und Strafen. Die Geburt des Gefängnisses*, Frankfurt/M.

Lyotard, Jean-François (1985): *Grabmal des Intellektuellen*, hg. v. Peter Engelmann, Graz/Wien.

Pinto, Louis (2005): »Die Wende der französischen Philosophie zur Literatur«, in: Markus Joch und Norbert Christian Wolf (Hg.), *Text und Feld. Bourdieu in der literaturwissenschaftlichen Praxis*, Tübingen, S. 291–310.

Schlich, Jutta (Hg.) (2000): *Intellektuelle im 20. Jahrhundert in Deutschland*.

*Ein Forschungsreferat. (11. Sonderheft Internationales Archiv für Sozialge-schichte der deutschen Literatur)* Tübingen.

Wacquant, Loïc J. C. (1996): »Auf dem Wege zu einer Sozialpraxeologie. Struktur und Logik der Soziologie Pierre Bourdieus«, in: Pierre Bour-dieu/ders., *Reflexive Anthropologie*, Frankfurt/M., S. 17–93.

## Anmerkungen

**1** Als Beispiel wäre hier Lyotard 1985 zu nennen.

**2** Als Beispiel für diese Kritik sei Schlich 2000 erwähnt. Zu den gängigen Vorwürfen gegenüber Bourdieus Kritik an Intellektuellen vgl. dessen Antwort: Bourdieu 1993: 66 ff.

**3** Zur Bestimmung des spezifischen Intellektuellen vgl. Foucault 2003: 147.

**4** An anderer Stelle bemerkt er, dass Habermas' Vernunftkritik aus formal-pragmatischen Regeln der Kommunikation abgeleitet werde, ohne dass die Reproduktionsbedingungen einer privilegierten Stellung der herrschaftsfreien Kommunikation reflektiert werden. Kommunikation erscheint dann von jeder sozialen Determination befreit zu sein, verschleiert aber diese in Wirklichkeit genauso wie Kants von den sozialen Verhältnissen abstrahierende Moral (Bourdieu 1990: 19; Bourdieu 2001e: 85 f. u. 139 f.).

**5** »[...] im Hinblick auf das Wissen ist der Gegensatz zwischen dem ›interes-sierten‹ und dem ›desinteressierten‹ ebenso aufzugeben wie das Modell der Erkenntnis und der Primat des Subjekts« (Foucault 1977: 40).

**6** »Die Intellektuellen müssen sich [...] als erstes Ziel setzen, kollektiv an der Verteidigung ihrer eigenen Interessen und der zur Wahrung ihrer Autonomie nötigen Mittel zu arbeiten« (Bourdieu 1991: 49).

**7** Bourdieu 1996: 223: »Ich bin ein absoluter, entschiedener, überzeugter An-walt der wissenschaftlichen Autonomie. [...] Manche Soziologen fühlen sich verpflichtet, ihre Existenzberechtigung als Soziologe nachzuweisen; sie meinen, sie müssten nützlich sein. Nützlich für wen oder was? Zuallererst muß die Soziologie ihre Autonomie behaupten [...]«.

**8** Der erste Text zur Theorie der spezifischen Felder (Literatur) wurde von Bourdieu 1971 lange vor den *Feinen Unterschieden* formuliert. Dabei hat Bour-dieu schon in diesem frühen Text gegen die Manie der Soziologen polemisiert, kulturelle Produkte allein statistisch behandeln zu wollen (Bourdieu 1971: 10 f.). Sofern es sich um individuelle Phänomene wie den Autor autonomer Literatur handelt, plädiert er für die relationale Einordnung in eine Struktur als Methode der Objektivierung. Denn auch ein individueller Standpunkt ex-perimenteller Literatur hat immer noch eine Position im sozialen Raum, die es folglich in ihrer relationalen Anordnung zu anderen Positionen im Feld zu objektivieren gilt. Zur qualitativen strukturellen Relationierung von Positionen als Modell für eine Objektivierung kultureller Phänomene, wo statistische Methoden nicht hinreichen: Bourdieu 1996: 267.

# Carl Schmitt – Ein intellektueller Antiintellektueller

*Thomas Blanke*

*Carl Schmitt ist der brillanteste und also*
*der gefährlichste Denker der extremen Rechten*
*Balibar 2003: 22 f.*

### Polemiker und Polarisierer

Noch immer scheiden sich an ihm die Geister: Da gibt es prominente Verehrer wie Werner Weber, Ernst Forsthoff, Rüdiger Altmann, Armin Mohler, Ernst-Wolfgang Böckenförde und Helmut Quaritsch,[1] im universitären Diskurs auch gerne »Schüler« genannt, zu Bewunderern konvertierte ehemalige Kritiker wie Günter Maschke,[2] zunehmend behutsame Distanz suchende einstige Gegner wie Volker Neumann[3] und Herfried Münkler[4] und schließlich entschiedene Gegner wie Jürgen Habermas,[5] Thomas Assheuer[6] und Ingeborg Maus.[7]

Carl Schmitt polarisiert. Dies tut er noch immer; wohl über keinen Juristen ist so viel geschrieben und gerätselt worden wie über ihn; ganze Bibliotheken füllen die »Schmittiania«. Kaum einer, der in seine Nähe geriet, wurde nicht vom Zauber seiner Faszination, seiner stupenden Bildung erfasst – dies gilt selbst für solche (wie z. B. Jürgen Seifert),[8] die zeitlebens Kritiker von Carl Schmitt bleiben sollten.

250

Plettenberg, wohin sich der in den Zwangsruhestand versetzte Gelehrte nach dem Ende des NS-Regimes zurückzog, um dort noch über 35 Jahre zu leben und die Zeitläufte zu kommentieren, wurde zur Pilgerstätte. Seine Privatseminare sind gut besuchte, prominente Veranstaltungen; er wirkt von dort aus als intellektueller Stichwortgeber in einem weitverzweigten Netzwerk von Korrespondenten, Schülern und Verehrern. Auch wenn bislang keine Ausgabe seiner »Gesammelten Werke« vorliegt: Sein Nachlass wird gut gepflegt, archiviert und in eine Stiftung eingebracht, seine wichtigsten Publikationen sind noch immer auf dem Markt erhältlich. Carl Schmitt, der deutsche Rechtsintellektuelle par excellence, bleibt uns und seinem nicht geringen internationalen Publikum[9] erhalten.

Das Dörfchen Plettenberg im Sauerland, in das er sich nach dem Zweiten Weltkrieg zurückgezogen hatte, nannte er sein »San Casciano«. Das war eine Anspielung auf das gleichnamige Exil von Niccolo Macchiavelli in den Zeiten seiner Verbannung aus Florenz. Zeigt schon dies die – unbescheidene – Wahlverwandtschaft, die sich Carl Schmitt zueignete, so wäre es doch nicht des Schmitt'schen Hintersinnes genug, wenn »San Casciano« nur auf diesen historischen Bezug verwiese. »San Casciano«, St. Cassian, ist auch der Name des letzten christlichen Märtyrers, der vor der Erhebung des Christentums zur Staatsreligion unter Kaiser Konstantin der Christenverfolgung unter Kaiser Diokletian zum Opfer fiel. Carl Schmitt, alias Macchiavelli, versteht sich zugleich als prominenter Märtyrer des christlichen Glaubens:[10] Diese Selbsttäuschung, die ihn in der Rolle des Opfers wahrnimmt, sollte ihm bis zu seinem Tode erhalten bleiben.

### Epochen seines Denkens

Carl Schmitt ist von Hause aus Katholik. Er wächst auf im katholischen Trier, drei seiner Großonkel mütterlicherseits waren Ortspfarrer, geprägt vom Trauma des Bismarck'schen »Kulturkampfs«; dann wechselt die Familie ins evangelisch dominierte, sauerländische Plettenberg, wo sich die Elemente einer konfessionellen Diaspora-Identität ausbilden.[11]

Auffällig ist seine akademische Karriere, die er sehr bewusst verfolgt und zu arrangieren weiß; sie ist ihm selbst das Opfer langjähriger intensiver Freundschaften wert wie zu dem später als »Juden« verfemten und abgestoßenen Moritz Julius Bonn, dem Rektor der Handelshochschule Berlin, dem Schmitt trotz seiner kirchenskandalösen Ehe und Trennung von seiner Frau Pawla Dorotic die Berufung auf den Hugo-Preuß-Lehrstuhl in Berlin zu verdanken hatte.[12] Nach Berlin zieht es ihn um der Nähe zur Politik willen – er braucht die Berührung mit der Macht. Aber auch um die Reputation als Rechtswissenschaftler ist ihm zu tun: Es soll schon eine ordentliche Professur auf einem renommierten Lehrstuhl einer tradierten rechtswissenschaftlichen Fakultät sein. Dass er an der Handelshochschule Berlin zwar die Nachfolge von Hugo Preuß, des Autors der Weimarer Reichsverfassung und 1. Innenministers der Weimarer Republik, antreten konnte, blieb ihm mit dem Makel der fehlenden rechtswissenschaftlichen Fakultät behaftet.

In rascher Reihenfolge publiziert Carl Schmitt in der Weimarer Republik seine aufsehenerregenden Analysen von Staat und Politik: 1919 erscheint die *Politische Romantik*, 1921 *Die Diktatur*, 1923 *Die geistesgeschichtliche Lage des heutigen Parlamentarismus*, 1927 *Der Begriff des Politischen*, 1928 seine *Verfassungslehre*, 1931 *Der Hüter der Verfassung* und 1932 die Studie über *Legalität und Legitimität* – in diesen Studien steht Carl Schmitt noch als Politikwissenschaftler und Staatsrechtslehrer ganz im Vordergrund.

Die intellektuelle Biografie Carl Schmitts realisiert sich in vier unterschiedlichen politischen Systemen: Er studierte im Kaiserreich von 1907 bis 1910 in Berlin, München und Straßburg Jura. 1910 promovierte er in Straßburg mit einer strafrechtlichen Arbeit, 1909 wurde er Assessor und diente als Freiwilliger in der Münchener Militärverwaltung. 1916 habilitierte er ebenfalls in Straßburg mit einer Schrift über das Thema »Der Wert des Staates und die Bedeutung des Einzelnen« und blieb an dieser Universität bis zu ihrer Schließung im November 1918 als Privatdozent. Dann folgten in der Weimarer Republik die Berufungen nach Greifswald, Bonn und Berlin, die Zeit der NS-Herrschaft verbringt er zunächst in Köln, dann bereits ab 1933 wieder in Berlin. Die Bundesrepublik sieht ihn wieder im sauerländischen Plettenberg.

## Der Theoretiker des Politischen

Im Zentrum des Denkens von Carl Schmitt, dafür ist er berühmt-berüchtigt, steht zweifellos »das Politische«.[13] Wie kaum ein Theoretiker seit der Aufklärung, der bürgerlichen Moderne in Deutschland, hat er diese Sphäre zum Gegenstand seiner Analyse gemacht. Seine Reflexionen, sowohl seine juristischen, politikwissenschaftlichen, religionsgeschichtlichen wie ästhetischen, kreisen um den Staat, um diese Sphäre, die bei den großen Theoretikern der frühen Moderne in Deutschland, bei Kant, Hegel und Karl Marx eigentümlich unausgeleuchtet blieb und zur Residualkategorie gegenüber der Ökonomie, der bürgerlichen Gesellschaft wurde.

Dass dies ein Defizit war, sollte sich zu Beginn des 20. Jahrhunderts mit seinen epochalen Weltkriegen und der schroffen Entgegensetzung von Faschismus, Bolschewismus und liberalem Kapitalismus dramatisch bemerkbar machen. Der »Staat im Bürgerkrieg«, das war das Signum der 1. Hälfte des 20. Jahrhunderts. Nie zuvor und danach hatte sich der Staat zu einer derart »totalitären« Machtfülle aufgebläht, die die gesamte Gesellschaft und ihre Wirtschaft sich neu zu ordnen vornahm und selbst vor der Idee, weltumspannende Imperialismen zu errichten, nicht haltmachte.

Die ungeahnte Machtfülle, die der Staat in den totalitären Regimen erringen sollte, hatte Carl Schmitt eindringlich beschworen. In seinem Plädoyer für den starken Staat versuchte er, wissenschaftlich die rechtlich-politischen Zähmungen zu transzendieren, die in Gestalt von Rechtsstaat und Demokratie zu Insignien der Zivilisation geworden waren. Stattdessen insistierte Carl Schmitt auf der gleichsam ontologischen Unterscheidung von Freund und Feind als existenzieller Grundlage des Politischen und stützte das Wesen des Politischen auf die Entscheidung, die Dezision über nichts Geringeres als Leben und Tod. Zugleich band er den Begriff der Souveränität an die Entscheidung über den Ausnahmezustand.

Ob er mit diesem Denken »vom Extrempunkt her« nur dem Zeitgeist das Wort redete, ist hier nicht zu entscheiden: Kennzeichnend ist, dass er damit Front machte gegen den Versuch, das Politische und die in dieser Sphäre zu treffenden Entscheidungen auf die Überzeugungskraft vernünftiger Argumentation im Medium öffentlicher Auseinandersetzung zu stützen. Seine entschlossene Wende zum Irrationalen, zur Archaik des Willens und der gewollten Gestaltung findet ihren Antrieb in einer religiös motivierten Vision vom Untergang des Abendlandes, von der Kraftlosigkeit des blinden Betriebes der Moderne, in der sich die Menschen als die Schöpfer einer Welt imaginieren, in der Politik durch Verwaltung, Fortschritt durch Technik und Schicksal durch Sekurität ersetzt ist. Das Motiv zu dieser damals weit verbreiteten Kulturkritik[14] findet sich bereits in seiner frühen Schrift aus dem Jahr 1916 über Theodor Lessing: »Dies Zeitalter hat sich selbst als das kapitalistische, mechanistische, relativistische bezeichnet, als das Zeitalter des Verkehrs, der Technik, der Organisation. In der Tat scheint der ›Betrieb‹ ihm die Signatur zu geben, der Betrieb als das großartig funktionierende Mittel zu irgendeinem kläglichen oder sinnlosen Zweck, die universelle Verfügbarkeit des Mittels vor dem Zweck, der Betrieb, der den Einzelnen so vernichtet, dass er seine Aufhebung nicht einmal fühlt und der sich dabei nicht auf eine Idee sondern höchstens ein paar Banalitäten beruft. [...] Sie wollten keinen Gott der Liebe und Gnade, sie hatten soviel Erstaunliches ›gemacht‹, warum sollten sie nicht den Turmbau eines irdischen Himmels ›machen‹. Die wichtigsten und letzten Dinge waren ja schon säkularisiert. Das Recht war zur Macht geworden, Treue zur Berechenbarkeit, Wahrheit zur allgemein anerkannten Richtigkeit, Schönheit zum guten Geschmack, das Christentum zu einer pazifistischen Organisation. [...] An die Stelle der Unterscheidung von gut und böse trat eine sublim differenzierte Nützlichkeit und Schädlichkeit« (Schmitt 1916: 63).

Diese Polemik wider die moderne Zivilisation übersteigert noch die sattsam bekannten kulturkritischen Motive des »bürgerlichen Selbsthasses«, der sich ob seiner ganz unheroischen Leistung der Transformation von Schicksal in erwartbare soziale Sicherheit und Sekurität zu schämen scheint. Durch die Schmitt'sche Kulturkritik hindurch schimmert die tiefer gehende Verachtung für den Siegeszug einer rationalen Nützlichkeit anstelle von tradierten »letzten« Werten und damit einer Entsubstanzialisierung der Basis des sozialen Zusammenhangs, deren Fixpunkt die göttliche Axiomatik der Unterscheidung von »gut und böse« ist.

### 1933: »Zäsur« oder »Kontinuität«?

Seit Mitte der 1970er Jahre ist in der Bundesrepublik eine veritable Carl-Schmitt-Hausse zu registrieren. Die in dieser Zeit verfassten Monografien über den Staatsrechtslehrer und Politikwissenschaftler aus Weimar und den Nationalsozialismus füllen ganze Bibliotheken. Die meisten Autoren sitzen über Carl Schmitt zu Gericht:[15] Wie war das mit seinem Engagement für die Nazis? Erwuchs es folgerichtig aus seinen Positionen, die er bereits zu Weimarer Zeiten vertreten hatte, oder beruht seine Begeisterung für die Nazis auf einer »Zäsur«? Jenseits von Kontinuität oder Bruch wird die Frage nach seinen Motiven (Anpassung, Opportunismus oder Überzeugung), seiner intellektuellen Herkunft aufgeworfen. Weiter: Wann und weshalb fing Carl Schmitt an, sich von Nationalsozialismus zu distanzieren? Wie tiefgehend war diese sich auftuende Kluft? Welche Rolle besaß er für die frühe Bundesrepublik?

### Carl Schmitt: Konservativer Intellektueller

Dieses Gerichtsszenario soll hier nicht fortgesetzt werden. Hier wird der Rolle von Carl Schmitt als Intellektuellem nachgegangen: Was hatte er seiner Zeit zu sagen, wie hat er interveniert, und welchen Stellenwert besitzen seine scharfsinnigen Analysen für uns heute – das interessiert hier. Die Bezeichnung von Carl Schmitt als eines »Intellektuellen« hätte wohl kaum seine Zustimmung gefunden. Intellektuelle waren ihm, so äußert er sich jedenfalls in der Jahresmitte 1933,[16] suspekt. Gelehrter, ja, das wollte er wohl sein. Aber »Intellektueller«, gar in einer Reihe mit Albert Einstein (»gifterfüllter Deutschenhasser«) oder Bethmann-Hollweg (»instinktlose Männer«) (Zitate nach: Schmitt 1933): Das keinesfalls. Die Rolle des randständigen Beobachters, der mit knappen Einwürfen zielgerichtet interveniert, die schlafende Meute aufweckt und zu erregten Debatten anstiftet, deren Resultate er nicht selbst antizipiert und verantwortet – nein, das war es nicht, was ihm unter der Perspektive eines Gelehrten, der »am Leben des Volkes als Volksglied beteiligt« (Schmitt 1933) war, eingebettet in den Volkskörper und im Verbunde mit dem Volksgeist der rassischen Gemeinschaft, vorschwebte. Selbst der Vision des »organischen Intellektuellen« à la Gramsci haftete noch immer zu viel klassenspezifische Obsession an, als dass sich Carl Schmitt mit ihr hätte anfreunden können. Carl Schmitt ergreift auf der Seite der autoritären Besitzstandsverteidiger Partei: In seinem »konkreten Ordnungs- und Gestaltungsdenken« einer ontologisch vorgegebenen, hierarchisch aufgebauten Funktionslogik gesellschaftlicher Teilbereiche werden »in einer mit den faktischen gesellschaftlichen Strukturen identischen Rechtsordnung die jeweiligen Machtpositionen der Gruppen gegeneinander als Über- und Unterordnungen gegebener ›Seinsstufen‹, als gesellschaftliche Hierarchie ständisch verfestigt.«[17] In dieser Ordnung kommt dem volkstümlich bekehrten Gelehrten, ironisch gesagt, ein privilegierter Platz zu: der gepolsterte Fernsterplatz beim Krönungsumzug.

Carl Schmitt agiert als intellektueller Fanfarenstoß. Seine Essays sind Prophetien. Der erste Satz ist das Motto. Gesprochen aus der Gewissheit des Seins, gibt er zugleich ein Sollen an. Es ist, wie es ist: So soll es sein. Die Wahrheit des ersten Satzes kommt daher wie eine marmorne Stele. In Stein gehauen, erratisch, unverrückbar: Seine Schrift *Politische Theologie* hebt an mit der berühmten Sentenz: »Souverän ist, wer über den Ausnahmezustand entscheidet« (Schmitt 1934: 11). Im gleichnamigen 3. Kapitel dieser Schrift fährt er fort: »Alle prägnanten Begriffe der modernen Staatslehre sind säkularisierte theologische Begriffe« (Schmitt 1934: 49). Seine Methodik der Argumentation und zentrale Motive des Schmitt'schen Denkens werden deutlich, wenn er anschließt »Nicht nur ihrer historischen Entwicklung nach, weil sie aus der Theologie auf die Staatslehre übertragen wurden, indem zum Beispiel der allmächtige Gott zum omnipotenten Gesetzgeber wurde, sondern auch in ihrer systematischen Struktur, deren Erkenntnis notwendig ist für eine soziologische Betrachtung dieser Begriffe. Der Ausnahmezustand hat für die Jurisprudenz eine analoge Bedeutung wie das Wunder für die Theologie. Erst in dem Bewußtsein solcher analogen Stellung läßt sich die Entwicklung erkennen, welche die staatsphilosophischen Ideen in den letzten Jahrhunderten genommen haben. Denn die Idee des modernen Rechtsstaats setzt sich mit dem Deismus durch, mit einer Theologie und Metaphysik, die das Wunder aus der Welt verweist und die im Begriff des Wunders enthaltene, durch einen unmittelbaren Eingriff eine Ausnahme statuierende Durchbrechung der Naturgesetze ebenso ablehnt wie den unmittelbaren Eingriff des Souveräns in die geltende Rechtsordnung. Der Rationalismus der Aufklärung verwarf den Ausnahmefall in jeder Form. Die theistische Überzeugung der konservativen Schriftsteller der Gegenrevolution konnte daher versuchen, mit Analogien aus einer theistischen Theologie die persönliche Souveränität des Monarchen ideologisch zu stützen« (Schmitt 1934: 49).

### Bürgerlicher Klassenkämpfer, Propagandist des totalen Staates oder katholischer Revolutionär

Carl Schmitt wird in vielen Rollen gesehen: Den einen gilt er als Exponent einer entschiedenen bürgerlichen Klassenpolitik gegen die Interessen der sich im demokratischen Verfassungsstaat legal entfaltenden Unterschichten, anderen als Zersetzer der Idee des rechts- und sozialstaatlichen Parlamentarismus und Befürworter und Apologet seiner Transformation in den nationalsozialistischen Unrechtsstaat, wieder anderen als von religiös-katholischen, frühmittelalterlichen »Ordo-Vorstellungen« besessener Antimodernist. Alle diese Lesarten können mit guten Gründen behauptet werden und sich auf seine Schriften, Tagebuchnotizen oder Briefe stützen. Aber es scheint mir verfehlt, sie von- und gegeneinander zu isolieren. Richtig ist, dass Carl Schmitt mit seiner Verfassungsinterpretation in der Weimarer Republik polemisch Front gemacht hatte gegen den »Formalismus« der rein normativistischen Rechtstheorie von Hans Kelsen, aber ebenso auch gegen die sozialstaatliche Interpretation der Weimarer Reichsverfassung bei Hermann Heller und die integrationistische Variante bei Rudolf Smend. Schmitt ging es, so viel wurde spätestens bei seinem Auftritt als Vertreter des Reiches im Prozess vor dem Staatsgerichtshof um den sogenannten Preußenschlag, die zwangsweise Amtsenthebung der gewählten Preußischen Regierung durch das Reich im Zusammenspiel von Reichspräsident v. Hindenburg und Reichskanzler v. Papen, deutlich, nicht um die Rettung der Republik, sondern um die Zuspitzung ihrer Gegensätze durch Freilegung einer souveränen Entscheidungsgewalt oberhalb der parlamentarischen Bühne, die er in der Diktaturgewalt des Reichspräsidenten gem. Art. 48 WRV festmachte. Das Attestat einer solchen Diktaturbefugnis war für ihn gekennzeichnet durch die Befugnis, sich über das geltende Recht hinwegzusetzen.

Aber auch seine Parlamentarismuskritik, die das (falsche) Ideal eines sich in bloßen Deliberationen erschöpfenden, reinen Honoratiorenparlaments gegen die Weimarer Realität einer interessenpluralistisch gespaltenen Parteiendemokratie ausspielt, zielt ebenso wie seine – methodisch ähnlich angelegte – Kritik an der fundamentalen Zerstörung der formal-allgemeinen Rechtsrationalität zugunsten verwaltungsstaatlicher Regulierung durch Einzelmaßnahmen auf die Annahme einer fortschreitenden Irrationalisierung des gesellschaftlichen Zusammenhangs, der nur durch die entschlossene Behauptung eines eskapistisch verstandenen, auf das angeblich »homogene« Volk gestützten legitimen Willens zur Macht zu wenden sei: Dass dabei alles nur noch schlimmer werde, lag ebenso im Bereich des von Schmitt in Kauf genommenen Abgesangs auf die zivilisierte Welt wie die vage Perspektive einer Errettung vor dem drohenden Untergang.

Nach meinem Endruck liegen die intellektuellen Wurzeln, aus denen Carl Schmitt seine Wahrheiten und Gewissheiten schöpft, in dem *Dreiklang von Politischer Theologie, politischer Romantik und dem Katholizismus der Gegenaufklärung.*

Die *Politische Theologie* zielt auf die Zurücknahme der Ausdifferenzierung von weltlichem und religiösem »Reich«. Es handelt sich um den »ordine nuovo« einer Einheitsidee unter der Suprematie der Religion, oder genauer: ihrer systematischen Herrschaftslehre, der Theologie. Politische Theologie hatte ihre letzte Blüte in der wirklichen Welt in der Form einer staatskirchlichen Herrschaft, die den Gegensatz zur profanen Herrschaft, zum Reich des allein Politischen, entweder erst gar nicht ausgebildet oder in sich zurückgenommen hatte. Ägypten, Byzanz (Konstantinopolis) und das katholische Mittelalter bis zum Ende des Investiturstreits sind die historischen Realia dieser theokratischen und theosophischen Idee. Alle Versuche ihrer Wiederbelebung in Reaktion auf die »Verwerfungen« des bürgerlichen Zeitalters waren zum Scheitern verurteilt – dies gilt gleichermaßen für die intellektuellen Kronzeugen von Carl Schmitts Visionen der Gegenrevolution in Gestalt von Juan Donoso Cortéz, Joseph de Maistre und Louis-Gabriel-Ambroise de Bonald wie für zeitgenössische politische Experimente des politischen Katholizismus[18] des 1926 unter Mussolini verbotenen katholischen »Partito Popolare« unter dem sizilianischen Priester Don Luigi Sturzo, die sich der »neoguelfischen« Idee der Einigung Italiens unter der Führung des Papsttums verschrieben hatte.

*Politische Romantik* ist das Programm einer bewussten Antithese zur Aufklärung, zur Welt, die sich auf den »Kopf« der Vernunft und des Vernunftglaubens gestellt hatte, apollinisch, griechisch-römisch und renaissancehaft in ihrer Vergötterung des Menschen, seiner unausschöpflichen Subjektivität. Dagegen die Macht des Schicksals wieder in Erinnerung zu rufen, das triebhaft-kreatürliche, das dionysische, darauf zielt der Gegenentwurf der romantischen Gegenaufklärung.

Carl Schmitts Interpretation der politischen Romantik lässt an ihr, obgleich er von ihr stark inspiriert ist, kein gutes Haar – darin erweist er sich auch gegen seine Neigungen als bestechend-schonungsloser sozialwissenschaftlicher Analytiker. Nach ihm ist Romantik die gequälte Seele des Bürgertums. Es weiß sich eingezwängt zwischen revolutionärem Sieg und proletarischer Bedrohung, fühlt sich in die Enge getrieben, weicht aus in Kunst; in einen Kunstabsolutismus, der vergleichbar Schillers Kritik der Religion im Namen der Religion sich im Namen der Kunst gegen die Kunst wendet. Nach Carl Schmitt ist Romantik primär Verfall, Vertagung der moralischen und politischen Entscheidung über »Gut und Böse« durch das ewige Gespräch. Sie ist kein heroisches Stadium einer neuen Epoche, die sich mit verändertem Erkenntnisinteresse anderen Fragen zuwendet und sich etwa auf den Weg einer historisch neuartigen Vermessung der Innerlichkeit (wie z. B. bei Strindberg, bei Nietzsche und Freud) macht und dabei die Dimension des Politischen in einer Weise historisiert, wie sie von Carl Schmitt zweifellos beerbt wird.

*Katholizismus der Gegenaufklärung* – das ist jene eigentümliche Mischung von religiöser Heilsgewissheit und Apokalypse, die gegen die klare Luft und Sicht einer entzauberten Welt im (Trüb-)sinn der Geschichte ihr Heil sucht, unerlöst und antiintellektuell bis zur Ergebenheit gegenüber dem Dogma, der Weissagung und der Sünde, der Geworfenheit. Im (fälschlicherweise zum Gegensatz stilisierten) ewigen Kampf zwischen Mythos und Ratio nimmt Carl Schmitt auf der Seite des Mythos Platz: Ein Intellektueller Antiintellektueller. Als Kronzeugen seiner Sicht auf die Welt, die in »Gottlosigkeit, menschlicher Selbstermächtigung und Daseinsgefräßigkeit«[19] zu versinken drohe, dienen ihm erzkatholische Politiker bzw. Philosophen, wie die Spanier und Franzosen Juan Donoso Cortéz, Joseph de Maistre und Louis-Gabriel-Ambroise de Bonald, bekennende Royalisten, ständische Ordnungsdenker und dezisionistische Antiaufklärer des frühen 19. Jahrhunderts, die als ultraroyalistische Vordenker die Restaurationszeit der Bourbonen (1814–1830) bzw. den Franquismus vorbereiten halfen – darin

Carl Schmitt nicht unähnlich, der sich zum Deuter der welthistorischen Rolle des deutschen Nationalsozialismus aufspreizte.

Schmitt steht in der Tradition der *konservativ-katholischen Revolution*[20] der Weimarer Zeit und zählt zu ihren Hauptexponenten. Ohne diesen katholischen Hintergrund, so die hier vertretene Deutung, ist er nicht zu verstehen – und auch das nur reichlich schwierig. Deutlich wird dies etwa an seinem aggressiven Antisemitismus: Carl Schmitt ist erklärter Judenfeind, ein Judenhasser, aber nicht primär aus rassistischen Gründen – diese übernimmt er in Anbiederung an die Nazis –, sondern vielmehr aus katholischem Ressentiment: Seine schändliche »Judenveranstaltung«, die von ihm als Reichsfachgruppenleiter der Fachgruppe Hochschullehrer im Bund Nationalsozialistischer Deutscher Juristen (BNSDJ) im Jahr 1936 organisierte Tagung zum »Kampf der deutschen Rechtswissenschaft gegen den jüdischen Geist« (Schmitt 1936: 1194), erweist sich, gerade angesichts seiner Bemühungen um den Beifall der nationalsozialistischen Machthaber, unter diesem Aspekt als Reinfall: Die geladenen Nazigrößen sagen kurzfristig ihre Teilnahme ab, und den aufmerksamen NS-Ideologen entgeht nicht die Differenz der Begründungswege der beiderseitigen Judenfeindschaft. So werfen sie ihm vor, mit dieser – aus ihrer Sicht »erledigten« Judenfrage – hintersinnig den Schutz der katholischen Kirche zu bezwecken, indem sie im Windschatten der Beobachtung und Verfolgung der Juden durch die Nationalsozialisten eine der Aufmerksamkeit entzogene Bleibe finden solle.[21]

Carl Schmitt war zu eitel, zu sehr auf Anerkennung und Einfluss erpicht, um sich nicht mit den Verbrechern an der Regierung gemein zu machen – zu gerne hat er seinen persönlichen Aufstieg zum »Kronjuristen« des Dritten Reiches und die Berufung auf die Lehrstühle in Köln und Berlin mit dem Aufstieg des neuen Regimes verkoppelt und hierbei auch den Bruch mit früheren Positionen und Freunden nicht gescheut und sich zum ideologischen Wortführer einer Erneuerung der Universitäten im Geist des NS-Regimes aufgeschwungen. Aus dieser Zeit stammen auch seine Abrechnungen mit der Rolle des »Intellektuellen«, den er als Zersetzer und

Aufklärer, als jüdischen Geist, interpretiert, während er für sich den Ehrentitel des Gelehrten reklamiert. Seine – später von ihm behauptete Distanz zum NS-Regime – blieb eher symbolischer Art: so etwa, wenn er bei gemeinsamen Auftritten mit den Nazioberen nie im braunen Hemd gesichtet wurde, sondern stets in einen schwarzen Anzug gekleidet blieb, in die »katholische Kluft«.

### Carl Schmitt als tragischer Prophet: Seine stets erneute Aktualität

Tragik, nicht aufklärerischer Optimismus, ist in dieser Prophetie der Welten Lauf: von der Ausstoßung aus dem Paradies hin zum finalen Gericht. Aufgabe der politischen Theologie ist es, die Parusie, das Zeitalter der Gottesferne, des abwesenden Christus, abzukürzen: Es geht darum, das Weltgericht herbeizurufen, damit das Jammertal der irdischen Tragödie ein Ende habe. Der Philosoph als Beschleuniger – das ist die Rolle, die sich Intellektuelle schon immer angemaßt haben, sei es als Beschleuniger der Revolution zum Besseren, sei es als Beschleuniger des Untergangs (zur Erlösung), sei es als schlichte Zuspitzer politischer Kontroversen im alltäglichen Handgemenge der Politik. Carl Schmitt besetzt die Gegenposition: Er sieht sich als »Aufhalter«, als »christlicher Epimetheus«, der den finalen Kampf zwischen dem Antichtist und dem wiederkehrenden Christus hinauszögert und damit der Geschichte Zeit und Raum gibt.[22]

Das Echo des Carl Schmitt hallt lange nach: Kein politischer Umbruch, keine Aufsprengung alter Sichtweisen, ohne dass der Brückenschlag zu Carl Schmitt gesehen und gesucht wird. Die machtpolitischen Lehren, die das Bonner Grundgesetz aus dem Scheitern der Weimarer Reichsverfassung gezogen hat (wie die Abschwächung der Stellung des Bundespräsidenten gegenüber dem Reichspräsidenten, den Verzicht auf die Direktwahl des Präsidenten und generell auf Plebiszite, die Einführung des konstruktiven Misstrauensvotums bei der Abwahl der Regierung und die rechtliche Verbindlichkeit der Grundrechte, namentlich des Gleichheitsprinzips), konnten als Antworten auf »Sollbruchstellen« der Weimarer Verfassung verstanden werden, die Carl Schmitt schonungslos zu deren Zerstörung offengelegt hatte; die Wurzeln der Europäischen Idee[23] wurden in seinen Großraumvorstellungen aus den frühen 1940er Jahren der NS-Zeit gesehen,[24] der implodierende Ost-West-Gegensatz machte einer vorübergehenden Konjunktur seiner Reichsidee Platz,[25] der Terrorismus schien sich in der Theorie des Partisanen zu spiegeln,[26] seine Bekämpfung in der Militärdoktrin von George Bush erinnerte viele an die Freund-Feind-Erklärung in seinem »Begriff des Politischen«, und seine völkerrechtliche Deutung von »Land und Meer«[27] wird wieder aufgefrischt im Zeitalter der globalen Hegemoniedebatten. In den Schlagzeilen der Politik nistet stets erneut Carl Schmitt. Damit bleibt er auf der Tagesordnung, auch wenn seine Agenda, der Bürgerkriegsstaat der ersten Hälfte des 20. Jahrhunderts, schon lange passé ist.

## Literatur

Altmann, Rüdiger (1973): »Staatsdenker mit linken Epigonen. Carl Schmitt – ein fruchtbares Ärgernis«, in: Deutsche Zeitung v. 6. 7. 1973.

Assheuer, Thomas (2001): »Geistige Wiederbewaffnung«, in: Die Zeit v. 15. 11. 2001.

Balibar, Etienne (2003): »Internationalisme ou barbarie«, in: Solidarité Nr.30/2003.

Barion, Hans, Böckenförde, Ernst-Wolfgang, Forsthoff, Ernst, Weber, Werner (Hg.) (1968): *Epirrhosis. Festgabe für Carl Schmitt*, Berlin.

Blasius, Dirk (2001): *Carl Schmitt. Preußischer Staatsrat in Hitlers Reich*, Göttingen.

Böckenförde, Ernst-Wolfgang (1984): »Ordnungsdenken, konkretes«, in: Ritter, Joachim, u. Gründer, Karlfried (Hg.), *Historisches Wörterbuch der Philosophie*, Bd. 6, Basel, Sp.1312 ff.

Gross, Raphael (2000): *Carl Schmitt und die Juden*, Frankfurt/M.

Habermas, Jürgen (1987): »Die Schrecken der Autonomie. Carl Schmitt auf englisch«, in: ders.: *Eine Art Schadensabwicklung*, Frankfurt/M.

Habermas, Jürgen (1994): *Faktizität und Geltung*, Frankfurt/M.

Habermas, Jürgen (2004): *Der gespaltene Westen*, Frankfurt/M.

Koenen, Andreas (1995): *Der Fall Carl Schmitt. Sein Aufstieg zum »Kronjuristen des Dritten Reiches«*, Darmstadt.

Maschke, Günter (1988): »Die Zweideutigkeit der ›Entscheidung‹ – Thomas Hobbes und Juan Donoso Cortés im Werk Carl Schmitts«, in: Quaritsch 1988, S. 193 ff.

Maus, Ingeborg (1980): *Bürgerliche Rechtstheorie und Faschismus. Zur sozialen Funktion und aktuellen Wirkung der Theorie Carl Schmitts*, München.

Maus, Ingeborg (1983): »›Die Zäsur‹ von 1933 in der Theorie Carl Schmitts«, in: Redaktion Kritische Justiz (Hg.): *Der Unrechts-Staat. Recht und Justiz im Nationalsozialismus*, Baden-Baden 1983, S. 47 ff.

Meier, Heinrich (1994): *Die Lehre Carl Schmitts*, Stuttgart.

Mohler, Armin (1988): »Carl Schmitt und die ›Konservative Revolution‹«, in: Quaritsch 1988, S. 129 ff.

Münkler, Herfried (1984): »Carl Schmitt und Thomas Hobbes«, in: Politische Vierteljahrsschrift 1984, S. 352 ff.

Münkler, Herfried (1987): »Die politischen Ideen der Weimarer Republik«, in: Iring Fetscher/Herfried Münkler (Hg.): *Pipers Handbuch der politischen Ideen*, München u. Zürich, Bd. 5, S. 283 ff.

Münkler, Herfried (1990): »Carl Schmitt in der Diskussion«, in: Neue Politische Literatur 1990, S. 289 ff.

Neumann, Volker (1980): *Der Staat im Bürgerkrieg. Kontinuität und Wandlung des Staatsbegriffs in der politischen Theorie Carl Schmitts*, Frankfurt/M. u. New York.

Neumann, Volker (1981): »Verfassungstheorien politischer Antipoden: Otto Kirchheimer und Carl Schmitt«, in: Kritische Justiz H. 3/1981, S. 215 ff.; Nachdruck in: Redaktion Kritische Justiz (Hg.) (1984): *Der Unrechts-Staat Bd. II. Recht und Justiz im Nationalsozialismus*, Baden-Baden.

Neumann, Volker (1984): »Kompromiß oder Entscheidung? Zur Rezeption der Theorie Carl Schmitts in den Weimarer Arbeiten von Fanz L. Neumann«, in: Joachim Perels (Hg.): *Recht, Demokratie und Kapitalismus. Aktualität und Probleme der Theorie Franz L. Neumanns*, Baden-Baden 1984, S. 65 ff.

Neumann, Volker (1984): »Schatten und Irrlichter. Zur Neuauflage der Schrift von Carl Schmitt: Der Leviathan in der Staatslehre des Thomas Hobbes (1938)«, in: Leviathan 1984, S. 28 ff.

Neumann, Volker (1984): »Schatten und Irrlichter. Zur Neuauflage der Schrift von Carl Schmitt: Der Leviathan in der Staatslehre des Thomas Hobbes (1938)«, in: Leviathan 1984, S. 28 ff.

Neumann, Volker (1988): »Die Wirklichkeit im Lichte der Idee«, in: Quaritsch 1988, S. 557 ff.

Preuß, Ulrich K. (2007): »Souveränität – Zwischenbemerkungen zu einem Schlüsselbegriff des Politischen«, in: Tine Stein, Hubertus Buchstein, Claus

Offe (Hg.): *Souveränität, Recht, Moral,* Frankfurt/M. u. New York 2007, S. 313 ff.

Quaritsch, Helmut (Hg.): *Complexio Oppositorum. Über Carl Schmitt,* Berlin 1988.

Schmitt, Carl (1916): *Theodor Däublers ›Nordlicht‹. Drei Studien über die Elemente, den Geist und die Aktualität des Werkes,* München.

Schmitt, Carl (1933): »Die deutschen Intellektuellen«, in: Westdeutscher Beobachter v. 31. 5. 1933.

Schmitt, Carl (1934): »Der Führer schützt das Recht«, in: Deutsche Juristen-Zeitung v. 1. 8. 1934.

Schmitt, Carl (1934): *Politische Theologie. Vier Kapitel zur Lehre von der Souveränität,* 2. Aufl., München u. Leipzig.

Schmitt, Carl (1936): »Kampf der deutschen Rechtswissenschaft gegen den jüdischen Geist«, in: Deutsche Juristen-Zeitung 1194.

Schmitt, Carl (1939): »Großraum gegen Universalismus. Der völkerrechtliche Kampf um die Monroedoktrin«, in: Zeitschrift der Akademie für Deutsches Recht, 1939, S. 333–337.

Schmitt, Carl (1940): »Reich und Raum. Elemente eines neuen Völkerrechts«, in: Zeitschrift der Akademie für Deutsches Recht, 1940, S. 201–201.

Schmitt, Carl (1942): »Staatliche Souveränität und freies Meer. Über den Gegensatz von Land und See im Völkerrecht der Neuzeit«, in: Theodor Mayer u. Walter Platzhoff (Hg.): *Das Reich und Europa,* Leipzig, S. 91 ff.

Schmitt, Carl (1963): *Theorie des Partisanen. Zwischenbemerkung zum Begriff des Politischen,* Berlin.

Seiberth, Gabriel (2001): *Anwalt des Reiches. Carl Schmitt und der Prozess »Preußen contra Reich« vor dem Staatsgerichtshof,* Berlin.

Seifert, Jürgen (1985): »Theoretiker der Gegenrevolution – Carl Schmitt (1888–1985)«, in: Kritische Justiz H. 2/1985, S. 193 ff.

Voigt, Rüdiger (Hg.) (2007): *Der Staat des Dezisionismus. Carl Schmitt in der internationalen Debatte,* Baden-Baden.

## Anmerkungen

**1** Zu Böckenförde, Mohler und Quaritsch vgl. Quaritsch 1988; die Festgabe für Carl Schmitt (zum 80. Geburtstag), *Epirrhosis,* gaben heraus: Hans Barion, Ernst-Wolfgang Böckenförde, Ernst Forsthoff und Werner Weber; zu Rüdiger Altmann vgl. Altmann 1973.

**2** Kritisch noch ders. 1985: 25: »Wem die liberale, das heißt: Die freiheitliche Demokratie im Herzen liegt, der braucht Carl Schmitt nicht.« Dass Maschke in diesem Text die Rechtfertigung der NS-Morde vom Sommer 1934 durch

Carl Schmitt (1934a) als »Kunstwerk äußerster und halsbrecherischer Vieldeutigkeit« bezeichnet, wird von Jürgen Seifert (1985) zu Recht als verharmlosend vermerkt. In die gleiche Richtung geht die Kritik bei Volker Neumann gegen das Nachwort des (Neu-)Herausgebers Maschke in Neumann (1984: 28 ff., 32); vgl. dazu auch Habermas 1987: 103 ff., 108; deutlich wird die Hinwendung zu Positionen Carl Schmitts bei Maschke 1988: 193 ff. – hatte er nun vollends, wie Habermas (1987: 103 ff., 108) ihm vorhält, »seine politische Libido von Fidel Castro abgezogen und auf Carl Schmitt verschoben«?

**3** Eindeutig kritisch noch Neumann 1981: 215 ff.; Neumann 1980; Neumann 1984a: 65 ff. Einen objektivierenden Standort (»sachliche Auseinandersetzung mit Schmitts Werk«; »unbefangene Annäherung«) mahnt er an in seiner Abhandlung 1984b: 28 ff.; ähnlich Neumann 1988: 557 ff., insbes. 568 ff.

**4** Dezidiert kritisch Münkler 1987: 283 ff.; deutlich um wissenschaftlich objektivierende Sicht bemüht dagegen sind die Beiträge Münkler 1984: 352 ff. und Münkler 1990: 289 ff.

**5** Habermas 1987: 103 ff.; Habermas hat sich seitdem immer wieder betont kritisch mit Carl Schmitt auseinandergesetzt, vgl. z. B. Habermas 1994: 226 ff., 296 f., 555 f.; Habermas 2004: 11 ff., 26.; 85 ff., 103 f., 104: »Nun, dieser abstruse Begriff des Politischen muss uns nicht mehr beschäftigen.«

**6** Assheuer 2001.

**7** Vgl. Maus 1983: 47 ff.; Maus 1980.

**8** Vgl. den Nachruf auf Carl Schmitt von Seifert 1985: 193 ff.

**9** Diese versammelt der soeben erschienene Band von Rüdiger Voigt (2007).

**10** Koenen 1995: 19; ähnliche Selbststilisierungen prägen den Rechtfertigungsversuch seiner Rolle im Nationalsozialismus: »Ich bin der letzte, bewusste Vertreter des jus publicum Europaeum ... und erfahre sein Ende so, wie Benito Cereno die Fahrt des Piratenschiffs erfuhr«, als tödlich bedrohte Geisel (das Zitat ist aus: *Es captivitate salus. Erfahrungen der Zeit 1945/1946*, Köln 1950, S. 75); die Anspielung auf die Figur des Benito Cereno ist einer Erzählung von Herman Melville (*Benito Cereno*, 1855; dt: 1983) entlehnt; zur Deutung dieser Zurückweisung jeglicher Verantwortung für die nationalsozialistische Großraumpolitik in Europa vgl. Koenen, 1995: 823 ff.; Seifert 1985: 364; Habermas 1987: 103 ff., 108.

**11** Näher dazu Koenen 1995: 29 ff.

**12** Vgl. Details bei Koenen 1995: 88 ff., 363; zum »Dorotic-Skandal« vgl. ebd.: 85 ff.

**13** Daran erinnert Preuß 2007: 313 ff., 314.

**14** Treffend Habermas 1987: 103 ff., 109: »Man wollte damals mit dem Verlust der Aura nicht fertig werden, konnte sich aber mit dem banalisierenden Geschäft eines parteiendemokratisch beherrschten Verwaltungsstaates nicht abfinden. Einerseits war man zynisch geworden, und durchschaute das bloß Mechanische des Betriebs; andererseits sollten gegen ihn die Substanz und das Geheimnis der verwitterten Souveränität erneuert werden – und sei's durch den Akt einer unerhörten Exaltation. Diese vage Sehnsucht konnte ein Carl Schmitt befriedigen, der aus derselben Generationserfahrung schöpfte wie Martin Heidegger, Gottfried Benn und noch Ernst Jünger. Sie alle trafen mit ihren preudorevolutionären Antworten diese Sehnsucht nach dem ganz Alten im ganz Anderen – und immer lief sie auf das Alte hinaus ...«

**15** Vgl. aus neuerer Zeit nur: Blasius 2001; Seiberth 2001; Gross 2000; Assheuer 2001.

**16** Vgl. hierzu seinen Artikel »Die deutschen Intellektuellen«, in: Westdeutscher Beobachter v. 31. 5. 1933; dazu Koenen 1995: 357 ff.

**17** So die Analyse dieser in seiner Schrift »Über die drei Arten des rechtswissenschaftlichen Denkens« von 1933/34 entfalteten Denkfigur bei Maus 1980: 131 ff.; eine überraschend positive Bewertung des »konkreten Ordnungsdenkens« als Brückenschlag zwischen abstraktem Normativismus und grundlosem Dezisionismus enthält der Beitrag von Böckenförde 1984: 1312 ff.; dies hebt vor allem Mohler 1988: 149 ff. affirmativ hervor.

**18** Letzter Sekretär dieser 1919 gegründeten Partei war übrigens Alcide De Gasperi (vgl. Koenen 1995: 571), einer der Ahnherren der Europäischen Union. Carl Schmitt fand seine ideologische Zugehörigkeit zu den katholischen Kreisen in der »konservative(n) Revolution« des Moeller van den Bruck und dem »Abendland-Kreis«, vgl. Koenen 1995: 173 ff., 178 ff.

**19** Maschke 1988: 193 ff., 202.

**20** Mohler 1988: 129 ff.

**21** Vgl. zu dieser Periode der allmählichen »Kaltstellung« von Carl Schmitt im Jahr 1936 die ausführliche Darstellung bei Koenen 1995: 651 ff., 694 ff.; nach Koenen handelt es sich hierbei um eine aus Kreisen der SS (repräsentiert durch den Heydrich-Schützling, einflussreichen Juristen und ehemaligen Kollegen von Carl Schmitt an der Berliner Handelshochschule, Karl August Eckhardt) vorgetragene Attacke gegen die nach 1933 an die Macht gekommene konservative juristische Funktionselite.

**22** Zu dieser Deutung vgl. Koenen 1995: 406 u. 24, Fn. 158; Meier 1994: 187 ff.

**23** Ihre Realisierung wurde, so scheint es in Nachhinein, erst ermöglicht durch das Zusammenspiel des um Preußen und Luther »halbierten« Deutschlands (und den von Adenauer repräsentierten »rheinischen Kapitalismus«) mit Frankreich (Robert Schumann) und Italien (De Gasperi). Es scheint kein Zufall, dass es sich bei diesen Staatsmännern der Römischen Verträge um katholische Staatsmänner der 20er Jahre, z. T. sogar um Repräsentanten der katholisch-konservativen »Revolution« (so R. Schumann) handelt (zu Robert Schumann vgl. Koenen 1995: 33, 35, 41, 134, 137, zu de Gasperi ebd., S. 571). Antizipiert wird diese Idee einer Einigung Europas auf der Basis des – von Bismarck als »ultramontan« verfemten – politischen Katholizismus bereits im Roman von Strindberg, *Am offenen Meer* (dt. Leipzig 1981: 180f.): »Der Katholizismus, das Erbe der Römer, der erste Ideenträger des Europäismus, hatte seinen Siegeszug durch Europa angetreten. Bismarck hatte Schiffbruch erlitten mit seinem Kulturkampf, ... Das Luthertum, das war der Feind ... Europa sollte wieder vereint werden, und der Weg des Volkes ging über Rom, der Weg der Intelligenz über Paris: Der schwedische Bauer sollte sich wieder als Weltbürger fühlen und aus seiner untergeordneten Stellung heraustreten, er sollte jenen Schimmer einer Kultur der Schönheit zurückbekommen, den die Kirche früher in Bildern und Tönen so herrlich verbreitet hatte ...«

24 Vgl. Schmitt 1939: 333–337.
25 Vgl. Schmitt 1940: 201–201.
26 Vgl. Schmitt 1963.
27 Vgl. Schmitt 1942: 91ff.

# IV

# Abschied vom universellen Intellektuellen

# Foucault – oder: Was das subjektlose Denken vom Intellektuellen übrig ließ

*Leo Farwick*

## Einleitung – Die wissenschaftlich-biographische Disposition Foucaults

Es sei ein »unsystematisches, unabgeschlossenes Werk« schreibt
Die Zeit (11/07) und gibt damit nicht nur die werkhistorische Einschätzung, sondern auch – ohne es zu wissen oder zu intendieren –
eine Vorwegnahme wissenschaftlichen und biografischen Selbstverständnisses Michel Foucaults. Dieses Konzept von fast intuitivem
Herangehen an die Welt, die wissenschaftliche Aneignung derselben, beinhaltet bereits Foucaults grundsätzliche Disposition zum
Begriff des Intellektuellen. Foucault oder der Intellektuelle, der allen Widerständen zum Trotz und über unvollständige epistemische
Grundlagen und durchaus vorhandene Aporien hinweg seine fundamentale Kritik an Gesellschaft, Wissenschaft und Mensch vor-
bringt, um sie danach fortlaufend öffentlich zu verteidigen.
Wie kommt es, dass der Eliteschüler und gelernte Psychologe Foucault zu einem zentralen Kritiker von Wissenschaft (und Gesellschaft) im Frankreich der 60er und 70er Jahre des 20. Jahrhunderts
wird, mit seinem als poststrukturalistisch bezeichneten Ansatz, und
einer der ausschlaggebenden Intellektuellen neben und gegen Sartre
wird? Kann hier sein Jahrzehnte umspannender Werkkorpus als
Erklärungsgrundlage dienen? – Ja, aber das wäre zu kurz gegriffen,
denn zugleich gibt es eine reichliche Anzahl praktischer Einlassungen, seien sie politischer Natur, gesellschaftlicher Art oder aber
wissenschaftstheoretisch im Hinblick auf die für sein Werk wesent-

lichen drei Komponenten: Macht, Wissen und Subjekt. Hieraus gilt
es einen Foucault'schen Denkstil abzuleiten, der seine kritischen
Interventionen kennzeichnet und ihn in seinem spezifischen Idio-
lekt umschreibt und einordnet.

Michel Foucault, geboren 1926 in Poitiers, studierte von 1946 bis
1952 Psychologie, Psychopathologie und Philosophie (u. a. bei Al-
thusser), abgeschlossen mit einer ›aggregation‹ in Philosophie und
dem Diplom in Psychologie, und durchlief verschiedene Stationen
(Uppsala, Warschau, Hamburg) bevor er, im Bereich der Psychoanalyse, mit seiner Einleitung zur französischen Ausgabe von Ludwig Binswangers Text *Traum und Existenz* 1954 im französischen
Wissenschaftsbetrieb in Erscheinung tritt. In dieser, den Haupttext
um das doppelte seiner Länge überschreitenden Einleitung werden
die Weichen gestellt für den Foucault, der sich fortan mit der Konstitution von gesellschaftlichen Macht- und Herrschaftsverhältnis-
sen aufgrund einer sprachlichen Pathologisierung bestimmter Verhaltensweisen beschäftigt und sie im weiteren Verlauf seiner Arbeiten in archäologischer und genealogischer Weise, anhand von
Sprache und deren Genese und Gebrauch analysiert. Augenfällig ist
in dieser frühen Phase ein noch stark subjektorientierter Bezug, der
nach seinem völligen Negieren (Foucault 1974: 460) in den Arbeiten der 60er und 70er Jahre erst wieder in den 80er Jahren, beim
»späten« Foucault, zum Vorschein kommt.
Der »frühe« Foucault schreibt in seiner »these principale« (1962 in
stark überarbeiteter Version als »Wahnsinn und Gesellschaft« in
Frankreich veröffentlicht) die Betrachtung von Krankheit, Störungen des Bewusstseins oder des Bewusstseins selbst als zeitlose Ob-
jektivitäten ab und geht in Anlehnung an die Psychoanalyse Lacans
dazu über, den Wahnsinn als einzigen residuellen Freiraum des
Subjekts zu skizzieren, wie es später in seinen Arbeiten zu Hölder-
lin und Novalis deutlich wird. Dieser Wahnsinn ist es, der den
vorsprachlichen, nicht getrennten *degré zéro* subjektiven Seins markiert, denn mit dem Einsetzen der ›Vernunft‹ entsteht ein Reglement
der Unterscheidung zwischen Innen und Außen, dem Adäquaten

und Pathologisierten, das (da zwangsweise von allen Gesellschaftsteilnehmern übernommen) die absolut freie Entscheidung verunmöglicht. Hierin liegt von vornherein die Absage an die Subjektphilosophie, Dialektik und Semiotik begründet, die, so Foucault, nicht strukturanalytisch nach Vorsprachlichem und Machtkonstituierendem in der Anlage von Sprachsystemen fragen. Es ist eine stete, theoriebezogene Angst Foucaults vor dem (sprachtheoretisch) Signifikanten zu erkennen, indem er das Subjekt als von der Sprache, somit von außen her konstruiert sieht; damit existiert ein Unbewusstes neben dem Bewussten und kein einheitliches, zentriertes und bewusstes Sprachsubjekt. Es wird, in Anlehnung an Blanchot, das »Denken von Außen« gefordert (Wunderlich 2001: 173). Die Bewegung der Sprache selbst, ihr diskursiver Umgang mit Nichtdiskursivem, führt für Foucault dazu, dass »das Subjekt, das sprechende *Ich*, sich teilt, sich auflöst, sich zerstreut und in diesem leeren Raum vollends verschwindet« (Foucault 2001: 462).

Um das zu begreifen, muss man Foucault im werkgeschichtlichen Spagat betrachten, denn – wie sich mit der *Geburt der Klinik* (Foucault 1973) herausstellt – der Psychologe, Philosoph und Wissenschaftskritiker Foucault gelangt hier zu seinem originären Untersuchungstopos, der seine Wurzeln in verschiedensten Quellen hat. Die Linguistik Saussures, die Psychoanalyse Lacans, die Philosophie Nietzsches und Heideggers, die Arbeiten der französischen Strukturalisten und nicht unerheblich die Geschichte, besonders die der Medizin und Psychopathologie (hier ist der Mediziner Bichat zu nennen) bieten die Grundlage für das, was mit der *Archäologie des Wissens* (Foucault 1969) sich als Diskursanalyse manifestiert. Ein poststrukturalistischer, auf Sprachwissenschaften aufbauender, analytischer Ansatz, der Sprache (z. B. das Verhältnis und Wirken von Signifikant und Signifikat) sowohl topologisch, aber besonders historisch untersuchen will. Und zwar dahingehend, dass diese Konstellation in Form von ›Diskursen‹ untersucht wird, wobei der hermeneutische Part nunmehr lediglich darin besteht, den »Rest des Denkens« (Foucault 1973: 14) zu suchen. Aber – und das ist

das spezifisch Neue, das Foucault'sche Paradigma Ausmachende –
nicht durch die kommentierende Art des Umgehens mit dem Wort,
sondern durch die Hinzunahme der zeitlichen Tiefendimension, um
somit die Entwicklung der Signifikantenkette aufzuzeigen. Aussagen untersucht Foucault fortan als systembildende, historische Einheiten und entfernt sich von der Saussure'schen, klassischen Linguistik. Phillipp Sarasin stellt als Paten für diesen sich stark vom
Strukturalismus entfernenden Ansatz nicht Nietzsche (oder Raymond Roussell), sondern den Anatomen Xavier Bichat (Sarasin
2005: 68) heraus.

Foucault hat sich formiert, und in *Die Ordnung der Dinge* (Foucault 1966) fokussiert er nochmals seinen Erkenntnisgegenstand,
den er »episteme« nennt: die determinierende Erkenntnislogik, die
Ordnung von Wissen zu einem gegebenen Zeitpunkt. Damit einhergehend eröffnet er ein neues Feld im wissenschaftlichen Diskurs, indem er sich als Antihegelianer, somit folgerichtig als Antimarxist profiliert, eine alternative Linke konstatiert und sich des
Weiteren mit seinem verkündeten »Tod des Menschen« (Foucault
1966: 462), dem nichtexistenten Subjekt als Antipode zu (humanistischen) Intellektuellen wie Sartre etabliert. Er ist der ›antihumanistische‹ Intellektuelle, wie er polemisierend genannt wird,
bleibt aber seinen Interessen treu und tritt seine erste Professur in
Tunis an (1966–68).

Im 1975 erscheinenden *Überwachen und Strafen* ist dann der voll
erblühte Intellektuelle Foucault in aller Munde. Und zwar im wissenschaftlichen, politischen und ethischen Betrieb. Er ist Professor
für die »Geschichte der Denksysteme« (seit 1970) am Collège de
France, agitiert, kritisiert und interveniert, während er die »Leute
von der Federhalterfraktion« (Foucault 2003: 144) als zu textgläubig abtut. Alle gängigerweise auf den Intellektuellen attribuierten
Merkmale sind hier evident und kulminieren im Fall Foucault sogar dergestalt, dass Werkbiografie und Lebens- bzw. Intellektuellenbiografie in eins fallen. Um zu klären, warum dies so war, ist es
notwendig, den kritischen Schritt von Archäologie zu Genealogie
in der Arbeit Foucaults genauer zu betrachten.

Nach seiner Auseinandersetzung mit den vorgegebenen Formationen von Sprache, die das Individuum vorgängig formen, es quasi in ein enges Korsett zwängen und so Vorbedingungen für die Formung von Mensch (als Begriff) und Subjekt (als erkenntnistheoretischer Instanz) sind, steht Foucault an dem Punkt, an dem er sagen kann, dass dies diskurs-historische Entwicklungen waren – zusammenfassend, fast abschließend erklärt in *Die Archäologie des Wissens* (1969). Hier entwickelte er aus dem zuvor verwendeten Begriff »episteme« den Dispositiv-Begriff, anhand dessen Diskurse nun systemisch auf die »Grenzen des Sagbaren« (Foucault 2001: 40) hin untersucht und als historische Formationen verstanden werden, die das Wissen strukturell ordnen. Offen benannte Quelle für die Entwicklung von Diskursbegriff und Diskursanalyse ist für Foucault hier Ernst Cassirer, dem er es verdankt, Denken und Kultur nicht länger psychologisch zu fassen (hier wird sein Abschied vom bereits erwähnten Wahnsinn als theoriefundierender Kategorie deutlich), sondern als Gewebe aus Gedanken, Worten, Aussagen, Thesen und letztlich eben Diskursen, die in ihrer Spezifik, ihren Topoi und ihrer Geschichte zu untersuchen sind.

Ausgehend von Nietzsches Frage »Wer spricht?« erstellt Foucault ein Bezugssystem anonymen Denkens und Sprechens, in dem Aussagen und Ereignisse nicht subjektgebunden, ganz im Gegenteil, subjektlos sind. Er bleibt Antihermeneut, erteilt einem Hegel'schen Verständnis eines metaphorisch begründeten und subjektgebundenen Sinnzusammenhangs eine Absage. Für ihn ist die Ordnung des Diskurses kontingent und mitnichten in einer (metaphysisch fußenden) Geschichtsordnung begründet. Sie ist nur mehr anonyme Konfiguration von Aussagemustern, deskriptiv und nicht etwa normativ. Die Sinnfrage ist nicht länger die geschichtsphilosophische nach dem »Dahinter« oder »Darunter«, sondern die Frage nach den materiellen und diskursiven Strukturen, die die Aussage (énoncé) bedingen. Warum wurde im Mittelalter die Syphilis als Gottesstrafe bezeichnet, während sie heute als Krankheit betrachtet wird, die mit zu verurteilender Promiskuität verbunden ist? Solche Fragestellungen kennzeichnen die Foucault'sche Diskursanalyse.

Als Nächstes widmet sich Foucault der Machtfrage, denn die »Gewalt der Interpreten als genealogischer Wurzel aller Zeichen« (Sarasin 2005: 118) lässt ihn vom formalen sprachanalytischen Denken zum inhaltlichen, machtanalytischen übergehen. Das Werden der Menschheit, nichts Geringeres ist sein Gegenstand, interpretiert er nun, in Rekurs auf Nietzsche und in Ablehnung einer metaphysischen Tradition (Hegel), als eine Abfolge von Interpretationen, deren Historie die Genealogie ist. Die Macht wird ausgeübt oder erlangt durch die ListGewalt, sich interpretatorisch eines Regelsystems zu bemächtigen. So kann die Genealogie die Kontingenz historischer Regelsysteme aufzeigen, jedweden Nimbus dekonstruieren und die Wesenheit alles Gegebenen als durch eine »Logik der Schlacht« (Sarasin 2005: 121) Entstandenes betrachten.

Bis hierher ein kurzer Abriss der werkgeschichtlichen Theorieentwicklung Foucaults, der noch nichts zu seiner Einschätzung des Intellektuellen, geschweige denn seinem konkreten Eingreifen in relevante öffentliche Debatten aussagt. Nichtsdestoweniger kann das Bisherige als Grundlage dienen, das Selbstverständnis eines Menschen (und dieser Begriff muss später noch diskutiert werden) zu beschreiben, den zeitlebens die Frage nach der Entstehung bestehender Ordnung, Sinngenese und einem Ausweg aus Leidenszusammenhängen umtrieb: zu sagen, was falsch ist, aus der Perspektive eines Außen, die nur durch extreme Reformulierung wissenschaftlicher Position und fast exzessive biografische Hingabe zu erreichen war. Im Folgenden also eine Betrachtung von Foucaults Einschätzung des Intellektuellen als Sozialfigur.

### Einlassungen zum Intellektuellen

Wenn also der Diskurs hierarchisch Macht und Wissen konstituiert und ›Wahrheit‹ produziert, sich systematisch abgrenzt, ein Innen und Außen absticht, dem Individuum bis ins Innerste vorschreibt, was es ist und zu sein hat, wie ist dann darin ein Intellektueller zu verorten? Lediglich als eine von vielen ›diskursiven Planstellen‹, die im Netz von Aussagen ebenso gefangen, vorgeformt und somit machtlos ist wie alle anderen, oder aber verbleibt eine residuelle Widerständigkeit jenseits allumfassend erscheinender Machtbeziehungen?

Nun, zunächst ist festzuhalten, dass gewöhnliche Intellektuellendefinitionen nicht auf Foucault anzuwenden sind, der schon vorab solche Kategorisierungen (wie organischer oder öffentlicher Intellektueller) als Unterwerfung unter die Macht des Diskurses abtun würde. Es gibt eine konkrete Beschreibung des Intellektuellen, in der Foucault dessen Wandel beschreibt und ihn neu verortet, was aber immer noch als diskursbestimmt angesehen werden muss. Zudem ist die Kategorie ›Intellektueller‹ nie ein integraler Bestandteil seiner Arbeit gewesen und daher nur kursorisch expliziert.

In *Dispositive der Macht* (Foucault 1978) sieht sich Foucault mit der Frage konfrontiert, wie die intellektuelle Praxis aussehen muss, um jenseits der Position eines ›maître‹ der Wahrheit oder jenseits von Partei- oder Klassenzugehörigkeit zu wirken. Er konstatiert zweierlei: Der Intellektuelle war ursprünglich Träger einer universellen Wahrheit, die er repräsentierte und als ebensolcher aussprach. Er war ein Linksintellektueller, der das Proletariat auf allgemeiner Ebene vertrat, in eben »ihrer bewußten, artikulierten Form« (Foucault 1978: 44). Diesen moralisch, theoretisch und politisch motivierten Typus nennt Foucault den »universellen Intellektuellen« (1978: 45). Die zweite Aussage ist, dass dieser ›universelle Intellektuelle‹ nun von einem »spezifischen Intellektuellen« (1978: 45) abgelöst wurde, der sich zwar auf den gleichen Handlungsimpetus beruft wie der ›universelle‹, aber nicht länger den eines universellen oder exemplarischen hat. Die realen materiellen Kämpfe in den ›kleinen‹ Lebenszusammenhängen des Alltags sind der neue Schauplatz intellektuellen Wirkens, die sich aber, analog zur gesellschaftlichen Gesamtsituation, mit Konzernen, Justiz oder Polizeimacht etc. befassen; schlicht und einfach, weil in der an Komplexität immer weiter zunehmenden Welt solche ›kleinen‹ Konfrontationen sich häufen.

Mit dieser Umdeutung geht für Foucault einher, dass der universelle Intellektuelle als ultimatives freies Subjekt demontiert werden kann, dessen Idealform bisher der ›Schriftsteller‹ war. Diese »Schwelle der Schrift« (1978: 45) fällt nun weg, Politisierung und konkrete Auseinandersetzung mit Problemen sind in die spezifischen Zuständigkeitsbereiche der Individuen verlagert, von wo aus sich nun (intellektuelle) Querverbindungen dieser ›Nischenintellektuellen‹ ergeben können. Die ikonografische Figur eines sakrosankten ›Großintellektuellen‹ mit quasi messianischer Botschaft und Wirkung ist hiermit historisch überkommen, und es kommt ein Intellektueller, gleichsam von unten, dessen mögliche Breitenwirkung in der Bildung von Netzwerken des Widerstands gegen Macht, Kapital usw. liegt. Eine fundamentale Wendung um 180 Grad, die eine ›Aufklärung‹ von unten oder aus der Nische beschreibt und nicht von oben herab.

Foucault nennt den Professor und die Universität als die bevorzugten »Kreuzungspunkte« (1978: 45) von Wissen und Wahrheit, und die Flut von theoretischen Schriften der 1960er Jahre bezeichnet Foucault daher als den »Schwanengesang« (1978: 46) der Schriftsteller, den abdankenden Geistesuniversalisten, die theoretisch blieben und sich theoretisch absichern mussten, indem sie sich »ihre Bezüge auf Seiten Saussures oder Chomskys suchte[n]« (1978: 46). Das Ergebnis war, so Foucault, auf Seiten des Schriftstellers eine (intellektuelle) Mittelmäßigkeit.

Historisch war dieser alte, universelle Intellektuelle entstanden aus der Aufklärung, dessen Archetyp der Jurist war und der gegen Macht, Despotismus und Missbrauch anging, mit dem Selbstverständnis von universeller Gerechtigkeit und einer Idee von idealem Gesetz. »Was von Vernunft und von Natur aus gerecht ist, um das, was universell gelten kann und muß« (1978: 46), darum und nicht weniger ging es diesem Typus vom 18. bis in die Mitte des 20. Jahrhunderts. Voltaire ist hier der französische Prototyp eines solchen aufgeklärten Juristen, der politisch interveniert und in schriftstellerischer Form Bedeutungen und Werte transportiert, sich somit als Identifikationsfigur anbietet, die als letzte Instanz in der Lage ist, das gesamtgesellschaftlichen Selbstverständnis zu transzendieren.

Dem nun konstatierten ›spezifischen Intellektuellen‹ ordnet Foucault archetypisch Darwin und seine Evolutionstheorie zu, die er vor allem auf die Soziologie, Kriminologie, Psychiatrie und Eugenik direkt Einfluss nehmen sieht. Im Namen einer partikularen wissenschaftlichen Wahrheit gibt es die Eingaben von ›Experten‹, die aus ihrem fachspezifischen Horizont heraus politisch intervenieren. Die entsprechende Übergangsfigur liefert Foucault gleich mit: Es sei Émile Zola, der doch eigentlich erst den Neologismus *intellectual* einführte und doch schon seine diskursive Praxis mit »nosologischen und evolutionistischen Bezügen überlädt« (1978: 48). Biologie und Physik sind die Ursprünge für die neue Gestalt, die sich im Zuge der Ausweitung wissenschaftlich-technischer Strukturen so weit herausformt, dass jetzt nicht mehr der »geniale Schriftsteller«, sondern der »absolute Wissenschaftler« dasteht. Er ist nun nicht länger »Sänger der Ewigkeit, sondern Stratege des Lebens« (1978: 49), dessen Anspruch auf Gehörtwerden in seiner singulären Profession begründet liegt. Der gesamtgesellschaftliche Diskurs ist naturwissenschaftlich-technisch beeinflusst, und Macht und Wissen nehmen ihren direkten Bezug dazu.

Hier führt Foucault die besondere Wirkung *wahrer Diskurse* an. Der Wissenschaftler als Fachmann besetzt im Diskurs eine gewisse Machtposition, wobei es unwichtig ist, ob und wie er institutionell eingebunden ist, und aus dieser heraus generiert er Wahrheit »von dieser Welt; in dieser wird sie aufgrund vielfältiger Zwänge produziert, verfügt sie über geregelte Machtwirkungen. Jede Gesellschaft hat ihre eigene Ordnung der Wahrheit, ihre allgemeine Politik der Wahrheit: d. h. sie akzeptiert bestimmte Diskurse, die sie als wahre Diskurse funktionieren lässt ...« (1978: 49), und »es gibt einen Status für jene, die darüber zu befinden haben was wahr ist und was nicht« (1978: 51).

Solche Produktion von Wahrheit unterliegt einem Muster der Macht, Politik genannt, das in fünf Bereiche aufgeteilt ist: a) Wahrheit ist um den wissenschaftliche Diskurs und seine angehörigen Institutionen zentriert; b) sie ist legitimatorisch der Ökonomie und der Politik verpflichtet (also der Produktion von Wahrheit und dem

Erhalt von Macht); c) sie zirkuliert über den gesamten sozialen Körper, wird verbreitet und konsumiert; d) ihre Produktion und Distribution unterliegt nahezu vollständig der Kontrolle politischer und ökonomischer Apparate (Universität, Armee, Medien etc.); e) sie ist der Einsatz in Auseinandersetzungen und ideologischen Kämpfen (1978: 52).

In solchen Funktionszusammenhängen des Wahrheitsdispositivs ist der spezifische Intellektuelle aufgehoben und nur durch drei Merkmale charakterisierbar: seine Klassenzugehörigkeit, seine Lebens- und Arbeitsbedingungen und durch die Funktionsmechanismen von Wahrheitsproduktion in der jeweiligen Gesellschaft. Ebendieser letzte Punkt lässt die Möglichkeit, noch einen gewissen Rest Universalismus zu wahren, nämlich das Aufdecken eines »Ensemble der Regeln, nach denen das Wahre vom Falschen geschieden wird« (1978: 53). Die Transferleistung des Intellektuellen hat sich also gewandelt – vom Universalismus und Normativismus, von Glaube und Ideologie hin zu einem Arbeiten in Teilbereichen des sozialen Ganzen, und die spezifische, intellektuelle Aufgabe besteht in einem Induktionsschluss: das manichäische Wirken von Sprache, geformt in Aussagen und Aussageregeln, zu erkennen, wenn möglich zu unterwandern, es aber zumindest aus diesem professionalisierten Bereich heraus zu einem Politikum zu machen.

Foucault ist sich bewusst, hier die Frage aufzuwerfen, ob Intellektueller damit nicht zur Berufsbezeichnung (Analytiker von Wahrheit/Macht) degradiert wird. Wenn er nicht länger den konkreten politischen Betrieb kritisiert, sondern auf einer Metaebene die Bedingungen dafür anhand der Begriffe Wahrheit und Macht aufs Korn nimmt, wo bleibt dann das über das Analytische hinausgehende Mehr, das ein spezifischer Intellektueller bieten kann? Die Antwort lautet trocken: »Kurz, die politische Frage ist nicht der Irrtum, die Illusion, das entfremdete Bewusstsein oder die Ideologie, sie ist die Wahrheit selbst« (1978: 54).

Und dass diese Suche nach Wahrheitsgenese Foucault am Ende zu einem Intellektuellen ganz eigener Spielart, ihn in seiner Konzeption doch wieder einer Anthropologie anheischig und ihn in letzter

Konsequenz zum Subjektphilosophen macht, das sollen die folgenden beiden Abschnitte aufzeigen.

### Foucaults Idealvorstellung intellektuellen Handelns

Foucaults Einstellung zum Leben, zur Wissenschaft und auch zum
Intellektuellen bleibt stets philosophisch. Sein »Wahrheitsverständ-
nis ist in enger Verbindung zu seiner Philosophie als praktisch-
politisches zu sehen« (Hauskeller 2000: 156), und sein Wahrheits-
relativismus richtet sich gegen das Denkmodell des Platonismus
und des monotheistisch-religiösen Denkens, das sich bis heute – in
säkularisierter Form – fortgesetzt hat. In dieser abendländischen
Grundierung liegt für ihn bereits das politische Verhältnis Regie-
render – Regierte begründet, das da sagt: Es gibt nur einen Gott,
eine Wahrheit, letztlich nur eine Art von (hierarchischem) Verhältnis von Individuen untereinander. Diese »Standortgebundenheit
des Denkens« (Hauskeller 2000: 156) bezieht sich ausdrücklich auf
die *Wissenschaften vom Menschen* und die praktische Philosophie.
Über sein gesamtes Wirken lässt Foucault sich nicht zu Seinsaus-
sagen oder Bestimmungen des Absoluten verleiten. Er empfiehlt
lediglich Strategien, macht bestehende, verborgene Funktionszu-
sammenhänge transparent, ohne aber je die ›Lösung‹ anzugeben.
Seine Art solch transitorischen, ja, vagabundierenden Denkens ist
unbequem in methodischer wie gelebter Umsetzung.
Wie ist in diesem Zusammenhang der Intellektuelle zu beschreiben? Was den Foucault'schen Intellektuellen ausmacht, ist, »die
Macht ohne den König zu denken« (Foucault 1977: 112). Die
Wahrheit, dass etwas objektiv so zu betrachten ist, wie es der Diskurs vorschreibt – als Regelsystem von möglichen Aussagen und
der Evozierung von Ereignissen –, dem sich zu widersetzen ist philosophisch, politisch und somit intellektuelles Programm für Foucault als Theoretiker der *Zwangssubjektivierung*. Denn die Macht
jeweiliger Wahrheiten zu verschiedenen Zeiten geht für ihn so weit,
dass er auch das Subjekt als im Rahmen dieser Bedingung vorge-

formt und konstruiert ansieht. Jedes Modell einer singulären Wahrheit ist für ihn ahistorisch und dekontextualisiert von seinen jeweiligen Bedingungen. Solchem Herangehen an Welt hält er sein agonales, oft amorph erscheinendes Denken entgegen, nicht um einem in seinen Augen Besseren zur Geltung zu verhelfen, sondern um das Andere, Nichtgesagte und Kontingente mitzudenken. »Man frage mich nicht, wer ich bin, und man sage mir nicht, ich solle der gleiche bleiben: das ist eine Moral des Personenstandes; sie beherrscht unsere Papiere. Sie soll uns freilassen, wenn es sich darum handelt zu schreiben« (Foucault 1969: 30). Er hofft, exemplarisch für seine Denkweise, auf eine Veränderung im Kleinen, im konkreten Zusammenhang und sich selbst betreffend. Eine grundlegende, planbare Veränderung des Ganzen ist für ihn unmöglich, da die unendlichen Querverbindungen im Machtgefüge nicht von einem Außerhalb der Gesellschaft betrachtet werden können. Somit sagt er: Das Ganze der Gesellschaft ist nicht erfassbar für das Individuum, sondern kann lediglich in seiner Funktionsweise begriffen werden (Regeln des Diskurses). Daraus ergibt sich für eine mögliche Kritik nur der lokale Zusammenhang von Arbeit, Politik, Wissenschaft – kurz: Wahrheitskonstruktion, mit der man konfrontiert ist – als Arbeitsfeld für den Intellektuellen. Das Aufdecken von bestimmten Verhältnissen und die Aufforderung, das Bewusstsein darüber in die Lebensgestaltung einzubeziehen, stellen spezifische Intellektualität dar. Foucaults krasses Beispiel dafür ist Oppenheimer, dessen spezifisches Wissen allein die Vernichtung der Menschheit in sich trug und der aus dieser Situation heraus agierte und den Umgang mit diesem Wissen öffentlich zur Debatte stellte.

Auf seine eigenen Beweggründe hin befragt, gibt Foucault auch noch eine Einschätzung seiner Motivation für intellektuelles Handeln. In diesem Interview, das er aus guten Gründen anonym – eben als *maskierter Philosoph* – gibt, negiert er zunächst die schiere Existenz des Intellektuellen. » ...[I]ch habe noch nie welche getroffen« (Foucault 2001a: 8), nur um dann näher darauf einzugehen, dass Intellektuelle als die Individuen beschrieben werden, die

Schuld haben. »Schuld an allem Möglichen: zu sprechen, zu schweigen, nichts zu tun, sich in alles einzumischen [...] Kurz, wo es um Rechtsfindung, Aburteilen, Verurteilen und Ausschließen geht, muß der Intellektuelle her« (2001a: 9). Er legt nicht fest, ob der Intellektuelle derjenige ist, der durch seine Kritik vom Diskurs zum Schuldigen erklärt wird, somit Märtyrer für die bessere Sache wird, oder ob er nicht auch derjenige ist, der die bestehende Ordnung durch Ausschließung von Kritik perpetuiert. Intellektuelle und Gegenintellektuelle sind für ihn zwei Seiten einer Medaille, Und wenn Foucault im Anschluss daran sagt, dass er nicht finde, »dass die Intellektuellen zu viel reden«, denn »für mich gibt es sie ja gar nicht« (2001a: 9), dann beschreibt das wiederum nur seine Ablehnung von solchen, vom Diskurs vorgeschriebenen Typisierungen. Der Intellektuelle muss, allein seinem Begriff, seiner geschichtlichen Verwendung und Entwicklung nach, eine vorformende Bezeichnung sein, die eine gewisse Machtposition im Diskurs bereits impliziert und deshalb abzulehnen ist. Er spricht es zwar nicht aus, aber zwischen den Zeilen ist zu lesen, dass das Wesen, das als ein Intellektueller bezeichnet wird, für ihn anders genannt werden müsste, nämlich ein Kritiker (gerne theoriegebunden), der die Vermachtungsmechanismen im jeweiligen Diskurs aufdeckt, um idealerweise unendlich viele Freiheitsgrade gesellschaftlicher Wahrheitsproduktion aufzuzeigen und nicht etwa vorzuschreiben.

Der bisherige Diskurs über den Intellektuellen ist Foucault zuwider, und er deutet seine systematische Einbindung in das System ökonomisch-politischer Verwertung an, wenn er sagt, dass er früher Statuen großer Männer in seiner Schule aufgestellt sah und dann heute große Denker auf den Titelseiten abgebildet sieht. Für ihn ist das nur eine zynische Steigerung ökonomischer Effizienz. Diese sogenannte Effizienz ist zugleich sein Kritikpunkt an der medialen Vermittlung von Ideen über den Intellektuellen: »Nie wird man mir weismachen können, dass ein Buch schlecht ist, weil sein Autor im Fernsehen war, ... aber nie ist es aus diesem Grunde auch schon gut« (2001a: 10).

283

Damit erklärt sich die gewählte Anonymität Foucaults in diesem Interview. Das Richten der Menschen, für ihn schon beinahe eine anthropologische Konstante, zerstört ein freies Denken, da es Aussage und Aussagendes, Signifikat und Signifikant diskursiv festnagelt, abstempelt und in eine Ecke stellt, ihm vorschreibt, was er sagen kann und wie weit er denken darf. Der Leser hat bei ihm die Möglichkeit, die Freiheit, sich »ganz einfach zu sagen: Das ist wahr, das ist falsch. Das gefällt mir, das gefällt mir nicht. Punkt, Schluß« (2001a: 10). Dies ist gleichzeitig Foucaults intellektuelle Praxis und seine Forderung an diese. Ein Vorgehen gegen das Richten, manifest im vom Diskurs vorgestalteten Denken und Leben, dem er hyperkritisch gegenübersteht. »Wie Sie wissen, wird der letzte Mensch, wenn endlich sein letzter Feind verstrahlt und verglüht sein wird, einen wackeligen Tisch nehmen, sich dahinter stellen und beginnen, dem Verantwortlichen den Prozeß zu machen« (2001a: 10). Solches Urteilen und manichäisches Dichotomisieren ist das Gegenteil intellektueller Praxis, die nach Existenzzeichen sucht für die Möglichkeit, einer Idee zur Wirklichkeit zu verhelfen. Foucault wird hier so konkret, wie er es nur werden kann: »Die Kritik als Richtspruch langweilt mich; ich möchte eine Kritik mit Funken der Phantasie. Sie wäre weder souverän noch in roter Robe. Sie wäre geladen mit den Blitzen aller Gewitter des Denkbaren« (2001a: 12). Dies ist die Quintessenz eines Intellektuellen und seiner Praxis, der, sofern es ein Foucault'scher sein soll, die vorgängigen Konstruktionsimperative des Diskurses in seinen Funktionsmechanismen erkannt haben muss.

Nach dieser Einschätzung schließt sich die Frage nach der Vermittlung an und die nach der Portierung von intellektuellem Denken auf höhere Ebene, in erweiterte Diskurse. Foucault tut zunächst die seit den 1960ern akute Praxis ab, neu erscheinenden Büchern und Theorien Attribute anzuhängen, wie die »radikale Infragestellung aller unserer Denkgewohnheiten« (2001a: 12), und ihren Autoren ultimative, fast messianische Lösungen für jegliche Problematik abzunehmen. Für Foucault ist das nur ein Rauschen im Blätterwald, bei dem es darum geht, über dieses Rauschen hinaus gehört zu werden, und gleichzeitig Symptom für eine vorhandene Angst der Theoretiker vor den Medien. Dabei wird doch verkannt, dass man selbst in einem Medium arbeitet, mit durchaus lässlichem Erfolg, und sich deswegen nicht um des bloßen Gehörtwerdens willen zu Pseudopolitisierung und sinnentleerter Theorieproduktion hinreißen lassen sollte. Eine offene Breitseite gegen die marxistische Linke. Dies führt nur dazu, dass im Kampf der Ideen untergeht, was Schumpeter bereits 1946 vorhergesagt hatte: dass es eine immer breitere Schicht von Intellektuellen geben würde, die die Durchsetzung der emanzipatorischen Ziele der Unterprivilegierten gewährleisten wird.

Für Foucault ist das Angebot im Zuge der Nachkriegsentwicklung ungleich größer geworden, angesichts multiparadigmatischer Wissenschaften, und Medien sind mitnichten Verdummer der Massen per se. Es besteht nur das Problem, Informationskanäle richtig zu nutzen, und zwar so, dass sie die Neugierde befördern, die zuvor von Christentum und auch Wissenschaft (welche, gibt Foucault allerdings nicht an) stigmatisiert wurden. Denn die Neugierde gebiert die *Sorge*, ob etwas Vorgefundenes nicht auch anders zu denken sei, und die *Sorge* wiederum evoziert das rastlose Bemühen, eine Versessenheit, gleiche Dinge immer anders zu betrachten; »eine Ungezwungenheit hinsichtlich der traditionellen Hierarchien von Wichtig und Wesentlich« (Foucault 2001a: 15). Idealistisch und utopisch fordert Foucault hier eine Vervielfältigung medialer Vermittlungsinstanzen für eine Differenzierung und Gleichzeitigkeit unterschiedlicher Netze – eine Vorstellung, die heute als überkommen und als krasse Fehleinschätzung betrachtet werden muss.

### Praktische Einlassungen Foucaults – Zwei Beispiele

Im Hinblick auf die noch zu erscheinende Gesamtausgabe von Foucault, die alle Texte zur Lebenspraxis enthalten mag, ist es schwer, aus den vielen Aspekten bestimmte, zudem gut dokumentierte Beispiele herauszufiltern, die über Kommentare Dritter hinausgehen. Zwei gute – wohl auch die markantesten – Beispiele für Foucaults aktives Eintreten für praktische politische Belange sind seine Mitarbeit in der GIP (Groupe d'information sur les prisons), die er 1971 mitbegründete, und seine Unterstützung der Revolutionsbewegung im Iran 1979.

In der GIP ging es Foucault darum, den Gefangenen zu ermöglichen, auf die skandalösen Umstände ihrer Internierung aufmerksam zu machen, ihnen Korrespondenz mit Anwälten und Angehörigen zu ermöglichen, letztlich darauf hinzuweisen, dass das Gefängnis selbst als Produzent von Delinquenz und Delinquenten dient. Auslöser seiner plötzlichen praktischen Aktivitäten waren die Unruhen im Rahmen der 68er-Bewegung, die eine repressive Strafpolitik der Ordnungsmacht hervorgerufen hatten. Er distanzierte sich buchstäblich von seiner bisherigen Tätigkeit eines Katheder-Gelehrten, der sich ausschließlich der Theorie verschrieben hatte (praktisch-empirische Arbeit war ihm stets verleidet), und fand es wichtiger zu agitieren. Eine Agitation – durchaus linksradikal, wenn auch nicht im Sinne der damaligen Zeit, da sie sich dem gängigen marxistischen Ideal nicht unterwarf –, die der verfassten Welt ihren Klinikcharakter vorhielt. Hier ist schon sein 1975 erscheinendes Buch *Überwachen und Strafen* vorweggenommen. Für ihn ist die »Welt eine große Anstalt, in der die Regierenden die Psychologen und das Volk die Patienten sind« (Revista Manchete 1973: 21), wogegen anzugehen sein Impetus ist.

Es kommt sogar so weit, dass er am 1. Mai 1971 bei einer Demonstration verhaftet wird, was ihn aber nur schmunzeln lässt. Für ihn eine alltägliche Erfahrung im Kampf gegen die Institutionen und ihre strategischen Verknüpfungen, die ihn nur weiter darin bestärkt, dass punktuell und strategisch gegen Machtmechanismen vorgegangen werden muss. Ein perfektes Abbild seiner Einschätzung zum Intellektuellen, der nur noch Spezialist und nicht länger Universalist ist. Foucault kommt analog dazu zu der Erkenntnis, »daß die Massen [die Intellektuellen; L. F.] gar nicht brauchen, um verstehen zu können; sie haben ein vollkommenes, klares und viel besseres Wissen als die Intellektuellen« (Foucault 1987: 130). Nachdem auch aus dem Lager der Gefangenen und ihrer Organisation Kritik an den Aktionen der ›Gelehrten‹ aufkommt, wird die GIP im Dezember 1972 aufgelöst, da sie den Gründern als zu wenig erfolgreich erscheint. Foucault ist damit einer dauerhaften Möglichkeit praktisch-politischen Engagements beraubt, bleibt aber in den folgenden Jahren stets als aktiver Kritiker präsent und greift noch in viele Konflikte aktiv ein.

Das zweite Beispiel ist seine kontroverse Befürwortung der iranischen Revolution von 1979. In ihr sah Foucault eine Erhebung jenseits der westlichen, politisch-philosophischen Begriffe von Demokratie, Fortschritt, Humanität und Freiheit, der er zutraute, der Politik eine spirituelle Dimension zu verleihen und so etwas sozial Probateres zu schaffen als das westliche Modell der Konformität durch diskursive Vorformung, ohne jedoch dabei zu erkennen, dass er dem Islamismus das Wort redete, dessen Auswirkungen sich ja noch heute in der Weltpolitik finden lassen. Michel Winock (2003) fand in seinem Werk zu den französischen Intellektuellen des 20. Jahrhunderts denn auch nur folgende lapidare Bemerkung zu Foucaults gefährlichem Standpunkt: »Unglücklicherweise hielt es Foucault für angebracht, seine These [über den Charakter der Macht in der Disziplinargesellschaft; L. F.] am Beispiel des Iran zu veranschaulichen.«

Somit ist für Foucaults praktische Einlassungen festzuhalten, dass sie stets vom partikularen Interesse angetrieben waren, eine in seinen Augen gute Absicht verfolgten und als konsistent mit seiner theoretischen Arbeit gelten, ebenso gut aber auch als falsch und gefährlich betrachtet werden können.

### Der Denkstil Foucaults und die Ästhetik der Existenz

Wenn man nun abschließend versuchen möchte, unter dem Erkenntnisinteresse des *Intellektuellen* einen analytischen roten Faden durch die Causa Foucault zu finden, dann kann dies nur geschehen, indem man sich dem widmet, was nach aller Dekonstruktion noch bleibt; was Foucault selbst sich und seinem Denken noch als Residuum von subjektiver Freiheit übrig lässt. Wenn das intellektuelle

Eingreifen, das über die jeweilige Profession hinausgehende Handeln als eines verstanden wird, das für sich einen Grad an Freiheit beansprucht, den es auch für andere als Maßstab anlegen muss, dann stellt sich in Bezug auf Foucault die Frage nach ebendieser subjektiven Freiheit. Wie sieht sie aus, und was ermöglicht sie dem Einzelnen (noch) an intellektueller Kritik, die sich durch ihre Spezifität auszeichnet?

Die Antwort entwickelt Foucault entlang der antiken griechischen Tugend des »ethopoieon« (griech.: Ethos machen), der *Kunst des Sich-Selbst-Machens*, wie er es nennt. In solcher *Sorge um das Selbst* erkennt er die einzig noch verbliebene Möglichkeit, das *Subjekt* zu sein, dem er doch zuvor eine radikale Absage erteilt hatte. »Was die Griechen interessierte, was ihr Thema war, das war die Konstitution einer Ethik der Existenz. Nun frage ich mich also, ob unser heutiges Problem gewissermaßen nicht ähnlich ist, angenommen, daß die meisten von uns nicht mehr glauben, dass die Ethik auf die Religion gegründet ist, und daß wir kein Gesetzessystem wollen, das in unser Privatleben, in unser moralisches und persönliches Leben eingreift« (Foucault 1984: 71).

Das angesprochene System von Gesetzen ist als der Machtmechanismus innerhalb der Gesellschaft zu verstehen, der – über die Diskurse vermittelt – den Individuen ihre Spiritualität nimmt, die Foucault dringend wieder einfordert, namentlich im Begriff der *parrhesia*, dem *Wahrsprechen*. Es gibt wesentliche Aspekte der antiken Lebensführung, einer Polisethik, anhand derer Foucault einen alternativen Lebensentwurf entwickelt, in dem der Mensch seiner inneren Verfasstheit Rechnung trägt und die eine solche *postmoderne* Lebenskunst begründen. Es sind hier wichtig: die Sorge um die Gesundheit des Körpers, um den Hausstand, die mäßigende Selbstkontrolle und das Achten der Subjektposition des Anderen. »Es geht für den Mann nicht mehr einfach darum, Herr seiner Lust zu sein, es geht darum, zu wissen, wie man in der Herrschaft, die man über sich selbst ausübt, [...] der Freiheit des anderen Platz einräumen kann« (Foucault 1986: 317).

Selbstpraktiken als Garanten von Freiheit, die stets den Standpunkt des Anderen mit einzuschließen versuchen – eine optimistische, wenn auch utopisierende Wendung Foucaults zu einem Subjekt-theoretiker ganz eigener Couleur. Nach 20 Jahren strikten Leugnens der Relevanz des Subjektbegriffs der Moderne für eine emanzipierte Philosophie kehrt Foucault um und entwirft seine eigene Theorie des Subjekts, in Anlehnung an idealisierte antike Verhältnisse, denen er größtmögliche Freiheitsgrade des Selbst zuspricht. Er kann allerdings nie ein funktionales Äquivalent zum Ideologie-Begriff der Moderne liefern, das seinen Ansprüchen gerecht würde.

Das ist allerdings auch nicht Anliegen seiner Art der Argumentation. Diese sieht nämlich, betrachtet man seine Herangehensweise an die untersuchten Gegenstände über das ganze Werk hinweg, lediglich vor, eine Welt neben der Welt aufzuzeigen. Die unglaubliche und oft unbemerkte Macht der Sprache, die im Verhältnis von Signifikant und Signifikat verborgen liegt, wird aufgedeckt, und Foucault ist der Ent-Zauberer, der mit einem Trick die Illusionen der anderen Zauberer aufdeckt. Einem analytischen Modell, einer impliziten Annahme, einem Gottgegebenen stellt er einfach die Möglichkeit eines Anders-Seins durch Anders-Denken gegenüber. Und dieses Aufzeigen der Möglichkeiten ist das, was von Foucaults Denkstil bleibt und seine spezifische Intellektualität ausmacht. Solche kontingenten Bereiche des Lebens sind der Fokus seiner Betrachtungen. Sie gipfeln in Foucaults Frage: »Warum sollte nicht jeder einzelne aus seinem Leben ein Kunstwerk machen können?« (Foucault 1984: 80) – freilich ein Kunstwerk, dessen praktische Anwendung noch zu beweisen wäre.

**Literatur**

Foucault, Michel (1966): *Die Ordnung der Dinge*, Frankfurt/M.
Foucault, Michel (1969): *Die Archäologie des Wissens*, Frankfurt/M.
Foucault, Michel (1973): *Die Geburt der Klinik*, München.
Foucault, Michel (1974): *Die Ordnung der Dinge*, Frankfurt/M.
Foucault, Michel (1977): *Der Wille zum Wissen – Sexualität und Wahrheit Bd. 1*, Frankfurt/M.

Foucault, Michel (1978): *Dispositive der Macht. Über Sexualität, Wissen und Wahrheit*, Berlin.

Foucault, Michel (1984): »Sex als Moral. Gespräch mit H. Dreyfus und P. Rabinow«, in: *Von der Freundschaft als Lebensweise. M. Foucault im Gespräch*, Berlin.

Foucault, Michel (1986): *Der Gebrauch der Lüste – Sexualität und Wahrheit Bd. 2*, Frankfurt/M.

Foucault, Michel (1987): *Von der Subversion des Wissens*, Frankfurt/M.

Foucault, Michel (2001): *Schriften in vier Bänden. Dits et Ecrits, Bd. 1, 1954 bis 1969*, Frankfurt/M.

Foucault Michel (2001a): *Short Cuts 3*, hg. von: P. Gente, H. Paris und M. Einmann, Frankfurt/M.

Foucault, Michel (2003): Schriften in vier Bänden. Dits et Ecrits, Bd. 3, 1970– 1975, Frankfurt/M.

Hauskeller, Christine (2000): *Das paradoxe Subjekt. Unterwerfung und Widerstand bei Judith Butler und Michel Foucault*, Tübingen.

Revista Manchete, Ausgabe vom 11 Juni 1973, Nr. 32, S. 21; darin: »Interview mit Wilson Nunes Coutinho«.

Sarasin, Philipp (2005): *Michel Foucault. Zur Einführung*, Hamburg.

Schumpeter, J. A. (1946): *Kapitalismus, Sozialismus und Demokratie*, Bern.

Winock, Michel (2003): *Das Jahrhundert der Intellektuellen*, Konstanz.

Wunderlich, Stefan (2001): *Foucault und die Frage der Literatur*, Frankfurt/M.

## »Menschenbilder, sowas Grausliches«. Luhmanns Sicht auf Intellektualität zwischen systemtheoretischer Verwerfung und ästhetischer Denkfunktionalität

*Bernd Ternes*

»Ich habe Wichtigeres zu tun als mich mit Intellektuellen zu beschäftigen oder mit mir – schon gar das! Das wäre ja das Letzte! – als Intellektuellem zu beschäftigen« (Luhmann 1987a: 37)

»Das System funktioniert, solange der aporetische Charakter der konstitutiven Grundwahrheit ignoriert oder geleugnet werden kann. Auf keinen Fall darf affirmativ darüber gesprochen werden. Wenn, dann nur im Modus der ›Kritik‹, der Verneinung« (Sombart 1998: Satz 6.3 u. 6.3.1)

### Einfindung

Verwundert es, wenn ein Systemtheoretiker, dessen Theorie – überspitzt und nicht ganz falsch gesagt – den Schritt vom subjektiven zum objektiven Idealismus nicht nachvollzieht (Habermas 1985: 429), zum möglichen Erkenntnisgegenstand der Figur, der Praxis und der Funktion des Intellektuellen beinahe nichts zu sagen gewillt ist bzw. dieser Gegenstand sich bloß in Spuren negatorischer und beiläufiger Sätze finden lässt? Verwundert es, wenn ein Theoretiker, der Intellektualität beinahe extrinsisch und (deswegen?) maßgeblich im Fokus des Motivs betrachtet, »andere über das Richtige zu belehren« (Luhmann 1987a: 14), sich vorsichtig einer soziologischen Tradition des Antiintellektualismus eingemeindet, zu der u. a. Max Weber, Arnold Gehlen und Helmut Schelsky gezählt werden? Der seine Aversion gegen den Begriff des Intellektuellen damit begründet, dass er einen zu starken personalisierten Zuschnitt hat und daher implizit eine Art von Lebenskonzept verlangt, das in der modernen Gesellschaft mit dem Zwang zu unpersönlichen Selbstbeziehungen unmöglich durchzuhalten sei? Kurz: Warum sollte man verwundert darüber sein, dass eine Theorie, die – nun *einseitig* pointiert – in nuce ihre verwaltungswissenschaftliche Herkunft nicht abgestreift hat,[1] dem Themensyndrom Intellektualität nichts abgewinnt?

Anders als bei ebenso überformatig rezipierten Theoretikern der letzten 30 Jahre, die gleichsam das ›Gruppenbild‹ des allgemeinen Intellektuellen verlassen haben und dennoch explizit als Intellektuelle vernehmbar bleiben wollten und geblieben sind – Lyotard, Deleuze, Foucault, Bourdieu, Giddens, Habermas –, hat sich Luhmann auch hier, wie vordem in den Zeiten der neomarxistischen kritischen Selbstbeschreibungen von Gesellschaftswissenschaft, dem – abwertend formuliert – hegemonialen Wind des Gerierens entzogen und für sich eine Rahmung seines Tuns entworfen, die immer noch passend in der 1969 bei der Aufnahme in die frisch gegründete Fakultät für Soziologie der Universität Bielefeld geäußerten Projektbeschreibung zum Ausdruck kommt: »Mein Projekt lautete damals und seitdem: Theorie der Gesellschaft; Laufzeit: 30 Jahre; Kosten: keine« (Luhmann 1997: 11).[2] Schon damals schien die teils sachtatsächliche, teils inszenierte Gegenhaltung zu einer weiterhin normativ geeichten, mit der Pflicht zur Systemgrenzenüberschreitung ausgestatteten Gesellschaftskritik Luhmanns Aversion in eine theorie-architekturale Bedingung von Theorie als solcher umgewandelt zu haben: Denn er verstand immer, auch noch im ironischen Duktus, seine Theorie der Gesellschaft als Theorie des Subsystems Soziologie innerhalb des Funktionssystems Wissenschaft innerhalb der Gesellschaft als umfassendes soziales System. Luhmanns Theorie hielt am Aussagenradius des Universellen fest, allerdings eingespannt in die Unterscheidung universell/spezifisch: Luhmanns Gesellschaftstheorie ist universell, d. h., sie lässt nichts aus, was es gibt, sie ist unilateral. Und gleichzeitig ist die Theorie auch spezifisches Theorieprogramm, d. h., die »Welt« wird nur mit einer bestimmten Leitunterscheidung respektive mit einem kleinen Ensemble von Ausschnittsunterscheidungen zu beschreiben versucht (und eben nicht mit anderen). Kurz: In der Basis seiner Theorie existiert ein Begriff von der Totalität der Gesellschaft nicht mehr; er wurde abgelöst von sogenannten polykontexturalen Beobachterverhältnissen, in denen durchaus noch das passieren kann, was dem »Ich sehe was, was du nicht siehst«[3] gleichkommt (second order observation), aber das eigentlich komplex-moderne Verhältnis sich in einem »Ich sehe, dass ich nicht sehe, was ich nicht sehe« (third order observation) kommunikativ verflüssigt. – Wo sollte da der Intellektuelle bzw. der Erkenntnisgegenstand Intellektualismus untergebracht sein? Folgerichtig spricht Luhmann dann lieber auch vom Medium Intelligenz als vom Begriff der Intellektualität, den er mit anderen Begriffen wie Legitimation und Emanzipation binnentheoretisch als alteuropäisches Format ausweist, das zum Beispiel im System der Kunst schon im Laufe des 17. Jahrhunderts als Kommunikationswährung obsolet wurde (Luhmann 1995: 444).

### Theoretisches Desinteresse am Menschen als methodischer Humanismus

Das Titelzitat Luhmanns aus dem Jahre 1990[4] überrascht nicht bei einem Theoretiker, der nicht einsieht, weshalb für den Menschen »der Platz in der Umwelt des Gesellschaftssystems ein so schlechter Platz sein sollte. Ich jedenfalls würde nicht tauschen wollen.« Denn »mit Orientierungen an ›Menschenbildern‹ hat man so schlechte Erfahrungen gemacht, daß davor eher zu warnen wäre« (Luhmann 1994: 55). Luhmann korreliert Menschenbilderpolitik nicht nur mit Rassenideologien, mit der Melting-pot-Ideologie und dem Humanismus als Philosophie im Allgemeinen, sondern auch mit moralisch engagierten Protest- und sozialen Bewegungen, deren Kontrastfolie »›Hier wir, dort die Systeme‹, ›Hier wir, dort die Technokraten‹« unakzeptabel sei. »Es geht doch einfach nicht, daß man die andere Hälfte beseitigt und sich selbst an ihre Stelle setzt« (Luhmann 1987a: 104).

Luhmanns Gründe für seine Abneigung gegenüber Menschenbilder-Produktionen sind durchaus integer; sie besitzen Anker in seiner Biografie,[5] in seiner historischen Rekonstruktion von Semantiken, in seinem meist durch Literaturverweise aufblitzenden Bedürfnis, »den Menschen« lieber zu schonen als weiter zu bearbeiten. Luhmann teilte bestimmt das Ethos, das folgende, dem zweiten »Die Antiquiertheit des Menschen«-Band vorangestellten Worte Günther Anders' zum Ausdruck bringen: »Es genügt nicht, die Welt zu verändern. Das tun wir ohnehin. Und weitgehend geschieht dies ohne unser Zutun. Wir haben diese Veränderungen auch zu interpretieren. Und zwar, um diese zu verändern. Damit sich die Welt nicht weiter ohne uns verändere. Und nicht schließlich in eine Welt ohne uns« (Anders 1992: 5). – Er teilte die Intention, nur in umgekehrter Richtung: in Richtung der Affirmation des ›ohne uns‹. Denn für Luhmann haben sich alle politischen, theoretischen und philosophischen Versuche, ein ›mit uns‹ (Partizipation), besser noch: ein ›durch uns‹ (Emanzipation) zu realisieren, als menschenfeindlich herausgestellt. Warum? Weil diese Versuche nicht auf der Höhe der gesellschaftlichen Komplexität, der funktionalen Differenziertheit, vor allem aber nicht auf der Höhe der gedanklichen Abstraktion vonstattengingen: »Die Begriffe Partizipation und Legitimation sind schließlich mittelalterlichen Ursprungs, und wenn ihre Umsetzung in moderne Verhältnisse nicht gelungen ist, so mag dies nicht zuletzt daran liegen, daß zu viel obsoletes Gedankengut in veränderte Verhältnisse übertragen wurde« (Luhmann 1987b: 153). Eines der für Luhmann heute obsoletesten Güter ist neben den Begriffen Kritik, Emanzipation und Legitimation der Begriff des Subjekts – für Luhmann übrigens nur ein Name, der die Aufgabe hatte, den Menschen aus der Realität der Dinge wegzumetaphysieren; und dies vor dem Hintergrund eines Liberalismus, dem das Individuum/Subjekt gerade recht kam, »um die alten Ordnungen der Stände und ihrer Klientelverhältnisse, der Häuser und Höfe, der Kirchen und Sekten zu unterlaufen« (Luhmann 1994: 42). War diese Funktion und Innovation für das 18. Jahrhundert noch nachvollziehbar und beinahe sozio-logisch zwingend, so sei für das 19., erst recht für das 20. Jahrhundert mit keinem Jota mehr nachvollziehbar, was das »Subjekt« noch soll (im doppelten Sinne zu verstehen) – außer herzuhalten für triviale und perfide Täuschungen. Luhmann dazu abschließend: »Was geblieben ist, ist eigentlich nur die Gewohnheit, das mensch-liche Individuum als Subjekt zu bezeichnen und es, in einer Art Konspiration gegen die Gesellschaft, unter diesem Namen zu ver-teidigen. Das ist nun freilich an Banalität kaum mehr zu übertref-fen – und vermutlich deshalb meinungsklimatisch wirksam. Die Tücke des Subjekts – das ist seine Art, sich menschlich zu geben, sich als Mensch anbiedern zu können« (1994: 43). Doch während eine sachähnliche Diagnose etwa Foucaults diesen in keinerlei Schwierigkeiten bringt, Intellektualität (verstanden als Verteidi-gung des »Subjekts« und nicht nur als Verteidigung der »Gesell-schaft«) theoretisch wie praktisch weiterhin als *auch* nichtverräte-risch[6] zu denken und sich gesellschaftspolitisch zu engagieren im Modus des speziellen Intellektuellen, »um der Macht den bloß an-gemaßten Wahrheitsanspruch zu entreißen« (Brunkhorst 1990: 171),[7] wähnt Luhmann ein solches Engagement des Intellektuellen als anmaßenden Wahrheitsanspruch: und lehnt es ab.

## Moral der Amoral und die Aufgaben der Intelligenz

Wenn jemand verantwortlich gemacht werden kann für die Pro-duktion und Aufrechterhaltung von Menschenbildern, von Vor-stellungen also, die epistemologisch auf der Annahme ruhen, dass Gesellschaft aus Menschen und nicht primär aus Kommunikation besteht,[8] dann, so darf man Luhmann interpretieren, ohne ihm Gewalt anzutun – dann ist es die Gruppe namens Intellektuelle respektive bestimmte Mitglieder des »Systems« der Intelligenz (Luhmann 1992b: 57–73)[9] sowie die für diese »Psychen« gängige Praxis, mit einer autologisch besonders unbegabten Moral Inte-gration, Emanzipation, Gerechtigkeit, schließlich Einheit, sprich:

Gleichheit in der und für die Gesellschaft zu fordern. Besonders unbegabt sei Moral in autologischen Dingen darin, dass sie partout keinen eigenen Mechanismus kennt, der die operative wie ideologische Entscheidung, die das Unterscheiden in gut und schlecht, in Achtung und Missachtung automatisch auf die Seite des Guten und des Achtens setzt, ihrerseits kontingent setzen könnte. Für diese Aufgabe steht allenfalls als Reflexionstheorie die Ethik zur Verfügung, deren vordringlichste Aufgabe dann auch darin bestehe, so Luhmann im Gestus eines skeptischen Realisten, »vor Moral zu warnen« (Luhmann 1990b: 41). Angesichts der ›theoriebautechnischen Vorgabe‹ Luhmanns, dass jedes System mit binärer Codierung einen notwendig blinden Fleck besitzt und dementsprechend keine Möglichkeit an der Hand hat, die Codierung auf sich selbst anzuwenden – also etwa für das Recht: Ist es rechtens, zwischen Recht und Unrecht zu unterscheiden?; für die Wissenschaft: Ist es wahr, zwischen wahr und unwahr zu unterscheiden? etc. –, scheint seine Abneigung gegenüber der moralimmanenten Paradoxieverunsichtbarung wohl daher zu rühren, dass Moral immer auf die kompakte Personalität zugreifen muss und damit, im missachtenden Falle, zur *Exklusion* führt, während alle anderen Unterscheidungs-Entscheidungen der Funktionssysteme maximal *Desintegration* bewirken. Denn: »Hochmoralische Systeme tendieren zur Überattribution. Wichtig ist, daß die Person als ganzes zur Beurteilung steht. Dies ist Voraussetzung der binären Schematisierung: daß entweder Achtung oder Mißachtung angebracht ist, aber nicht ein Mischurteil wie: sportlich locker, menschlich warm, intellektuell unter dem Strich« (Luhmann 1984: 319). Es ist verständlich, dass Luhmanns Differenzierungstheorie nichts mehr mit moralischen, ethischen oder nichtrechtlich-normativen Vorstellungen als sogenannte gesamtgesellschaftliche Kommunikationswährungen anzufangen weiß. Wenn »eine in Funktionssysteme differenzierte Gesellschaft auf moralische Integration verzichten« muss, aber zugleich »die kommunikative Praxis bei[behält], Menschen durch Konditionierung von Achtung und Mißachtung als ganze Person anzusprechen« (Luhmann 1990b: 25): dann, so lässt sich deduzieren, verübelt er es Intellektuellen, dass sie die Gewohnheit der moralischen Inklusion dazu benutzen, weiterhin auf einer moralischen Integration des Gesellschaftssystems zu bestehen; unredlicherweise natürlich, denn die Intellektuellen, die durch Moralisierung und Kritik (!) trivialisieren und durch diese Trivialisierung leichter exkludieren können, tun dies wider besseres Wissen zugunsten einer meist politischen und ästhetischen Vision, die von einem ›menschenfeindlichen‹ Entweder-oder getrieben wird. – Es ist daher wenig rätselhaft, warum Luhmanns sehr eigenwillige, fast alarmistische und weit über Helmut Schelskys gleichsam eigenwillige Intellektuellen-Polemik hinausgehende Reduktion des Intellektuellen auf seine moralische Exkludierungsfunktion dazu führt, ebendiesen Intellektuellen in die Nähe eines Totalitarismus, wenn nicht eines Terrorismus zu rücken, zumindest in die Nähe einer terroristischen Totalität, die er in ihrer systemimmanenten Unmöglichkeit so fasst: »Kein Mensch kann derart in soziale Systeme eingefügt werden, daß seine Reproduktion (auf welcher organischen oder psychologischen Systemebene immer) eine soziale Operation wird und durch die Gesellschaft oder eines ihrer Subsysteme vollzogen wird« (Luhmann 1994: 54).[10]

Luhmann kann man eine gewisse idiosynkratische Haltung gegenüber »Gegnern« der Gesellschaft, die meinen, sich noch in einem Abseits der Gesellschaft aufhalten und denken sowie schreiben zu können, nicht absprechen. Eine Variante dieser nicht zwangsläufig, doch zumeist intellektuellen Gegner, nämlich diejenigen Intellektuellen, die Gesellschaft über Ökologie thematisierten, sah er beinahe schon als Erbe Carl Schmitts. So schrieb er diesbezüglich noch 1991: »Die Konstellation der ökologischen Beschreibung beschneidet mithin Theoriemöglichkeiten. Das heißt auch, daß Theorieentwicklungen Gefahr laufen, in die Gabelung der ökologischen Deskription zu geraten und nach dem Muster: wer nicht für uns ist, ist gegen uns, behandelt zu werden« (Luhmann 1992a: 163).

Gibt es nun dennoch Aussagen Luhmanns, die sich auf die Figur, auf die Funktion und vielleicht gar auf Theoreme des Intellektuellen, auf seine Aufgaben beziehen? Wenige.

Luhmanns Abneigung gegenüber Intellektualismus ist im Laufe der 90er Jahre des 20. Jahrhunderts wesentlich abgekühlter in den Erwähnungen, als es seine theorieinterne Nichtbeachtung der Intellektuellen als im Gedankenfluss der Übergangszeit zwischen Feudalismus und Industrialismus Steckengebliebene erwarten lassen würde. Wenn er etwa bei der Frage nach der Verteilung von Reputation und Autorität im System der Wissenschaft, das, operativ geschlossen, autonom und von keinen anderen Unterscheidungseinheiten tangiert (wie alle Systeme), einzig ebendiese Wissenschaft als Verteilerin der in ihr programmatischen und codablen Reputation ausweist, so fügt er beinahe im Gestus der Umsorgung und in einer homöopathisch geringen Dosis melancholischer Erinnerung an Mannheims Term der »freischwebenden Intelligenz« in einer Fußnote hinzu: »Ambivalent bleibt in dieser Hinsicht der Status des ›Intellektuellen‹, der dank seines wissenschaftlichen Renommés auch außerhalb der Wissenschaft bekannt wird und Einfluß auf die öffentliche Meinung gewinnt« (Luhmann 1990c: 353). Im Gestus des Lächerlichmachens hingegen vollzieht sich sein Kommentar zu dem Typ des Intellektuellen, der nicht durch das Wissenschaftssystem halbwegs gedeckt ist (für Intelligenz hingegen ist das Wissenschaftssystem nicht mehr die Referenz) und dem rein gar nichts mehr bleibt von einer besonderen Form des Reflektierens und der Erkenntnis: »Davon wiederum zu unterscheiden ist die eigenmächtig in Anspruch genommene Rolle des Zeitungsanzeigenintellektuellen, dem, wenn er, wie er meint, daß es ihm zukommt, in die Öffentlichkeit hineinwirken will, nur das Unterschreiben von Manifesten und die Mitfinanzierung von Zeitungsanzeigen zur Verfügung steht« (ebd.).[11]
Steht der Typus des Intellektuellen als ›Meisterdenker‹, als ›Besserwisser‹, als ›moralischer Terrorist‹ nicht mehr zur Debatte, dann bleibt für Luhmann gegenstandstheoretisch bloß eine gewisse Reputationsambivalenz des Intellektuellen übrig – sowie die Figur des Zeitungsanzeigenintellektuellen als eine des fast hämischen Witzes.
Mit voller Nüchternheit hingegen widmet sich Luhmann den spe-

zifischen Funktionen der *Intelligenz* aus der Perspektive von Funktionssystemen und den Funktionen der Latenz, die in der Beziehung auf sich selbst im Modus der *Selbstreferentialität* kommunizieren bzw. kommuniziert werden[12] (während in der Beziehung zu anderen Funktionssystemen der Modus *Leistung* und in der Beziehung zur Gesellschaft ebender Modus der *Funktion* die Kommunikation bestimmt). Dem soll nun in der Geste des ›Einsammelns‹ nachgegangen werden.

## Der fehlende Code intellektuellen Protestes

In seinem Buch *Legitimation durch Verfahren* aus dem Jahre 1969 begibt sich Luhmann in die Überschneidungsbereiche von Recht, Politik, öffentlicher Meinung und Administration mit der Fragestellung, wie Erwartungsänderungen und Erwartungsfesthaltungen in der und für die Zukunft so verteilt werden können, dass Erwartungsumstrukturierungen von Betroffenen ohne allzu starke motivationale und normative Reibungsverluste in der Gesellschaft vonstattengehen können, also soziales Lernen passiert (kognitive Einstellung zur Welt) und nicht bloß ein Verneinen der Welt (normative Einstellung zur Welt). Er gibt zu, für die Beantwortung dieser Frage bloß auf Vermutungen angewiesen zu sein. Doch sicher ist er hingegen, dass »der Informationsstand des Publikums und damit die Durchbildung der Erwartungen in Angelegenheiten der Gesetzgebung äußerst gering ist. [...] Das Angebot an Informationen ist so bunt und so vielseitig, daß die Wahrscheinlichkeit gering wird, daß der einzelne seine knappe Aufmerksamkeit ausgerechnet Gesetzen zuwendet. Man liest keine Gesetzblätter. Wer von klassischen Vorstellungen über öffentliche Meinung und Gesetzgebung ausgeht, wird das bedauern. Ignoranz und Apathie sind jedoch die wichtigsten Vorbedingungen für einen weithin unbemerkten Austausch der Paragraphen, für die Variabilität des Rechts, und insofern funktional für das System« (Luhmann 1983: 191).[13] Und um sich abzusichern, dass diese Funktionalität des Systems durch die passiv-apathische »Mitarbeit« der Bürger nicht einfach gestört, geändert oder durch aktive Mitarbeit der Bürger in Komplexitätsbewältigungsprobleme gerät, fährt er fort: »Wer für oder gegen eine bestimmte Rechtsänderung eine politische Front bilden will, kann sich in den seltensten Fällen auf ein vorhandenes Interesse oder auf eine allgemeine Empfänglichkeit für Kommunikation stützen, sondern muß Arbeit und Organisation einsetzen, um eine hohe Schwelle der Indifferenz zu überwinden. Er muß die Regeln und Techniken der Kreation politischer Themen beherrschen, und dies ist nur möglich für sehr aktive Mitglieder des politischen Systems, die im System schon sozialisiert sind« (Luhmann 1983: 191).[14]

25 Jahre später, in einem 1994 geführten Interview mit Kai-Uwe Hellmann zum Themenfeld »Systemtheorie und Protestbewegungen« (Luhmann 1996),[15] erklärt Luhmann allgemeiner und grundlegender, warum dies so ist – und gibt dabei einen Blick frei auf die mögliche Funktion des Intellektuellen. Soziale Bewegungen, besonders solche, die sich an Protest orientieren, sind gemäß der Systemtheorie als autopoietische Systeme zu beschreiben. Indes besitzen sie nicht das, was alle anderen Funktionssysteme der Gesellschaft ihr Eigen nennen, nämlich einen Code, der entscheidet, was zum System gehört und was nicht; und sie besitzen nicht das, was man systemische Programme nennt, die darüber entscheiden, wie die Werte des Codes auf ›Weltsachverhalte‹ anzuwenden sind (denn der Code eines Systems ist »zirkulär, tautologisch, also inhaltsleer«; 1996: 177). Luhmann verneint also, dass in sozialen Bewegungen Unterscheidungen vorliegen, die wie Codes der Funktionssysteme funktionieren: »Ein Protest hat sozusagen die Außenseite, nicht zu protestieren oder die Gesellschaft so laufen zu lassen, wie sie läuft, oder alles für gut zu halten und sich um nichts weiter zu kümmern. Es gibt also diesen ›unmarked space‹, diesen nicht mitgemeinten Kreis von gemeinten Kommunikationsmöglichkeiten, der ausgeschlossen ist, wenn man protestiert. Dieser ›unmarked space‹, diese anderen Möglichkeiten, sich zur Gesellschaft einzustellen, haben nicht die Form eines Negativwertes, der dazu dient, den Protest zu reflektieren. Insofern ist es also kein binärer Code in dem striktem

Sinne eines selbstreferentiellen Schematismus, wo der positive Wert immer auf einer Negation des negativen Werts beruht und umgekehrt« (1996: 177). Dasjenige, das verantwortlich ist für die dennoch mögliche Schließung einer protestierenden sozialen Bewegung als System, ist für Luhmann nun das Protestthema. Das Thema des Protestes ersetzt die Limitationalität, die sonst durch die binäre Codierung eines Systems bewerkstelligt wird. Und so orientierten sich Protestbewegungen an der Differenz »›Wir oder die Gesellschaft‹, ›Wir‹ und das, was andernfalls geschehen würde, wenn ›Wir‹ nicht auftreten – und dies zwingt schon im Protestthema zur Konkretisierung. Man kann also nicht sagen: ›Ich protestiere erst einmal, und wogegen das ist, ist eine zweite Frage.‹ ›Ich protestiere‹ ist die generelle Attitüde, und die Themenwahl ist dann die zweite Frage« (1996: 178). Für die Bereitstellung, für die Verbreitung und für die Dispositivierung der so funktional Systemgrenzen ziehenden Themata steht der Intellektuelle ein. Und nicht nur für die Themata. Zugleich ist er auch verantwortlich für eine Form der Realitätsverleugnung innerhalb des Zentrums einer Bewegung; denn das Problem der Abgrenzung, der Schließung einer sozialen Bewegung liegt in der Ungenauigkeit zu wissen, wer zum Kreis der möglicherweise dazugehörigen, aber unsicheren Kandidaten oder der Sympathisanten gehört – was dann »dem Kern der Bewegung die Möglichkeit [gibt], sich Illusionen darüber zu machen, wie generell oder wie verbreitet die Sympathie in der Bevölkerung für ihre eigenen Zwecke ist« (1996: 184). Für Luhmann ist klar, dass es wirklich(e) Illusionen sind, die intellektuelle Akteure leiten, denn de facto gilt auch im Falle des Protests außerhalb rechtspolitischer Begehrlichkeiten, dass sich die Veränderer »in den seltensten Fällen auf ein vorhandenes Interesse oder auf eine allgemeine Empfänglichkeit für Kommunikation stützen« können. Dass »der Kern der Bewegung« also nicht resigniert, sondern sich an wirkmächtigen Illusionen ob der gesellschaftlichen Akzeptanz und Resonanz des Protestes orientiert, heißt also – und hier darf man das Recht und den Protest korrelieren, da Luhmann beide ausweist als die Immunsysteme gesellschaftlicher Kommunikation –, dass sich der Intellektuelle ›anschmiegt‹ an die Normativität der Normativität des Rechts, um analog eine Normativität der Normativität des Protestes/der Kritik zu unterstellen. Denn: »Das Rechtssystem, als Gesamtheit gesehen, operiert auf der Sicherheitsbasis der normativen Erwartungen normativer Erwartungen. [...] Nur so ist denn auch die Inanspruchnahme von Kompetenz im Entscheidungssystem des Rechts sozial einfühlbar und akzeptabel« (Luhmann 1993: 146).[16] Intellektuelle nutzen also diese rechtssystemische Formatvorschrift »normative Erwartungen normativer Erwartungen« für Forderungen, für Kritik und für Ansprüche (Themenbesetzung), die nicht an das Rechtssystem adressiert sind, sondern in der Regel an das, was man politische Öffentlichkeit respektive »System« der Massenmedien nennt. – Für Luhmann, so viel kann man sagen, ist diese ›Trittbrettfahrermentalität‹, mit der Intellektuelle ihre wirklichen Illusionen betreffs reeller Einwirkmöglichkeiten unterfüttern, eindeutig eine Erwartungserwartung, mit der sie sich eigentlich nur ›falsch‹ blamieren können.[17]

## Intelligenz statt Intellektualität

In seinem Aufsatz »Gibt es ein ›System‹ der Intelligenz?«, im kühlsachlichen Duktus gehalten und nur mit einer, wenngleich rigorosen Spitze gegen »Intellektuelle« auskommend, widmet sich Luhmann mit spürbarer Absichtlichkeit dem Thema Intellektualität in einer theoriebautechnischen Manier. Der Erkenntnisgegenstand bzw. die Problemformel Intelligenz fungiert im eigentlichen Sinne »nur« als Material; Fokus ist ihm vielmehr, ob und wie das systemtheoretische Instrumentarium der Begriffs- und Unterscheidungsfiguren zur Anwendung gebracht werden kann. Das ist legitim und von Luhmann zusammen mit Peter Fuchs in dem Buch *Reden und Schweigen* (Luhmann/Fuchs 1989)[18] auf sehr stupende Weise durchgeführt worden.

Es überrascht daher nicht, dass Luhmann die Frage, ob es ein System der Intelligenz gibt, schon in der ersten Zeile seines Aufsatzes verneint, um dann Intelligenz als Begriffsfrage durch die Unterscheidungseinheit Medium/Form zu lotsen und bei der Paradoxie landen zu lassen: Das Medium Intelligenz entfaltet Paradoxien und bildert dabei Formen aus, die in nichts anderem als in Unterscheidungen bestehen, die das Paradoxe in »feststehende[n] Identitäten« auflösen (Luhmann 1992b: 60). Intelligenz sei demnach das Vermögen, »die Frage nach der Einheit der Unterscheidungen zu stellen – eine Frage, die nur mit Hilfe anderer Unterscheidungen beantwortet werden kann, also in einen infiniten Regreß führt oder eben in die Paradoxie der Unbeobachtbarkeit des Beobachters. In genau diesem Sinne hat es Intelligenz mit Welt zu tun – mit einer Welt, die sie sich nur paradox oder infinit symbolisieren kann« (Luhmann 1992b: 62). Dies ist sozusagen die fremdreferentielle Bestimmung der Bildung des Mediums Intelligenz. Ihr fehlt noch die selbstreferentielle Bestimmung, also das »Für sich« der Intelligenz. Luhmann scheint für diese Bestimmung einen direkten Einfluss der historischen Formen intelligenter Religiosität zu implizieren; zumindest legt der Satz: »Erst die Unmöglichkeit, an der man teilnimmt, Einheit anders als paradox zu beschreiben, ermöglicht die Ausdifferenzierung eines Sondermediums der Intelligenz« (1992b: 66), es nahe, an Theologie zu denken als der ausdifferenzierte und professionalisierte Kommunikationsbereich, in dem die Erlebnisse religiöser Sinnformen in ihrer paradoxen und unmöglichen respektive transzendenten Form verarbeitet werden. Denn, so Luhmann: »Sinnformen werden als religiös erlebt, wenn ihr Sinn zurückverweist auf die Einheit der Differenz von beobachtbar und unbeobachtbar und *dafür* eine Form findet« (Luhmann 2000: 35). Die Teilnahme an der Unmöglichkeit, Einheit anders denn paradox zu beschreiben, scheint also ein moderner Ausfluss zu sein der (dann in der Regel theologischen und nicht nur rituellen) Teilnahme an der Unmöglichkeit, Gott anders zu beobachten denn durch Formbildungen der Unterscheidung beobachtbar/unbeobachtbar.

Bei der Frage nun, wer als moderner Kandidat für dieses »Sondermedium der Intelligenz« in Frage kommt, führt Luhmann mit Hilfe des Mediumbegriffs einen Schied ein, der den Effekt hat, dass der hauptsächliche Typ des Intellektuellen, der nämlich, der zeitnah protestiert und kritisiert, nicht mehr in Frage kommt als Nutzer, Benutzer und Entfalter des Mediums Intelligenz; denn bei diesem Typ »kommt die Formenbildung eher durch Reflexe, jedenfalls nicht durch Reflexion zustande« (Luhmann 1992b: 60) – eine Aussage, die mehr als verblüfft, so man der Ansicht ist, dass gerade dieser Intellektuellen-Typus Reflexion, ja gar die oft handlungslähmende Dauerreflexion wie kaum eine andere Figur verkörpert; und sie verblüfft zum zweiten, da Luhmann hier den Begriff der Reflexion in einer so in seinem Werk nirgends mehr zu findenden Weise aufwertet, während er sonst in Tat und Wahrheit den Begriff Reflexion durch den der (Selbst-)Referentialität abgelöst hat. Um diese ungewöhnliche Sicht, der Protest-, Klage- und Kritik-Intellektuelle sei reflex-, aber nicht reflexionsbestimmt, zu unterfüttern, führt Luhmann in einer Fußnote Folgendes aus: »Um diese zahlenmäßig stärkste Gruppe von ›Intellektuellen‹ auszugrenzen, genügt es, ihr eigenes Medium zu bezeichnen, nämlich den zu immer neuen Formen gebundenen Protest. Dies Medium stellt gewisse Ansprüche an politisches Engagement, aber kaum Ansprüche an Intelligenz« (1992b: 71).

In Zuspitzung insinuiert Luhmann also einen Widerspruch zwischen der Teilnahme am Medium Intelligenz und der Teilnahme an Protest/Kritik. Nimmt man nach dieser sehr rigorosen Ausschließung der »stärksten Gruppe von Intellektuellen« als für das Medium Intelligenz in Frage kommende nun noch hinzu, dass Luhmann gleichsam auch nicht die Wissenschaft in ihrem Sonderbereich der Theorie (verstanden als Formfindungsform) als *die* Realisierung von Intelligenz ausweist – »[e]s gibt gerade in einer funktional differenzierten Gesellschaft auch andere Möglichkeiten« (Luhmann 1992b: 69) –; dass er zudem die klassischen Beschreibungen des »Intellektuellen« – sozial unabhängige Kritiker, ›sozial freischwebende Intelligenz‹, am Problem der Aufklärung über sich selbst Leidender, aus den Beobachtungsverhältnissen zweiter und dritter Ordnung nicht mehr Herausfindender (1992b: 60)[19] – als nicht hilfreich ansieht, um die Fragen zu beantworten, was die Elemente, die Kopplungen und die Formen des Mediums

Intelligenz sein könnten: Dann bleiben nicht mehr viele Kandidaten übrig für das Medium Intelligenz bzw. für Intellektualität.

## Das Medium Intelligenz im System der Kunst

Genau an dieser Stelle wird es interessant. Denn Luhmann kommt nun, zum und als Abschluss seines einzigen Aufsatzes, der explizit das Thema Intellektualität behandelt, auf Kunst zu sprechen. Zwar versucht er durch Relativierung der diesbezüglichen Ausführungen (die nur auf sporadischen Eindrücken beruhen) und Relativierung der Zuständigkeit des Kunstsystems für Intelligenz (im Sinne von: *nicht allein* das Kunstsystem experimentiert mit Formen im Medium der Intelligenz, sondern: *auch das* Kunstsystem experimentiert) den Eindruck zu erwecken, dass das Problem der Kandidatenfindung für Intelligenz weiterhin ein offenes ist. Doch man tut sicherlich nicht schlecht daran, diese abschließende »Kurve« Luhmanns, die ihn in der Kunst landen lässt, als modifizierte Antwort auf die Frage nach dem System der Intelligenz zu bewerten. Modifiziert ist die Antwort deswegen, weil er nun Intelligenz nicht als System, *sondern als Medium beschreibt, das in einem bestimmten System »Unterschlupf« gefunden hat.* Denn selbstverständlich ist es so, dass die Kunst in ihrem Experimentieren mit Intelligenz »an ihr eigenes Medium gebunden [bleibt], oder besser im Plural: an die Medien der Wahrnehmung und der anschaulichen Imagination« (1992b: 69). Kunst produziert also weiterhin Kunst und nicht Intelligenz. Aber Luhmann sieht im Kunstsystem die größte Affinität zur Paradoxiestruktur der Findung und Auflösung von Formen der Formbildung, wie sie das Medium Intelligenz stellt.[20] Die Paradoxie der Kunst »betrifft direkt das Beobachten selbst, das heißt: die Unmöglichkeit, die Unterscheidung in der unvermeidbaren Einseitigkeit ihres Gebrauchs zugleich als Einheit zu sehen. Im Beobachten invisibilisiert sich der Beobachter, invisibilisiert sich die Einheit der Welt. Was bleibt, ist: daß die Unzulänglichkeit der Darstellung auf verschiedene Weise dargestellt werden kann. Und was bleibt, ist die Aufgabe, dafür künstlerisch überzeugende Formen zu finden« (Luhmann 1992b: 70).

Indes: Man sollte diese Aussagen sicher nicht als wenn auch kaum mehr vernehmbares Echo der *Ästhetischen Theorie* Adornos identifizieren, etwa im Sinne der Auffassung, Kunst sei der letzte real-soziale Ort, an dem in regionalisierter Form der Anspruch der Vernunft und an ein vernünftige Leben ex negativo im Scheitern der Besonderung sich noch artikulierbar zeigt. Viel wahrscheinlicher ist, dass Luhmann mit der Detektion von Kunst als Intelligenzexperimentierfeld einem genuin wissenschaftssystemischen, genauer: einem theoriebautechnischen Impuls folgt, der sein Ungenügen an der wissenschaftlichen Darstellungsform ausdrückt. Auf die Kunst der Poesie bezogen heißt es bei ihm: »Ich denke manchmal, es fehlt uns nicht an gelehrter Prosa, sondern an gelehrter Poesie. [...] Vielleicht sollte es [...] für anspruchsvolle Theorieleistungen eine Art Parallelpoesie geben, die alles noch einmal anders sagt und damit die Wissenschaftssprache in die Grenzen ihres Funktionssystems zurückweist« (Luhmann 1981: 176 f.). Kunst respektive Poesie käme dementsprechend die Funktion zu, nicht Grenzen zu überschreiten, sondern Systeme wieder in ihre Schranken zu weisen, die sie gleichsam funktionssystemspezifisch immer wieder überschreiten.

In einer anderen, nun abschließenden Äußerung Luhmanns findet man vielleicht die passende Einschätzung der Kunst als noch möglicher Ort der Intelligenz und des Intellekts aus systemtheoretischer Sicht wieder, also aus einer Sicht, die Intellektualität definitiv aufruhen lässt auf einer Abkopplung von *social problems* (im Sinne von Vorgaben für Problemstellungen) als Voraussetzung für die Ausdifferenzierung theorieinterner soziologischer Forschungen,[21] damit sich diese Intellektualität ganz ohne politische Funktion und jenseits der Unterscheidung zwischen affirmativer und kritischer Einstellung zur Außenwelt ihrer Aufgabe widmen kann. Luhmann: »Mehr als irgendeinem anderen Funktionssystem scheint es der Kunst zu gelingen, oder jedenfalls ist ihr daran gelegen, die moderne Gesellschaft in der modernen Gesellschaft darzustellen, also [...] die ›Emanzipation der Kontingenz‹ als Modell der Gesellschaft in der Gesellschaft ins Werk zu setzen« (Luhmann 1995: 497 f.). Hier, in dieser recht weitgehenden Vermitteltheit, treffen mehr oder weniger maskiert Emanzipation und Intellektueller wieder aufeinander, taucht die Spezialisierung auf den Zusammenhang, die Darstellung des »Gesamtzusammenhangs« wieder auf – als ästhetische Praxis und als theorieästhetische Figur. Luhmanns Fokus, der Kontingenzemanzipation, nicht mehr aber der Menschenemanzipation ein intellektuelles Lager einzurichten, ist folgerichtig für eine Theorie, die Gesellschaft nicht als aus Menschen bestehend auffasst. Folgerichtig ist demnach auch, für Intellektuelle keine Verwendung mehr zu sehen, wenn man davon überzeugt ist, dass eine wesentliche Funktion der Intellektuellen darin besteht, die soziale Phantasie für Formen sozialer Organisation der Emanzipation zu unterstützen und Formen sozialer Organsiation von Herrschaft zu kritisieren. Es geht nicht mehr um soziale Organisation (der Verantwortung wie auch der Unverantwortlichkeit), sondern wohl nur noch um subjektiv bzw. privativ mögliche Freundschaft, Freundschaft mit Kontingenz, ganz im Sinne Zygmunt Baumans, dem zufolge Kontingenz der Freundschaft bedarf als Alternative zur Irrenanstalt.

## Schlusswort

Luhmann schließt sich wie kein anderer Theoretiker dem ersten Satz des vorangestellten Zitats von Sombart an (»Das System funktioniert, solange der aporetische Charakter der konstitutiven Grundwahrheit ignoriert oder geleugnet werden kann«), um den zweiten Satz wie kein anderer *nicht* auf sich zu beziehen (»Auf keinen Fall darf affirmativ darüber gesprochen werden. Wenn, dann nur im Modus der ›Kritik‹, der Verneinung«). Dass Systeme einmal lügen müssen, damit ›es‹ klappt; dass uns nur distinguierte und nichtdistinguierte Lügen fürs Erkennen bleiben, wie Ranulph Glanville feststellt; dass die befristete Täuschung unser Teil sei, wie Peter Fuchs unmissverständlich sagt: All das bewirkt eine eigentümliche ›Dekonstruktion‹ der Dignität von Systemkritik – und ein ebenso eigentümliches Ressentiment gegenüber Systemkritikern, das etwa bei Norbert Bolz am eindringlichsten zu besichtigen ist.

Und doch: Mit Mut zur Übertreibung könnte man in Luhmanns eigener Auffassung von Kunst eine Art Deckaussage ausmachen, die seine Form der Theorieproduktion sowie sein Interesse am Menschen als Intellektuellen verdecken soll. Sie stammt von Adorno: »Kunst wird human in dem Augenblick, da sie den Dienst kündigt. Unvereinbar ist ihre Humanität mit jeglicher *Ideologie des Dienstes am Menschen*. Treue hält sie den Menschen allein durch Inhumanität gegen sie« (Adorno 1997: 293; kursiv von mir, B. T.).

Es ist sicherlich nicht falsch, Luhmann zu unterstellen, dass er Intellektuelle und die sich durchgesetzt habenden Funktionen des Intellektualismus als solch eine »Ideologie des Dienstes am Menschen« betrachtete. Seine Theorie hat indes den Dienst gekündigt, ohne dadurch human werden zu wollen – dies war nicht sein Erkenntnisinteresse. Wer Konflikte auf einer allgemeinen Ebene als Sozialsysteme betrachtet (Luhmann 1987a: 2; Ternes 1999), dem geht es nicht darum, Partei zu ergreifen im Zwischenreich der Systeme oder von einer Position aus, die gesellschaftliche Totalität zu sichten erlaubt. Wer die Kontrolle von Heterogenität durch Konzepte als das entscheidende Kriterium für das Vorhandensein von intelligenter Intellektualität ansieht, der scheint von der Pflicht entlastet, die Frage zu beantworten, wer die Kontrolle ausübt und wer kontrolliert wird. Wichtig ist einzig, dass genügend Konzepte, dass genügend Beobachtungsinstrumente vorliegen, deren Leistungsfähigkeit dann Schritt für Schritt im Kommunikationsprozess abgeklärt wird.

Walter van Rossum: »Und dafür braucht man dann den Intellektuellen, der diese Kommunikationsprozesse mit Angeboten füttert?«

Luhmann: »Ja, wenn Sie dafür ein Subjekt brauchen und das ›intellektuell‹ nennen wollen. Dagegen hätte ich nichts einzuwenden. Es muß einen Agenten geben, der so etwas macht [...]« (Luhmann 1987a: 32).

Was drückt sich in dieser Haltung aus, wenn man sie etwas genereller konturiert? Dies: Alles, was Menschen in Händen halten und zur Sprache bringen, haben sie nie in ihrer Hand und in ihrer Sprache, denn: Alle Intentionen auf Planung, auf bewusste Gestaltung, auf Verbesserung der Systeme der Gesellschaft können zwar zur Evolution der Gesellschaft beitragen, aber »das Resultat nicht entscheidend (und wenn, dann eher in einem destruktiven Sinne) bestimmen« (Luhmann 1993: 286).

Intelligenz drückt sich nach Luhmann also dadurch aus, nicht mehr entscheidend bestimmen zu wollen, weil man davon überzeugt ist, dass jede Bestimmung, die auf das »Bessere« zielt, nur destruktive Folgen zeitigt. – Wäre solch einer Haltung, die sich mit »der Evolution« (vormals: Schicksal) arrangiert hat, noch mit einer negativen Anthropologie im Sinne Ulrich Sonnemanns beizukommen?

Die Einschätzung des Intellektuellen und des Intellektualismus durch Luhmann muss jeden in seinem Selbstbild reizen, der nicht vollends sein Heil in einem romantischen Wissenskonzept zu suchen bereit ist und der nicht vollends abgelassen hat von der hehren ›Spezialisierung auf den Zusammenhang‹, die die Sozialwissenschaft von der Philosophie erbte. Wer Intellektualität als eine der letzten Erscheinungen sozialphilosophisch grundierten Engagements für das Ganze betrachtet, der wird durch Luhmann zurechtgewiesen und beschrieben als jemand, der gedanklich noch in der stratifikatorischen Evolutionsphase von Gesellschaft steckt – und also als Zeitgenosse maximal eine optische Täuschung darstellt. Mit dieser Beschreibung sollten sich Intellektuelle nicht befrieden, so sie an einer ihrer vordringlichsten Aufgaben festhalten: zu enttäuschen.

## Literatur

Adorno, Theodor W. (1970): *Ästhetische Theorie*, in: ders.: *Gesammelte Schriften*, Bd. 7, Frankfurt/M. 1997.

Anders, Günther (1980): *Die Antiquiertheit des Menschen. Über die Zerstörung des Lebens im Zeitalter der dritten industriellen Revolution, Bd. 2*, München 1992.

Benda, Julien (1983): *Der Verrat der Intellektuellen*, Frankfurt/M., Berlin u. Wien

Brunkhorst, Hauke (1990): *Der entzauberte Intellektuelle. Über die neue Beliebigkeit des Denkens*, Hamburg.

Habermas, Jürgen (1985): *Der philosophische Diskurs der* Moderne, Frankfurt/M.

Huber, Hans Dieter (1991): »Interview mit Niklas Luhmann (am 13. 12. 90 in Bielefeld)«, in: Texte zur Kunst, Vol. I, (Herbst 1991), Nr. 4, S. 121–133.

Lévy, Bernard-Henri (2005): *Sartre. Der Philosoph des 20. Jahrhunderts*, München.

Luhmann, Niklas (1981): »Unverständliche Wissenschaft. Probleme einer theorieeigenen Sprache«, in: ders.: *Soziologische Aufklärung, Bd. 3*, Opladen, S. 170–177.

Luhmann, Niklas (1983): *Legitimation durch Verfahren*, 3. Aufl., Frankfurt/M.

Luhmann, Niklas (1994): *Soziale Systeme. Grundriß einer allgemeinen Theorie*, Frankfurt/M.

Luhmann, Niklas (1987a): *Archimedes und wir. Interviews*, hg. von Dirk Baecker und Georg Stanitzek, Berlin.

Luhmann, Niklas (1987b): »Partizipation und Legitimation: Die Ideen und die Erfahrungen«, in: ders.: *Soziologische Aufklärung, Bd. 4*, Opladen, S. 152 bis 160.

Luhmann, Niklas, u. Fuchs, Peter (1989): *Reden und Schweigen*, Frankfurt/M.

Luhmann, Niklas (1990a): *Soziologische Aufklärung, Bd. 5: Konstruktivistische Perspektiven*, Opladen.

Luhmann, Niklas (1990b): *Paradigm lost: Über die ethische Reflexion von Moral. Rede von Niklas Luhmann anläßlich der Verleihung des Hegel-Preises 1989*, Frankfurt/M., S. 9–48.

Luhmann, Niklas (1990c): *Die Wissenschaft der Gesellschaft*, Frankfurt/M.

Luhmann, Niklas (1992a): *Beobachtungen der Moderne*, Opladen.

Luhmann, Niklas (1992b): »Gibt es ein »System« der Intelligenz?«, in: Martin Meyer (Hg.): *Intellektuellendämmerung? Beiträge zur neusten Zeit des Geistes*, München, S. 57–73.

Luhmann, Niklas (1993): *Das Recht der Gesellschaft*, Frankfurt/M.

Luhmann, Niklas (1994): »Die Tücke des Subjekts und die Frage nach dem Menschen«, in: Peter Fuchs/Andreas Göbel (Hg.): *Der Mensch – das Medium der Gesellschaft?*, Frankfurt/M., S. 40–56.

Luhmann, Niklas (1995): *Die Kunst der Gesellschaft*, Frankfurt/M.

Luhmann, Niklas (1996). *Protest. Systemtheorie und soziale Bewegungen*, hg. von Kai-Uwe Hellmann, Frankfurt/M.

Luhmann, Niklas (1997): *Die Gesellschaft der Gesellschaft*, Frankfurt/M.

Luhmann, Niklas (200): *Die Religion der Gesellschaft*, hg. von André Kieserling, Frankfurt/M.

Sloterdijk, Peter (2004): *Sphären III. Schäume*, Frankfurt/M.

Sombart, Nikolaus (1998): *ErkennntisLust. Tractatus socio-logicus*, Leipzig.

Sternhell, Zeev (2002): *Faschistische Ideologie. Eine Einführung*, Berlin.

Ternes, Bernd (1999): *Invasive Introspektion. Fragen an Niklas Luhmanns Systemtheorie*, München.

Ternes, Bernd (2005): »Große Theorie um 1980. Kleine Erinnerung an Niklas Luhmann«, in: Merkur, Heft 669, Januar 2005, S. 75–79.

Ternes, Bernd (2006): »Niklas Luhmann: Systemtheoretiker und Poet zivilklinischer Theorie«, in: Stephan Moebius/Dirk Quadflieg (Hg.), *Kultur. Theorien der Gegenwart*, Wiesbaden, S. 503–516.

## Anmerkungen

1 Mit den Worten Geoffrey Winthrop-Young, der sich seinerseits auf Albrecht Koschorke bezieht: »Albrecht Koschorke hat mal sehr schön darauf hingewiesen, daß die Luhmannsche Systemtheorie im Kern eigentlich immer noch die Verwaltungswissenschaft ist, als die sie begann. In der Tat: All diese tiefschürfenden Analysen über systemspezifische Codierungen, Inklusionen und Exklusionen, Interpenetrationen und strukturelle Kopplungen: Ist das nicht der Versuch, ein für allemal festzulegen, zu welcher Tageszeit welcher Bittsteller auf welchem Korridor Zugang zu welchem Beamten hat? All die hochkomplexen Kommunikationen zur Kommunikationslosigkeit: Geht es nicht darum, sicherzustellen, daß diese Beamten und ihre herrlichen Werke, die kein Außenstehender je zu ergründen vermag, künftig noch weniger gestört werden? Koschorkes verwaltungstechnische Konkretisierung ist Teil einer kulturwissenschaftlichen Entzauberung Luhmanns«, so Geoffrey Winthrop-Young im Gespräch mit Rudolf Maresch (auf: http://www.heise.de/tp/r4/artikel/22/22430/1.html; 23.04.06; Abruf 04/2006: »Die Zeit der Kulturkriege ist vorbei«). – Ich teile diese grundlegende Interpretation des Luhmann'schen Werkes: allerdings mit einer anderen Herleitung (Ternes 2006: 503–516).

2 Für diese Entscheidung Luhmanns passt ein Kommentar zum Intellektuellen haargenau, den Hans Ulrich Gumbrecht in einem Interview mit Rudolf Maresch zum Abschluss abgegeben hat: »Ich plädiere für einen Intellektuellen, der mit spezifischer Systemreferenz ausgestattet ist. Der Intellektuelle kann nicht für die gesamte Gesellschaft verantwortlich sein. Mit der Rolle des Intellektuellen ist Isolierung assoziiert. Er muß in Ruhe gelassen werden, seine Gedankenexperimente müssen nicht immer unmittelbare Folgen haben. ›Subversiv‹ ist eine – etwas verbrauchte – Selbststilisierung aus dem Arsenal der romantischen Poetik. Eine Maximierung des Subversiv-Seins könnte aber darin liegen, die Isolation zum Freiraum zu machen und radikal ohne Tabus zu denken«;

siehe dazu und weitergehend: http://www.rudolf-maresch.de/interview/2.pdf. (Abruf 26. 07. 06; »Katalysator von intellektueller Komplexität sein«).

**3** Bezeichnenderweise ist dies die Überschrift eines kurzen Textes von Luhmann zum Thema ›Aktualität der Frankfurter Schule‹, in dem er die Zeitgenossenschaftlichkeit der Frankfurter Denkungsart als optische Täuschung nachzuweisen sucht (Luhmann 1990a: 228–234).

**4** In Huber 1991.

**5** Luhmanns lebenslanges Interesse an Differenz, seine Entscheidung, nach dem Krieg Rechtswissenschaften zu studieren, wurde von ihm einmal erläutert mit der Erfahrung, die er ob des Wechsels von der nationalsozialistischen zur demokratischen Gesellschaft machte: »Vorher schien alles in Ordnung zu sein und hinterher schien alles in Ordnung zu sein, alles war anders und alles war dasselbe« (Luhmann 1987a: 128).

**6** Die Referenz ist hier natürlich Julien Benda, der gerade das intellektuelle Engagement auf dem Feld des Politischen mit moralischer »Verwahrlosung« korrelierte – in der Zwischenkriegszeit (1927): »Zu Ende des 19. Jahrhunderts jedoch vollzieht sich ein gewaltiger Umschwung: *die clercs beginnen, beim Spiel der politischen Leidenschaften mitzuhalten.* Die Männer, die einst den Realismus der Völker zügelten, geben ihm nun die Sporen. Mehrere Wege führen zu diesem Einbruch auf dem Gebiet der menschlichen Moralität« (Benda 1983: 112). Diese These wird selektiv geteilt von Zeev Sternhell (2002: 23 ff.), wenn er den politischen Nationalismus als diejenige Leidenschaft ausmacht, der sich die sozialistischen Intelektuellen hingegeben, teilweise gar unterworfen hätten.

**7** Deswegen sei Foucault im Gegensatz zum glücklichen Positivisten Luhmann und zum melancholischen Ironiker Rorty der »allgemeine Intellektuelle des öffentlichen Appells an eine widerlegbare Wahrheit und ein verletztes Recht geblieben« (Brunkorst 1990: 171).

**8** Eine solche für Luhmann falsche Annahme führt dann dazu, Gesellschaft als moralische Tatsache anzusehen; das ist sie für ihn »zum Glück« nicht (Luhmann 1984: 318).

**9** Für Luhmann ist Intelligenz allerdings kein System, sondern ein (Sonder-) Medium, das in Systemen wirksam sein kann (1992b: 58 ff.). – Es ist bezeichnend, dass Luhmanns Text zum Themenfeld Intellektualität zu den uninspiriertesten und zusammengestückeltsten Texten innerhalb seines Textkorpus gehört, von denen es nicht viele gibt.

**10** Beispiele für das Soziale-Operation-Werden der Reproduktion des Menschen sind die nationalsozialistischen Pläne der Organisation von Biografie; Konzentrationslager, die Bildung des »Neuen Menschen«. Für Foucault hingegen ist die von Luhmann als unmöglich beschriebene soziale Herstellbarkeit menschlichen Lebens Grundlage der Bio-Politik, die Leben macht und sterben lässt (und nicht mehr, wie noch in den Disziplinargesellschaften, leben lässt und Sterben macht).

**11** Man könnte hier, *stark vereinfachend*, an Sartre denken, von dem Bernard-Henri Lévy schreibt: »Dieser Mann wird zum Rekordhalter der öffentlichen Aufrufe (von 488 Manifesten, die gleich welchen Inhalts allein zwischen 1958 und 1969 gezählt wurden, hat er allein fast hundert unterschrieben, also dreimal so viel wie Daniel Mayer, der Präsident der Liga für Menschenrechte)«; Lévy 2005: 550.

**12** »Es geht darum, Aufmerksamkeit zu gewinnen für Probleme, die die Funktionssysteme strukturell nicht lösen können oder schlecht lösen«, so Luhmann (1996: 190f.), nicht ohne im gleichen Atemzug darauf hinzuweisen, dass diejenigen sozialen Bewegungen, die Aufmerksamkeit schaffen, dies tun »ohne Rücksicht auf die Selbstbeschreibung der Funktionssysteme, also auch ohne Rücksicht darauf, welche internen Rationalitäten dazu führen, daß das so ist, wie es ist«; zudem handele es sich dabei um eine sehr moralisch getönte Kommunikation, »die auch die Verantwortung sich selbst gar nicht zumutet, auf der anderen Seite einzusteigen, um es dort besser zu machen«.

**13** Die anspruchsvolle, quasi kultivierte Gestalt von Apathie und Ignoranz sieht Luhmann in der Vorstellung gesellschaftlichen Taktes als eine altliberale Form der Institutionalisierung von Konfliktregelung (1983: 104). Wer taktlos agiert, bringt also zum Ausdruck, dass er bei der Darstellung seiner Meinung nicht mehr zugleich den Respekt vor anderen Meinungen mitdarstellt; und damit den anderen diskreditiert (ebd.). – Es ist ein Leichtes, hier eine Funktion des Intellektuellen zu sichten: als jemand, der die Meinungen der anderen diskreditiert in der Überzeugung, sich dabei nicht selbst zu diskreditieren.

**14** In der Fußnote auf derselben Seite beschreibt er anhand von Studierenden, was passiert, wenn jemand eine politische Front bildet, aber nicht im System sozialisiert ist und nicht die aufgezählten Fähigkeiten besitzt: »Außenstehenden, wie zum Beispiel Studenten, fällt es deshalb schwer, ein bestimmtes Thema, etwas das der Universitätsreform, politisch in Gang zu bringen. Wenn sie ihre Bemühungen verstärken, so führt das zwar dazu, daß ein politisches Thema entsteht, aber dieses heißt dann ›Studentenunruhen‹.«

**15** Eine genaue Differenzierung der Begriffe Protest, Gesellschaftskritik, soziale Bewegungen und Intellektuelle kann hier leider nicht ausgeführt werden. Berechtigt scheint mir die Hineinnahme der sozialen Bewegungen zum Komplex Intellektualität, da Luhmann diesen gleichsam moralisch distanziert gegenübertritt: »Die sozialen Bewegungen beruhen ja auf der Annahme, die Probleme müßten woanders gelöst werden. Sie praktizieren das Prinzip, auf fremden Pferden moralisch zu voltigieren« (1996: 188).

**16** Auf den Seiten 149f. gibt Luhmann den Preis dafür an, dass das Rechtssystem ›freischwebend‹ über den konkreten Lebenswelten resp. tiefliegend in den basalen Erwartungsstrukturen gesellschaftlicher Vermittlung operiert: »Die Gesellschaft muß auf diese Weise dafür zahlen, daß sie das Rechtssystem aus seiner sozialen Einbettung gelöst und den Einzelnen zum Individuum erklärt hat. Ein Ausgleichseffekt ist, daß sich starke normative Erwartungen bilden, die sich auf ein normatives Erwarten normativen Erwartens stützen, aber nicht die Form des Rechts annehmen können. Sie treten als politische Forderungen, in einigen Fällen als soziale Bewegungen auf. Ihre Semantik benutzt den Wertbegriff, zuweilen auch – als ob es um Distanz zum Recht ginge – den Titel ›Ethik‹. Was an kontrafaktischem Trotz möglich ist, findet hier einen Kanal [...].«

**17** Richtiges Blamieren, also eine gewollte, intellektuell legitimierte falsche Einschätzung dessen, was man berechtigterweise von anderen und von sich selbst erwarten kann (das ist die Basis des Transgressionsgedankens), setzt voraus, daß die anderen gleichsam Erwartungen haben und hegen gegenüber dem Akteur. Im Falle des Intellektuellen treten indes kaum noch Erwartungen außerhalb des Intellektuellenkreises an ihn heran – von Ausnahmen abgesehen, in denen der Intellektuelle ungewollt andere Funktionszuschreibungen erhalten hat. Siehe auch die umstrittene These Sloterdijks zum Schweigen der Intellektuellen (intelligente Intellektuelle verweigern sich der Aufgabe, den gegenwärtigen Luxuszustand des westlichen Menschen in die Sprache des Mangels zu übersetzen; deswegen halten sie den Mund) in: Sloterdijk 2004: 808 f.

**18** Im Vorwort liest man: »Wir verstehen diese Studien nicht in erster Linie als Erweiterung des Wissens über die Sachthemen, die wir behandeln, sondern als einen Beitrag zur Gesellschaftstheorie« (Luhmann/Fuchs 1989: II).

**19** Zu Mannheims Term heißt es dort lapidar, die Beschreibung des Intellektuellen als sozial freischwebende Intelligenz hatte die Aufgabe, »ein Theorieproblem der Wissenssoziologie durch (wie man heute sagen würde) Gödelisierung zu lösen«.

**20** Nochmals: Gewiss hat das Wissenschaftssystem, Abteilung Theorie, eine gleichsam praktische Nähe zur Intelligenz. Doch in ihr, der Theorie, gehe es nicht um ein Experimentieren mit Intelligenz, sondern um das intelligente Experimentieren mit Abstraktionspotenzialen, die durch Evolution der funktionalen Differenzierung »freigesetzt« worden sind.

**21** Während die klassische Beschreibung des Intellektuellen eher eine möglichst ausdifferenzierte Verkopplung von Forschung und social problems als Erfordernis ansieht (etwa in Gestalt des historischen Materialismus resp. des wissenschaftlichen Sozialismus), um dem nachzukommen, was man einst Emanzipation, Befreiung, Aufklärung zu nennen pflegte und heute verschämt oder ironisch artikuliert.

# Spiel, Satz und Sieg: Jean-François Lyotard

*Klaus Gloy*

In einer Zeit voller Fragen, voller Aufruhr und voller Neuanfänge fällt einem »marxistischen« Philosophen[1] nichts Besseres ein, als das Recht »des Satzes« (fr. *phrase*) zu reklamieren. Auf den ersten Blick kommt das einer Verabschiedung aus der praktisch-politischen Gegenwart gleich; Zeitdiagnose sieht doch wohl anders aus. Erst auf einen zweiten Blick wird eine kritische Dimension sichtbar, die ich im Folgenden zu entwickeln versuche.

Den Ausgang dazu nehme ich bei einer Bemerkung Lyotards, die dieser am 20. 7. 1987 in einem Gespräch über einen seiner Zeitungsartikel (»Tombeau de l'intellectuel«, in *Le Monde* v. 8. 10. 1983) machte: »Das Grabmal des Intellektuellen ist auch das Eingedenken des Intellektuellen. Wir sind im Eingedenken. Das heißt nicht, daß es keine Intellektuellen mehr gibt, sondern daß die heutigen Intellektuellen, die Philosophen, sofern sie mit der Politik oder mit den Fragen der Gesellschaft zu tun haben, keine so manifesten und eindeutigen Positionen beziehen können« (van Reijen/Veerman 1989: 147), und zwar deshalb nicht, weil die bisherige Legitimationsgrundlage des Intellektuellen, nämlich der Emanzipationsgedanke der Aufklärung samt einer sich auf ihr »natürliches Telos« hin entwickelnden Geschichte, weggebrochen sei. Eine verbliebene, lediglich minimale Sicherheit sei erkennbar in einer »Politik des Widerstands«, eines Widerstands, der Lyotard zufolge einerseits im direkten Eingreifen besteht, andererseits als »Widerstand im Schreiben und durch das Schreiben [...] als ein Einschreiben, das sich sorgt um das Nichteinschreibbare« (van Reijen/Veerman 1989: 148).

Das Grundproblem erhält damit eine erste Kontur: Nachdem die Sicherheit des Argumentierens, der Beweisführung, des Wissens verlorengegangen ist, und zwar, wie sich herausstellen wird, sehr grundsätzlich, will Lyotard sein Denken dennoch weiterhin in den Dienst von Politik stellen und nach verbleibenden Möglichkeiten suchen, den Verhältnissen Widerstand zu leisten. Dabei nimmt die Sorge um das nicht zugelassene Sich-Artikulieren (das »Nichteinschreibbare«) einen offenbar zentralen Ort ein.

Wie ist Letzteres zu verstehen? Den unmittelbaren Anlass zu diesem Gedanken boten politische Ereignisse wie etwa die Holocaust-Leugnung, insbesondere Robert Faurissons zynische Forderung, dass die Existenz und die todbringende Gefahr der Gaskammern nur dann anerkannt werden könnten, wenn sie von den betroffenen *Opfern* bezeugt und bewiesen werden würden (Warmer/Gloy 1995: 29).[2] Den Verfolgten werde damit zugemutet, dass nur sie selber als Kläger auftreten dürfen und ihr Schicksal in einer Weise schildern müssen, die von *anderer* Seite gefordert wird. Mit Faurissons Definition von »Beweis« würden die Lagerhäftlinge erneut zu Opfern gemacht, und dagegen gelte es, ihrer Situation zu einer Sprache zu verhelfen, in der sie Kläger bleiben können.

Zur Verdeutlichung der Allgemeinheit des Problems greift Lyotard auf das Bild des Gerichts zurück: Es gibt einen Kläger, einen Beklagten und einen Richter. Alle drei Instanzen verfügen über ein je eigenes Vokabular (*idiome*: eine einzigartige Weise, »das, was geschieht, zu entziffern« – Lyotard 1984: 60), in dem ihre jeweiligen Interessen artikuliert werden. Was dem Kläger beispielsweise als »absichtsvolles« Handeln des Beklagten erscheint, nennt dieser ein »Versehen« etc. Im Idealfall ist der Richter eine Entscheidungsinstanz, die über den Streitparteien steht, und das heißt ganz wesentlich: die weder das »Idiom« des Klägers noch das des Beklagten, sondern ein eigenes spricht. Und nur in diesem kann der Streitfall entschieden werden, ohne dass eine Komplizenschaft mit einer der Parteien be- bzw. entsteht.

Sofern ein Kläger den Beweis für seine Behauptung, er hätte einen Nachteil erlitten, erbringen kann, handele es sich, wie Lyotard es definiert, bei dem geltend gemachten Nachteil um einen »Schaden« *(dommage)*, sofern nicht, werde sein Nachteil zu einem »Unrecht« *(tort)*, und der Kläger werde »Opfer« *(victime)*, d. h. jemand, der ein Unrecht erlitten hat, dieses aber nicht auf anerkannte Weise artikulieren kann, weil die dazu benötigten Mittel verlorengegangen sind, »wenn der Satz der Zeugenaussage selbst seines Geltungsanspruchs beraubt wird« (Lyotard 1983: 20). Ein Schaden sei Gegenstand eines Rechtsstreits *(litige)* und könne durch Urteilsspruch einer Richterinstanz behoben werden. Es gehöre also zum Wesen eines Rechtsstreits, dass es in ihm eine oberste Entscheidungsinstanz gebe, die von den Streitparteien gleichermaßen als zuständig anerkannt werde.

Fehlt indessen eine oberste Entscheidungsinstanz, könne nicht darüber entschieden werden, welcher der im Streit liegenden Ansprüche legitim und welcher nicht legitim sei. Dies ist der Fall eines »Widerstreits« *(différend)*,[3] dem Lyotard besondere Brisanz zumisst.

Ein häufiges Problem der Praxis sei es, einen Widerstreit lösen zu wollen, und zwar nach dem Muster des Rechtsstreits, obwohl eine (anerkannte) Richterinstanz gerade nicht vorhanden ist. Man verfahre dann unberechtigterweise so, als gäbe es eine Entscheidungsregel oberhalb der im Streit liegenden Ansprüche; in Wahrheit handele es sich bei dieser Entscheidungsinstanz allerdings nur um eine der Streitparteien selber. Das beraube letztlich die andere Streitpartei ihrer Beweismittel, denn wer als Entscheidungsinstanz operiere, entscheide auch über die für die Schlichtung allein zugelassene Sprache, und wenn diese beispielsweise mit der des Beklagten übereinstimmt, dann kann ein Kläger seinen Nachteil gar nicht ausdrücken, und seine Beweisführung wird gar nicht als gültiger Beweis anerkannt.

Da Entsprechendes ebenfalls dem Beklagten blühen kann, stoßen wir überall dort, wo eine unabhängige Entscheidungsinstanz fehlt und dennoch über Meinung und Gegenmeinung Recht gesprochen wird, auf *Gewalt*. Sie besteht darin, dass nicht ein allseits anerkannter Beweis einer der Parteien, sondern eine dominierende Meinung darüber, was als Beweis gelten solle, das Entscheidungskriterium bildet. Das Grunddilemma solcher Kontroversen sei nämlich, dass beide Parteien zwar ihren jeweiligen Prämissen zufolge ihre eigene Auffassung »beweisen« können, aber (wie jede andere Person auch) nicht in der Lage sind, *allgemein* zu beweisen, dass allein der eigene Beweis richtig und angemessen ist. Es gibt keinen Standpunkt außerhalb einer jeweiligen Axiomatik.

Die Behandlung eines Widerstreits nach Art eines Rechtsstreits wird von Lyotard als *ethisches* Problem gesehen. Die damit ausgeübte Gewalt, die laufend *Unrecht* erzeuge, gelte es zu vermeiden, und dementsprechend sei die Aufgabe des Intellektuellen, des Philosophen also, unvereinbare Standpunkte *als diese* sichtbar zu machen und ihre von anderer Seite vorgenommene Verwandlung in einen Rechtsstreit anzuprangern. Das sei seine Art von »philosophischer Politik« (Lyotard 1983: 12), und diese stehe im Dienste unterdrückter Meinungen, die davor zu schützen seien, sich im Vokabular ihrer Widersacher artikulieren zu müssen. Was also seitens des Intellektuellen geleistet werden könne, sei nur ein *Kenntlichmachen* jener Gegensätze, nicht etwa auch deren Überwindung.

Mit der Erfüllung dieser Aufgabe, so die Schlussfolgerung, verlange der Intellektuelle sich selber und der Öffentlichkeit die Fähigkeit ab, Aporien einfach stehen zu lassen, Ambivalenzen zu tolerieren und auf Entscheidungen bzw. Eindeutigkeiten zu verzichten. Allerdings handelt es sich in der Sicht Lyotards dabei um keinerlei Beschränkung, sondern um eine Befreiung – und zwar dergestalt, dass man sich von den traditionell bestehenden Zwängen, Aporien auflösen zu müssen, lossagt. Denn, so seine Diagnose: »Wir haben die Sehnsucht nach dem Ganzen und dem Einen [...] teuer bezahlt. Hinter dem allgemeinen Verlangen nach Entspannung und Beruhigung vernehmen wir nur allzu deutlich das Raunen des Wunsches, den Terror ein weiteres Mal zu beginnen, das Phantasma der

Umfassung der Wirklichkeit in die Tat umzusetzen. Die Antwort darauf lautet: Krieg dem Ganzen, zeugen wir für das Nicht-Darstellbare, aktivieren wir die Differenzen, retten wir die Differenzen, retten wir die Ehre des Namens« (Lyotard 1986: 40f.).

Das versteht sich auch ohne ausdrückliche Erwähnung[4] unter anderem in Opposition zu Habermas' Diskursbegriff, der für Situationen entwickelt wurde, in denen ein verlorengegangener Konsens ohne Gewalt in neue Einvernehmlichkeit überführt werden soll. Während für Habermas die Menschheit als universelles Subjekt und eine Richterinstanz, nämlich Vernunft, aufrechterhalten bleiben, ist dies, wie skizziert, für Lyotard nicht der Fall: »Der Konsens ist ein veralteter und suspekter Wert geworden, nicht aber die Gerechtigkeit« (Lyotard 1979: 190).

Mit dieser Diagnose führt uns Lyotard ins Zentrum seines Denkens. Dieses ist von spezifischen Konzeptionen über Toleranz, Gerechtigkeit und Unrecht geprägt, die allesamt als Kritik an der *Moderne* entfaltet werden.

Den Ausgangspunkt seiner Argumentation bildet das, was er als die *Delegitimierung* des wissenschaftlichen Wissens und die *dissémination* der Sprachspiele analysiert (Lyotard 1979: 118f.) und als das Ende der »Großen Erzählung(en)« bzw. der »Meta-Erzählung(en)« bezeichnet. In Kürze formuliert, geht es zum einen um den Gedanken, dass wissenschaftliches Wissen seinen Wahrheitsanspruch nicht aus sich selber beweisen könne, sondern auf anderes, »narratives«, Wissen angewiesen sei; dies sei das Ende des »spekulativen Legitimationsmodells«, eine Zerstörung des bisherigen Privilegs wissenschaftlichen Wissens. Zum andern gehe es darum, dass allgemein die verschiedenen Sprachspiele so grundsätzlich verschieden seien, dass sie nicht ineinander »übersetzt« werden können, womit Lyotard im Speziellen meint, dass aus dem Sein kein Sollen gefolgert werden könne, genauer, dass wissenschaftliche Aussagen keine Präskriptionen rechtfertigen können. Dies sei das Ende des »emanzipatorischen Legitimationsmodells«. In den Worten Lyotards liest sich das so: »Es sei eine geschlossene Tür angenommen. Es gibt im Sinne der Aussagenlogik keine

Schlussfolgerung von *Die Tür ist geschlossen* zu *Öffnen Sie die Tür*. Die beiden Aussagen[5] hängen von zwei Mengen autonomer Regeln ab, die unterschiedliche Relevanzen und daher unterschiedliche Kompetenzen bestimmen« (Lyotard 1979: 118), bzw. »Die Sprache ist ohne Einheit, es gibt nur Sprachinseln, jede wird von einer anderen Ordnung beherrscht« (Lyotard 1984: 70). Es wird noch zu zeigen sein, dass diese Heterogenität ganz zentral in Lyotards Bestimmung von Gerechtigkeit eingreift.

Zwar werfen Argumentationen wie diese eine Reihe von Problemen auf, insbesondere provozieren sie die Gegenfragen, ob »Wissenschaft« denn etwa prototypisch mit dem *Kritischen Rationalismus* gleichgesetzt werden dürfe, wie das zitierte Beispiel suggeriert, respektive ob die These von den getrennten Regelmengen für unterschiedliche Sprachspiele auch auf die Beurteilung der Logik eines *Gesprächs* übertragen werden kann oder sogar muss; eine ausführliche Erörterung hier muss indessen aus Platzgründen unterbleiben (vgl. aber dazu Warmer/Gloy 1995).

Stattdessen ist auf Lyotards Schlussfolgerungen zu verweisen, die er aus dem von ihm diagnostizierten Ende der großen Legitimationen vornimmt. In erster Linie sei ein Wissen *nach* der Moderne sensibler für Verschiedenheit, verzichte auf die eine übereinstimmend und konsistent erzeugte Welt der wissenschaftlichen Experten und übe sich stattdessen im Anerkennen alles Ambivalenten, im »Ertragen des Inkommensurablen« (Lyotard 1979: 16) bzw. im Respektieren des Unvereinbaren, des »différend« (Lyotard 1989). Dieses bzw., wie er es formuliert, »die Trauer um die Einheit der Sprache – eine bestimmte ›Freude‹ an der Beschreibung ihrer Vermögen und Unvermögen« (Lyotard 1984: 72) schätzt er dementsprechend auch an Wittgenstein, seinem wichtigsten sprachtheoretischen Gewährsmann. Von ihm übernimmt er das Konzept der *Sprachspiele*, kritisiert aber gleichzeitig an ihm, noch vom »anthropologischen Vorurteil« beherrscht zu sein. »Der Mensch gebraucht die Sprache nicht, er ist nicht einmal ihr Hirte; ebenso wenig wie es eine Sprache gibt, gibt es ein Subjekt« (Lyotard 1984: 73). Und schon vorher hieß es im *Widerstreit*: »Selbst wenn das

Subjekt als Empfänger oder Sender der Darstellung für außersprachlich, jenseitig erklärt wird [...], so ist dieses Subjekt nichtsdestoweniger innerhalb des Universums situiert, das der philosophische Satz, der es für außerweltlich erklärt, darstellt« (Lyotard 1983: 128).

Die fatalen Folgen jenes Anthropozentrismus, mit denen Lyotard sich selbst bereits konfrontiert sah, lesen sich wie eine Kritik heutiger Tage an der Wissensgesellschaft; man könne die Folgen an den heutigen Kommunikationstechnologien ablesen, nämlich die Zurichtung von Sprache auf »Information«, ihre Zerstückelung in Informationen als Ware, als Tauscheinheiten einer Kommunikation, die den Werteinheiten der ökonomischen Sphäre in besorgniserregender Weise glichen. Stattdessen, d. h. gegen »die Sprachtheorie der Humanwissenschaften«, aber auch gegen jene »ökonomische Diskursart«, die uns zu zeitsparendem Informationsaustausch nötigt, statt uns zur Reflexion unserer Themen anzuhalten, müssten die wirklichen Potenziale des Sprachlichen ausgespielt werden. Und diese lägen im Experimentieren mit Sprache, im Erfinden neuer »Idiome« und Regeln (auch unter Einsatz des »Paralogischen«) und im Insistieren auf Unvereinbarkeiten und Paradoxien (Lyotard 1979: 175).[6]

Wenige Jahre später wagt Lyotard, sich einigen dieser Forderungen auch praktisch zu stellen. In der 1985 von ihm konzipierten und gemeinsam mit Thierry Chaput besorgten Ausstellung *Les Immatériaux* im Pariser Beaubourg (»Centre Pompidou«) versuchte er, seine philosophisch-ästhetischen Schlüsselbegriffe des Inkommensurablen und Undarstellbaren noch vor jeder begrifflichen Fassung erlebbar zu machen. Dies geschah (vgl. Wunderlich 2006) u. a. durch eine prinzipielle semantische Offenheit der Exponate (selbst auf deren Beschriftung wurde verzichtet), durch deren erschwerte Identifizierbarkeit (weil sie teilweise mit szenischen Elementen verflochten waren), durch die Labyrinthstruktur des Ausstellungsraumes (die eine systematische Erschließung verhinderte) und durch die Audioführer (die keine Erklärungen gaben und die Kommunikation zwischen den Besuchern verhinderten). Das Arrangement unterlag der These, dass die in der Ausstellung präsentierte neue Technologie mit ihren Möglichkeiten der Speicherung und Verarbeitung entmaterialisierter Daten erstmals Vermögen des menschlichen Denkens selber übernehmen könnte, was philosophisch gesehen der Verabschiedung des souveränen Subjekts gleichkäme. Lyotards Anspruch, sein Philosophieren durch Zeigen *(philosopher par exposition)* »en direction du public« zu vollziehen, sollte den Besuchern eine Ahnung davon vermitteln, wie deren nahe Zukunft in einer digitalisierten (und das heißt: immaterialisierten) Welt beschaffen sein wird; zu einem Gespräch mit ihnen kam es allerdings nicht. Die von Lyotard in Kauf genommene intellektuelle Überforderung mündete bei Besuchern und Rezensenten weitgehend in Unverständnis – darin offenbar der These vom nicht mehr souveränen Subjekt gehorchend.

Anderthalb Jahrzehnte zuvor hatte bereits Foucault diagnostiziert, »dass das, was den Menschen möglich macht, ein Ensemble von Strukturen ist, [...] deren Subjekt [...] er jedoch nicht ist« (Caruso 1969: 14). Dieser Gedanke wurde in der Sekundärliteratur wiederholt in die Formel »Tod des Subjekts« gegossen, aber präziser ausgedrückt ging es Foucault dabei um eine theoretische Beendigung der Subjektphilosophie, insbesondere um die These, dass das Funktionieren (des Menschen, der Diskurse) auch ohne Rekurs auf »Bedeutung« und »Sinn« erklärt werden könne (Caruso 1969: 24f.). Diese aus dem Strukturalismus herrührende (und in der Systemtheorie weiterentwickelte) These findet sich auch bei Lyotard. Auffälligerweise fehlt in seinen Veröffentlichungen jedoch dieser Bezug auf Foucault, obwohl beide in Vincennes, der 1968 gegründeten Versuchsuniversität Paris VIII (der »Gegen-Sorbonne«), Philosophie lehrten, ja, Foucault sogar die Berufung Judith Millers, Alain Badious und eben auch Lyotards veranlasste, also solcher Personen, die Dosse einem »strukturalistischen Maoismus« zurechnet (Dosse 1992: 184). Vincennes als Sammelplatz der Mai-Bewegung war vielschichtig wie Letztere selber; insbesondere kam es zu Spannungen mit den Psychoanalytikern, allesamt Mitglieder der EFP (École freudienne de Paris). So wurde beispielsweise eine von Lacan angestrengte politische Gleichschaltung des Fachbereichs, nämlich unter EFP-Leitung, in einem von Lyotard mitunterzeichneten Flugblatt als »stalinistische Operation« gebrandmarkt (Dosse 1992: 188).[7]

Trotz dieser Gegensätze bleibt der Strukturalismus aber das allseits favorisierte Paradigma in Vincennes. Der Grund hierfür liegt wohl in seinem kritischen Anspruch, die verborgen wirksamen Logiken unterhalb des Sichtbaren zu suchen. Das kam jener Desillusionierung entgegen, in die eine Generation nach dem Nationalsozialismus geraten war und die sowohl das Ende des abendländischen *Evolutionismus* umfasste, d. h. das Ende des Glaubens an ein ständiges Fortschreiten der menschlichen Erkenntnis und Freiheit, als auch das Ende eines *Humanismus*, d. h. das Ende der Auffassung, der Mensch sei Subjekt seiner Geschichte. Lyotard (aber nicht er allein) datiert dieses Ende – es ist auch das Ende der oben angesprochenen »Legitimationsmodelle« – auf das Jahr 1943, auf den Moment der »Endlösung« (Le Magazine littéraire No. 225, Dezember 1985: 43).

Die Antwort des Strukturalismus auf dieses Ende war u. a. ein Rückzug aus der Geschichte und eine Versetzung des Menschen, des vormaligen Subjekts der Geschichte, in den Ruhestand. Dies geschah auf unterschiedliche Weise, Derrida z. B. erklärte das im Sprechen anzutreffende Gleiten des Sinns mit einer spezifischen Theorie der subjektlosen Differenzbildung (die *différance* als Spiel der Differenzen selber); Gadamers »die Sprache spricht uns«, Foucaults leere Subjektpositionen eines Textes und de Saussures subjektlose *langue* konvergieren alle in der Bestimmung, dass man sich ein Subjekt nicht *vor* den es konstituierenden Zeichen vorstellen kann (Derrida 1988: 42). Eine Pointe dieses Denkens ist, dass es sich selber als Kritik am »Humanismus« versteht. Es attackiert im Namen subjektloser Prozesse nicht nur die Idee eines autonomen Subjekts, sondern trachtet überhaupt danach, die »Finsternis der humanistischen Metaphysik« zu vertreiben (Derrida 1988: 127), und schließlich bekämpft es den Despotismus des Humanismus, der eine Kritik an sich nicht zulasse, »as if at least man were a certain value, which has no need to be interrogated« (Lyotard 1988: 1). In Lyotards Philosophieren über Sprache bedeutet das: Seine Idee der Gerechtigkeit ist nicht länger an den Schicksalen von Menschen interessiert, sondern gilt der Sorge, dass die (systembedingten) Möglichkeiten von Sprache (des »Satzes«) gegen die vom Sprachgebrauch ausgehenden Restriktionen, d. h. gegen die Wirklichkeit des Sprechens, verteidigt wird.

Dies mischte sich bei ihm auf eigentümliche Weise mit dem Thema *Heterogenität*. Unter Heterogenität, Verschiedenartigkeit, kann zweierlei verstanden werden, nämlich entweder, dass eine gegebene Einheit aus ungleichartigen Elementen zusammengesetzt ist (wie z. B. »Granit« aus Feldspat, Quarz und Glimmer), oder dass zwei Gegebenheiten (z. B. eine Partitur und ein Kohlenstoff-Atom) Elemente unterschiedlicher Mengen sind. Man sagt dementsprechend, dass die *Einheit* heterogen ist, ohne dass man sie aber als Einheit in Frage stellt, bzw. dass die *Elemente* heterogen sind, sodass die Vorstellung, dass beide derselben Einheit angehören sollen, falsch ist. Im ersten Fall wird also festgestellt, dass Verschiedenartiges sich zu einer neuen Einheit formiert hat, im zweiten Fall ist *Heterogenität* ein kritischer Begriff, der sich gegen das gewaltsame Subsumieren von Verschiedenartigem unter einen und denselben Signifikanten richtet.

Foucault bekennt in diesem kritischen Sinne von Heterogenität: »Ich träume von dem Intellektuellen als dem Zerstörer der Evidenzen und Universalien« (Foucault 1978: 198). Und Lévi-Strauss (1955) etwa sieht den Sinn seiner strukturalen Anthropologie darin, dass sie als Wissenschaft von der Verschiedenartigkeit zur Überwindung der eigenen ethnozentrischen Perspektive anhält. Dieses sei ein Wert, da nämlich »die größte Bedrohung, der eine Zivilisation ausgesetzt sein kann, die ist, immer nur auf sich selbst zu stoßen« (Picon 1961). Auch Lyotard unterlegt mit seiner These von der grundsätzlichen Verschiedenartigkeit des Sprachlichen (s. u.) den kritischen Begriff von Heterogenität.

Stellt man diese Antworten in einen historischen Bezug, etwa zum Universalienstreit, dann könnte man das ihnen Gemeinsame als

*Nominalismus* kennzeichnen. Allerdings würde man damit allein eine erkenntnistheoretische Problematik ansprechen; während der hier thematisierte Abschied vom Universellen doch ethisch bestimmt ist: als Verzicht auf jene Gewalt, die mit jeder Behandlung von etwas als »Fall von ...«, d. h. unter Absehung ihres Eigensinns ausgeübt wird.

Auffällig ist nun, dass in der Antwort, die die französische Philosophie mehrheitlich dem Ende der Metaerzählungen gibt, die *Sprache* eine prominente Rolle spielt. Trautner (1990: 748) sieht darin ein Ergebnis aus der Reflexion über das Scheitern der 68er-Bewegung. Schon Michel Foucault und Roland Barthes hätten dabei erkannt, dass ein direkter Angriff auf die politischen Institutionen deren Macht nicht erfolgreich bekämpfen könne. Da es sich um Macht*strukturen* handele, die zu bekämpfen sind, müsse eben das Strukturhafte der Institutionen allererst erkannt werden – und dieses sei in *sprachlichen* Kategorien zu denken, nämlich als Verschränkung der verschiedenartigsten *Diskurse*, in denen Sinn-, Legitimations- und Machtfragen entschieden und für verbindlich erklärt werden. Die Institutionen einer Gesellschaft, so will ich ergänzen, werden durch Überwachen und Regulieren der sie stützenden Diskurse erhalten; heterodoxe Artikulationen dagegen stellten eine Gefahr dar und dies umso nachdrücklicher, weil auch die Institutionen mit Äußerungen, also diskursiv operieren. Ihre Macht dauert deshalb nur so lange an, wie es an heterodoxen Diskursen fehlt; um ihre Macht zu bekämpfen, muss man folglich die Alternativen entwickeln.

Insbesondere für Foucault liefert diese Erkenntnis den Weg für ein gezieltes Bekämpfen institutioneller Macht. Lyotards »philosophische Politik« bescheidet sich hingegen damit, den Widerstreit aufzuspüren und zu »bezeugen«. In dieser Weise könne sich der Intellektuelle für radikale Gerechtigkeit einsetzen und neue Opfer vermeiden helfen. Da dies allein aber kaum eine Lösung der Probleme der Praxis darstellen dürfte, muss etwas Zusätzliches geschehen: Es seien Idiome zu schaffen, die dem jeweiligen Kläger zu seiner Sprache verhelfen bzw. »Vokabularien«, die die kontradiktorischen Vokabularien »ersetzen« (Rorty 1989: 35). Beide, Lyotard und Rorty, können allerdings nicht sagen, was sich an diese neuen Idiome respektive Vokabularien anschließt; eine utopische Kraft haben ihre Positionen also nicht. Aber im Unterschied zu Lyotards »man wird dann sehen« schimmert bei Rorty immerhin ein Ziel durch: So, wie ein Tisch sowohl »fest« (nämlich im Alltag) als auch »nicht fest« ist (nämlich in der Mikrophysik), brauchten auch die antagonistischen Vokabularien nicht per se zu einer *Kontradiktion* hochstilisiert zu werden (was mit Ausnahme einiger Philosophen sowieso niemand tue). Stattdessen könne man, jedenfalls in vielen Fällen, ihre Sowohl-als-auch-Geltung auflösen zugunsten mehrerer lokaler Geltungen.

»Es gibt keine ›Sprache‹ im allgemeinen, es sei denn als Gegenstand einer Idee« (Lyotard 1983: 10).[8] Heterogenität gehöre zur *Grundverfasstheit* des Sprachlichen überhaupt – was sich vom *linguistischen* Strukturalismus, der methodologisch von einer Homogenitätsannahme beherrscht wird und Heterogenität allenfalls als sozial bedingte und insofern *kontingente* Vielfalt einräumt, unterscheidet. Die eine, homogene Sprache ist aber Lyotard zufolge ein Mythos, dem er *im Postmodernen Wissen* eine Pluralität heterogener »Sprechakte« und »Sprachspiele«, im *Widerstreit* eine Pluralität von »Satz-Regelsystemen« und »Diskursarten« gegenüberstellt.[9]

Die Anknüpfung an Wittgenstein ist, wie erwähnt, allerdings nur oberflächlich; die an Searle ebenfalls. Dessen Gedanken einer pragmatischen (durch Intentionen und Textsorten-Normen bewirkten) Verkettung von Sprechakten verwirft Lyotard in *antihumanistischer* Manier mit der These, dass Verkettungsregeln in dem Augenblick nicht mehr existierten, wo ein Satz aus einer bestimmten Diskursart mit einem aus einer anderen Diskursart zusammengebracht wird. Dabei entstehe stets ein unentscheidbarer Konflikt um die Zulässigkeit dieser Fortsetzung. Genauer betrachtet, betreffe dasselbe auch die Verkettung von Sätzen innerhalb einer Diskursart; deren Kluft werde zwar vom Zweck (der Teleologie) der Diskursart »übersprungen«, wegen der »grundsätzlichen Heterogenität der Satz-Regelsysteme« nicht aber beseitigt (Lyotard 1983: 216).

Kurzum, es gelte: »Die Sprache ist ohne Einheit, es gibt nur Sprach-inseln, jede wird von einer anderen Ordnung beherrscht, keine kann in die andere übersetzt werden. Diese Zerstreuung [dissémi-nation – K. G.] ist an sich gut, sie muß geachtet werden. Was zur Krankheit führt, ist, daß eine Ordnung über die andere übergreift« (Lyotard 1984: 70), wie es, so das wiederholt von Lyotard benutzte Beispiel, geschieht, wenn einem Beschreiben ein Vorschreiben an-geschlossen wird.

Während linguistische Analysen ihr besonderes Augenmerk auf den Nachweis von Text- und Gesprächszusammenhängen richten, geht es Lyotard also darum, deren Kontingenz zu betonen. Normen und Gesprächszwecke erklärten zwar z. T. den empirischen Text-bzw. Gesprächsverlauf, sie bilden aber keinerlei *Notwendigkeit (Nezessitation)*, gerade so, wie geschehen, fortzufahren. Ihr Effekt, aus dem Bereich aller Möglichkeiten nur ein *bestimmtes* Denken, eine *bestimmte* Ethik, eine *bestimmte* Beweisführung u. Ä. zuzulas-sen und Alternativen auszugrenzen und zu verunmöglichen, bildet gleichwohl ein Problem. Dieses wäre nicht einfach dadurch zu be-heben, dass man von der Veränderbarkeit jener Normen und Zwe-cke oder von der Linearität von Kommunikation Gebrauch machte, die es gestatten würde, einem bestimmten Denken oder Handeln zu einem neuen Zeitpunkt ein anderes bestimmtes folgen zu lassen und damit Vielfalt, Heterogenität *im Nacheinander* zu ermöglichen.

Lyotards Problem ist fundamentaler und bezieht sich zum einen auf den Zeitpunkt des Redeakts selber, in dem jede andere Art, über den Sachverhalt zu sprechen, ausgeschlossen ist; zum andern auf die fehlende Nezessitation, das Heterogene (genau so) zu ver-knüpfen. »›Ich kann bei dir vorbeikommen‹ lässt viele verschiedene Verkettungen zu, von denen zumindest einige, wenn nicht alle, un-terschiedlichen Diskursarten angehören [z. B. Vorschlagen, Ver-sprechen oder Drohen ...– K. G.]. Die Vielfalt von Spieleinsätzen, die mit der Vielfalt von Diskursarten einhergeht, bewirkt, dass jede Verkettung zu einer Art ›Sieg‹ der einen über die anderen wird. Letztere bleiben ungenutzte, vergessene, verdrängte Möglichkeiten.

[...] Es gibt nur einen Satz ›auf einmal‹. Eine Menge möglicher Verkettungen (oder Diskursarten), nur ein einziges aktuelles ›Mal‹« (Lyotard 1983: 227).

Und da das, was im Reden tatsächlich verkettet wird, nicht aus innerer Notwendigkeit, sondern kontingent, aufgrund äußerer[10] Ermöglichung, geschehe, spricht Lyotard von Gewalt und von Unrecht; man setze sich über eine an sich bestehende Inkommensurabilität der Sprechakte/Sätze hinweg.

Aber auch den nicht realisierten Sätzen geschehe seitens des jeweils realisierten Satzes dadurch Unrecht, dass sie im Status bloßer Potenzialität verbleiben, hier und jetzt an ihrer Realisierung gehindert werden. Dieses Unrecht sei unvermeidlich; es wäre nur dann zu verhindern, wenn eine Diskursart mit schlichtender *absoluter* Autorität, ebendie allseits akzeptierte Richterinstanz, existieren würde (Lyotard 1983: 11). Dies kann aber nach dem Verlust jener Metaerzählungen nicht (mehr) der Fall sein.

Eine Konsequenz, die man aus diesem Unrechtsbegriff – sofern man ihn mit Lyotard als normativen Begriff versteht – ziehen könnte, wäre, Sprache überhaupt nicht zu gebrauchen. In diesem Fall gäbe es keine Hegemonie des Realisierten über das sonst noch Mögliche.

Wir unterstellen also für den Moment, dass ein *Schweigen* an die Stelle des Redens träte. Was wäre damit gewonnen? Allgemein bedeutete dies auf pragmatischer Ebene Stillstand, und lokal hätte es durchaus Äußerungsqualität und somit Bedeutung (Schmitz 1990) und führt deshalb nicht aus dem skizzierten Dilemma des Gebrauchens von Sprache heraus.

Stellen wir als Nächstes in Frage, dass Lyotard – wie de Saussure – den *Satz* als das ontisch Primäre sieht, und fragen wir: Woher stammt der Satz? Meine Antwort: Der Satz ist eine aus der Sprachpraxis durch Abstraktion gewonnene, also *sekundäre* Einheit. Seine Vieldeutigkeit, seine heterogenen Möglichkeiten, erhält er erst in dieser abstraktiven Isolierung. Man kann nun dem Substrat einer Abstraktion, also der konkreten Äußerung, nicht anlasten, dass sie nicht das gesamte Potenzial der Abstraktion, also des Satzes, rea-

328

lisiert. Sie kann es prinzipiell, nämlich als Ausgangspunkt einer Abstraktion nicht, und deshalb läuft Lyotards Unrechtsbegriff Gefahr, gegen etwas aufzubegehren, was jeder Sprachpraxis immanent ist, nämlich die (interessengerichtete oder habitualisierte) *Aspektualisierung* von Wirklichkeitsausschnitten bzw. von dem, was Menschen dafür halten. Wer angesichts dieser Unhintergehbarkeit von Unrecht (an der Abstraktion »Satz«) spricht, setzt sich in der Tat dem Verdacht aus, sich aus der (Zeit-)Diagnose herausbewegt zu haben und ein unerbittlichen Ankläger einer Schuldverstrickung, dem christlichen Gedanken der Erbsünde vergleichbar, geworden zu sein. »Ein Mensch zu sein, heißt, im Unrecht sein« spitzt Lyotard es zu, weil das Humane das Pathologische, das Sündhafte, das radikal Böse verkörpere (Reese-Schäfer 1989: 103).

Lyotards moralischer Diskurs droht mit dieser Unhintergehbarkeit zu praktischer Wirkungslosigkeit verdammt zu sein. Es scheint sich um eine »Schuld ohne Verbrechen« zu handeln, wie Bauman (1992: 112) sie im Werk und im Erleben Franz Kafkas aufspürt. Bauman deutet sie als Resultat einer Fremdheit, die die europäischen Juden so intensiv erfuhren und von denen die »empfindlichsten« dazu neigten, ihr Lebensgefühl zu einer *condition humaine* zu universalisieren.[11]

Diese Folgerung würde allerdings nicht zu dem Gestus passen, mit dem Lyotard im Namen einer neuen Gerechtigkeitskonzeption die Politik der rhetorischen Überwältigung und des Zum-verstummen-Bringens bekämpft. Dieses beachtend, ist eine andere Konsequenz zu ziehen. Statt wie Lyotard anlässlich einer Realisierung die Nichtrealisierung anderer Möglichkeiten zu beklagen, gilt es, der Tatsache, dass damit überhaupt etwas *realisiert* wurde, Anerkennung zu zollen und die *in diesem Moment* nicht gewahrte Vielstimmigkeit einem Gespräch, einem Diskurs in seiner *zeitlichen Entfaltung* anzuvertrauen.

Natürlich dürfte das nicht naiv geschehen, da Vielstimmigkeit ja gerade durch die Faurissons dieser Welt gewaltsam zu verhindern versucht wird. Sofern also Ordnungen für notwendig erklärt werden, um Kontingenzen zu bannen, kann man mit Lyotard auch immer auf deren Zwangscharakter verweisen; sie sind eben Ermöglichung und Selektion zugleich. Gelänge es jedoch, in ihnen nur *transitorische* Festschreibungen zu sehen, die lediglich *jeweils* erzielte Einverständnisse bis zur Einsicht in ihre erforderliche Abänderung protokollieren, verschwände ein entscheidender Teil ihres Gewaltcharakters. Die Alternative zu grundsätzlicher Heterogenität müsste demnach nicht, wie Lyotard befürchtet, das anmaßende letzte Wort sein, sondern würde in einer *Sinnstiftung nach derzeit verfügbaren guten Gründen* bestehen. Auch das wäre eine Form der Wahrung von Heterogenität, nun allerdings nach dem Muster einer Habermas'schen Diskursethik (Habermas 1983). Aber genau dieses ist ausdrücklich nicht im Sinne Lyotards: »Ein durch Diskussion zustande gekommener Konsensus, wie Habermas sich das denkt? Er vergewaltigt die Heterogenität der Sprachspiele« (Lyotard 1979: 16).

Der Intellektuelle Lyotard übernimmt also die Rolle des *Klägers*. Das, was er einklagt, sind in erster Linie der Geist einer reinen Toleranz und eine absolute Gerechtigkeit. Diese Unbedingtheit dessen, was er eingeklagt, kontrastiert allerdings mit seiner Absage an Eindeutigkeiten und mit seinem Einsatz (»Krieg«) für Differenzen. Die Klage weist also *Brüche* auf. Bedeutet das womöglich, dass auch die Rolle des Intellektuellen brüchig geworden ist?

Zu diesen vielfältigen Brüchen gehören u. a. folgende drei: 1) die These, dass die großen Legitimationserzählungen ihre Geltung verloren hätten, kontrastiert mit der Verbindlichkeit, die Lyotard in Anspruch nehmen muss, um sein Engagement gegen die Faurissons dieser Welt im Namen einer Gerechtigkeit führen zu können. Wie ließe sich außerdem ohne Rekurs auf ein Allgemeines das gleiche Recht aller Sprachspiele begründen? Da Loytard selber eine Meta-Erzählung in diesem Sinne in Geltung setzt, hätte er nicht das Ende von Meta-Erzählungen überhaupt, sondern allenfalls das Ende *bestimmter* Meta-Erzählungen diagnostizieren können.

2) Obwohl das von Lyotard beklagte Unrecht »unvermeidlich« ist, da an Sprachpraxis gebunden, wird seine Verhinderung gesucht,

und zwar mit jenen neu zu erfindenden Idiomen, also eben gerade mit (neuer) Sprachpraxis.

3) Lyotards subjektloser Sprachbegriff lässt neue Idiome – ganz im Sinne der Derrida'schen différance – nur als Effekte des Spiels von Differenzen zu; die Sprachbenutzer werden »von der Sprache in die Pflicht genommen«. Gleichwohl aber beruhen die von ihm erhofften neuen Idiome auf *subjektabhängigen* Paralogien; sie entstünden durch »Experimentieren« und würden »erfunden« – und zwar »mit Lust« (Lyotard 1983: 33).

Wovon zeugen derartige Brüche? Die naheliegende Vermutung, es handele sich bei ihnen um jeweils einen der thematisierten Widerstreite, die Lyotard in performativer Übereinstimmung mit seiner Philosophie bezeugt, hat keinen Bestand. Ein Widerstreit im Sinne Lyotards beinhaltet die *Unentscheidbarkeit* unterschiedlicher Urteile und stellt folglich selber ein (Meta-)Urteil dar. Bei jenen Brüchen handelt es sich demgegenüber um *Widersprüche*, und ein Widerspruch resultiert aus dem *Nichtunterschiedenhaben* unterschiedlicher Urteile. Der Widerspruch stellt deshalb kein Urteil, sondern ein Unterlassen des Urteilens dar und gilt – jedenfalls dem auf Paralogie verzichtenden Denken – als Versehen bzw. als Argumentationsfehler. Im Namen dieser Argumentationsnorm könnte man von Lyotard die Vermeidung der – als solche vermeidbaren – Widersprüche verlangen. Beriefe er sich dann darauf, dass es sich in den erwähnten Fällen um Produkte der von ihm befürworteten Paralogie (womöglich sogar doch um Widerstreite) handeln soll, würden wir bemängeln, dass er entsprechend explizite Kennzeichnungen unterlassen hat. Kurzum, die Brüche und ihre unterbliebene Reflexion gemahnen an jene Stileffekte, die Ferry/Renaut (1987: 28 f.) an den französischen »Meisterphilosophen« unwirsch kritisierten; das waren »der Kult des Paradoxen, und, wenn nicht gerade die Verweigerung von Klarheit überhaupt, dann doch zumindest das Bestehen auf Komplexität [...] – überhaupt nur Geschmack an Transparenz zu finden, ist per definitionem verdächtig.«

Stehen wir hier am Grabmal der Intellektuellen, die – wie es eingangs hieß – keine so festen und eindeutigen Positionen beziehen können? Artikuliert sich in jenen Brüchen etwa das, was Ferrara (1998) als das Problem unserer Gegenwart diagnostiziert, nämlich das zeitliche Nebeneinander, das Zugleich, das Sowohl-als-auch eines Verlangens nach Universalismus und universalistischen Theorien *und* eines Anerkennens von Pluralität, des Wirkens pluralistischer Intuitionen, die unser Verlangen nach Universalismus nicht zu rechtfertigen wissen?

Ferrara freilich zieht aus seiner Diagnose den Schluss, dass es einer zwischen Universalismus und Pluralismus *vermittelnden* Instanz bedarf, die er als »reflexive Authentizität« entwickelt. In anderer Weise dialektisch geht Zang in der Geschichtswissenschaft vor. Seine »unaufhaltsame Annäherung an das Einzelne« will zwar gegen bisherige Homogenitätsannahmen die empirische Vielfalt von Wirklichkeiten stärker zur Geltung bringen, jedoch: So wichtig dies sei, »so wichtig ist es, auch wieder ›zurückzugehen‹ und die Zusammenhänge mit dem ›Allgemeinen‹ nicht wieder, sondern neu herzustellen« (Zang 1985: 38).

Lyotard ist kein Dialektiker; er beschränkt sich im Namen einer Vermeidung von Unrecht auf den Erhalt von Differenz und die Respektierung der Kontingenz, und er wird nicht müde, auf das Recht der nicht realisierten Möglichkeiten hinzuweisen. Für die Ethik eines jeden Zur-Sprache-Bringens ist dies sicherlich wachrüttelnd; allerdings führt es auch in schon angesprochene Probleme. Weil nämlich die Erhaltung von Differenzen der Erhaltung von Komplexität gleichkommt, Komplexität jedoch Selektion erfordert, weil ferner Kontingenz nach sich zieht, sich auf Risiken einlassen zu müssen (Luhmann 1987: 31), steht Lyotard vor dem Paradox, in der Vermeidung von Unrecht *Unrecht* zu begehen. So entsteht das Bild des Intellektuellen, der ein Anarchist ist (die rationalen Fesseln sprengend und dann abwartend, was geschieht), der aber, indem er moralisch handeln möchte, kein Risiko eingeht und der schließlich ohne Visionen bleibt.

Man möchte diesen Intellektuellen – oder vor diesem Intellektuellen – mit den Worten Baumans (1992: 289) warnen: »Ein Bewußtsein der Kontingenz macht nicht stark: Wer es erlangt, gewinnt dadurch keinerlei Vorteil gegenüber den Protagonisten im Kampf der Willen und Absichten [...]. Es führt nicht zur Herrschaft und bewahrt sie auch nicht. Im Gegenzug hilft es auch nicht beim Kampf gegen die Herrschaft.«

Ein Spiel ohne Subjekt, ein Satz anstelle einer lebendigen Äußerung: Wer mit solchen Instrumenten verhindern will, dass ein jeweils Realisiertes die Rechte des Möglichen besiegt, hat sich selber offenbar zur Wirkungslosigkeit verdammt. Im Sinne der in Anspruch genommenen radikalen Gerechtigkeitskonzeption ist dies zwar konsequent; es ist aber zugleich paradox im Sinne der Absichten, um deretwillen man überhaupt kommuniziert.

## Literatur

Bauman, Zygmunt (1992): *Moderne und Ambivalenz. Das Ende der Eindeutigkeit*, Hamburg.

Brunkhorst, Hauke (1988): »Ästhetisierung der Intellektuellen. Rollenspiele und Modenwechsel in der Kultur des Spätkapitalismus«, in: »Frankfurter Rundschau« v. 26. 11. 1988.

Caruso, Paolo (1969): *Conversazione con Michel Foucault*, Milano 1969; dt. »Gespräch mit Michel Foucault«, in: Michel Foucault: *Von der Subversion des Wissens*, Frankfurt/M. 1987, S. 7–27.

Derrida, Jacques (1988): *Randgänge der Philosophie*, Wien.

Dosse, François (1991/1992): *Geschichte des Strukturalismus*, Band 1: Paris 1991, Band 2: Paris 1992.

Ferrara, Alessandro (1998): *Reflective Authenticity. Rethinking the project of modernity*, London u. New York.

Ferry, Luc/Renaut, Alain (1987): *Antihumanistisches Denken. Gegen die Meisterphilosophen*, München u. Wien.

Foucault, Michel (1978): »Nein zum König Sex. Gespräch mit B.-H. Lévy«, in: ders.: *Dispositive der Macht*, Berlin, S. 176–198.

Frank, Manfred (1988): *Die Grenzen der Verständigung – Ein Geistergespräch zwischen Lyotard und Habermas*, Frankfurt/M.

Gloy, Klaus (1997): »Anti-Antihumanismus«, in: Cleve, G./Ruth, I. u. a. (Hg.): *Wissenschaft Macht Politik. Interventionen in aktuelle gesellschaftliche Diskurse*, Münster, S. 37–51.

Habermas, Jürgen (1983): *Moralbewußtsein und kommunikatives Handeln*, Frankfurt/M.

Klatt, Gudrun (1989): »Moderne und Postmoderne im Streit zwischen Jean-François Lyotard und Jürgen Habermas«, in: Weimarer Beiträge 35 (2), 1989, S. 271–292.

Lévi-Strauss, Claude (1955): *Tristes Tropiques*, Paris dt.: *Traurige Tropen*, Köln u. Berlin 1960.

Honneth, Axel (1984): »Der Affekt gegen das Allgemeine. Zu Lyotards Konzept der Postmoderne«, in: Merkur 430, 1984, S. 893–902.

Luhmann, Niklas (1987): *Rechtssoziologie*, Opladen (3. Aufl.).

Lyotard, Jean-François (1979): *La condition postmoderne*, Paris; dt.: *Das postmoderne Wissen – Ein Bericht*, Wien u. Köln.

Lyotard, Jean-François (1983): *Le différend*, Paris; dt.: *Der Widerstreit*, München ²1989.

Lyotard, Jean-François (1984): *Tombeau de l'intellectuel*, Paris; dt.: *Grabmal des Intellektuellen*, Graz u. Wien 1985.

Lyotard, Jean-François (1986): *La Postmoderne expliqué aux enfants*, Paris; dt.: *Postmoderne für Kinder*, Wien 1987.

Lyotard, Jean-François (1988): *L'Inhumain: Causeries sur le temps*, 1988.

Nagl-Docekal, Herta (1988): »Das heimliche Subjekt Lyotards«, in: M. Frank/G. Raulet/W. van Reijen (Hg.): *Die Frage nach dem Subjekt*, Frankfurt/M., S. 230–246.

Picon, Gaétan (1961): »›Tristes tropiques‹ ou La conscience malheureuse«, in: ders.: *L'usage de la lecture*, Bd. 2, Paris, S. 155–162.

Reese-Schäfer, Walter (1989): *Lyotard zur Einführung*, Hamburg (2. Aufl.).

van Reijen, Willem/Veerman, Dick (1989): »Die Aufklärung, das Erhabene, Philosophie, Ästhetik. Interview mit Jean-François Lyotard«, in: Reese-Schäfer 1989, S. 111–155.

Rorty, Richard (1989): *Contingency, irony, and solidarity*, Cambridge; dt. *Kontingenz, Ironie und Solidarität*, Frankfurt/M. 1989.

Schmitz, Ulrich (1990): »Beredtes Schweigen. Zur sprachlichen Fülle der Leere. Über Grenzen der Sprachwissenschaft«, in: Osnabrücker Beiträge zur Sprachtheorie (OBST) 42, 1990, S. 5–58.

Trautner, Tamara (1990): »Lyotard – Le Différend«, in: W. Jens (Hg.): *Kindlers Neues Literaturlexikon*, Bd. 10. München, S. 748 f.

Warmer, Gebhard/Gloy, Klaus (1995): *Lyotard – Darstellung und Kritik seines Sprachbegriffs*, Aachen.

Weber, Elisabeth (1994): *Jüdisches Denken in Frankreich*, Frankfurt/M.

Wunderlich, Antonia (2006): *Wege des Philosophierens. Die Ausstellung ›Les Immatériaux‹ von Jean-François Lyotard*, Diss. Universität Witten-Herdecke.

Zang, Gert (1985): *Die unaufhaltsame Annäherung an das Einzelne*, Konstanz.

## Anmerkungen

**1** Diese Kennzeichnung scheint von seiner Lehrtätigkeit in Vincennes herzurühren, sie ist aber ungenau. Schon vor Vincennes gehörte Lyotard nämlich zur Gruppe (mit der gleichnamigen Zeitschrift) *Socialism ou Barbarie*, die sich dann nach dem Ungarn-Aufstand als Gegenpol zum sowjetischen Kommunismus verstand; später zählte für Lyotard der Marxismus überhaupt zu den gescheiterten Legitimationserzählungen, sodass er (z. B. in den Augen Brunkhorsts 1988) als jemand erscheint, der seit Mitte der 1970er Jahre eine Veränderung vom »radikalen Sozialisten« zum »Vordenker einer antisozialistischen Postmoderne« durchlaufen hat.

**2** Vgl. auch die Briefe Faurissons an *Le Monde* vom 29. Dez. 1978 und 16. Jan. 1979 sowie seinen Brief vom 26. Febr. 1979, den *Le Monde* allerdings zurückwies (vgl. http://www.ihr.org/jhr/v19/v19n3p40_Faurisson.html).

**3** Lyotard 1983: 141. Um die Chronologie Lyotard'schen Denkens sichtbar bleiben zu lassen, erwähne ich das Erscheinungsjahr der französischen Originale; die Seitenverweise beziehen sich dagegen auf die deutschen Übersetzungen.

**4** Explizite Bezugnahmen Lyotards auf Habermas gibt es nur wenige (vgl. Klatt 1989); ein Austausch beider existiert eigentlich nur ironisch, in Form des von Manfred Frank erfundenen »Geistergesprächs« (Frank 1988).

**5** Mit Blick auf Wittgenstein und insbesondere die daraus hervorgegangene Sprechakttheorie sollte hier von Äußerung (*expression* oder *parole*) und nicht von Aussage (*déclaration*) gesprochen werden, da Erstere mit keiner Spezifizierung, Letztere mit der Spezifizierung »beschreibend« versehen ist.

**6** »Experimentieren, Erfinden, Insistieren«: Es leuchtet nicht ein, dass es sich hierbei um Potenziale des *Sprachlichen* handeln soll – und nicht vielmehr um die eines *Subjekts*. Offenbar sind wir damit einem jener Brüche auf der Spur, die Lyotard auch von anderer Seite attestiert werden (vgl. Nagl-Docekal 1988).

**7** G. Deleuze, J.-F. Lyotard, Flugblatt, ausgegeben im Dezember 1974 (zitiert nach Dosse 1992: 574, Anm. 28).

**8** Der im Original hier von Lyotard benutzte Ausdruck *langage* sollte im Sinne der begrifflichen Unterscheidung de Saussures durch *langue* ersetzt werden, da er die mit *langue* ins Spiel kommende begriffliche Bedeutung meint.

**9** Die Unterschiede in den Vokabularien gehen z. T. mit einem Paradigmenwechsel von »jüngerer« Pragmatik zu »älterer« Systemlinguistik einher. Aus Platzgründen verzichte ich hier auf eine sprachtheoretische Kommentierung dieses Wechsels (vgl. aber Warmer/Gloy 1995: 163 ff.).

**10** Das lehnt sich an de Saussures Unterscheidung in eine *linguistique interne* und eine *linguistique externe* an, die das Sprachsystem als Gegenstand der Sprachwissenschaft bzw. davon unterschieden und ausgeschlossen den empirischen Sprachgebrauch umfasst.

11 Vgl. dazu das aufschlussreiche Interview »Vor dem Gesetz, nach dem Gesetz«, das Elisabeth Weber am 18. Okt. 1991 mit Lyotard geführt hat (Weber 1994: 157–182).

# Hans Blumenberg oder: Die Kunst, sich herauszuhalten

*Ahlrich Meyer*

## Philosophie oder Literatur?

Welchen soziologischen oder umgangssprachlichen Begriff des Intellektuellen man auch immer zugrunde legt, Hans Blumenberg scheint sich jeder solchen Bestimmung zu entziehen. Aber er wollte als »öffentlich schreibender Zeitgenosse« wahrgenommen werden. Paradoxerweise trat dieser Anspruch umso deutlicher zutage, je mehr sich Blumenberg als Person aus der Öffentlichkeit zurückzog, um schließlich auch keine Bücher mehr zu publizieren. Stattdessen verfasste er unzählige, glänzend geschriebene Essays und Glossen für Literaturzeitschriften und die Tagespresse. So schien sich im Werk und Stil des Philosophen ein Wechsel zu vollziehen, der vorschnell als einer der Gattungen missverstanden wurde, als könne da jemand, der bislang durch seitenstarke philosophische Studien zur europäischen Geistes- und Wissenschaftsgeschichte nur einem begrenzten Publikum bekannt geworden war, nunmehr zu den »führenden Schriftstellern des Landes« gezählt werden (Schirrmacher 1987).[1] Einer seiner Schüler hat darin gar die Spätfolgen eines Einbruchs in Blumenbergs geistiger Biografie, in seinem Bemühen um ein systematisches Philosophieren gesehen, den man nur als tragisch bezeichnen könne: Auf die in der akademischen Philosophie seit Mitte der 1960er Jahre diskutierten Fragen habe er keine schlüssigen Antworten mehr gefunden, das Feld, welches Blumenberg gern selbst bestellt hätte, sei von Habermas und anderen besetzt worden, seine eigenen Gedanken, zunehmend monologisch vorgetragen, seien nicht mehr anschlussfähig gewesen. Daher der Rückzug des Gelehrten, eines notorischen Nachtarbeiters, in seine ›Schreibhöhle‹ am Fuß der Altenberger Höhen bei Münster, daher auch eine »weltanschaulichen Eindunkelung« ins Konservative und schließlich Ende der 1980er Jahre die mit Hilfe des Feuilletons einer großen deutschen Tageszeitung inszenierte Verwandlung vom Denker zum Dichter (Fellmann 1998).

Nun hat das Œuvre eines Autors vom Rang Blumenbergs wohl ein Anrecht darauf, als Ganzes vielleicht nicht gelesen, aber doch geachtet zu werden. Diesem Œuvre ist mit der Formel von der Literarisierung der Philosophie nicht beizukommen. Die philosophischen Fragen sind noch jedem der vermeintlich ›literarischen‹ Texte ablesbar, die Blumenberg in den eineinhalb Jahrzehnten bis zu seinem Tod 1996 für die Zeitschrift »Akzente«, für die »Neue Zürcher Zeitung« und die »Frankfurter Allgemeine« schrieb. Zugleich hat, wie sich vor allem am reichhaltigen Nachlass zeigt, das Gesamtwerk etwas Unabgeschlossenes und absichtsvoll Unsystematisches. Daher bringt sich um den theoretischen Gewinn, zumindest aber um den Reiz von Entdeckungen, wer aus dem, was Blumenberg an »Lebensthemen« entwickelt hat, einen Grundgedanken zu destillieren sucht.

Odo Marquard hat die ironische Frage gestellt, wie man die zeitraubende Blumenberg-Lektüre an die Kürze des menschlichen Lebens anpassen und wie viel man von Blumenbergs Werk weglassen könne. Er glaubt, den Grundgedanken von dessen Philosophie im »Gedanken der Entlastung vom Absoluten« gefunden zu haben. Sollte ein Autor, der die Selbstbehauptung des Menschen gegenüber dem Absolutismus der Wirklichkeit und die Schere zwischen Lebenszeit und Weltzeit in seinen Büchern thematisiert, nicht auch eine Kurzformel, eben einen Grundgedanken, für entlastungsbedürftige Leser bereithalten? Als er das zuerst in seiner Freud-Preis-Laudatio auf Blumenberg 1980 in Darmstadt vorgetragen habe, so erzählt Marquard, habe er den Preisträger anschließend gefragt: Sind Sie zufrieden mit dieser Interpretation? Darauf Blumenberg:

»Unzufrieden bin ich nur damit, daß man so schnell merken kann, daß alles ungefähr auf diesen Gedanken hinausläuft.« Marquard hält das für eine Höflichkeitsformel (Marquard 1999: 20).[2] Vielleicht ist ihm die tiefere Ironie dieser Antwort entgangen. Wer schnell auf die Gedanken anderer kommt, hat jedenfalls kein Zeitproblem.

## Selbstverständnis und Selbststilisierung

Wie vorauszusehen war, hat sich inzwischen die Philologie der Schriften Blumenbergs angenommen, aber es ist bislang nicht erwogen worden, ob der Klappentext des 1987 bei Suhrkamp erschienenen Bandes *Die Sorge geht über den Fluß*, der zum Einzug des Autors in das Pantheon der Literatur führte, vielleicht von ihm selbst vorformuliert worden sein könnte – ob er also auf das hingearbeitet hat, was das Feuilleton nur aufgriff. Ein solches Verfahren kann als branchenüblich gelten; zumindest wäre es erstaunlich, wenn Blumenberg dem Text nicht zugestimmt oder ihn nicht redigiert hätte, sollte er aus der Werbeabteilung des Verlags stammen. Er beginnt mit einem Dispens: »Nebendinge zu treiben wird im Maß der Absolvierung von Hauptsachen erlaubter – am Ende womöglich selbst zur Hauptsache.«[3] Doch schon der nächste Satz stellt, im Schutz der Anonymität der dritten Person, in Frage, was erlaubt ist und was unverzeihlich: Dem Verfasser dicker ›Problemkrimis‹ – Marquard hatte die ›Hauptsachen‹ Blumenbergs »als gelehrte Wälzer getarnte Problemkrimis« genannt – werde »es schwerlich verziehen werden, wenn er nun vorweist, was er beim Wälzen des Problemfelsens gelegentlich für sich selbst geschrieben und dann und wann an Orten der Zuneigung ›zur Probe‹ veröffentlicht hat. Die Vergnügungen der Ausschweifung ins Kürzere und Kurze für sich zu behalten, Momente der Lust am Komprimierten, Bildhaften, auch Episodischen und Anekdotischen bei sich zu verschließen wäre ihm irgendwann unverzeihlich vorgekommen.« Und dann folgt die Falle, in die Käufer und Rezensenten gehen sollen, wobei der manierierte Sprachduktus, der eher dem Frankfurter Hausgebrauch nachgeahmt scheint, ein Übriges tut: »Da die Kultur des Essays von kompetenten Kritikern mittels Essays totgesagt worden ist, hat der Autor sich nicht angemaßt, sie auferstehen zu lassen. Statt dessen setzt er Vertrauen auf die Unbestimmtheit der Gattung, zu der seine Texte geschlagen werden könnten.«

Dies war nicht die erste Beschreibung eines »möglichen Selbstverständnisses«, mit der Blumenberg an die Öffentlichkeit ging. Unter diesem Titel erschien im Februar 1983 in der »Neuen Zürcher Zeitung« ein Text, der mit parodistischem Witz Antworten auf die zudringliche Frage nach dem Selbstverständnis variiert (»Ich habe mich selbst noch nie verstanden, es aber auch noch nicht versucht«), sich gegen ein ungewünschtes Fremdverständnis vom Typus: Was steht hinter wem? verwahrt, in dem die Verführbarkeit des Philosophen durch den Zeitgeist konstatiert und allerlei Spott über die Kritische Theorie wie den Heideggerismus ausgeschüttet wird. Zuletzt kommt das ›Programmatische‹, oder wenn man so will eine Probe des philosophischen Argumentierens, das Blumenberg eigen war: Es sei gut, »daß wir nicht alle Fragen beantworten müssen« – nicht nur die nach dem Selbstverständnis nicht. Auch nicht die Frage »Wozu Philosophie?« Denn: »Die Schwäche der Philosophie ist, daß sie nicht aufgeben kann, weil sie hinter sich nichts mehr hat, woran sie ihre Lasten weiterreichen könnte, auch nichts haben will und darf. Diesen Hintergrund hat sie als einen unbesetzten zu verteidigen und gegen die Besetzung mit Angeboten abzuschirmen.« (Blumenberg 1997b: 9 ff.) Das ist wohl das Radikal dieses ›nachmetaphysischen‹ Denkens, dass es auf Fragen nicht verzichtet, obwohl es weiß, dass alle großen Antworten, alle Sinnentwürfe nur ein Antwortersatz waren (Blumenberg 1981b).

Blumenberg besaß, das wurde mit zunehmendem Alter offenbar, einen ausgeprägten Hang zur Selbststilisierung. Wer seine Bemerkungen über den späten Goethe, Fontane oder Thomas Mann liest, wird sich des Eindrucks nicht erwehren können, hier würden Wahlverwandtschaften gesucht, hier spiegele sich einer in der Lebensproblematik großer Geister. Es ist ein Glück, dass solche Spiegelungen wiederum ironisch gebrochen werden. Wie ein Echo auf den zitierten Klappentext von 1987 klingt ein Stück, das sich im Nachlass fand, dessen Datierung wir nicht kennen, aber auf den gleichen Zeitraum ansetzen dürfen: »Auch dieser Schreiber leidet, wie es sich gehört. Er ist nur noch unentschlossen, woran und worunter. So leidet er vorläufig an der Verlegenheit, sich nicht entscheiden zu können: zwischen der Last des Müssens und der Lust des Könnens [will sagen: zwischen den ›Hauptsachen‹ und den ›Nebendingen‹]. Die zähe Arbeit an der Selbststilisierung ist unvollendet und die Gefahr nicht von der Hand zu weisen, daß er als ein Wallenstein des bedruckten Papiers in die Geschichte der akademischen Provinz eingehen wird. Es wird Zeit, der Sache ihre endgültige Färbung zu geben.« Mit dem letzten Satz nimmt der Text eine jähe Wendung. Die Lebenserwartung ist begrenzt, der Punkt ist nicht fern, wo dem Schreiber »die Feder mehr oder weniger sanft aus der Hand genommen wird« – oder vielmehr das Diktiergerät, sein wichtigstes Werkzeug (Blumenberg 2000: 147). Selbstinszenierung als Maske oder eher Selbstreflexion des theoretischen Arbeiters bei seiner Arbeit?[4] Blumenbergs Arbeits- und Zeitökonomie, die vielen sonderlich erschien, die ›Durchrationalisierung‹ seiner bis zuletzt angespannten Tätigkeit, begründete seine Achtung vor den dem Leben abgerungenen Spätwerken anderer. Das vielleicht eindrücklichste Beispiel liefert die kontinuierliche Beschäftigung mit Husserl. Als Blumenberg unmittelbar nach dem Zweiten Weltkrieg an die Phänomenologie anknüpfte, tat er es nicht im Geiste Heideggers, sondern bezog sich auf den Philosophen, dem nach 1933 die Tore der Freiburger Universität verschlossen worden waren und der für das letzte Jahrfünft seines Lebens die ihm aufgezwungene Einsamkeit angenommen hatte (Blumenberg 1998b: 132 ff.). Jürgen Goldstein berichtet aus dem Münsteraner phänomenologischen Kolloquium, Blumenberg habe »in dem Umstand, daß Husserl auf der Rückseite des Schreibens, das ihm als Juden den Zugang zur Universität verwehrte, philosophische Notizen festhielt, [...] den Inbegriff einer philosophi-

schen Selbstbehauptung [gesehen], der er tiefsten Respekt zollte«
(Goldstein 2007: 132 f.). In Umkehrung des methodischen Grund-
satzes, biografisches Interesse hätte ganz im Dienst der Werkin-
terpretation zu stehen, beharrt Blumenberg auf dem »Anteil des
Werks am Leben« eines Autors (Blumenberg 1999: 223 f.).

### Für wen einer schreibt

Zu den Eigentümlichkeiten in Blumenbergs Œuvre gehört die angestrengte Reflexion über dessen Wirkung. Er sah sich immer für
das applaudiert, was in seinen Absichten nur nebenher enthalten
gewesen war. Dass seine Erwartungen hoch gespannt waren, hat er
nicht etwa nur in persönlichen Aufzeichnungen festgehalten, die
nun an die Öffentlichkeit gelangen. Schon in manchen zu Lebzeiten
publizierten Beiträgen deutet sich das an, dort freilich gemildert
durch Selbstironie: »Wann darf, wann muß ein Urheber von Werken zufrieden sein mit dem Radius seiner Wirkung, mit dem Sät-
tigungsgrad seiner Verbreitung, mit dem Volumen seiner Rezeption? Sind 50 Leser eines Buches eine ›kleine Gemeinde‹? Sind 500
Käufer eine ›bemerkenswerte Klientel‹? Sind 5000 abgesetzte Ex-
emplare Indiz für einen ›schönen Erfolg‹?« So geht es fort, bis der
Schreiber bekennt, erführe er eines Tages per Telegramm, die
Hälfte der Menschheit habe eines seiner Bücher erworben und
auch gelesen, wäre seine augenblickliche Reaktion: »Und bitte:
Was macht die andere Hälfte?« (Blumenberg 1997b: 30). Der Kontext dieser Miniatur aus Anlass der Frankfurter Buchmesse ist weniger amüsant, das zeigt die längere Fassung im Nachlass. Blumenberg war sich nur allzu bewusst, dass zwischen dem Erscheinungs-
datum und der angemessenen Rezeption eines großen Werks viel, ja
zu viel Zeit vergehen kann, anders gesagt: dass die »Gründe des
Autors, ein Publikum zu haben und zu erreichen, dem Werk kontingent sind«, und deshalb, so notierte er, sei es »weder Trotz noch
Protz, wenn der Autor angesichts der verfehlten Wirkungsgröße
zur Resignation des *Mihi ipsi scripsi* kommt« (Blumenberg 1998b:
67 ff.).[5] Das ›Schreiben für sich selbst‹, nach einem Diktum von

Nietzsche, scheint Blumenbergs Maxime der letzten Jahre gewesen zu sein, jedenfalls hat er nach 1989, dem Erscheinungsjahr der *Höhlenausgänge*, keine philosophischen ›Hauptsachen‹ mehr veröffentlicht.

Aber daraus entstand das nächste Problem. Neben den kleineren literarisch-philosophischen Gelegenheitsarbeiten für Zeitschriften und Tageszeitungen – auf die er nicht verzichten mochte und die wohl zum Schönsten gehören, was Blumenberg geschrieben hat – häufte sich der Nachlass an. Odo Marquards Monitum, den kolossalen Umfang der bisherigen Publikationen Blumenbergs vor Augen, es sei auf die Lebens- und Lesezeit von Lesern Rücksicht zu nehmen, wurde umso dringlicher, je mehr Ungedrucktes noch zu erwarten stand. Blumenberg, inzwischen 70 Jahre alt, replizierte 1991 mit der hintergründigen Glosse »Eine Mine im Nachlaß«. Darin geht es um den alten Fontane, zugleich aber um die verschärfte Frage, ob jemand »seinen Lebenszeitrest, das siebte oder gar achte Jahrzehnt, dazu genutzt habe oder eben nutze, die Lebensernte einzubringen, nicht zuviel an ›Nachlaß‹ auflaufen zu lassen«.

Hier liegt die Crux: Je länger einer zögert, desto mehr drängt sich zusammen. Ein im Alter allzu produktiver Autor müsste »an den Leser denken, den er zur Resignation angesichts der Quantität seiner Reifungen treiben könnte, an den Entmutigten, der [...] die ›Überforderung‹ seiner Zeitressourcen nicht verzeiht« (Blumenberg 1991: 26 ff.).[6] Blumenberg sagt uns nicht, doch die Argumentation legt es nahe, was den Leser noch erst erwartet, wenn die gereifte ›Ernte‹ nicht mehr eingebracht wird, die Manuskripte nicht mehr zum Druck gelangen, sei es aus freien Stücken oder weil einem ›die Feder aus der Hand‹ genommen wurde. In diesem Fall hinterlässt der Autor womöglich eine ›Mine‹ – die Metapher hält offen, ob die Nachwelt eine Explosion zu befürchten hat oder die Hebung eines Schatzes erwarten darf. Das Problem war jedenfalls klar genug benannt. Schon zu Lebzeiten verwies Blumenberg Fragesteller gelegentlich auf seinen Nachlass. Er mag auf eine Spätwirkung gehofft, muss aber auch geahnt haben, dass die unglaubliche Fülle der erst nach seinem Tode edierten Schriften die Nachgeborenen überfordern könnte.

## Anspruch auf Erinnerung

Man ist versucht zu sagen, dies alles sei die *déformation professionelle* eines Rezeptions-Theoretikers gewesen. Obwohl Blumenberg, 1963 neben Hans Robert Jauß wichtigster Mitbegründer der interdisziplinären Forschungsgruppe »Poetik und Hermeneutik«, dem dort entwickelten Konzept der Rezeptionsästhetik kritisch gegenüberstand und sich später von dem ganzen Unternehmen distanziert hat, sind seine geistesgeschichtlichen Studien, seine Beobachtungen an Metaphern und viele seiner Essays durchzogen von der Thematik der philosophischen Anschlüsse, Umbesetzungen, Verfehlungen oder ›Verlesungen‹ von Texten. Geht man noch einen Schritt weiter, wird die Nähe zum Konzept der Hamburger Bibliothek Warburg deutlich, die in ihrer Anlage ganz auf die Erforschung des Nachlebens unerledigter kultureller Bestände ausgerichtet war. In seiner Rede »Ernst Cassirers gedenkend« aus dem Jahr 1974 hat Blumenberg den »Anspruch auf Erinnerung, nicht nur auf die aktive, sondern auch auf die passive«, geltend gemacht. Er entwirft hier einen Begriff von Geschichte, in dem die Zumutung historischer Kontingenz für den Menschen durch die beständige Arbeit der *memoria* wenn nicht aufgehoben, so doch erträglich gemacht wird: »Ich habe den Vorwurf des ›Historismus‹ immer als ehrenvoll empfunden. Ich verwahre mich dagegen, daß es unser ›Interesse‹ und nur dieses sei, was uns zu Erkenntnis im Raume und in der Zeit legitimiert und motivieren darf. Die Ureinwohner Patagoniens ebenso wie die jüngst zu Akademieehren gekommenen Kwakiutl haben einen Anspruch darauf, nicht nur am Leben gelassen zu werden, sondern auch von denen, die Theorie betreiben, theoretisch nicht vergessen zu werden, den Anteil an der Menschheit in ihrer Person gewürdigt und bewahrt zu sehen. [...] Auch Geschichte der Philosophie, weiterhin Geschichte der Wissenschaften zu betreiben, kann nur eine der Formen sein, Anspruch auf die

Achtung der Kommenden geltend zu machen, indem wir sie den Gewesenen erweisen.« (Blumenberg 1981c: 170 ff.)[7]

## Aufklärer oder Konservativer?

Blumenberg war, wie Martin Meyer nach dessen Tod schrieb, »Aufklärer großen Stils« (Meyer 1996). Er selbst freilich wollte auch dieses Etikett für sich nicht reklamieren: »Aufklärer leben von den Verfinsterungen der anderen, und welches diese sind, das zu bestimmen geht jeder Aufklärung voran.« (Blumenberg 1997b: 12 f.) Zu ebendiesem Kunstgriff war Blumenberg nicht bereit. Das unterscheidet ihn von der Kritischen Theorie, so wie er sie verstand – nämlich als generalisierten Ideologieverdacht. Von deren hegelianisch-marxistischem Erbe unterscheidet ihn eine radikale Kritik jeder Fortschrittsidee, die Opfer rechtfertigt und Generationen zu Lastträgern der Geschichte für eine unbestimmte Zukunft macht: »Daß es kein Ziel der Geschichte gibt, bewahrt uns davor, auf ein solches Ziel hin ›vorläufig‹ zu bleiben, aufgefordert zu werden, ihm als Mittel dienstbar zu sein.« (Blumenberg 1981c: 169; 1987: 213) Der Phänomenologie blieb er verpflichtet durch eine deskriptive Methode und einen ›Realismus‹, der den Sachen nicht durch überlagernde Deutung und Begriffe abspricht, »daß sie das sind, als was sie erscheinen«, anstatt jenen theoretischen Erklärungen nachzugeben, deren Schema Wittgenstein in den Satz fasste: »Dies ist in Wirklichkeit nur jenes.« (Blumenberg 1986: 28 f.) Was Blumenberg in den 1960er und 1970er Jahren als Hochschullehrer und als Autor vortrug, hätte auch für die damaligen studentischen Debatten fruchtbar gemacht werden können, wären diese nicht durch einen mehr oder minder dogmatischen Marxismus blockiert gewesen und wäre dem unter den Nazis Verfolgten nicht das Feindbild des Ordinarius angehängt worden. Die um seinen Lehrstuhl in Gießen, Bochum und Münster versammelte, heterogen zusammengesetzte Arbeitsgruppe genoss die Offenheit der Diskussion und alle Privilegien der Liberalität; jeder Versuch, eine ›Schule‹ zu bilden, lag Blumenberg fern. Den Teilnehmern seiner Seminare und

Kolloquien wird allerdings eher sein Hang zum Monologisieren in Erinnerung geblieben sein. Vorlesungen hielt er über die Köpfe der Zuhörer hinweg – von der Digression der eigenen Gedanken fortgetragen. Am Ende seiner akademischen Laufbahn sah Blumenberg sich wiederholt gedemütigt,[8] und als Emeritus blickte er nur noch mit Verachtung auf seine letzten Dienstjahrzehnte an der Universität zurück.

Der Eindruck, seine Philosophie habe sich zunehmend in konservativen Bahnen bewegt, beruht zum einen auf dem verbreiteten Missverständnis, mit dem Buch *Arbeit am Mythos* von 1979 habe sich Blumenberg von dem großen Thema der Konstitution der ›Moderne‹ qua Selbstbehauptung der Vernunft, wie es zuerst in der *Legitimität der Neuzeit* von 1966 entfaltet worden war, verabschiedet und einer Remythisierung des Denkens das Wort geredet. Tatsächlich ließ er die wissenschaftsgeschichtlichen Fragestellungen, die sich auf die Genesis des kopernikanischen Weltbilds bezogen hatten, Mitte der 1970er Jahre hinter sich. Als dann deutlich wurde, dass seine Überlegungen immer mehr auf eine spekulative Anthropologie zuliefen, deren zentrale Begriffe evolutionsbiologisch begründet und substantialistisch gefärbt schienen, setzte er sich dem Verdacht aus, es ginge ihm um die Suche nach Konstanten der menschlichen Natur.

Zum anderen hängt das Odium des Konservativen wohl mit Blumenbergs Verteidigung der Bürgerlichkeit zusammen. Aus einer dezidiert ›apolitischen‹ und philosophisch begründeten Zuschauerperspektive schrieb er manchmal witzige und treffende, öfter penetrante Kritiken an jeder Art von ›Zeitgeist‹, die gelegentlich in der Tagespresse veröffentlicht wurden und die, liest man sie heute nach, zu den rasch obsolet gewordenen Seiten seines Schaffens zählen dürften. Seine Invektiven gegen die Frankfurter Schule und deren Nachhall im Kulturbetrieb sind Legende.[9] Dass er sich damit öffentlich ›einmischte‹, muss als bewusst gewählter Gegenpart zu seiner Gelehrtenexistenz verstanden werden; dass er seinerseits von einem gewendeten Zeitgeist vereinnahmt werden könnte, hat er gleichfalls geahnt: 1989 – Blumenberg wurde mittlerweile nicht nur als Metaphorologe gefeiert, während seine »Metaphorologie« doch eine Hilfswissenschaft hatte sein sollen, sondern auch als ›postmoderner‹ Vernunftkritiker – mokierte er sich über jene »schnellfertigen Zeitgenossen, die sich an der Unterstellung erfreuen, unsereiner wolle die Vernunft auf Metaphern reduzieren und die Götter des Mythos wiederbeleben« (Blumenberg 1989). Seither ist eine ganze Zunft von Interpreten am Werk, die diese Warnung in den Wind schlägt.

## Zeitgeistkritik

Zu wenig Beachtung hat gefunden, dass Blumenbergs Kritik am Zeitgeist keineswegs nur von Ressentiments geleitet war. Dessen aktuelle Wendungen, die intellektuellen Moden und ›Diskurse‹ jener Jahre, die großen, antibürgerlichen Gesten der Rebellion oder das Kirchentagspathos der ›Schöpfungsbewahrung‹ registrierte er vor dem historischen Hintergrund der nachnapoleonischen Deutschtümelei, der Kombination von Bauernrock und SA-Uniform im ›Reformanzug‹ des jungen Heidegger, der Sprache und Symbolik des Dritten Reichs.[10]
Beispielshalber sei hier aus dem Nachlass-Textstück »Als es nichts zu sehen gab« zitiert, in dem sich eine biografische Spur findet, die in die Jugendzeit des Autors weist. Es beginnt mit dem früher geläufigen Ordnungsruf »Weitergehen! Nicht stehenbleiben. Gehen Sie doch bitte weiter. Es gibt hier nichts zu sehen.« Schon die nächsten Sätze zeigen aber, dass die vorgestellte Szene keine alltägliche gewesen sein kann, dass es für die Gaffer allerdings etwas ›zu sehen‹ gab, während derjenige wegsieht, der zur Ordnung ruft, anstatt zu schützen, was des Schutzes bedurft hätte: »Das war die Untertreibung. Der Mann in der vertrauten Form des ›Schutzmannes‹ sah tatsächlich nichts. Er stand mit dem Rücken zur blakenden Ruine und hielt den Passantenstrom flüssig.« Darüber liest man leicht hinweg. Blumenberg hat zweifellos den Lübecker Synagogenbrand vom November 1938 vor Augen. Auf die Erfahrung des damals 18-jährigen geht zurück, was nun im Text als Reflexion über

den Bedeutungswandel eines Wortes fortgeführt wird: »Dabei war längst das Vertrauenskapital, das der ›Schutzmann‹ mit diesem Bestandteil seiner Bezeichnung angesammelt hatte, mißbraucht worden. Angefangen hatte es mit einem ›Gesetz zum Schutze von Volk und Staat‹. [...] Und dann wurde immer mehr ›geschützt‹, dazu noch: immer mehr vor immer denselben. Das Blut und die Ehre und der Wald ... Der vertraute Schutzmann betrat die Häuser, statt an den Ecken zu stehen.« Und auch wem der Bogen vom Novemberpogrom zum ›Umweltschutz‹ zu weit gespannt scheint, wird nicht leugnen wollen, dass Blumenberg ein Gespür für untergründige Zusammenhänge besaß, die ihm den Zeitgeist, zumal in Form einer kollektiven Obsession, verdächtig machen mussten. Die Betrachtung schließt damit ab: »Merkwürdig ist nur eins: die Vokabel ›Schutz‹ büßte ihre deutsche Faszination niemals ein. Es würde den ›Schutzmann‹ nicht mehr geben, dafür ein Volk von ›Schützern‹.« (Blumenberg 1997b: 81 f.)[11]

## Kein Wort über die Vergangenheit

In einem 1996 im Gedenken an Hans Blumenberg geschriebenen Aufsatz mit dem Titel *Eine Generation im Abgang* hat Dieter Henrich, dem Verstorbenen seit den Anfängen der Gruppe »Poetik und Hermeneutik« wie durch das Editorium der Suhrkamp-Theorie-Reihe verbunden, den Denk- und Sprachstil zu bestimmen versucht, der den Philosophen seiner Generation – der von Habermas, Blumenberg und anderen – gemeinsam gewesen sei. Er sieht ihn vor allem in der Verweigerung von Schulzusammenhängen, dem Bemühen um Sachlichkeit jenseits aller Propaganda und in der »verhaltenen, in vielem indirekten, aber dennoch eigenständigen« Mitteilung, wohl auch in einer gebrochenen Beziehung zum eigenen Leben. Sehr vorsichtig schreibt er mit Bezug auf die Nachkriegsjahre: »Die geistige Lage der Zeit und die politischen Geschicke und Katastrophen der eigenen Jugend im Blick zu halten, hätte damals [...] die erste Stelle zu beanspruchen gehabt.«
Seine Erklärungen, warum dies nicht geschah, interessieren hier

nur am Rande – Henrich rekurriert unterschiedslos auf ein Syndrom der Erfahrung von »Meinungsdruck und formierter Schulzeit, Jugendbegeisterung oder Verfolgung, Überlebenskampf im Krieg, staatlich verfügtem Massenmord und Reedukation«, das eher geeignet gewesen sei, »zu traumatisieren als in schnell gezogenen Resümees abgearbeitet zu werden. Aber«, so mutmaßt er weiter, »ein ganzes Œuvre konnte dennoch von dem Willen zur Klarheit über das Erfahrene [...] durchstimmt und mitgetragen sein. Das imposanteste Beispiel dafür ist das Werk von Hans Blumenberg. Er hatte die Wunden einer Verfolgung aus sogenannten rassischen Gründen und zugleich des Abschieds von seinem Versuch mit dem Christentum und der katholischen Lehre zu tragen. In den Schriften, mit denen er in den fünfziger Jahren Eindruck zu machen begann, war dazu kein Wort zu lesen. Aber in der Intensität und Originalität, mit der er deren Themen entfaltete, war es doch gegenwärtig.« (Henrich 2006: 62f.)

Es fragt sich, ob das nicht eine retrospektive Interpretation ist und ob nicht die Feststellung, »dazu war kein Wort zu lesen«, genauer ist als die Vermutung, wenn schon nicht in der Wahl der Themen, so doch im Denkstil der deutschen Nachkriegsphilosophie müsse die NS-Vergangenheit virulent gewesen sein. Oder kündigte sich in Blumenbergs Verteidigung der neuzeitlichen Rationalität und in seiner Kritik der Säkularisierungsthese – der Zurückweisung jeder theologisch-heilsgeschichtlichen Unterlegung des Geschichtsbegriffs – so etwas wie ein Denken des Bruchs an, für den Auschwitz zum Symbol geworden ist? War seine Metaphorologie gegen die philosophischen Versöhnungsangebote nach 1945 gerichtet? Das ist schwer zu sehen.

Man muss nicht Celans »Hoffnung auf ein kommendes Wort« anführen,[12] die dem Philosophen einer älteren, kompromittierten Generation galt, um das allgegenwärtige Schweigen über den Nationalsozialismus und den Judenmord an den Universitäten nach 1945 und bis in die 1960er Jahre ins Gedächtnis zu rufen. Ein spätes Schlaglicht auf diese Zeit des Schweigens hat die Affäre um den – mit Blumenberg befreundeten – Konstanzer Romanisten

Hans Robert Jauß geworfen, der 1996 zum Zeitpunkt von Blumenbergs Tod und kurz vor dem eigenen von seiner Vergangenheit eingeholt wurde. Jauß war als junger Mann Führer einer Einheit der Waffen-SS an der Ostfront gewesen, mehr als vierzig Jahre danach schien sein Ruf als Begründer einer avancierten, international anerkannten Literaturtheorie, der Rezeptionsästhetik, auf dem Spiel zu stehen. Er selbst, der seine Zugehörigkeit zur SS zwar nicht geheim gehalten, aber auch nicht publik gemacht hatte, legte nun in öffentlichen Stellungnahmen und Interviews Rechenschaft ab, und seine Schüler kamen ihm dabei zu Hilfe. Die Nazi-Verbrechen hätten eine ganze Generation von Intellektuellen paralysiert, erläuterte Jauß gegenüber einer französischen Zeitung, das Schweigen erkläre sich aus der Weigerung, Unmenschliches zu verstehen (Jauß 1996).[13] Es sei – in der pointierten Formulierung von Karlheinz Stierle – eine »Barriere gegen den Schrecken« gewesen. Der Schrecken aber habe das Schweigen zu Eis gefrieren lassen (Stierle 1996). Stierle erinnerte in diesem Zusammenhang auch daran, dass es in den deutschen Universitäten der 1950er Jahre zum ›guten Ton‹ gehört und als Ausweis ›objektiver‹ Wissenschaft gegolten habe, nicht von sich selbst zu sprechen, getreu der in Kants *Kritik der reinen Vernunft* übernommenen Devise Bacons: *De nobis ipsis silemus.*

Der Philosoph Hermann Lübbe, auch er mit Blumenberg lange gut bekannt, hatte schon 1983 auf einer Historikerkonferenz im Berliner Reichstag die These vertreten, eine »gewisse Stille«, ein »kommunikatives Beschweigen« individueller oder auch institutioneller Nazi-Vergangenheiten während der frühen Nachkriegszeit, sei das »sozialpsychologisch und politisch nötige Medium« der Verwandlung vom Parteigenossen – der er, wie sich inzwischen herausstellte, selbst war – zum Bundesbürger gewesen und habe die demokratische Integration von Millionen Mitläufern gefördert. Zur Illustration bediente er sich eines nach eigenem Bekunden »wirklichkeitsnah erfundenen Beispiels«, das in seiner Schlichtheit noch heute verblüfft: »Pedell und Professor hatten doch, sogar als Funktionäre, derselben NSDAP-Ortsgruppe angehört, und sie wußten es voneinander. Der als Widerständler aus Flucht und Untergrund re-migrierte Professoren-Kollege wußte es auch und die Studenten, die sich 1945 noch im Pimpfenalter befunden hatten, desgleichen. Wie ging man nun miteinander um?« Lübbes Antwort lautet: Sofern nur die vollständige Delegitimation des Nationalsozialismus nicht in Frage gestellt wurde, wäre es müßig gewesen, öffentlich aufzu-werfen, was allen Beteiligten ohnehin bekannt war. »Der im Wi-derstand bewährte Kollege wurde Rektor. Um so mehr verstand es sich, daß er seinem sich gebotenerweise zurückhaltenden Ex-Nazi-Kollegen gegenüber darauf verzichtete, die Situation, die sich aus der Differenz ihrer politischen Biografien ergab, in besonderer Weise hervorzukehren oder gar auszunutzen. Kurz: Es entwickelten sich Verhältnisse nicht-symmetrischer Diskretion.« (Lübbe 1983: 585 ff., 594).[14]

Nicht die Beschreibung der damaligen Verhältnisse ist problema-tisch, sondern die affirmative Wendung des Befunds. Das Schwei-gen des deutschen Kollektivs im Umgang mit den NS-Verbrechen wird, so doch wohl das Fazit, zur Voraussetzung für die erfolgrei-che Etablierung der Demokratie nach dem Krieg erklärt. Dass in dem herangezogenen Beispiel diejenigen Stimmen fehlen, die dies Schweigen hätten brechen können, weil sie ausgelöscht wurden und niemand die Toten beklagte, dass er also von einem ›Land ohne Juden‹ berichtet, in dem die Shoah jahrelang ignoriert wurde, kann Lübbe nicht verborgen geblieben sein.[15]

Dieser Exkurs hat hier nur zu zeigen, vor welchem Horizont Blu-menbergs persönliche Zurückhaltung zu sehen ist, über seine ei-gene Jugend im Nationalsozialismus zu sprechen. Diskretion (so lautete 1982 auch das Stichwort im Proust-Fragebogen der »Frank-furter Allgemeinen Zeitung«) und die unstrittig auch von Blumen-berg befolgte Maxime *De nobis ipsis silemus* sind nur ein Teil der Erklärung. In seinem Spätwerk und in den nachgelassenen Papieren finden sich zahlreiche Reflexionen über die deutsche Vergangenheit und deren ›Bewältigung‹, die auch das Autobiografische nicht mehr ausblenden. Aus dem Nachlass stammt »Ein noch zu schreibender Brief«, ein fiktiver Dialog, der eine Selbstauskunft Blumenbergs enthält und der zugleich wie ein Seitenstück zu Lübbes Szenario gelesen werden kann. Offensichtlich geht es um den Philosophen Erich Rothacker, der seit 1933 NSDAP-Mitglied gewesen und am »Kriegseinsatz der Geisteswissenschaft« beteiligt war. Er war zwar nicht der Doktorvater Blumenbergs (der bei dem Husserl-Schüler Landgrebe promovierte), hatte aber 1960 dessen »Paradigmen zu einer Metaphorologie« in das von ihm begründete »Archiv für Begriffsgeschichte« aufgenommen und dem Autor damit zu erstem Ruhm verholfen: »Sie haben bei E. R. promoviert, sich akademisch legitimieren lassen. Haben Sie jemals danach gefragt, was er zwischen 1933 und 1945 alles getan hat? – Ich war mit E. R. befreundet. Ich mochte ihn. Ich habe gefragt, was er zwischen 1933 und 1945 alles getan hat. Ich bin trotzdem bis zu seinem Tode mit ihm befreundet geblieben. – Ich wollte nicht sein, was ich nicht zu sein brauchte: das Weltgericht« (Blumenberg 2000: 144). Die Lebenswege anderer moralisch zu zensieren war Blumenberg zuwider, weil er selbst erfahren hatte, was Ächtung bedeutet.

## Ein Brief an Carl Schmitt

Manche wissenschaftlichen und persönlichen Kontakte, die Blumenberg unterhielt, haben seine Zeitgenossen verstört, und sie verstören noch heute. Der über einen längeren Zeitraum anhaltende Schriftverkehr mit dem Staatsrechtler und Theoretiker des ›Ausnahmezustands‹ Carl Schmitt zählt dazu. Die Herausgeber dieser jetzt veröffentlichten Korrespondenz möchten die zwischen Schmitt und Blumenberg in den 1970er Jahren geführte Kontroverse um die *Legitimität der Neuzeit* auf die geschichtliche Gegenwart der Briefpartner beziehen: »Mit Hans Blumenberg und Carl Schmitt stehen sich Opfer und Mitgestalter nationalsozialistischer Politik gegenüber« (Blumenberg/Schmitt 2007: 209). Nicht nur der Briefwechsel lässt Zweifel daran aufkommen, ob Blumenberg selbst es damals so sah. Er hat sich niemals auf sein Opfer-Sein berufen wollen, ebenso wenig, wie er je von seiner Herkunft sprach, die ihn nach den Nürnberger Gesetzen zum ›Halbjuden‹

gemacht hatte. Auch wer lange mit ihm zusammenarbeitete, wusste kaum etwas von seiner Verfolgungsgeschichte. Nur ein einziges Mal – dokumentiert in einem Brief aus dem Jahr 1976 – beanspruchte er den Status eines ›Verfolgten‹, als er sich nämlich an der Münsteraner Universität als Ordinarius angegriffen sah und dies wie ein *déjà vu* empfinden musste. Aber gerade an dieser Stelle, an der Blumenberg die »Trennwand zur eigenen Erfahrung« während des Nationalsozialismus durchbricht, überbrückt er zugleich den Abgrund zwischen ›Opfer‹ und ›Mitgestalter‹, wenn er dem nach dem Krieg angeklagten und seiner Professur verlustig gegangenen Carl Schmitt mitteilt: »Sie haben nicht mehr zum zweiten Mal diese Grunderfahrung zu machen brauchen, als eine konformistische Öffentlichkeit sich auf den neuen Alleinschuldigen in der Gestalt des Ordinarius stürzte [...]. Ich weiß inzwischen besser, wie die Verfolger es machen, daß sie immer recht haben.« (Blumenberg/Schmitt 2007: 147)[16] Es bleibt ein menschliches Rätsel, was den damals 55-jährigen Philosophen bewogen haben mag, das Wiederaufbrechen seiner lebensgeschichtlichen Verletzungen ausgerechnet jemandem anzuvertrauen, dessen totalitäres Konzept der Feindbestimmung er wie kein anderer auf seine mörderischen Konsequenzen hin dechiffrieren sollte.[17]

**Biografisches**

Die Gewissheit, Zeit im Leben verloren zu haben, die er aufholen müsse, verließ Blumenberg bis ins hohe Alter nicht.[18] Seine Schuljahre am traditionsreichen Lübecker Katharineum waren, wie er erst im Buch über die *Matthäuspassion* preisgab, von Düsternis geprägt (Blumenberg 1988: 29).[19] 1933 hatte der damalige Direktor den Dienst quittiert, und Blumenberg – in der Festschrift des Katharineums 1981 an ihn erinnernd – hat zu seinen »lebenslang zu verarbeitenden Erfahrungen gezählt, daß es auch die wirklich gab, die sich nicht mitziehen ließen, die etwas zu bewahren hatten« (Blumenberg 1981a). Unter dem braunen Nachfolger kam der Verfall von oben, und während der Klassenlehrer ihm einen Freiraum bewahrte, war Blumenberg – aus katholischem Haus und Sohn einer ›jüdischen‹ Mutter – der antisemitischen Empörung von Mitschülern ausgesetzt; die Abiturientenrede durfte der Jahrgangsbeste im Frühjahr 1939 nicht halten. Für ›wehrunwürdig‹ erklärt und vom Universitätsstudium ausgeschlossen, wurde ihm auch der Besuch theologischer Hochschulen nach wenigen Semestern untersagt; zeitweilig arbeitete Blumenberg im Lübecker Dräger-Werk.[20] Anfang 1945 wurde er von der Gestapo verhaftet und zusammen mit Hunderten weiterer »jüdischer Mischlinge« zur Zwangsarbeit in einem Lager der Organisation Todt auf dem Flugplatz Zerbst (nahe Dessau) eingesetzt, in dem Lebens- und Arbeitsbedingungen herrschten, die Konzentrationslagern nahekamen. Zudem hatten die Häftlinge jederzeit eine Ausweitung der bereits auf der Wannseekonferenz geplanten Maßnahmen gegen »Mischlinge« und deren Angehörige zu gewärtigen, schlimmstenfalls ihre Deportation in den ›Osten‹. Blumenberg entkam aus dem Lager – vermutlich Mitte April 1945, als es bombardiert wurde und wegen des amerikanischen Vormarsches aufgegeben werden musste.[21] Bis Kriegsende versteckte ihn die Familie seiner späteren Frau in Lübeck. Der Wohnungsgeber war ein mit der Einziehung von Parteibeiträgen beauftragter Blockwart, bei dem Blumenberg »als ungemeldeter Kammerherr – sicher wie in der Höhle des Löwen, weil keiner zu ihm kassieren kam – untergeschlüpft war« (Blumenberg 2000: 76).

1989 las Blumenberg das Buch *Vichy – Auschwitz* von Serge Klarsfeld.[22] Klarsfeld überlebte 1943 im Alter von acht Jahren eine nächtliche Razzia in einem Versteck, das der Vater gebaut hatte, der selbst verhaftet und deportiert wurde. Die Erinnerung daran hielt er in seinem Buch fest. Blumenbergs geschärfter Aufmerksamkeit waren diese Passagen nicht entgangen. Er schrieb mir in einem Brief: »Allein wegen der beiden Stellen, an denen der Autor den Lebenspunkt seiner Motivation, des kindlichen Schmerzes, berührt, entsteht inmitten der bürokratischen Monotonie der Menschenjägerwelt die unvergeßliche Enklave des Menschlichen.«

In dem noch zu Lebzeiten von Blumenberg zusammengestellten Reclam-Bändchen *Ein mögliches Selbstverständnis* steht – unter dem Titel »Ob man sagen darf: ›Ich habe Angst‹« – ein Schlüsseltext, den ein Wittgenstein-Zitat einleitet: »Spiele nicht mit den Tiefen des Andern!« Kein Text führt dichter an Blumenbergs eigene Erfahrungen bis zum Jahr 1945 und an seinen nachmaligen Umgang damit heran: »Der ehemalige französische Staatspräsident Valéry Giscard d'Estaing hat in seinen Erinnerungen *Le pouvoir et la vie* von 1988 von einer Szene berichtet, die erstarren läßt. Der deutsche Bundeskanzler Helmut Schmidt hat seinen Staatsgast im Juli 1980 unter vier Augen im Fonds seines Wagens das Geheimnis seiner Abstammung anvertraut: eine Konfession der Angst. Der politische Gast, der persönliche Freund, versteht nicht, wie ihm geschieht. Man merkt das leicht an seinem Einwand: ›Aber das Judentum wird doch durch die Mutter weitergegeben ...‹ Wußte er nicht, daß die Biologie der Rabbinen nicht die Hitlers war? Dann ahnte er auch nicht, was dieses Geständnis bedeutete. Es war eine Torheit, obwohl es eine Geste – mehr als eine Geste! – des intimen Vertrauens sein sollte. Denn zu jenem Zeitpunkt wußten die Deutschen nichts von diesem Lebensgeheimnis ihres Kanzlers. Der gestandene Kantianer traute seinen Landsleuten nicht zu, sie würden es hinnehmen, daß einer Angst gehabt hatte – nicht einmal in dieser Vergangenheitsform! – und eine etwas komplizierte Unehelichkeit ausgenutzt hatte, seinem Vater und sich etwas zu ersparen, was seine angstmachende Natur in der Unbestimmtheit gehabt hatte, die das Blutsverdikt über jeden verhängte, der sich auf keinen Gesetzgeber, kein Gericht, keine öffentliche Instanz verlassen konnte.«

Es mag der Erläuterung bedürfen, dass es hier um den Status eines sogenannten ›Halbjuden‹ im ›Dritten Reich‹ geht, nicht um dessen uneheliche Herkunft. Die Vertraulichkeit der Eröffnung lag darin, dass der Politiker Schmidt – der Kanzler des deutschen Herbstes – bislang öffentlich geschwiegen hatte. Worin aber bestand die Tor-

heit? Weil der Geständige das Unverständnis Giscards hätte voraussehen müssen? Möglicherweise sind doch eher die ›Landsleute‹ gemeint, die nicht nur am Kanzlerbild nicht gerüttelt sehen wollten, sondern die nicht verstehen würden, was – und hier wechselt der Text die Erfahrungsebene – »seine angstmachende Natur« in der Unbestimmtheit der antijüdischen Willkür gehabt hatte. Sie würden die eingehaltenen Trennlinien des Regimes, die sich erst im Nachhinein erwiesen, für entscheidend halten. Das nicht berücksichtigt zu haben, machte die ›Torheit‹ des Geständnisses aus: »Was das Geständnis eines erschöpften Freundes unverzeihlich machte, bestand gerade in der historischen Aufarbeitung aller Einzelzüge jener Gefährdungen: Es war bekannt, wer in welcher Weise und durch welches Dekret oder welchen Spielraum von Willkür gefährdet gewesen war. Einen jüdischen Vater hatte einer gehabt? Da war doch nicht gleich gemordet worden, zumal wenn registriert worden war ›Vater unbekannt‹?« Heute weiß man, was man damals nicht wusste. Es ist zugleich ein Mehr und ein Weniger an Wissen. Mit einem erneuten Schnitt führt der Text in die frühere Erfahrung zurück: »Nur wußte eben keiner, wie weit es gehen würde. Die eine erhaltene Ausfertigung des Protokolls der ›Wannseekonferenz‹ vom Januar 1942 läßt noch erahnen, worauf es drängte und was jeden Tag ohne Federstrich exekutiert werden konnte. Aber weder das Maximum noch das Minimum der offenen Möglichkeiten kannte irgendwer, den das Verhängnis einer erst zu bestimmenden oder unerweislichen Vaterschaft ereilen konnte. So standen selbst für die ›Kenner‹, erst recht für diese, die Fakten des Dokumentierbaren und die Erlebnisse der Überlebenden in einem nie nachvollziehbaren Kontrast.«
Das Resultat der historischen Aufarbeitung der Fakten und Grenzen der Verfolgung kann die erlebten, unbestimmten Möglichkeiten der Gefährdung nicht einholen. Nicht eine Differenz zwischen den Erinnerungen der Zeitzeugen und dem Wissen der Historiker wird hier thematisiert, sondern das Gebot, dass die Aufklärung sich an die Stelle der Angst zu setzen hat. Nur darum ist vom Erfahrenen zu schweigen: »Es war unzulässig, noch ein halbes Jahrhundert

später (und da umso mehr) zu gestehen *Ich hatte Angst!*« (Blumenberg 1997b: 22 f.).

Dieser Text ist überdeterminiert, er wird überlagert von einem generellen Tabu, die eigene Angst andern mitzuteilen, von einer Kritik an der Mode, sich in ›Ängsten‹ zu exhibitionieren. Aber das ist hier nicht das Problem. Der Kommentar zu der Szene zwischen Schmidt und Giscard d'Estaing bringt für einmal den 24-jährigen Lagerhäftling Blumenberg zur Sprache, und er liefert zugleich eine Erklärung dafür, warum er später schwieg.

## »Vergangenheitsbewältigung«

Mitte der 1980er Jahre sah Blumenberg die Deutschen mit ihrem »Schuldmythos« befasst – ein Mythos deswegen, weil es um Realität gar nicht mehr ging, eher um einen Wettbewerbsvorsprung. Denn zu ebendiesem Zeitpunkt begann die historische Aufarbeitung der Vergangenheit sich unversehens in einen Beitrag zur nationalen Identitätsstiftung zu verwandeln. Man konnte damals noch nicht ahnen, dass eine spätere Bundeskanzlerin im Jahr 2003 verkünden würde, »die Anerkennung der Singularität des Holocausts [sic!]« habe »uns doch zu dem Land gemacht, das wir heute sind – frei, vereint, souverän«.[23] Aber diagnostizierbar war schon, wie Blumenberg in einer Glosse notierte, dass der demonstrative Nachweis von Schuldfähigkeit die Frage der Schuld gar nicht mehr berührt, sondern von ihr wegführt: »Dadurch sind wir ausgezeichnet als die, die nicht verdrängen, die ihre ›Trauerarbeit‹ leisten – oder wenigstens leisten lassen durch solche, die dann wieder von dieser Arbeit leben.« Und dann folgt ein apodiktischer Satz, der demjenigen zu verstehen schwerfällt, der die über Jahrzehnte deutscher Nachkriegsgeschichte angesammelten Defizite in der moralischen, politischen und justiziellen Auseinandersetzung mit den nationalsozialistischen Massenverbrechen zu kennen glaubt: »In Wirklichkeit ist da nichts zu bewältigen. Es gibt keine Bewältigung von Vergangenheit, nicht irgendeiner.« (Blumenberg 1997b: 75 f.)[24] Beharren auf der Nachwirkung alles Vergangenen oder Ausdruck der Unfähigkeit, vergessen zu können? Vergangenheit, die nicht vergeht, weil sie feststeht? Der man sich nur durch Vergessen entledigt? Der Satz lässt alles offen. Gegen eine Lesart, die von Hannah Arendt herkommt, wonach nicht wiedergutgemacht werden kann, was nie hätte geschehen dürfen, spricht die von der NS-Vergangenheit abgelöste Generalisierung. So werden wir auf einen Geschichtsbegriff verwiesen, der sich der »Mediatisierung der Vergangenheit für die Gegenwart« widersetzt, ohne doch eine »Verpflichtung der Gegenwart gegenüber der Vergangenheit« aufzugeben (Blumenberg 1981c: 170; 1964: 242).

## Nachlass

Es gab eine ›Mine im Nachlass‹. Nach Blumenbergs Tod erwies sich, dass er unveröffentlichtes Material hinterlassen hatte, das noch für Jahre Editionsarbeit reichen sollte. Seit 1997 sind mehr Bücher unter seinem Namen auf dem Markt erschienen, als er selbst zwischen 1960 und 1989 zum Druck brachte. Dass sich unter den Nachlasspublikationen philosophische Monographien und Textsammlungen befinden, die in ihrem Rang den autorisierten Werken nicht nachstehen, unterliegt keinem Zweifel. Von Redundanzen und ärgerlichen Doppelveröffentlichungen einmal abgesehen, zeigen sich aber auch Schwächen, die Blumenberg sich vielleicht nicht hätte durchgehen lassen, hätte er sein Imprimatur geben müssen. Vor allem das Bild einer eher literarischen Form des Philosophierens wird nun verstärkt, das Anekdotische tritt in den Vordergrund. Da fügt sich, dass der gesamte Nachlass vor kurzem dem Deutschen Literaturarchiv in Marbach übergeben wurde. Im angeschlossenen, neuen Literaturmuseum der Moderne, dessen erste Ausstellung dem Thema »Wie arbeiten Schriftsteller?« gewidmet ist, sind die Zettelkästen von Hans Blumenberg, sein Diktiergerät und Hans-Georg Gadamers Schere als Exponate zu besichtigen. Was einst die ›Schreibhöhle‹ des Philosophen verborgen gehalten hatte, wird jetzt öffentlich ausgestellt.

## Literatur

Adams, David: (1999): »Ökonomie der Rezeption. Die Vorwegnahme eines Nachlasses«, in: Franz Josef Wetz u. Hermann Timm (Hg.), *Die Kunst des Überlebens. Nachdenken über Hans Blumenberg*, Frankfurt/M., S. 369–385.

Blumenberg, Hans (1964): »›Säkularisation‹. Kritik einer Kategorie historischer Illegitimität«, in: Helmut Kuhn u. Franz Wiedmann (Hg.), *Die Philosophie und die Frage nach dem Fortschritt*, München, S. 240–265.

Blumenberg, Hans (1981a): »An Georg Rosenthal erinnernd«, in: *1531–1981 – 450 Jahre Katharineum zu Lübeck. Festschrift zum 450. Schuljubiläum*, Lübeck, S. 55–57.

Blumenberg, Hans (1981b): »Nachdenklichkeit«, in: Deutsche Akademie für Sprache und Dichtung, Jahrbuch 1980/II, Heidelberg, S. 57–61.

Blumenberg, Hans (1981c): *Wirklichkeiten, in denen wir leben*, Stuttgart.

Blumenberg, Hans (1986): *Lebenszeit und Weltzeit*, Frankfurt/M.

Blumenberg, Hans (1987): *Die Sorge geht über den Fluß*, Frankfurt/M.

Blumenberg, Hans (1988): *Matthäuspassion*, Frankfurt/M.

Blumenberg, Hans (1989): »Sollte der Teufel erlöst werden?«, in: Frankfurter Allgemeine Zeitung v. 27. 12. 1989.

Blumenberg, Hans (1990): »Menschenkenntnis«, in: Frankfurter Allgemeine Zeitung v. 30. 5. 1990.

Blumenberg, Hans (1991): »Lebensgedichte. Einiges aus Theodor Fontanes Vielem«, in: Akzente 38 (1991), H. 1, S. 7–28.

Blumenberg, Hans (1997a): *Die Vollzähligkeit der Sterne*, Frankfurt/M.

Blumenberg, Hans (1997b): *Ein mögliches Selbstverständnis*, Stuttgart.

Blumenberg, Hans (1998a): *Begriffe in Geschichten*, Frankfurt/M.

Blumenberg, Hans (1998b): *Lebensthemen*, Stuttgart.

Blumenberg, Hans (1999): *Goethe zum Beispiel*, Frankfurt/M. u. Leipzig.

Blumenberg, Hans (2000): *Die Verführbarkeit des Philosophen*, Frankfurt/M.

Blumenberg, Hans (2002a): *Zu den Sachen und zurück*, Frankfurt/M.

Blumenberg, Hans (2002b): *Vor allem Fontane*, Frankfurt/M.

Blumenberg, Hans/Schmitt, Carl (2007): *Briefwechsel 1971–1978*, hg. u. mit einem Nachwort von Alexander Schmitz u. Marcel Lepper, Frankfurt/M.

Fellmann, Ferdinand (1998): »Ein Denker und kein Dichter«, in: Frankfurter Rundschau v. 3. 3. 1998.

Goldberg, Bettina (2006): »Juden in Flensburg«, Flensburg.

Goldstein, Jürgen (2007): »Hans, Blumenberg, Beschreibung des Menschen« (Rezension), in: Philosophischer Literaturanzeiger 60 (2007), H. 2, S. 131–141.

Habermas, Jürgen (1988): »Philosophie und Wissenschaft als Literatur?«, in: ders., *Nachmetaphysisches Denken*, Frankfurt/M., S. 242–263.

Haderer, Toni (2002): *Der Militärflugplatz Zerbst*, 2. Aufl., Zerbst.

Henrich, Dieter (2006): »Eine Generation im Abgang«, in: ders., *Die Philosophie im Prozeß der Kultur*, Frankfurt/M., S. 55–71.

Jauß, Hans Robert (1996), »›L'étrangeté radicale de la barbarie nazie a paralysé une génération d'intellectuels‹«, in: Le Monde v. 6. 9. 1996.

Krass, Stephan (1997): »›Mit der Hoffnung auf ein kommendes Wort‹. Die Begegnung von Paul Celan und Martin Heidegger«, in: Neue Zürcher Zeitung v. 2./3. 8. 1997.

Liessmann, Konrad Paul (1998): »Hot Potatoes. Zum Briefwechsel zwischen Günther Anders und Theodor W. Adorno«, in: Zeitschrift für kritische Theorie 4 (1998), H. 6, S. 29–38.

Lübbe, Hermann (1983): »Der Nationalsozialismus im deutschen Nachkriegsbewusstsein«, in: Historische Zeitschrift 236 (1983), S. 579–599.

Lübbe, Hermann (2007): »Vom Parteigenossen zum Bundesbürger. Über beschwiegene und historisierte Vergangenheiten«, München u. Paderborn.

Marquard, Odo (1981): »Laudatio auf Hans Blumenberg«, in: Deutsche Akademie für Sprache und Dichtung, Jahrbuch 1980/II, Heidelberg, S. 53–56.

Marquard, Odo (1990): »Lebenszeit und Lesezeit«, in: Akzente 37 (1990), H. 2, S. 268–271.

Marquard, Odo (1999): »Entlastung vom Absoluten«, in: Franz Josef Wetz u. Hermann Timm (Hg.), *Die Kunst des Überlebens. Nachdenken über Hans Blumenberg*, Frankfurt/M., S. 17–27.

Meyer, Beate (2002): *»Jüdische Mischlinge«. Rassenpolitik und Verfolgungserfahrung 1933–1945*, Hamburg.

Meyer, Martin (1996): »Aufklärer großen Stils«, in: Neue Zürcher Zeitung v. 4./5. 4. 1996.

Nordhofen, Eckhard (1996): »Die Proklamation des Plurals«, in: Die Zeit v. 12. 4. 1996.

Schirrmacher, Frank (1987): »Das Lachen vor den letzten Worten«, in: Frankfurter Allgemeine Zeitung v. 17. 11. 1987.

Stierle, Karlheinz (1996): »L'université, la barbarie et la mémoire«, in: Le Monde v. 6. 9. 1996.

Thoemmes, Martin (1997): »Die verzögerte Antwort«, in: Frankfurter Allgemeine Zeitung v. 26. 4. 1997.

Wetz, Franz-Josef (2004): *Hans Blumenberg zur Einführung*, Hamburg.

## Anmerkungen

**1** Vgl. dazu Habermas 1988: 243f., 262f.

**2** Vgl. Marquard 1981: 53ff.; 1990, 268ff.; Wetz 2004: 92ff.

**3** Karl-Heinz Gerschmann machte mich darauf aufmerksam, dass das Wort ›Nebendinge‹ mehrfach in Heinrich Manns *Professor Unrat* vorkommt, im Sinn von ›Allotria‹ und fast wie ein Leitmotiv. In diesem Roman findet sich aber auch ein abgedankter Schauspieler, der sich vorstellt: »Mein Name ist Blumenberg« – eine seltsame Verbindung, die sich womöglich aus der Neigung des Philosophen zur Camouflage erklärt.

**4** Im Zusammenhang mit Husserl: »Selbstdarstellungen sind von großem Aufschlußwert, aber gerade nicht von dem, die Beobachtung des theoretischen Arbeiters bei seiner Arbeit zu ersetzen, die Frage zu beantworten: Wie machte das überhaupt einer. Wie schwer tat er sich dabei?« (Blumenberg 2002a: 64) – Die Vermutung, »daß Blumenbergs Umgang mit der Selbstinszenierung als Maske begriffen werden kann«, hat J. Goldstein in einer Rezension der *Beschreibung des Menschen* geäußert; Goldstein 2007: 137.

**5** Dass diese Maxime zu einer hermetischen Schreibweise, zum Verzicht auf sachlich-inhaltliche Vermittlungsversuche, ja zu einem aggressiven Ton gegenüber dem imaginären Leser führen konnte, zeigen Sätze aus Nachlasstexten wie: »Wen das nichts angeht, der muß spätestens hier die Lektüre einstellen. Adieu!« (Blumenberg 1997a: 246).

**6** Vgl. dazu Adams 1999.

**7** Die Kritik an Habermas ist unüberhörbar.

**8** In einem Nachlasstext sprach Blumenberg von »mißlungenen Demütigungsattacken«; 2000: 133.

**9** Ein Beispiel, das im Zusammenhang mit der Frage nach Erfolg und Parodierbarkeit einer Philosophie steht: »Keiner hat Adorno verstanden, aber alle haben nach wenigen Seiten kapiert, wie man es macht.« (Blumenberg 1997b: 89). – Wenig bekannt dürfte sein, dass Blumenberg im Wintersemester 1967/68 ein Seminar über Adornos *Negative Dialektik* abhielt, die – zeitgleich mit der *Legitimität der Neuzeit* – ein Jahr zuvor bei Suhrkamp erschienen war.

**10** Vgl. Blumenberg 1999: 81, 199ff.; 2000: 51ff.

**11** An anderer Stelle wird der ›Umweltschutz‹ als die »inzwischen zur Schöpfungsbewahrung hochstilisierte Aufgabe der deutschen Missionierung der Welt« bezeichnet (Blumenberg 1997a: 439; vgl. auch 1998a: 104f.).

**12** Hierzu Krass 1997.

**13** Seine eigene Wandlung erläuterte Jauß wie folgt: »En créant le groupe ›Poetik und Hermeneutik‹ en 1963, avec Hans Blumenberg et quelques autres amis, je me suis [...] lancé dans un projet intellectuel contrecarrant toute velléité de retour à l'idée de nationalité ou de race comme vecteurs signifiants dans les sciences humaines.«

**14** Eine unerwartete Parallele: Der Remigrant Adorno erklärte 1963 in einem Brief an Günther Anders, der ihm den Kontakt zu Arnold Gehlen vorgehalten hatte, »bei seinem Entschluß, nach Deutschland zurückzukehren, sei ihm klar gewesen, daß er es dort eben auch mit ehemaligen und mit hartnäckigen Nazis zu tun haben würde. Er fände es naiv, permanent darüber zu reflektieren.« (Liessmann 1998:34; ich danke Stefan Müller-Doohm für den Hinweis.)

**15** Lübbe deckte inzwischen auf, er habe bei dem Universitätsrektor an Hellmuth Plessner gedacht; aber er schreibt sein damaliges Szenario völlig um, wenn er daraus jetzt »die von mir exemplarisch erzählte Geschichte des verfolgten Juden [sic!] Plessner« macht; 2007: 84, 105.

**16** Brief v. 27.4.1976. Aufschlussreich ist ein Schreiben Blumenbergs an Jakob Taubes aus dem Jahr 1977, in dem er seinen Kontakt zu Schmitt offen legt; Blumenberg/Schmitt 2007: 260f.

**17** Vgl. Blumenberg/Schmitt 2007: 185f., 188ff., 195, 202f. (Nachlasstexte); vgl. Blumenberg 1997b: 151.

**18** Odo Marquard berichtet von einem 1980 geführten Gespräch, in dem Blumenberg ihm gesagt habe: »Sie haben in Ihrem Leben keine Zeit verloren. Ich habe acht Jahre verloren, die ich aufholen muß.« 1999: 25f.

**19** Dagegen steht die Erinnerung an die »versunkene Jugendwelt in Lübeck: Es gibt Zonen der Widerwärtigkeit, aber man kann eine Richtung einschlagen, in der sie zu verlassen sind. Es gibt den höllischen Lärm eisenbereifter Rollwagen auf kopfsteingepflasterten Straßen, aber irgendwohin brauchte man nur ein paar Minuten zu gehen, einen Park betreten, eine alte Wallanlage erreichen, um das ganz und gar hinter sich zu haben.« (Blumenberg 2002b: 104)

**20** Biografische Angaben nach Entschädigungsakte Hans Blumenberg, Landesarchiv Schleswig-Holstein, Abt. 761, Nr. 16937 (auf diese Akte wies mich Bettina Goldberg freundlicherweise hin); vgl. auch Wetz 2004: 12; Nordhofen 1996; Thoemmes 1997.

**21** Vgl. Meyer 2002: 237ff.; Goldberg 2006: 88f.; Haderer 2002: 53ff.

**22** Vgl. Blumenberg 1990; 1998a: 126.

**23** Angela Merkel, zit. nach: Frankfurter Allgemeine Zeitung v. 2.12.2003.

**24** Der gleiche Satz, ins Persönliche gewendet: »Jeder Mensch hat nur ein Leben, und daran liegt es, daß er der Zumutung der ihm abgeforderten ›Bewältigung der Vergangenheit‹ widersteht.« (Blumenberg 1997b: 40)

V.

# Der Intellektuelle – Die Macht der Rhetorik

## Michael Moore oder: Selbstinszenierung und soziale Stilistik eines US-amerikanischen Antiintellektuellen

*Arnulf Deppermann und Klaus Neumann-Braun*[1]

Der *Intellektuelle* ist eine soziale Figur der Moderne, der die sozialstrukturellen Entstehungsbedingungen seiner Zeit ebenso reflektiert, wie er auf sie kritisch einzuwirken versucht. Philosophen und Künstler, Literaten und Wissenschaftler, Politiker und *Journalisten* sind traditionellerweise dafür prädestiniert, als Intellektuelle Einfluss auf die Gesellschaft auszuüben. Als aktuelles Vorzeigebeispiel für einen Journalisten mit zugeschriebener weltweiter intellektueller Wirkung kann *Michael Moore*, Autor, Oscar-Preisträger und erfolgreichster Dokumentarfilmer aller Zeiten, gelten. Sein Markenzeichen sind die Baseballkappe und ein schmuddeliges Outfit. Er gibt sich ungehobelt, brüllt und lügt, ist eitel und selbstverliebt. Manche ereifern sich über seinen maßlosen Charakter und schimpfen ihn ein »Egomonster«. Aber es gelingt ihm offensichtlich doch für viele überzeugend, den ›Mächtigen‹ die Maske vom Gesicht zu reißen. Michael Moore – der Robin Hood der ›kleinen Leute‹ und (für Liberale) das moralische Gewissen Amerikas oder (für amerikanische Konservative) schlicht ein zu bekämpfender ›Staatsfeind Nr. 1‹?

Mit der Wahl für den Akteur Michael Moore wenden wir uns einem spezifischen Typus intellektueller Praxis, dem sogenannten *Medienintellektuellen* (Oevermann 2001: 71ff., s. u.), zu. Intellektuelle Praxis ist unter den Bedingungen der *Mediengesellschaft* mehr denn je diskursive Praxis auf unterschiedlichsten kommunikativen Schauplätzen. Die gesellschaftliche Relevanz des Intellektuellen und seine Gestalt als Sozialtypus sind daher ganz wesentlich durch die Art und Weise der kommunikativen Beteiligung des Intellektuellen an sozialen Prozessen bestimmt. An Michael Moores Beispiel gilt es zu fragen, wie es ihm gelingt, sich in der gegenwärtigen Mediengesellschaft überhaupt Gehör zu verschaffen, ohne seine intellektuelle Autonomie – so er über eine solche überhaupt verfügt – zu verlieren, und von welchem Standpunkt aus er seine kritische Funktion innerhalb des öffentlichen Diskurses definiert.

## »The guy in the ballcap with no education«

Der Medienschaffende Moore ist der Erste, der investigativen Journalismus zu einem überwältigenden kommerziellen Erfolg gemacht hat, indem er detailreiche und furchtlose Recherchen mit humoristischen Darstellungsformen und publikumswirksamen Aktionen verbunden hat. Die Gestaltung und der Erfolg seiner filmischen und literarischen Produktion sind untrennbar mit seiner Person verbunden. Stets ist er als Autor und Akteur präsent, sein Bild, seine Handlungen und seine Stellungnahmen bilden den roten Faden der medialen Produktion. Im Weiteren stellen wir eine *Analyse von Michael Moores medialer Selbstinszenierung* an, die hier aus Platzgründen nur in Ausschnitten präsentiert wird. Sie stützt sich auf seine Filme »Bowling for Columbine« und »Fahrenheit 9/11«, seine Auftritte bei verschiedenen Pressekonferenzen, bei der Oscar-Verleihung 2003, in Interviews und auf seiner Homepage. Die angeführten Zitate stammen jeweils von ihm selbst.[2]

## Die Oscar-Preisrede 2003

Im Jahr 2003 erhielt Michael Moore den Oscar für den besten Dokumentarfilm. Er funktionalisierte seine Dankesrede bei der Preisverleihung, die am fünften Tag des Irakkriegs stattfand, zu einer politischen Propagandarede um. Die Rede polarisierte das

Publikum und führte zu einem Eklat: Moore wurde von der Regie der Preisverleihung gezwungen, sie vorzeitig zu beenden, indem man die feierliche Abschlussfanfare verfrüht einspielte, was ironischerweise ihre pathetische Wirkung noch steigerte. An dieser Rede werden wesentliche Elemente seiner politischen Rhetorik und seiner Selbstpräsentation deutlich.

**1** thank you very much (3.5) 'uhhh (1.5) u:::h (——)
**2** on u: (—) behalf of our producers cathleen glynn (—)
**3** and michael donovan from Canada (——)
**4** u::hm i'd like to thank the academy for this (—)
**5** i have invited (.) my fellow documentary nominees (.)
**6** on the stage (.) with us (——)
**7** and (—) we would like to (1.5)
**8** they're here (—) they're here in solidarity with me (——)
**9** because (–) we like (–) non fiction (–)
**10** we like non fiction (.) and we live in fictitious times (——)
**11** we live in a time (–)
**12** where we have fictitious eclec- election results (–)
**13** that elects a fictitious president (1.5)
**14** we (—) we live in a time (—)
**15** where we have a man (–) sending us to war (1.0)
**16** for fictitious reasons (—)
**17** whether it's the fiction (–) of duct tape (—)
**18** or the fictitious (—) orange alerts (——)
**19** we are against this war mister bush (—)
**20** shame on you mister bush. (–) shame on you (—)
**21** and anytime (——)
**22** you've got the pope and the dixie chicks against you (–)
**23** your time is up (—) thank you very much

Moore konstruiert eine Wir-Identität, zunächst mit seinem Filmteam, das er auf die Bühne holt, dann auch mit dem Publikum, das er in seiner Rede mit einem emphatischen »we« inkludiert (ab Z. 11: »we live in a time […]«). Dieser kontrafaktisch unterstellten Gemeinschaft – immerhin buhen viele Anwesende im Saal – setzt er polarisierend den Gegner Bush gegenüber. Mit der direkten Anrede Bushs (Z. 20–23) tritt Moore auf als Volkstribun, der einen imaginären direkten Kampf mit dem Gegner austrägt und diesem unverblümt die Meinung sagt. Er stellt sich dar als Sprecher der moralischen Mehrheit, die durch die Dixie Chicks und den Papst als »ehrliche Makler« metonymisch repräsentiert sind: Bushs Diskreditierung wird durch Zeugen aus seinen eigenen Reihen, den archetypischen Vertreterinnen des *American Heartland* und der höchsten kirchlichen und moralischen Autorität der Christenheit, vorgeführt. Veranschaulichende Konkretisierung und Metonymie, die Kontrastierung von Gut und Böse, kurze einfache, parataktische Sätze und viele Wiederholungen machen seinen Verbalstil aus. In den Zeilen 9–18 benutzt er insgesamt siebenmal die Ausdrücke *fiction/fictitious*, die er damit regelrecht als Schlüsselwörter seiner Rede einhämmert. In gewandter Weise stellt er damit über den Wortstamm den Bezug zwischen dem ihm verliehenen Oscar und dem politischen Vorwurf der Lüge an die Adresse Bushs her, das Geschäft des Dokumentarfilmers *(non-fiction)* wird reliteralisierend als Domäne des Nichtfiktionalen gegen die Domäne der täuschenden Fiktion der Politik Bushs ausgespielt. Sein abschließendes moralisierendes Verdikt und die prophezeiende Beschwörung »We are against this war, Mr Bush. Shame on you! Your time is up« bildet einen Slogan, den Moore wie andere Elemente der Rede in vielen verschiedenen Auftritten immer wieder verwendet hat.

Prosodisch benutzt Moore ein emphatisches Pathosmuster, das sich durch Rhythmisierung mit Vibrato, auffälligen Vokallängungen und singenden Intonationskonturen auszeichnet (vgl. Schwitalla 1994). Dieses Muster zeugt von Nachdruck und emotionaler Inbrunst. Moores *actio* ist die der polemischen Rede an das Volk: Er macht regelmäßige Taktgesten mit geballter Faust (abwechselnd links rechts), sein Blick geht von links nach rechts und zurück durchs Publikum, er benutzt viele illustrative Gesten (z. B. horizontale Schlussgeste zu »your time is up«), weisende (richtungs- und personaldeiktische) und Betgesten. Die Gestik ist generell kraftvoll und bestimmt. Moores Rede ist insgesamt von einem *Gestus der*

*Furchtlosigkeit und Siegesgewissheit* durchzogen. Tabubruch, der direkte Angriff, die Selbststilisierung als decouvrierender Aufklärer, als tatkräftiger, zuversichtlicher und schnörkelloser Anwalt der guten Sache sind die Ingredienzien eines *polarisierenden sozialen Stils*, den die einen als *unsachlichen Populismus*, die anderen als *kraftvolle Stimme der Wahrheit* empfinden.

Wir wollen, ausgehend von der Oscar-Preisrede, Michael Moores *kommunikativen Habitus* (vgl. Bourdieu 1990) auf die Spur kommen. Die Annahme liegt auf der Hand, dass für die soziale Typik eines Intellektuellen und die Art seines gesellschaftlichen Engagements nicht nur die Inhalte seiner Kritik, sondern die *Art und Weise ihrer diskursiven Präsentation* entscheidend sind. Der *Denkstil* des Intellektuellen findet seine Realisierung als *Diskursstil*. Unter den Bedingungen der Mediengesellschaft, in der der Intellektuelle gerade für eine breitere Masse mehr durch kommunikative Performances als durch Schriften präsent ist, ist der *kommunikative Habitus* maßgeblich für seine soziale Wahrnehmung und Wirkung. Die Analyse des kommunikativen Habitus von Michael Moore kann daher einen Beitrag zur Frage nach dem Wechselverhältnis von Medien und Intellektuellen leisten: So wie die Medien Vorgaben für erwartete und erfolgreiche Selbstpräsentationen machen, so ist danach zu fragen, wie der Intellektuelle des Medienzeitalters die Möglichkeiten der Medien nutzt und wie sich unter diesem Wechselverhältnis der Intellektuelle als Sozialtypus transformiert. Die Analyse des kommunikativen Habitus erscheint uns daher zentral für eine Antwort auf die Frage, wie der Intellektuelle als Sozialtypus in der Gegenwart zu bestimmen ist. Zentrale Konzepte unserer Analyse des kommunikativen Habitus von Michael Moore sind folgende:

– *Soziale Stilistik* (vgl. Keim 2007): Welchen sozialen Stil der Selbstpräsentation und welchen sozialstilistisch markierten Habitus in Sprache, Kleidung und Verhalten präsentiert Michael Moore?

– *Selbstpositionierung und Fremdpositionierung*: Wie positioniert sich Moore selbst in der Kommunikation mit Publikum, Presse und Interviewpartnern? Wie positioniert Moore seine Adressaten und Kontrahenten, welche Einstellungen und Eigenschaften schreibt er ihnen zu?

- *Sprachlich-kommunikative und rhetorische Verfahren*: Welche sprachlich-kommunikativen Verfahren benutzt Moore in unterschiedlichen kommunikativen Situationen? Welche rhetorischen und dialogsteuernden Techniken setzt er ein?
- *Ideologie und Moral*: Welche moralischen und ideologischen Positionen nimmt Moore ein? Wie stützt er sie, mit welchen Mitteln greift er die gegnerischen Positionen an?

**Soziale Stilistik und Selbstpräsentation:** Moore tritt nahezu immer (Ausnahme: Oscar-Verleihung) im gleichen *körperlichen Habitus* auf, der zu seinem visuellen Markenzeichen geworden ist: Turnschuhe, (ausgewaschenes) Sweatshirt, weite Jeans, kurzer Blouson oder alte schwarze Lederjacke, Baseballkappe; er ist erkennbar übergewichtig, unrasiert, trägt einen »formlosen« Vollbart und eine Hornbrille (»Kassengestell«), seine Haare wirken unfrisiert. Dieser Habitus entspricht dem eines Angehörigen der amerikanischen Arbeiterklasse *(blue collar worker)*, er ist dezidiert unmodisch und nicht auf ästhetische Gestaltung und Wirkung orientiert. Dem korrespondiert auch seine Körperhaltung: Er ist meist leicht geduckt, zieht den Kopf ein, die Schultern sind hochgezogen und nach innen gedreht, er geht mit den Händen in den Hosentaschen und zeigt die typische Haltung einer Wirbelsäulenskoliose und bemüht sich ganz offensichtlich nicht um ein körperlich attraktives, sportliches, elegantes etc. Erscheinungsbild. So zieht er auch in der Öffentlichkeit die Nase hoch oder kratzt sich. Moore erscheint als der ›kleine Mann‹ von der Straße, der Nachbar, der neben dem Zuschauer in seinem Wohnviertel an der Supermarktkasse stehen könnte. Moore definiert sich bereits rein äußerlich als Mitglied der schweigenden Masse Amerikas, die in den Medien allein schon visuell nicht präsent ist: Moores Habitus ist in den Medien eine absolute Ausnahmeerscheinung. Kein professioneller Medienakteur tritt vergleichsweise unstilisiert, alltäglich und im Habitus der unteren Mittelklasse auf. Moores Habitus *fehlt* jede Stilisierung von Zugehörigkeit zu einer Bildungselite oder zu einer prestigereichen sozialen Schicht, er verzichtet aber ebenso auf Stilisierungen des Mondänen oder Ausgeflippten wie auf einen Künstlerhabitus (schwarzer Rollkragenpullover und schwarze Anzüge etc.), der angesichts seiner professionellen Identität (Dokumentarfilmer) zu erwarten wäre. Diese Darstellung von Nichtstilisiertheit verkörpert eine *root-authenticity* der sozialen Herkunft, die (gemäß einer weitverbreiteten Volksideologie) *Ehrlichkeit und moralische Glaubwürdigkeit* impliziert – Werte, die Moore immer wieder als Zentralwert und Richtschnur seines Schaffens in den Vordergrund stellt.

Moores *Sprache* ist in syntaktischer und lexikalischer Hinsicht eher einfach: Er benutzt kolloquiales Amerikanisch mit einigen familialen Wendungen, die er vor allem bewertend (z. B. bei pejorativen Personenkategorisierungen: »jerks«, »dude«) und zur formelhaft-appellativen Zuspitzung (»don't get me this shit«, »your time is up«) einsetzt. Gerade die familialen Wendungen werden häufig in ironischen, zitativen oder selbstironisch kommentierenden Kontexten verwendet. Moore macht meist kurze Sätze. Maximal bestehen sie aus einem Haupt- mit einem Nebensatz, so in argumentativen Kontexten oder zur Spezifikation (›x *because* y‹, ›x *though* y‹, ›x *where/when* y‹). Seine Ausdrucksweise ist stets alltagsweltlich und leicht verständlich, allerdings meist sehr klar, ohne die für die gesprochene Alltagssprache typischen Selbstkorrekturen, Abbrüche oder Abtönungen. Fachsprachliche oder sozialstilistisch als akademisch, wissenschaftlich, bürokratisch oder einer spezifischen politischen Richtung zugehörig markierte Terminologie vermeidet er. Auch seine diskursiven Strategien sind weitgehend und in deutlicher Abweichung von sonstigen massenmedialen Gepflogenheiten diejenigen der informellen Alltagskommunikation, allerdings in rhetorisch elaborierter Form (s. u.). Diese Elaboration wird jedoch erst unter dem analytischen Blick deutlich, in alltagsweltlicher Rezeptionseinstellung wirkt Moores Sprache und Kommunikationsverhalten wie das eines unstilisierten *average american*. In sprachlicher Hinsicht präsentiert sich Moore also als Stimme des Volkes, die auch komplexe Sachverhalte und moralische Anliegen in einer einfachen, allgemeinverständlichen Sprache formuliert. Er ordnet sich sprachlich weder einem politischen Standpunkt zu, noch spricht er aus einer Position der expertischen Autorität (z. B. als Wissenschaftler, Journalist).

**Selbstpositionierung und Fremdpositionierung:** Moore stellt sich als *Stimme der moralischen Mehrheit* der Amerikaner dar: »I'm not a minority. I represent a majority of Americans, [...] but we just don't have a voice. We don't own the media [...].« Er legt größten Wert darauf, nicht als Vertreter einer politischen Minderheiten-Position abgetan zu werden: »There are millions and millions and millions of people who are saying the same things as I say. I'm not alone in this.« Dabei reklamiert er für seine journalistischen Erkenntnisse, seine Ansichten und Aktionen keinerlei Originalität, Exklusivität oder besondere Anerkennung. Er stellt sich als Person dar, die lediglich artikuliert, was die meisten denken und erfahren haben, und die diejenigen Aktionen unternimmt, Fragen stellt und Dinge untersucht, die alle schon immer einmal wissen bzw. getan sehen wollten. Sehr häufig formuliert er seine Positionen in der ersten Person Plural *(we)*, und er nutzt jede Gelegenheit, um *Kollektividentitäten* zu formieren und zu präsentieren und um kollektive Solidaritäten zu konstituieren – z. B. Entgegennahme des Oscars gemeinsam mit dem Filmteam, häufige Benutzung von publikuminkludierendem *we* (»do they think we're stupid?«), Solidarisierung mit Opfern in seinen Filmen, Aktionen für Opfer und mit ihnen (z. B. K-Mart-Episode in »Bowling for Columbine«). Gemeinschaft und Repräsentanz werden dabei von ihm oft kontrafaktisch unterstellt, Erfolge werden ebenso kontrafaktisch den von ihm vertretenen Gruppen zugeschrieben, nicht von ihm für sich selbst reklamiert. Moore gibt sich bescheiden. Er tritt als uneigennütziger *Anwalt und Tribun des Volkes* auf, der dieses versteht und repräsentiert, da er aus seiner Mitte kommt und ihm gleicht. Er vermeidet es, mit einer politischen Partei oder ideologischen Position identifiziert zu werden oder als jemand zu erscheinen, der seine Interessen aus einem theoretisch, ideologisch etc. voraussetzungsvollen Hintergrund gewinnt. Er stellt sich vielmehr als Agenten des *Common sense* dar: Sein Gestus ist es, unbequeme Wahrheiten auszusprechen, die jeden vernünftigen Menschen angehen und evident sind. Moore vermeidet es, als marginalisierter oder besserwisserischer Intellektueller zu erscheinen. So verweist er auf sein abgebrochenes Studium und wirft den Journalisten vor, dass er als unbedarfter, einfacher Mann die Arbeit von Leuten mache, »who are much smarter than I am«.

In Übereinstimmung mit seinem Habitus betont er seine *regionale und nationale Identität.* Seine Herkunft aus dem im Niedergang befindlichen Industrieort Flint bildete schon den Ausgangspunkt für seinen ersten erfolgreichen Film »Roger & Me«. Moore inszeniert sich als Sprachrohr der kleinen Leute von dort, kommt immer wieder auf die konkreten Verhältnisse in seinem Heimatort zu sprechen und hebt seine regionale und seine sozialstilistische Verwurzelung hervor (»I am the guy in the ballcap with no education«). Gleichzeitig betont er seine Identität als Amerikaner, will Kritik dezidiert als patriotischen Dienst und nicht als Nestbeschmutzung und Antiamerikanismus verstanden wissen (»I'm an American and my job is to stay there and trying to fix things there«). Seine häufigen Kontrastierungen der von ihm angeprangerten Zustände in den USA mit anderen Staaten (v. a. Kanada) rahmt er als Ansporn zur Besserung. Er negiert, damit eine Kränkung des nationalen Selbstbewusstseins zu beabsichtigen, was allerdings bei der Systematik und Häufigkeit der negativen Vergleiche der USA mit dem Ausland sehr nahe liegt.

Moores Fremdpositionierung in seinen öffentlichen Auftritten ist sehr polarisierend. Er konstruiert eine klare, *schwarz-weiße Dichotomie* zwischen sich und dem von ihm mit ihm identifizierten Publikum einerseits und einem jeweiligen *Gegner* andererseits. Dieser wird polemisch und ohne Differenzierung unlauterer Motive, verbrecherischer Handlungen, negativer Einstellungen und Charakterzüge bezichtigt. Die interaktive Polarisierung wird durch direkte Adressierung des abwesenden Gegners (»Your time is up Mr

Bush«) dramatisiert, das Publikum wird performativ in einen symbolischen Kampf als Partei eingebunden. Indem sich Moore mit Vorliebe mit übermächtigen Gegnern (Konzernen, Politikern, Verbänden/Lobbys, staatl. Institutionen) anlegt, demonstriert er die *Attitüde des furchtlosen Aufklärers*, der tatkräftig und schnörkellos zur Sache schreitet. Charakteristisch ist dabei ein Gestus der Zuversicht und Siegesgewissheit, der auch nach offensichtlichen Niederlagen (z. B. Wiederwahl Bushs) unverdrossen beibehalten und durch relativierende Argumente bis hin zur Realitätsverleugnung untermauert wird. Die permanente Wiederholung der Prophezeiung eines Wandels zum Guten und die stetige Wiederholung des Aufrufs zum Engagement verleiht Moores Auftreten *eine missionarisch-messianische Qualität*, die im Namen einer Einsicht, die eigentlich alle schon haben, auftritt. In seinen Interviews behandelt er seine Gegner (Interviewpartner) mit Ernsthaftigkeit und Respekt, was die sachliche Auseinandersetzung betrifft. Die interaktive Etikette respektiert er dagegen häufig nicht (s. u.).

**Sprachlich-kommunikative und rhetorische Verfahren**: Moores *kommunikativer Stil* unterscheidet sich sehr stark je nach Kommunikationstyp. Moore ist wohl derjenige Medienintellektuelle, der es am perfektesten und mit der größten Breitenwirkung versteht, einen integrierten Medienverbund zu nutzen. Bekannt geworden ist Moore durch seine Dokumentarfilme sowie seine satirischen Fernsehshows »TV Nation« und »The Awful Truth«. Doch das mediale Phänomen »Michael Moore« konstituiert sich über verschiedene weitere kommunikative Schauplätze, die symbolisch und kommerziell allesamt aufeinander verweisen. Moore tourt mit Polit-Shows (wie der Slacker Uprising-Tour 2004) durch die USA, er veröffentlicht regelmäßig Bücher zur politischen Aktualität, er verlautbart neueste Ansichten und Aufrufe über seine Website und ist regelmäßiger Interviewgast. Eine Untersuchung des kommunikativen Habitus hat sich deshalb vor Kurzschlüssen zu bewahren, die entstünden, würde man vorschnell nur einen kommunikativen Kontext betrachten. In der Tat nämlich ist Moores kommunikativer Stil sehr *kontextsensitiv*: Er beherrscht die polemischen wie die bescheidenen Töne, er wechselt zwischen genau recherchierter Argumentation und kruder Rabulistik, er wägt genau ab, wo groteske Satire und wo emphatisches Pathos am Platz ist.

In seinen investigativen *Interviews* agiert er zunächst nie polarisierend. Er verzichtet auf Unterstellungen und zeigt sich anfänglich empathisch gegenüber seinen Interviewpartnern, er stellt keine vorurteilsgeladenen oder präsuppositionshaltigen Fragen, sondern beginnt mit Informations- und Begründungsfragen, die oftmals auf die Biografie des Befragten und seine eigenen Erfahrungen abheben. Dem eingeweihten Zuschauer, der Moores Position kennt, erscheint er oft naiv oder scheinheilig, da er Positionen, Sachverhalte und Begründungen erfragt, die als bekannt vorausgesetzt werden können. Genau diese naiven Fragen sind aber notwendig, um Einschätzungen seiner Gegner als durch diese selbst bzw. durch von ihnen gelieferte Fakten fundiert erscheinen zu lassen. Interaktionsorganisatorisch sind sie die Voraussetzung dafür, dass seine Interviewpartner Material liefern, an dem Moore seine Entgegnungen ansetzen kann, da er sie nur so des Widerspruchs, der Inkonsequenz oder der Unfundiertheit ihrer Haltungen (für den Zuschauer) überführen kann. Anfänglich bestätigt er seine Interviewpartner (z. B. durch kooperative Ergänzungen, Zustimmungen oder Paraphrasen). Im Verlauf des Interviews insistiert er auch gegen das offensichtliche Unbehagen und den Widerstand seiner Interviewpartner und beginnt sie mit Vorwürfen, Kritik und unliebsamen Feststellungen zu konfrontieren. Tabus werden offen und direkt, aber ohne Markierung ihres tabuisierten Charakters angesprochen. Dabei ignoriert er hartnäckig die Themen- und Gesprächsbeendigungsinitiativen seiner Partner, bleibt aber stets sachlich, wird nicht persönlich verletzend, macht sich nicht über die Interviewpartner lustig, legt es nicht auf persönliche Bloßstellungen an und paktiert nicht mit dem Zuschauer gegen sie (z. B. durch nonverbale Kommentare zur Kamera). Er stellt ihnen keine Fallen, argumentiert aber ernsthaft und nachdrücklich und versucht sie in die Argumentation hineinzuziehen und zu argumentativen Zugeständnissen zu bewegen. Wesentliches Argumentationsverfahren für seine Position ist dabei Moores Rekurs auf moralische Standards, die der Adressat nicht ablehnen kann, ohne sich in Selbstwiderspruch zu begeben oder eine moralisch unhaltbare Position einzunehmen.

Sowohl in seinen Interviews wie auch in seinen öffentlichen Aktionen tritt Moore für das Publikum als *koboldartig-subversiver Agent des kleinen Mannes* auf: Er traut sich »einfache« Dinge, die wirkungsvoll sind und jedem einleuchten, geht direkt zu den Verantwortlichen, stellt die Schuldigen und legt ihnen die Fragen vor, die sonst keiner auszusprechen wagt. Soziale Probleme werden von ihm exemplarisch konkretisiert, personalisiert und in den Bereich des direkten Handelns zurückgeholt, damit auch – gegen die Anonymität makrosozialer und politischer Prozesse – potenziell für die Wirkungsreichweite des Einzelnen zurückgewonnen. Insofern ist Moores konkretistisches Vorgehen eine Form von vorexerziertem *empowerment* und eine *Simplifizierung von komplexen Vorgängen auf elementare, moralisch und personal interpretierbare Wahrheiten*. Er demonstriert ein pragmatisches, unmittelbar resultats- und lösungsorientiertes Verständnis von politischen und sozialen Problemen und in aufklärerischer Hinsicht ein ebenso pragmatisches Verständnis der Orientierung an den Fakten selbst, die er aufsucht und zum Sprechen bringt.

In seinen *öffentlichen Reden* tritt Moore als *agitatorischer Volkstribun* auf, der alle Register der populistischen Rhetorik zieht. Moore spricht sehr laut bis schreiend, er fordert durch gezielte Pointensetzung und sloganhafte Zuspitzung Beifall heraus und schreit dann gegen den Beifall an, was eine weitere Anfeuerung des Publikums impliziert. Seine Themenbehandlung ist (im Gegensatz zu seinen Interviews) thetisch, unmodalisiert, unargumentativ (keine Begründungen) und nicht differenzierend. Abschwächungen, Gegenargumente, Ungewissheiten, Konditionale etc. fehlen. Moore arbeitet mit humoristischen Elementen wie Wortspielen (z. B. »embedded – in bed«: »I'm embedded in the army I'm in bed with the pentagon I'm in bed with the Bush administration«, auch hier:

Wiederholung und Steigerungsdynamik/Amplificatio, Pointendramaturgie, vom Flüstern zum Schreien, Schlüsselwort-Bildung) und Redewiedergaben, wobei er die (stilisierten) Stimmen gern als Karikaturverfahren einsetzt, so z. B. wenn er das Atombomben besitzende Nordkorea als ungehorsamen Schüler auftreten lässt, der vergeblich darum bittet, bestraft zu werden, oder einen ängstlichen Amerikaner inszeniert, der sich übertrieben vor Bin Laden fürchtet (»don't kill me Osama«). Moore produziert hier Komik und Klamauk mit Unterhaltungswert, die der karikativen Veranschaulichung von Einstellungen dienen, die provokativ überzeichnet und persifliert werden. Zusammen mit dem Vollzug symbolischer Konfrontationshandlungen (z. B. Anruf im Weißen Haus, in dem Moore erklärt, Bushs Zeit sei abgelaufen) inszeniert Moore so eine Anschaulichkeit und Unmittelbarkeit der Konfrontation und der Möglichkeit der direkten Intervention, die zur Erzeugung von Gemeinschaftserlebnissen der Selbstbestätigung eigener Macht und Rechtsbewusstsein und der Vergewisserung des gemeinsamen Feindes dienen. Gleichzeitig *balanciert er so die Attitüde des propagandierenden Demagogen mit dem des humoristischen Schalks*, der stets für einen Witz oder eine gelungene Parodie gut ist: Nie inszeniert Moore eine militante oder verbissene Form der Auseinandersetzung, sondern stets werden politisches Engagement und Konflikt mit Humor und Slapstick kombiniert.

In *Presseinterviews* und *-konferenzen* tritt Moore als ruhiger, argumentativer, schnörkellos antwortender, ironischer und zuweilen auch selbstironischer Dialogpartner auf. Er präferiert klare, einfache Argumentationen mit These-Begründungs-Struktur, benutzt häufig eine dozierende Gestik, die Mimik ist entspannt. Seine Diktion ist einfach, insbesondere benutzt er alltagsweltliche Diskursstrategien, die in den Medien sonst kaum anzutreffen sind: Er erzählt ausführlich aus der eigenen Biografie, appelliert an Erfahrungen, die jeder kennt, benutzt Redewiedergaben, mit denen er die Haltungen verschiedener Beteiligter theatralisch inszeniert. So z. B. beim Kontrast der solidarischen Deutschen mit den egoistischen Amerikanern: »We're all on the same boat we're all German. We have to take care of each other. [...] We have a responsibility to see that this person gets a doctor.« vs. »Every man for himself. Pull yourself up by your bootstraps. Me, me, me, me, me.« Die Redewiedergaben werden mit entsprechender stimmlicher Imitation, Mimik und Gestik veranschaulicht, teilweise auch deutlich als humoristische Fiktionalisierungen mit Unterhaltungsintention gerahmt. Moore singt, er gebraucht evokative Bilder und Szenen, einfache Metaphern und argumentiert fast immer mit Beispielen und konkreten Fällen, nie nur theoretisch oder mit Statistiken. Moore stellt sich selbst als neugierigen, atheoretischen Menschen dar, der eine klare moralische Position hat, aber stets faktenorientiert und nicht vorurteilhaft ist. Er moralisiert, aber ohne Besserwisserei, und verzichtet auf jede intellektuelle oder arrogante Attitüde.

**Ideologie und Moral**: Wie schon dargestellt, ordnet sich Moore keiner dezidierten ideologischen Position zu, und er verzichtet auf alle theoriegeladenen Argumentationen. Politische Bekenntnisse (für die Demokraten) werden von ihm zwar geäußert, immer aber mit dem einschränkenden Hinweis, es handele sich um die Wahl des geringeren Übels. Seine permanent propagierten Leitdifferenzen sind ›Lüge und Täuschung vs. Wahrheit‹ und ›Gerechtigkeit vs. Ungerechtigkeit‹. Ehrlichkeit, Glaubwürdigkeit und Gerechtigkeit werden als absolute, nicht zu hinterfragende Werte, die jedes soziale Zusammenleben leiten sollen, propagiert. Diese Werte werden als leichtverständlich, selbstevident und aufgrund des gesunden Menschenverstandes in ihrer (Nicht-)Realisierung erkennbar dargestellt. Die Pole von ›gut‹ und ›böse‹ stellt er so dar, als seien sie im jeweiligen Falle zweifels- und problemlos zu bestimmen. Komplexitäten moralischer Positionen, kontingente Verwicklungen, moralische Indifferenzzonen gibt es bei ihm nicht. Dagegen fordert er für andere Themen Entmoralisierung (z. B. Schwulenehe). Moore *kontrastiert den moralischen Charakter des amerikanischen Individuums mit der Unmoralität des Systems und der Mächtigen*: »I want the goodness of us as individuals to connect to the goodness of us as a whole.« Er vertritt eine Ethik der Anständigkeit des kleinen Mannes, die es als Maßstab für die große Politik zu etablieren gelte. Diese wird demgegenüber als korrupt, unmenschlich und aggressiv dargestellt. Moores Moralisierung wird immer wieder gebrochen durch *humoristische und komödiantische* Elemente, die überraschend, entspannend und unterhaltsam wirken. Der Dokumentarfilmer Michael Moore agiert wie ein – allerdings freundlicher – Wolf im Schafspelz, dem es gelingt, nicht als Intellektueller, sondern vielmehr als *Antiintellektueller* die Abwehrlinien des politischen Establishments zu unterlaufen und zu hintergehen, um der Stimme des kleinen Mannes *(the people)* in der Öffentlichkeit Gehör zu verschaffen.

### Diskussion

Im Vorangegangenen wurden die *faktischen* Kommunikationen von Michael Moore in unterschiedlichen medialen Kontexten untersucht. Es ist gelungen, für den Fall Moore die Dominanz von inszenatorischen Verfahren und Eigentümlichkeiten der Argumentationsweise und ihrer medialen Zurichtung zu rekonstruieren. Mit diesem Ergebnis wird eine erste Antwort auf die Frage möglich, ob beim *Medien*intellektuellen die Logik des besseren Arguments (vgl. Habermas 1981) durch den Mechanismus der Stimmungsmache, d. h. der Diskreditierung und Skandalisierung ersetzt wird: Für Michael Moore muss diese Frage bejaht werden. Moores Ansehen, als Medienintellektueller zu wirken, rührt gerade daher, dass er sich medial als medienkritischer Antiintellektueller zu stilisieren weiß: Er arbeitet mit den Medien gegen die Medien. Für eine weitere Präzisierung bedarf es zunächst einer Klärung der in diesem Zusammenhang zentralen Begriffe des ›klassischen‹ Intellektuellen sowie des Medienintellektuellen:
Oevermann (2001) definiert – im Sinne von Max Weber – den ›*klassischen‹ Intellektuellen* als einen Akteur, der sich verantwortlich dafür sieht, Themen anzusprechen, die die Öffentlichkeit als Forum einer politisch-kulturellen Vergemeinschaftung insgesamt in ihrem Selbstwert zentral berühren, aber auch die für sie konstitu-

tiven Werthaltungen ansprechen. Auf der Grundlage der *Logik des besseren Arguments* erbringt der Intellektuelle eine geistige Leistung der Argumentation zu solchen aktuellen, offenen Themen und baut darauf, sich innerhalb dieser Öffentlichkeit ad hoc eine Gefolgschaft zu verschaffen. Diese »Gefolgschaft des Gehörs« – so Oevermann – zeichnet sich nicht durch inhaltliche Zustimmung oder Konformität aus (wie im Falle des Charismas des politischen Führers), sondern dadurch, dass sie Pro und Contra von *propositio* und *oppositio* zu einem Thema von gesellschaftlicher Relevanz hervorruft bzw. in für die weitere Themenbehandlung wegweisender Form fortführt. In Anschluss an Webers Typenbegriff der charismatischen Herrschaft ist an ein pragmatisches Ablaufschema möglicher intellektueller Wirkung zu denken: Der Intellektuelle diagnostiziert eine Krisenkonstellation zutreffend, ist im Besitz einer erfolgreichen Krisenlösung, die von der Gefolgschaft hinreichend handlungsrelevant ernstgenommen wird, die sich in der Folge zu bewähren hat und – so dieser Fall eintritt – zu einer veralltäglichten Handlungsroutine der Krisenbewältigung führt (vgl. Oevermann 2001: 22). »Ob man ein Intellektueller ist oder nicht, stellt sich erst im Vollzug einer Argumentations- bzw. darstellerischen Exemplifizierungsleistung her, die sich erfolgreich hinreichend Gehör verschaffen kann, so dass sie eine strittige Debatte nach sich zieht oder weiter entwickelt, auf die von da an die öffentliche Diskussion Bezug nehmen muss« (ebd.: 20f.).

Hingegen bewegt sich ein *Medienintellektueller* in der kulturindustriell geprägten Arena elektronischer Medien, die keine auf Reziprozität basierende, unmittelbar sich vollziehende Öffentlichkeit autonomer Individuen anstrebt. Im Rahmen der Kulturindustrie geht es vielmehr darum, eine selbstinszenatorische Erzeugung eines *Scheins* von Spontaneität und Unmittelbarkeit der kommunikativen Praxis pseudovergemeinschafteter Medienrezipienten (die »Fernsehgemeinde«) zu bewerkstelligen. Der Medienintellektuelle fügt sich in dieses Szenario affirmativ ein. Er wird zur Staffage der Medienkommunikation und folgt der »Logik einer modisch vergänglichen Präsentationsaktualität« (ebd.: 72): Er übernimmt zum einen die Funktion eines Betreuers und Pädagogen einer Fernseh- und Filmgemeinde, zum anderen soll er bei der Veräußeralltäglichung des Medienbetriebs mitwirken – festzumachen an der Inszenierung und Prozessierung eines Starwesens (vgl. ebd.: 73): der »Volksheld« Michael Moore, dem es gelingt, den Mächtigen der Welt die Stirn zu zeigen.

Ist Michael Moore also ein Paradebeispiel für einen Medienintellektuellen im Oevermann'schen Sinne? Ohne Zweifel ist Moore ein Oscar-gekrönter Medienstar, sicherlich aber auch eine schillernde Person, die sich zu inszenieren weiß. Ein Blick hinter die Kulissen gibt weitere Aufschlüsse: Der amerikanische Publizist Peter Schweizer hat die Großen der liberalen US-amerikanischen Öffentlichkeit beim (eigenen) Wort genommen und recherchiert, ob sie selbst das tun, was sie anderen predigen. In seinem Buch »Do As I Say – Not As I Do« zeigt er auf, das Michael Moore Wasser predigt, selbst jedoch Wein trinkt: Weder seine *street cred* lässt sich halten (er hat keine *blue-collar*-Vergangenheit, ist auch kein *flint native* und hat für seine Filme nennenswerte Spenden und Stipendien bekommen, musste also nicht für sein Wirken hungern), noch lebt er selbst auf »kleinem Fuß« – er lebt in einem großzügigen Haus an einem der drei schönsten Seen der Welt (Urteil von *National Geographic*) oder in seinem Penthouse in New York, logiert auf seinen Reisen in teuren Hotels, flog gerne mit der Concorde über den Atlantik, hat bewaffnete (!) Bodyguards und spekuliert an der Börse mit Aktien von nicht-*pc*-Firmen. Er wendet sich selbst in seinem eigenen Tun auch nicht überzeugend gegen die Diskriminierung von Menschen wegen ihres Geschlechts *(gender)*, ihrer Rasse *(race)* sowie sozialen Herkunft *(class)*. Unter den 134 Menschen, mit denen Moore bis 2005 beruflich zu tun hatte, waren gerade einmal 3 Dunkelhäutige zu finden! Der deutsche Biograf von Michael Moore, Kay Sokolowsky, spricht in seinem Buch (2005) in Bezug auf diesen Punkt klare Worte: »Der ›Prophet der Linken‹, wie seine reaktionären Gegner in den USA ihn nennen, ist ein Erzliberaler mit ausgeprägtem Mitleid für die Schwachen dieser Welt: ›Bourgeoissozialismus‹ nannten Marx und Engels im Manifest der Kommunistischen Partei die Ideologie, der auch Moore anhängt« (Sokolowsky 2005: 130). Für den investigativen Journalisten Schweizer ist Michael Moore dann auch ein leichtes Opfer: Dieser befinde sich in bester Gesellschaft mit all den anderen liberalen Heuchlern (wie z. B. Noam Chomsky oder Ted Kennedy), da er sich selbst nicht im Geringsten an das halte, was er anderen abzuverlangen suche. Der hinter die Kulissen gerichtete Blick auf den *Menschen* Moore offenbart eine unübersehbare Hypokrisie, die aber nicht davon ablenken darf, dass der *Medienschaffende* Moore durchaus auf gesellschaftliche Missstände aufmerksam zu machen weiß und erfolgreich Wahres zutage zu fördern versteht.

Am Fall von Michael Moore lässt sich gut diskutieren, was *gegenwärtige* medienintellektuelle Kritik überhaupt auszuzeichnen scheint. Michael Moore bedient dabei ganz offensichtlich *verschiedene* Unterhaltungsmärkte: Sokolowsky wie auch Schweizer zeigen auf, dass Moore in Amerika anders spricht als in Europa. »Moore may be popular in the United States, but by far his greatest audience is in Europe, where they lave laughing at Americans. [...] Moore's books and films sell well overseas because anti-Americanism is a popular ideom. [...] When in the United States, Moore says he loves his country and that his beef is with George W. Bush. But when he talks overseas, he panders to the crudest anti-American stereotypes. [...] Basically, his message to the world is that Americans are idiots« (Schweizer 2005: 45 f.; vgl. auch Sokolowsky 2005: 173 ff.). Zu Hause in Amerika setzt er hingegen auf eine gelungene Mischung aus Unterhaltung und Argumentation, auf eine »blendend inszenierte Melange aus Satire, Slapstick und Standup-Comedy« (Sokolowsky 2005: 92). Moore spricht im Übrigen selbst über seine Filme als »Gute-Laune-Kassenknüller« (ebd.: 67). Moore bietet eine *Light*-Version von Kapitalismuskritik, die nie zu intellektuell gerät: Er »bringt die Dinge nicht unbedingt auf den Punkt, aber auf eine Pointe, und die Linken, die sonst leider nichts mehr zu lachen haben, sind damit durchaus zu gewinnen« (ebd.: 129).

Intellektuelle Argumentation, Reflexion und Diskussion um das bessere Argument scheinen nur wenig auf, auch finden keine präzisen Krisendiagnosen noch Diskurse über Lösungsoptionen statt. Unsere Analysen zeigen, dass Moore wohl Argumentativität inszeniert, sich dabei jedoch derart anschaulich vereinfachender, grob polarisierender, alltagsnah metaphorischer und teils irreführender, da relevante Kontexte außer Acht lassender und falsche Gegebenheiten suggerierender Verfahren bedient, dass Argumentativität von ihm oftmals mehr rhetorisch suggestiv zur Schau gestellt als sachhaltig eingelöst wird. Ein Intellektueller ›klassischer Prägung‹ ist Moore daher ganz offensichtlich nicht. Vielmehr wird auf die publikumswirksame Personalisierung und Skandalisierung von »Systemauswüchsen« gesetzt, die kurzweiliges Amüsement garantieren: »Spekulanten« und »Ausbeuter«, »Waffenfanatiker« und »(Irak-Krieg-)Drückeberger« wird mit Penetranz und Eigensinn entlarvend die Maske vom Gesicht gerissen. Michael Moore stilisiert sich als Antiintellektueller, der für die kleinen Leute *(the people)* erfolgreich (und unterhaltsam) gegen die Mächtigen *(the block)* zu Felde zieht. Er reiht sich damit in die globale mediale Unterhaltungswelt ein, in der es weniger denn je klassische intellektuelle Debatten zu verfolgen gibt, dafür jedoch ohne Unterlass Humor-, Satire- und Comedy-Programme mit den entsprechenden Star-Entertainern gesendet werden. Wenn die Verhältnisse politisch nicht zu verändern sind, scheint es offensichtlich gutzutun, die Verhältnisse (immerhin) für die Dauer eines Lachens zum Wackeln gebracht zu bekommen.

Amüsieren uns also die Medienintellektuellen dumm? Sicherlich nicht zwingend: Moore agiert in einer paradoxen Situation. Zum einen kommt er nicht umhin, Massenmedien zu nutzen, um sich *öffentlichkeitswirksam* gegen den Machtblock von Wirtschaft, Politik und Medien stellen zu können. Dies führt zu einer *komplexen* Handlungskonstellation: Er muss Aufmerksamkeit generieren, um ein möglichst großes Publikum zu erreichen, und dies gelingt ihm durch den Aufgriff der oben beschriebenen medienkommunikativen Formen wie Trivialisierung, Personalisierung, Dramatisierung und Emotionalisierung. Zum anderen schafft er sich auf diese

Weise ein Forum, in seinen Film- und Fernsehbeiträgen entlarvende gesellschaftliche Fakten und Wahrheiten präsentieren zu können: Anders als beim klassischen Intellektuellen wird Aufklärung und Kritik hier nicht mehr systematisch reflexiv hergeleitet und differenziert expliziert, vielmehr werden ›ganz einfach‹ nur *Bilder* und Szenen gezeigt, die *selbsterklärend* sein sollen. Moore braucht nur die Kamera auf Menschen und Ereignisse zu halten, und schon kann die Wahrheit als zutage gefördert gelten; sie versteht sich für jedermann quasi von selbst. Michael Moore ist also ein gutes Beispiel dafür, wie die besondere Art und Weise, in der der Medienintellektuelle rhetorisch die Möglichkeiten des jeweiligen Mediums und der kommunikativen Gattung (Keppler 2006), innerhalb deren er auftritt, nutzt, zusammen mit der Rezeption durch seine Gefolgschaft sein öffentliches Profil bestimmt. Dabei besteht ein wechselseitiges Determinationsverhältnis zwischen dem einzelnen Medienintellektuellen und dem medialen Umfeld, in dem er sich inszeniert und in dem er seinerseits von anderen Medienakteuren positioniert, kommentiert und rezipiert wird. Moore adaptiert sich an die kommunikativen Zwänge, denen Medienakteure unterliegen, wenn sie im Wettbewerb um die knappe Ressource der Aufmerksamkeit der Rezipienten unter den Bedingungen harter Konkurrenz einer Unzahl von massenkommunikativen Angeboten bestehen wollen. Der Preis ist der Verzicht auf intellektuelle Differenziertheit, Reflexivität, gerechte Argumentation, expertisch gestützte Professionalität und Offenheit für Selbstkritik. Moore hingegen wendet virtuos Strategien aus dem Unterhaltungsbereich als Verfahren der politisch-intellektuellen, öffentlichen Kritik an, die bis dato in dieser Praxisform kaum, zumindest nicht in dieser Konsequenz und medialen Diversifizierung und Multipräsenz bekannt waren. Dabei präsentiert sich Moore jedoch, aller proletarischen Selbstinszenierung zum Trotz, dennoch stets seinem aufklärerischen Anspruch nach als Intellektueller, der investigative Arbeit leistet und in Begriffe zu fassen vermag, was der Alltagsmensch wohl fühlt und denkt, doch so nicht zu artikulieren weiß. Moores intellektuelle Autonomie besteht darin, dass er es versteht, seine Überzeugung *mit* und *in* den (Bild-)Medien als *Faktum* erscheinen zu lassen. Für seine Gefolgschaft bringen seine Doku-Filme die Wirklichkeit, so wie sie ›wirklich‹ ist, zum Vorschein. Moores Status als Intellektueller ist somit ambivalent: Er vermittelt in sozialkritischer Intention (s)eine Ideologie, die er durch die Kraft der (unterstellten) Authentizität der Bilder gleichsam naturalisiert. Seine Positionierung und seine (grundsätzlich strittige) Argumentation wird so nicht als das, was sie ist, eine bestimmte Perspektive im sozialen Diskurs, deutlich, sondern sie erscheint als Wiedergabe von ›brute facts‹, die vermeintlich für sich selbst sprechen und daher Argumentationen letztlich überflüssig machen (vgl. Potter 1996). Einst hieß es in der Kritischen Theorie, Ziel intellektueller Bemühung müsse sein, die Sache selbst zur Sprache zu bringen – Moore wählt einen anderen Weg: Um die Wahrheit zutage zu fördern, lässt er Bilder sprechen.

## Literatur

Bourdieu, Pierre (1990): *Was heißt Sprechen?* Wien.

Habermas, Jürgen (1981): *Theorie des kommunikativen Handelns, Band 1*, Frankfurt/M.

Keim, Inken (2007): »Interaktionale Soziolinguistik und kommunikative soziale Stilistik«, in: Ammon, Ulrich/Mattheier, Klaus J./Nelde, Peter H. (Hg): *Perspektiven der Soziolinguistik*, Tübingen, S. 70–91.

Keppler, Angela (2006): »Konversations- und Gattungsanalyse«, in: Ayaß, Ruth/Bergmann, Jörg (Hg.): *Qualitative Methoden der Medienforschung*, Reinbek, S. 293–323.

Oevermann, Ulrich (2001), »Der Intellektuelle. Soziologische Strukturbestimmung des Komplementär von Öffentlichkeit«, in: Franzmann, Andreas/Liebermann, Sascha/Tykwer, Jörg (Hg.): *Die Macht des Geistes. Soziologische Fallanalysen zum Strukturtyp des Intellektuellen*, Frankfurt/M., S. 13–75.

Potter, Jonathan (1996): *Representing reality*, London.

Schweitzer, Peter (2005): »Michael Moore. Corporate Criminal, Environmental Menace, and Racist Union-Buster«, in: ders.: *Do As I Say (Not As I Do). Profiles in Liberal Hypocrisy*, New York, S. 39–214.

Schwitalla, Johannes (1994): »Vom Sektenprediger- zum Plauderton. Beobachtungen zur Prosodie von Politikerreden vor und nach 1945«, in: Löffler,

Heinrich (Hg.): *Texttypus, Sprechergruppe, Kommunikationsbereich*, Berlin, S. 208–224.

Sokolowsky, Kay (2005): *Michael Moore. Filmemacher, Volksheld, Staatsfeind*, Hamburg.

## Anmerkungen

1 Wir danken Axel Schmidt für seine kritische Textdurchsicht sowie seine Denkanstöße, die vor allem Eingang in die Schlussdiskussion gefunden haben.

2 Filme von Michael Moore: *Bowling for Columbine*, Regie: Michael Moore, 2003, DVD, 114 Minuten, zusätzlich: Special features: Interviews mit Michael Moore, Pressekonferenz mit Michael Moore, Statements zum Film u. a.; *Fahrenheit 9/11*, Regie: Michael Moore, 2004, DVD, 122 Minuten, zusätzlich: Bonusmaterial 90 Minuten; Michael Moore in feuilletonistischen Besprechungen – z. B.: *Die Feldzüge des Proleten*, von Mike Davis, Die Zeit, Nr. 31. 22. Juli 2004, S. 37; *Michael Moore, Manipulator*, von Ludger Lütkehaus, Die Zeit, 5. August 2004; *Unrasierte Störungen*, von Josef Lederle, Rheinischer Merkur, Nr. 29/2004, S. 22; *Chor der Nikotin-Opfer*, von Dorothea Heintze, Süddeutsche Zeitung, 6. 2. 2006; *Pantheon der Heuchler*, von Andrian Kreye, Süddeutsche Zeitung, 2. 12. 2005.

## Antirealistische Parteinahme:
## Möglichkeiten des Subjektiven im Werk Alexander Kluges

*Carlos Becker, Magnus Krümpelbeck und Florian Vietze*

Als Alexander Kluge Ende der 1950er Jahre die Bühne der Öffentlichkeit zum ersten Mal betritt, hat er ausgetretene Pfade längst verlassen. Anstatt sich als promovierter Jurist für eine reguläre Karriere zu entscheiden, entwickelt er während des Volontariats bei Fritz Lang, zu dem ihm eine Empfehlung Theodor W. Adornos verhilft, eine spürbare Begeisterung für Film und Kino. Kluge macht in der Folge nicht nur als Regisseur von Essayfilmen wie *Abschied von gestern* (1966) oder *Die Artisten in der Zirkuskuppel: ratlos* (1968) von sich reden; er veröffentlicht außerdem Prosabände und Romane und engagiert sich in Film- und Kulturförderung. Seine erstaunliche Produktivität ist im Laufe der Jahre noch angewachsen: Seit dem Ende der 1980er Jahre »besetzt« Kluge mit seiner Produktionsfirma *dctp* und wöchentlichen Formaten wie *News&Stories* und *Primetime/Spätausgabe* die Drittsendeplätze der Privatsender, und in den vergangenen Jahren ist er als Autor gleich mehrerer Prosasammlungen in Erscheinung getreten, zuletzt 2007 mit *Geschichten vom Kino*. Inzwischen sind unzählige Filme und zahlreiche literarische und filmtheoretische Veröffentlichungen erschienen, ergänzt durch drei umfangreiche Bücher in Zusammenarbeit mit dem Soziologen Oskar Negt, und Kluge wird als ein in »Europa einmaliges Phänomen« (Stollmann) gefeiert: Wer ist schon zugleich Filmemacher und Schriftsteller, Philosoph und Fernsehjournalist?

Na und?, mag sich manche(r) fragen, muss man deshalb den Kulturschaffenden Kluge, diesen »Projektemacher«, wie ihn Lothar Müller in der *Süddeutschen Zeitung* genannt hat, sogleich mit dem Label des Intellektuellen belegen? Wo findet sich das spezifisch intellektuelle Engagement, der emphatische Eingriff in die öffentliche Debatte, durch den sich prototypische Intellektuelle gemeinhin auszeichnen? Und: Setzt man nicht die einzelnen Arbeiten in ihrem ästhetischen Eigenwert herab, wenn man sie einzig als Erzeugnisse einer herausragenden intellektuellen Persönlichkeit zu deuten versucht? Beide Einwände erweisen sich als unbegründet. Denn der Verzicht auf allzu abgegriffene Interpretationsmuster gibt den Blick frei auf eine besondere Erscheinungsform des Intellektuellen, der Intellektualität. Dabei liegt das Augenmerk *nicht* primär auf der Person des Intellektuellen, ihrem sozialen Ort oder den Bedingungen, die erfüllt sein müssen, um ein Subjekt als »intellektuell« zu qualifizieren. Das Interesse gilt vielmehr der Explikation einer spezifischen *Praxis*, die in ihren Voraussetzungen und Folgen, in ihren Mitteln und in ihrer Funktionalität einer soziologischen Beschreibung zugänglich gemacht werden kann.

Gibt es wirksame Alternativen zur bürgerlichen Öffentlichkeit? So lautet die Grundfrage, die Kluge und Negt im Einleitungskapitel zu ihrem ersten Buch *Öffentlichkeit und Erfahrung* (1972) stellen, dem gemeinsamen Beitrag zu den intellektuellen Debatten im Gefolge von '68. Denn, so viel ist für die Autoren klar, die (in der Bundesrepublik) bestehenden Institutionen von Öffentlichkeit erfüllen nicht ihre vordringliche Aufgabe, den Erfahrungen und Interessen der Menschen so Ausdruck zu verleihen, wie sie in den »wirklichen Lebenszusammenhängen« (Negt/Kluge) vorzufinden sind. Die bürgerliche Öffentlichkeit kann die normative Vorgabe, »Organisationsform der kollektiven gesellschaftlichen Erfahrung« (Negt/Kluge 1972: 17) zu sein, nicht erfüllen, weil sie sich mehr und mehr zu einem artifiziellen und von Herrschaftsinteressen und ökonomischen Motivlagen durchdrungenen Gebilde entwickelt, dessen Eigenlogiken und Ordnungsmuster den tatsächlichen Bedürfnissen der Gesellschaftsmitglieder äußerlich bleiben.

Das ist eine Diagnose von weitreichender Konsequenz für die Möglichkeit intellektueller Praxis überhaupt: Mit steigender Selbstreferentialität des Mediensystems wird die kritische, auf gesellschaftliche Veränderung gerichtete Artikulation von unterdrückten Erfahrungen und Interessen zunehmend blockiert. *Traditionelle* Formen der öffentlichen Intervention sehen sich vor die fatale Alternative gestellt, entweder assimiliert zu werden oder mit ihren Appellen ungehört zu verhallen. Als Ausweg bleibt letztlich nur die radikale Kehrtwende: »Produktion, die in dem Maße in sich selbst abhängig ist wie das Fernsehen, läßt sich nur durch *andersgeartete* Produktionen kritisieren« (ebd.: 220; Herv. d. Verf.), folgern Negt und Kluge, und diese Einsicht lässt sich durchaus über das Medium Fernsehen hinaus verallgemeinern. Die These lautet dann: Ist intellektuelle Kritik im Medium der bürgerlichen Öffentlichkeit nicht mehr möglich, muss sie auf die Strukturen des Mediums selbst fokussieren. Dem ausschließenden Charakter der bestehenden Öffentlichkeit lässt sich am besten begegnen, indem man ihr alternative Produkte entgegensetzt, sie durch alternative Formen der Organisation von Erfahrung »umarbeitet«. Kennzeichen eines intellektuellen Handelns, das mit dem Wort »Gegenproduktion« begrifflich fixiert werden kann, sind folglich die Merkmale einer Produktion struktureller Andersartigkeit und eines kritischen Produzierens. Die gesuchte Praxis wäre also eine, deren Wert sich nicht an der (moralischen) Motivation eines engagierten Subjekts bemisst, sondern die sich in der Schaffung von Räumen für alternative Ausdrucksmöglichkeiten bewährt.

Alexander Kluge hat auf ein solches Motiv intellektueller Praxis immer wieder Bezug genommen. »I can only influence a massmedium through a counter massmedium. An entire public sphere through a counter public sphere« (Lutze 1998: 208), formuliert er in einem Interview mit dem amerikanischen Autor Peter C. Lutze exemplarisch sein Anliegen. Dessen Ernsthaftigkeit hat er etwa durch sein Engagement für eine wirtschaftlich und künstlerisch unabhängige »Filmkultur« – angefangen mit dem *Oberhausener Manifest* – oder durch das »Anti-Fernsehen« (Uecker) der *dctp*-Formate in bemerkenswerter Weise unter Beweis gestellt hat. Das Bemühen um eine »Umproduktion von Öffentlichkeit« (Kluge) zeigt auch die Zweidimensionalität dieses Unterfangens: Die Praxis der *Gegenproduktion* äußert sich sowohl im Einsatz für institutionelle Freiräume und alternative mediale Strukturen als auch auf der Ebene konkreter medialer Produkte – in denen man der Person Kluge begegnet. Deshalb bleibt die Frage nach dem Verhältnis von verallgemeinerbaren qualitativen Bestimmungen und der besonderen Gestalt der in Rede stehenden intellektuellen Praxis. Diese ist zunächst negativ bestimmt, sie ist *gegen* etwas gerichtet. Zugleich bedarf es bestimmter Voraussetzungen, um das vielleicht vage Gefühl der Empörung auf den Begriff zu bringen, das sich in der intellektuellen Intervention ausdrückt; Voraussetzungen, die bestimmen, gegen *was* sich die Empörung überhaupt richten sollte. Schließlich bedarf es bestimmter Mittel, die überhaupt erst den *Abstand* herstellen zu dem, was kritisiert und – denn bei bloßer Kritik soll es ja nicht bleiben – verändert werden soll.

### Scherbenwelten und Real-Erfindungen

Zu klären ist also folgende Frage: Worauf stützt sich die Annahme, dass die bestehenden Formen von Öffentlichkeit einer kritischen Nachfrage nicht standhalten – und folglich umorganisiert oder gar ersetzt werden müssen? Hinzuweisen ist zunächst auf grundlegende Muster, nach denen sich bei Kluge das Erkennen richtet. Dabei geht es um die Problematik, wie sich Kluge seinem Gegenstandsbereich im weitesten Sinne, der Wirklichkeit, nähert. Wie ist Wirklichkeit strukturiert, wodurch wird sie konstituiert, und nicht zuletzt: Welche Wirkung hat sie auf die Menschen? Kluges Zugang ist kein bloß dokumentarischer, seine Annäherung an die Wirklichkeit ist getragen von einem antagonistischen Verständnis der Begriffe *Realismus* und *Realität*. Zum einen stellen sich für ihn die Wirklichkeit ebenso wie der Umgang der einzelnen Menschen mit ihr, die »subjektive Verarbeitung« der Realität, als »Scherbenwelten«, als »Zerreißungen« (Kluge/Reitz 1975: 3) dar. Der konstruktivistische Gedanke, dass das, was wir gewöhnt sind, Realität zu nennen, im Kern fragmentarisch ist und nur durch unsere fortwährende und wiederholte Herstellung zu etwas Zusammenhängendem wird, ist für Kluge maßgeblich und liegt den Überlegungen in *Öffentlichkeit und Erfahrung* ebenso zugrunde wie der Geschichtenvielfalt in den neueren Prosasammlungen. Realität ist weder das Ergebnis eines im »Buch der Welt« niedergeschriebenen göttlichen Plans noch die Summe umfassender Kausalbeziehungen, sondern im Gegenteil das *kontingente* Resultat der »Arbeit von Menschen, die eigentlich die ganze Zeit über etwas ganz anderes wollten und wollen«, sie ist eine »geschichtliche Fiktion« (Kluge 1975: 1).

Zugleich, so behauptet Kluge mit anthropologischer Gewissheit, steht dem fragmentarischen Charakter der Wirklichkeit das Bedürfnis der Menschen gegenüber, sozialen Verhältnissen und den Ereignissen, die ihnen scheinbar ohne Grund widerfahren, *Sinn* zuzuschreiben, der sie verstehbar macht. Ohne solche Sinnsetzungen wäre die reale Erfahrung der Zerrissenheit der Welt für den Einzelnen unerträglich: »Gegen diese radikal dissonante gesellschaftliche Grunderfahrung panzert sich das Alltagsbewußtsein. Der Alltag wäre nicht auszuhalten, wenn nicht sein tatsächlicher Scherbencharakter eingesponnen werden würde in eine Ordnung, in Sinnzusammenhang und menschliche Bedeutung« (Kluge/Reitz 1975: 3). In der historischen Wirklichkeit bleibt es aber nicht bei diesen *subjektiven* Sinnsetzungen. Eine für Kluge fundamentale Beobachtung ist: Wo man nur hinsieht, wird Vergangenes als zusammenhängende, zielgerichtet verlaufende »Geschichte« erzählt, werden Menschen mitsamt ihren verschiedenen Eigenschaften und Erlebnissen in »Lebensläufe« gezwängt, erzeugen ökonomische und politische Strukturen gesellschaftliche »Realitäten«, denen Menschen unausweichlich unterworfen sind. In diesen Zusammenhängen »objektivem« Sinns meint Realismus: sich Sachzwängen unterwerfen, die bei näherem Hinsehen doch als im negativen Sinne universalisiertes und verselbständigtes Produkt nur partikularer Wirklichkeitsdeutung erkannt werden müssten. »Realität« in diesem Sinne ist von »Organisationsstrukturen des Bewußtseins, Aufmerksamkeitsrastern, Klischees« durchsetzt (Negt/Kluge 1972: 69).

Vieles legt nahe – Kluge bezieht sich z. B. auf den Begriff der »Kulturindustrie« –, hierin eine Anknüpfung an Adornos Kritik des *nur* identifizierenden Denkens zu sehen. Problematisch ist für Kluge nicht Sinnsetzung überhaupt, sondern eine, die ihre eigene Relativität angesichts einer kontingenten und fragmentarischen Wirklichkeit nicht schon selbstreflexiv mitdenkt. Normativ auszuzeichnen wären demgegenüber die Momente der Realität, die durch die Subsumtions- und Integrations-, Exklusions- und Inklusionsmechanismen übergreifender Sinnzusammenhänge und kollektiver Deutungspraktiken unterdrückt werden. Auf den unterdrückenden Charakter eines solchermaßen »falschen Realismus« weist Kluge in einem Aufsatz mit dem Titel »Die schärfste Ideologie: daß die Realität sich auf ihren realistischen Charakter beruft« (Kluge 1975) in scheinbar paradoxer Weise hin. Der Bezug etwa auf eine »objektive« Realität, auf das »Gegenwärtige« verleugnet den fragmentarischen und konstruktiven Charakter der Wirklichkeit, er erzeugt Schein und stellt sich deshalb aus der Perspektive von Kluges spezifischem Realismus als unwirklich dar. Dieses Unwirkliche ist aber zugleich wirklich, weil die Strukturen identifizierenden Denkens *reale* Folgen haben – bis hin zu Kriegen, in die Menschen hineingeraten und in denen sie sterben. »Sie sind eine reißerische Erfindung und sie treffen wirklich« (Kluge 1975: 1).

Dass diese »Real-Erfindungen« – Kluge nennt hier so unterschiedliche Dinge wie kollektive Wünsche von Menschen, Produktionsverhältnisse, Hexenverfolgung, Geschichte der Kriege, Lebensläufe der Einzelnen – die Menschen real unterdrücken, provoziert, davon ist Kluge überzeugt, natürlich Widerspruch. Für ihn gibt es neben dem Bedürfnis nach Sinn auch ein grundlegendes menschliches Bedürfnis nach Widerstand, nach *Protest*. Solcher Protest ist nur in den seltensten Fällen offen sichtbar, denn Sinnzusammenhänge und kollektive Deutungsmuster, die z. B. in der »Bewußtseinsindustrie« (Enzensberger) wirksam sind, haben die »gewalttätige« Eigenschaft, noch den Widerstand der Menschen unterdrücken zu können, ihn zu *verdrängen*. Trotz dieser Verdrängung aber wirkt der Protest gegen die Realität unter ihrer Oberfläche weiter: im Ausweichen vor dem Realitätsdruck, in der *Phantasie* und im Unbewussten, vor allem aber: in *Gefühlen* wie Wut, Angst oder Scham. Zwar sind auch diese Reaktionen auf die gewaltsame Realität oft ideologisch verformt; sie weisen aber darauf hin, dass – ganz banal gesprochen – »etwas nicht stimmt«. Darauf kommt es an. Kluge nennt das den *Antirealismus der Gefühle* oder auch den »Antirealismus des Motivs« (Kluge 1975: 2; Kluge 2004: 9). Als Reaktion auf die gewalttätigen Verhältnisse verstanden, die sie hervorgebracht haben, und zu ihnen in Beziehung gesetzt, offenbaren die Gefühle der Menschen – ganz gleich ob als blinde Zerstörungswut oder affirmative Identifikation – ein reales Leiden. Sie lassen sich nie vollständig subsumieren und übernehmen so eine kritische »Funktion«.

Der in der gemeinsamen Arbeit mit Oskar Negt zur Zentralkategorie erhobene *Eigensinn* hat eine ebensolche »antirealistische« Aufgabe. In ihm steckt, wie in der Gegenwehr der Gefühle, die idiosynkratische Reaktion auf unterdrückende Gewaltverhältnisse, hier aber nicht nur auf einer körperlich-emotionalen, unbegrifflichen Ebene, sondern als *eigener Sinn*, der sich den Verhältnissen entgegensetzt. Auch dieser bleibt von ideologischen Verzerrungen keineswegs frei, aber in eigenständiger Sinnproduktion, in hoffnungslos subjektiven, gegen kollektive Übereinkünfte gerichteten Sinnsetzungen offenbart sich doch ein Moment von Freiheit und letztlich – nicht ohne Grund ist bei Kluge und Negt in diesem Kontext von »Selbstregulierung« die Rede – von *Selbstbestimmung*.

### Antirealistische Potenziale

Den um Genauigkeit bemühten Realisten Kluge interessieren die verschiedenen Formen des Protests und des Leidens, oft zeichnet ihn die Haltung einer *antirealistischen Parteinahme* für das aus, was gegen das Unglück, das den Gewaltverhältnissen der Realität entspringt, aufbegehrt. »Ich habe großen Respekt«, sagt Kluge in einem Interview, »vor den Gefühlen und ihrem Antirealismus. Wenn der Mensch auf etwas stößt, was er nicht erträgt, bekommt er einen Hautausschlag. [...] Diesen Antirealismus im Menschen muss man anerkennen« (Kluge 2003: 41). Zu den Umrissen *epistemologischer* Figuren, die die Kontingenz und den konstruktiven Charakter der Realität sowie die daraus sich ableitende radikale Relationalität und Kontextabhängigkeit von Sinnproduktion hervorheben, tritt eine für Kluges Arbeit bestimmende *ethische* Perspektive, die den Blick auf Strukturen der Gewalt lenkt, die das Einzelne und Subjektive, das Irrationale und Widerständige unartikuliert lassen. Sie macht die unreflexive Kollektivierung und Verallgemeinerung von Sinnsetzungen zum Gegenstand einer kritischen Reflexion, als deren Folie das Bild des *Nicht-Identischen* dient: »Denn wahr ist nur, was nicht in die Welt passt«, zitiert Kluge einen Satz aus der *Ästhetischen Theorie* und meint ebendiese widerständigen Momente, die sich gegen ihre Unterdrückung durch das Realitätsprinzip wehren. Das »Wirkliche« findet sich im vermeintlich »Unwirklichen«, also ebendort, wo kollektive Identifizierungsprozesse nicht hingelangen: So lässt sich bündig ein zentraler Gedanke Kluges festhalten.

Das heißt nicht, dass Kluge sich angesichts einer scheinbar gewaltigen Übermacht der kalten Logik des identifizierenden Denkens ins leere, unerreichbar Utopische flüchtet, wie es der Begriff des »Unwirklichen« nahelegt. Er ist vielmehr überzeugt, dass das Andere möglich ist; in Gestalt von Situationen in denen das ganz Andere aufscheint und sich plötzliche Auswege ergeben, taucht die Vielfalt des Nicht-Identischen in Kluges Arbeiten immer wieder auf. Martin Seel vertritt in einem Aufsatz zur Ethik Adornos die These, dass diese sich nicht in einem umfassenden Negativismus erschöpft, dass vielmehr die »Forderungen und Verpflichtungen des Sollens« sich aus der »Treue zu Episoden der Erfahrung eines ungezwungenen Seins« ergeben (Seel 2004: 40). Im Kern seien es solche »Situationen erfüllter Zeit«, die hier den »phänomenalen Boden« (ebd.) der Ethik bildeten. Ähnliches lässt sich auch für Kluge sagen. Viele seiner Geschichten suchen nach einem positiven Ausgang, nach dem glücklichen Ende, nach der Lücke in den Plänen der Menschen, nach Augenblicken, in denen sich jemand gegen die auf ihm lastenden Zwänge behauptet. Durch diese fortwährende Suche nach den unberührten Zwischenräumen im Räderwerk der »falschen«, aber in ihren Wirkungen dennoch wirklichen Realität, erhält sich Kluges Denken – bei allem Relativismus, bei aller Skepsis und Besorgnis über die realen Vorgänge, die wir beobachten – einen positiven Grundzug, ein heiteres, beinahe lebensbejahendes Element.

Mit dem Bild einer Suche nach *Lücken* kann deshalb eine für Kluge zentrale Grundfigur benannt werden. *Lücke*, das ist die metaphorische Umschreibung eines »Möglichkeitsraumes«, einer Möglichkeit des Anderen und des Alternativen. Im Bild der Lücke, des Lückenhaften drückt sich auf eindringliche Weise das Anliegen einer Infragestellung umfassender Sinnzusammenhänge und festgefügter Deutungsmuster aus, weil sich mit ihm die Räume beschreiben lassen, die sich dem integrativen Mechanismus von übergreifenden Sinnsetzungen entziehen. Mehr vielleicht noch als der Hinweis auf das Nicht-Identische, das nicht in identifizierenden Praktiken und Semantiken aufgeht, enthält die Metapher der Lücke den Verweis auf Mögliches, auf mögliche andere Wege, die den Beteiligten in der Vergangenheit noch offenstanden. Lücken, das sind angesichts eines totalisierend gedeuteten Geschichtsverlaufs die Situationen, die einen Ausschlag für eine andere Richtung hätten geben können, in denen – und sei es nur für einen Augenblick – eine Alternative sich geboten hätte.

Hier wird auch deutlich, dass ein Vergleich Kluges mit den französischen *Encyclopédistes* des 18. Jahrhunderts, obgleich von ihm selbst nahegelegt, an entscheidender Stelle hinkt. Zwar kann – und soll dies nach dem Willen des Autors auch – ein Band wie etwa die *Chronik der Gefühle* als ein Nachschlagewerk behandelt und wie ein solches benutzt werden. Der Titel zeigt jedoch die bedeutende Differenz bereits an: Kluge geht es nicht wie den französischen Aufklärern D'Alembert und Diderot um Klassifikation, darum, menschliche Erfahrung in ein umfassendes, rational gegliedertes

Schema zu bringen und in einem *lückenlosen Zusammenhang* zu verorten. Vielmehr setzen seine Geschichten jeweils jene zentrale Idee um: Räume zu schaffen nämlich für den »Antirealismus im Menschen«, für menschlichen Eigensinn und für wirkliche, *authentische* Erfahrungen »ungezwungenen Seins«. Diesem Anspruch liegt ein besonderer Begriff von Erfahrung zugrunde, der nicht auf die empiristische Wiedergabe von bloß Gegebenem abzielt, sondern Erfahrung als das Resultat eines Produktionsvorgangs begreift, der auf sozialen Konstruktionen beruht. »Erfahrung ist in einem strengen Sinne gleichzeitig Produktionsvorgang und Rezeption gesellschaftlicher Vereinbarungen über die Erscheinungsform oder Gesetzmäßigkeit der Gegenstände« (Kluge/Negt 1972: 23). »Wirkliche« Erfahrung ist aber in einer Gesellschaft nur schwer möglich, in der bereits der Vorgang der Erfahrungsproduktion durch die Aufmerksamkeitsraster einer degenerierten Öffentlichkeit und die Deutungspraktiken vorherrschender Ideologien eingeschränkt wird. Als Bestimmung von Erfahrung verweist deshalb Authentizität nicht auf ein »wahres Wesen« der Dinge, vielmehr ist es die Unabhängigkeit von solchen übergreifenden Sinnzusammenhängen und kollektiven Deutungspraktiken, durch die sich authentische Erfahrung in *formaler* Hinsicht kennzeichnen lässt. Sie enthält dabei zugleich den Hinweis auf eine Dimension uneingeschränkter Subjektivität und Einzigartigkeit, auf jene »Situationen erfüllter Zeit«, und impliziert damit jenen Bereich der Freiheit, in dem wiederum die faktisch unhintergehbare Kontingenz und Vielfalt der Welt aufscheint, die Kluge in seinen Arbeiten zum Ausdruck bringt.

## Realistische Praxis – Grundlegungen kritischer Intervention

Wie ist nun das Auffinden von solchen Lücken im Gesamtbetrieb möglich, wie lässt sich Raum schaffen für den Eigensinn der Menschen und für authentische Erfahrung? Erst recht, wenn damit auch die Schaffung von Institutionen einer in diesem Sinne raumgebenden, »proletarischen« (Kluge/Negt) Form von Öffentlichkeit gemeint ist? Kluges Antwort: durch *Unterscheidungsvermögen*. Etwas von etwas anderem zu unterscheiden bedeutet, eine bestehende Einheit aufzubrechen, zu zerstören, und zugleich eine neue Perspektive zu eröffnen. Wenn ich Unterscheidungen, Differenzen produziere, tun sich in dem, was zuvor wie eine glatte Oberfläche aussah, die keine Angriffsfläche bot, Lücken auf, aber es werden auch Räume geschaffen für neue Möglichkeiten. Da kann jeder etwas ausrichten, denn schon Gefühle, die sich ja in Kluges Vorstellung nicht wegrationalisieren lassen, sind eine unablässige Instanz des Unterscheidungsvermögens, auf die man – und das tut Kluge – aufbauen kann. Unterscheidungsvermögen ist praktisches Mittel von Kritik und *Abstandnahme*, das ihre epistemologischen und normativen Voraussetzungen bündelt. »Unterscheidung« scheint sich hier direkt auf die Etymologie des Wortes »Kritik« zu beziehen (*krinein* = sondern, unterscheiden, differenzieren, vgl. Kluge/Negt 2001: I: 18). Kluge selbst weist auf diesen Zusammenhang hin, wenn er in einem Interview auf die Frage, ob Unterscheidungsvermögen mit Kritik zu übersetzen wäre, antwortet: »Das wäre eine schöne Übersetzung, weil es ja eigentlich Unterscheidungsvermögen heißt. Difference auf Französisch« (Kluge/Stollmann/Schulte 2001: 49).

In welchen medialen und ästhetischen Formen drückt sich Unterscheidungsvermögen aus? Was sind die formalen Konzepte, die »Unterscheidungen« – in Form von Lücken und Brüchen – sichtbar machen? Führt man sich exemplarisch den Doppelband *Chronik der Gefühle* (2000) vor Augen, dann wird schnell deutlich, worin das Besondere etwa Kluges literarischer Arbeiten besteht. Sie setzen sich aus Fragmenten, kurzen Geschichten und bruchstückhaften Erzählungen zusammen, die zumeist die Länge weniger Seiten nicht überschreiten. Schon in der ersten Annäherung entzieht sich Kluge damit einer literarischen Tradition, die mit Formen linearer Narration eng verbunden ist. Keines seiner Bücher folgt einem spezifischen Handlungsstrang. Es sind vielmehr Tausende von unabgeschlossenen Einzelbeobachtungen, aus denen sich die Bücher *konstellativ* zusammensetzen und die in ihrer Brüchigkeit ein oszillierendes Bild von »Wirklichkeit« und ihrer möglichen Vielfältigkeit vermitteln. Der informative, sachlich *verdichtende* Stil seiner Geschichten, die kühle, analytische Sprache, die sie beherrscht: All das sind Anzeichen eines radikalen Bruchs mit klassischer Prosa.

*Antinarration* (Lutze 1998, 63 ff.) und »*Antisentimentalität*« (Kluge 2003: 42) zeichnen das fragmentarische Sammelsurium von Einzelgeschichten als Grundmomente aus. Antisentimentalität als Form des unemotional-distanzierten Schreibens heißt hierbei jedoch keinesfalls, dass Kluges Werk nicht gespickt wäre mit humoristischen Figuren. Gerade das *Absurd-Komische* muss als zentrales Merkmal seiner Arbeiten erkannt werden. Versucht man, jenen zunächst nicht leicht nachvollziehbaren Zusammenhang zu verdeutlichen, eignet sich ein Blick auf die konkrete inhaltliche Ebene seiner Schriften. In einer Kurzgeschichte, in der ein Dorf von Geheimdienstlern aus Angst vor den Konsequenzen zerstört wird, weil sie es bei der Anfertigung einer Landkarte vergessen hatten, zeigt sich jenes absurd-komische Moment. Im Stil einer *sachlich dokumentarischen* Wiedergabe entwirft er fiktionale Szenarien, die aus der Perspektive bestimmter Handlungslogiken – etwa dem Betrieb eines Geheimdienstes mit den dortigen Hierarchien – durchaus *möglich* erscheinen und gerade dadurch die in ihnen steckende *Gewalt* offenbaren. Das übertriebene Nacherzählen, das radikale *Zu-Ende-Denken* von bestimmten Logiken und gesellschaftlichen Praktiken lässt sich als ein bestimmendes Signum seiner Schriften festhalten. Die Absurdität solcher Geschichten erweist sich jedoch als eisiger Humor. Denn die gewaltsame Realität der Deutungspraktiken und Handlungslogiken, die Kluge durch Überpointierung in ihrer einengenden Konstruiertheit und vermeintlichen *Naturalität* entlarvt, trifft den Einzelnen wirklich – hat in diesem Falle möglicherweise Einfluss auf dessen nacktes Leben.

Kluges Geschichten sind bestimmt von diesen Elementen der Komik und des phantastischen Ausgestaltens von frei erfundenen oder in den Nebenerzählungen der Geschichtsschreibung vorgefundenen Szenerien. Beispiele sind hier etwa die Kurzgeschichte von Adornos

Tod und der folgenden Situation, als er »in Bergschuhen und dem weißen Gewand des Kandidaten den Parnaß betritt« und plötzlich »alles anders ist, als man sich vorstellt«, weil ihn dort keine Gelehrten der Weltgeschichte empfangen (Kluge 2004: 1: 864), oder die historische Randnotiz, dass ausgerechnet am 8. Mai 1945 das Königreich Afghanistan die Bezeichnung »Großdeutsches Reich« anerkennt (Kluge 2000: 240 ff.). Kluge spielt mit diesen humoristischen und phantastischen Momenten, sie erlauben ihm Augenblicke des kontemplativen Denkens und verweisen auf die Vielschichtigkeit und Kontingenz von vermeintlich einheitlichen geschichtlichen Prozessen. Sie verweisen in ihrer *unbestimmbaren Struktur* auf die zentralen Motivationen einer Praxis, einer Art künstlerisch-praktischer Arbeitsform, die Kluge *realistische Methode* nennt. Die Dekonstruktion von »Schematismen« (Schulte), von gängigen Repertoires und Genres, die Ablehnung fest abgeschlossener und eindeutig interpretierbarer Deutungszusammenhänge und das konsequente Zersplittern von Handlungssträngen, Figuren und Formaten lassen »Lücken« und Möglichkeiten der Deutung entstehen und haben – als Ziel und Motiv der realistischen Methode – nur eines im Auge: über die Produktion von *Unterscheidung* sowohl *Anstoß* als auch *Darstellung*, *Ort* der vielfältigen und vielschichtigen Welt authentischer Erfahrungsprozesse zu sein. Diese ambivalente »Funktion« reklamieren Alexander Kluge und Oskar Negt auch für ihr *kritisches* Konzept der proletarischen Öffentlichkeit: Sie soll einerseits die Komplexität und Vielschichtigkeit der subjektiven Erfahrungsprozesse darstellen und aus diesen hervorgehen und andererseits durch ihre Struktur diese *erst* ermöglichen (vgl. Kluge/Negt 1972: 21, Anm. 8). »Die Umproduktion der Öffentlichkeit ist deshalb Bedingung und zugleich der wichtigste Gegenstand, an dem sich die realistische Methode abarbeitet« (Kluge 1975: 4).

Kluge entwickelt ein fünfstufiges Modell des filmischen Arbeitens, das als Handlungsanweisung für die »Umproduktion von Öffentlichkeit« zu verstehen ist. Es geht ihm darum, Modi der Wahrnehmungssensibilisierung über ästhetisch-mediale Gegenproduktion herzustellen – am Beispiel des Films nennt Kluge dies »Formen authentischer Beobachtung« (ebd.: 3). »Die Künste schleifen die Sinne, sie spitzen sie zu«: Dieser Feinschliff der Sinne, die Ermöglichung von eigenständiger Erfahrung durch einen *Perspektivenwechsel* in der Wahrnehmung, soll letztlich der Herstellung eines Erfahrungszusammenhangs dienen, in dem authentische Erfahrungen möglich werden. »Dieser Erfahrungshorizont ist die bestimmte Form von Öffentlichkeit, in der die gesamte kulturelle Erfahrungsarbeit stattfindet« (Kluge 1975: 4). Kluge weist darauf hin, dass nun einzig »die konsequente Herstellung realistischer Produkte selbst das Mittel« (ebd.) sei, um einem solchen Modell von Öffentlichkeit gerecht zu werden. Proletarische Öffentlichkeit ist damit an die ästhetisch-formale Herstellung von struktureller Andersartigkeit, von »realistischen Produkten« geknüpft, denn einzig sie können auf medialer Ebene noch auf authentische Erfahrungen, auf antirealistische Bereiche der Komik, Phantasie, der Gefühle und des Eigensinns verweisen. Genau darin liegt die Motivation der *intellektuellen Praxis* Alexander Kluges: in der *öffentlichen* Produktion von Unterscheidungsvermögen, in den Verflechtungen von proletarischer Öffentlichkeit als einem Horizont authentischer Erfahrungen mit ästhetisch-formaler Gegenproduktion. Das im Medium einer *alternativen Praxis* in Öffentlichkeit, in den Medien Fernsehen, Literatur und Film öffentlich vorgetragene Aufbrechen von Lücken und die bewusste Herstellung von Momenten der Unbestimmtheit verweisen dabei sowohl auf eine *entpersonalisierte* Form intellektueller Kritik als auch auf den *normativen Grund* seiner kritischen Interventionen: den Schutz authentischer Erfahrungen vor der Gewalt subsumierender Sinnsetzungen.

### Essayismus als Gegenproduktion

Bereits ein kurzer Blick auf die Formate, in denen Alexander Kluge in der Öffentlichkeit in Erscheinung tritt, macht deutlich, dass sich bestimmte Charakteristika, die traditionell mit der Sozialfigur des Intellektuellen assoziiert sind, als Merkmalsbeschreibung für Kluges Praxis nicht mehr eignen. Ist die persönliche Exposition in der öffentlichen Rede ein generationenübergreifendes Signum intellektuellen Ausdrucks, so wiederholt sich dieser Modus kritischer Intervention bei Kluge nicht. Eine solche öffentliche Form politisch und moralisch motivierter Kritik an der Gesellschaft und ihren Verhältnissen stellt sich vor dem Hintergrund seiner theoretischen Prämissen als *unmöglich* dar.

Kluge durchbricht mit seinem periodischen öffentlichen Auftreten – vordringlich im Rahmen seiner wöchentlichen TV-Produktionen – gleich ein zweites »klassisches« Merkmal des Intellektuellen: die anlassbedingte Seltenheit seines Erscheinens. Seine Kritik vollzieht sich abseits solch punktueller öffentlicher Stellungnahmen in den Strukturen medialer Vermittlung selbst. Er tritt als Person, der die aus seiner Sicht krisenhaften Verhältnisse der Welt zum Anlass einer kritischen Reflexion nutzt, gar nicht in Erscheinung. Steht auf der einen Seite der als Person zu fixierende öffentliche Kritiker, ist es auf der andern eine Form der *intellektuellen Praxis*, bei der von der dahinterstehenden Person weitestgehend abstrahiert werden kann. Die ästhetisch-formale Gegenproduktion, als öffentliche Produktion von struktureller Andersartigkeit und Unbestimmtheit vollzieht sich unterhalb jener Form öffentlicher Kritik, die letztlich – so Kluge – von den festgefügten vorgängigen Strukturen einer degenerierten Öffentlichkeit determiniert ist. Gerade auf die Veränderung und öffentliche Thematisierung jener Strukturen zielt Kluges ästhetisch-praktische Intervention, die in der strukturellen Verhärtung der bürgerlichen Öffentlichkeit jedoch nur den Ausdruck eines umfassenderen Problems erkennt: den Ausschluss der vielfältigen und lebendigen Welt eigenständiger Erfahrungen.

Die öffentliche Produktion von Unterscheidungsvermögen als Form intellektueller Praxis folgt in ihrer besonderen Gestalt bei Alexander Kluge einem grundlegenden stilistischen Muster, das bereits seiner Struktur nach auf authentische Erfahrungsprozesse verweist: dem des *Essayismus*. Zwei basale Merkmale zeichnen die essayistische Arbeitsweise und ihre kritische Intention aus: *kon-*

*stellative Montage* und *freie Assoziation.* Zwar sind beide nur analytisch voneinander zu trennen, jedoch verweisen sie auf verschiedene Ebenen von Kluges Werk. Das multiperspektivische Umkreisen von bestimmten Ereignissen, das konstellative Zusammenführen vielfältiger Blickwinkel auf vermeintlich einheitliche geschichtliche »Tatsachen«, sei es Tschernobyl oder Stalingrad, kann den subjektiven Erfahrungen, die Menschen dort »real« gemacht haben, zu ihrem Recht verhelfen. Konstellative Montage meint hier die lose Zusammenstellung von teils fiktional erweiterten Miniaturen, die der konkreten Erfahrung der dort Involvierten entnommen sind. Der brüchige und zersplitterte Eindruck, den sie von einem Ereignis vermitteln, vermag die Vielschichtigkeit von Geschichte hervorzuheben – aber damit auch erst zugänglich zu machen. Sie machen über die *Darstellung subjektiver Erfahrung* aus dem unbegreiflichen Tschernobyl ein *sinnlich erfahrbares* Ereignis. Während das Prinzip der konstellativen Montage vorrangig das Verhältnis der inhaltlichen »Bruchstücke« zueinander beschreibt, fokussiert die andere, oben unter dem Begriff der freien Assoziation eingeführte »Arbeitsweise« vor allem die inhaltliche Struktur seiner Geschichten, in denen zwei alltägliche Motive besonders hervortreten: die *Komik* und die *Phantasie.*

In dem baustellenhaften Aufbau der Arbeiten Kluges, in denen einzig die »Präzision des Ungefähren« (Vogt) zählt, scheinen Phantasie und Komik als zentrale Figuren auf, weil sie als alltägliche Erscheinungen freien Assoziierens die lückenlose Ordnung von übergreifenden Sinnsystemen durchbrechen und deren einengenden Charakter enttarnen. Sie stehen – so Kluge selbst – der »Planwirtschaft des Verstandes« gegenüber, erweisen sich als »revolutionäre«, da prinzipiell eigensinnige Praktiken. Zutreffend wird denn auch ein Zeitungsinterview, das Alexander Kluge im Feuilleton der »Süddeutschen Zeitung« gibt, mit der Überschrift »Das Zwerchfell ist unbeherrschbar« betitelt. Und schon in *Öffentlichkeit und Erfahrung* wird die Phantasie als eine »Produktionsform authentischer Erfahrung« (Kluge/Negt 1972: 66) eingeführt: »Der *Form* ihrer Produktion nach ist [die] Phantasie [...] unbewußte praktische Kritik an den entfremdeten Verhältnissen« (ebd.: 67, Herv. d. Verf.). Die Phantasie erscheint ebenso wie die Komik, die bei Kluge eine »Pause im Weitermachen«, ein Aufbruch des »Realitätskontinuums« (Schulte/Stollmann 2001: 25) ist, als eine Praxis, die bereits durch ihre strukturell eingeschriebene »Unbeherrschbarkeit« als *kritische Praxis* zu beschreiben ist. Dementsprechend lautet Kluges Beschreibung des Humors: »Er ist eine flüssige Form, mit der Wirklichkeit umzugehen. [...] Seit Rabelais gibt es eine Tradition, die das Lachen nicht allein als eine Genussform sieht, sondern als etwas, das die Logik des Verstandes unterbricht« (ebd.).

Als diese »flüssige Form, mit der Wirklichkeit umzugehen« kann die stilistische Kategorie des Essayismus noch einmal klären, welche kritische Intention in den Arbeiten Kluges steckt. Schon Adorno hatte im »methodisch Unmethodischen« (Adorno 1973: 29), in der Verneinung struktureller Einheitlichkeit und Eindeutigkeit die kritische Kraft des Essays vermutet. In den stilistischen Charakteristika des Essays: Im Bruch, in der *freien Assoziation*, die sich dem Diktat des logischen Argumentierens entzieht, im beständigen Umkreisen von Begriffen und ihrem *konstellativen* Zusammenführen, zeigt sich die Nähe zum Werk von Alexander Kluge. Kluges Abkehr von etablierter »Methodik«, von starrer ästhetischer Systematik, sei es im Film, im Fernsehen oder in der Prosa, stimmt mit der formalen Struktur des Essays überein. Letzterer übernimmt bei Adorno – in gewisser Analogie zum »autonomen Kunstwerk« seiner *Ästhetischen Theorie* – die »Funktion«, bereits durch seine bloße formale Andersartigkeit auf eine Form der Erfahrung zu verweisen, die letztlich die mögliche Freiheit des subjektiven Denkens sowie den einschränkenden Charakter von gesellschaftlich fixierten Sinnsystemen aufzeigen soll. Die unbestimmte, ungezwungene und potenziell grenzenlose Struktur des Essays zeigt in seiner *Form* die Möglichkeit der Andersartigkeit auf. Denn allein dadurch, dass seinen Grundprinzipien nach jeder beliebige Gegenstand und jede irgendmögliche Konstellation und Montage sein Inhalt sein kann, verweist der Essay auf die Relativität von übergreifenden Sinnsystemen. »Es könnte auch anders sein« – das ist seine zentrale Aussage, und darin liegt ein Verweis auf Freiheit, auf uneingeschräkte Sinnproduktion.

Über das öffentliche Aufbrechen kollektiver Deutungs- und Rezeptionmuster in Formen genau dieser essayistischen, also an der Darstellung und Erschaffung freier, ungezwungener Erfahrung und Selbstbestimmung orientierten »Produktion« versucht Kluge auf das gewaltsame Moment von übergreifenden Sinnsystemen (Geschichtsschreibung, Wissenschaft, Lebensläufe etc.) und die *Eigengesetzlichkeit* von subjektiven Erfahrungen zu verweisen. Diese »eigenlogische« Komponente von subjektiver Sinnstiftung ist das *normative Fundament*, auf dem sich Kluges Kritik gründet. Mit einem solchen konstruktivistischen Modell von Realität und deren subjektiver Verarbeitung geht die Überzeugung einher, das sich Realität letztlich niemals in einem umfassenden System darstellen lässt, weil sie erst das Produkt subjektiver Interpretationen ist – jeglicher Versuch also, eine übergreifende Vorstellung von Wirklichkeit zu konstruieren, mit einer Gewaltanwendung gegenüber jenen eigenständigen Realitätsdeutungen verbunden ist.

Wenn man aus dieser Perspektive zu bestimmen versucht, worin die *Funktion* und *Aufgabe* des *Intellektuellen* Kluge besteht, geht es folgerichtig darum, die übergreifenden Vorstellungen vermeintlich einheitlicher Realität und deren Naturalisierung zu *dekonstruieren*, um damit ihre Vielfältigkeit und geschichtliche Gewordenheit zu offenbaren. Dem Intellektuellen, der einzig noch im Rahmen einer spezifisch gearteten Praxis in Erscheinung tritt, wird damit die Funktion zugewiesen, als *Konstrukteur* und *Vermittler* von Räumen und Möglichkeiten »eigensinniger Erfahrungsprozesse« öffentlich aufzutreten. Kluge als öffentlicher Intellektueller nimmt hierbei eine *ambivalente Position* ein: Einerseits übt er über die indirekte und entpersonalisierte Form der Gegenproduktion als distanzierter Beobachter Kritik an der vereinheitlichenden Kraft von Realitätskonstruktionen, andererseits vertritt er diesen außenstehenden Standpunkt, der grundlegende Vorstellungen von Realität und deren Wahrnehmbarkeit in Frage stellt, in einer Öffentlichkeit, die nach diesen Grundsätzen operiert. Deren Grundsätze versucht er

durch den Rückzug auf jene ästhetisch-formale Gegenproduktion zu umgehen, nicht zuletzt in dem er sich den klassischen Formen öffentlicher Kritik verweigert. Die öffentliche Rede als Prototyp intellektueller Intervention, sei es im Fernsehen oder im Feuilleton einer großen Zeitung, ist im Kontext einer sich wandelnden Öffentlichkeit zwangsläufig Mechanismen der Personalisierung und Vermarktung ausgesetzt, die ihren kritischen Gehalt verwischen. Die Gefahren eines fortschreitenden »neuen Strukturwandels der Öffentlichkeit« (Imhof) lassen dem Intellektuellen keine andere Möglichkeit, als einzig noch aus der versteckten und entpersonalisierten Arbeit der Gegenproduktion, in Form einer alternativen Praxis Kritik in der Öffentlichkeit zu betreiben. Diese kritische Perspektive auf die Möglichkeiten öffentlicher Intervention wird bei Kluge begleitet von einer grundsätzlichen Skepsis gegenüber übergreifenden Modellen von Wahrheit und normativer »Richtigkeit«, die ihm letztlich jegliche Form eines politisch-moralischen Paternalismus verbietet. Seine ästhetisch-formalen Interventionen zielen denn auch nicht so sehr darauf ab, mit rational begründeten Argumenten für Zustimmung zu werben, sondern sie scheinen einem fast romantisch anmutenden Ideal der Ganzheitlichkeit von sinnlicher Empfindung und kognitiver Erkenntnis verpflichtet zu sein. Seine Interventionen gewinnen ihre kritische Kraft folglich nicht durch die vermeintliche Brisanz ihrer aufklärerischen Inhalte, sondern erst in der Kombination mit einer ästhetisch-formalen Praxis, die der unbegrifflichen, sinnlichen und subjektiven Erkenntnis einen gleichberechtigten Stellenwert beimisst. Kluge gibt selbst das Programm vor, wenn er die Verbindung von künstlerischen und wissenschaftlichen Verfahrensweisen für sich reklamiert und damit auf ganz anderer Ebene auf ein entscheidendes Charakteristikum des Essays verweist: »Wenn es gelingt, Poesie und Wissenschaft wieder zu vereinigen, können wir das intellektuelle Selbstbewusstsein, das wir ja brauchen, die Intelligenzfähigkeit des bürgerlichen Menschen noch einmal neu konstruieren« (Kluge 2003: 41).
Alexander Kluge, der sich nicht auf der »Bühne« der Öffentlichkeit selbst inszeniert, sondern oft nur über das untrügliche Erkennungs-

zeichen seiner Stimme, seines Sprechens wahrnehmbar ist, wäre als ein Medienintellektueller nur in einem ausgesprochen untypischen Sinn zu bezeichnen. Seine Kritik vollzieht sich nicht *über* Medien in der Öffentlichkeit, sondern vielmehr *im* Medium selbst, als prozedurale Kritik an Verfahren der Vereinheitlichung und Subsumtion von Realität. Wenn die Formel vom »Medienintellektuellen« für Kluge dennoch zutrifft, dann nur deshalb, weil seine öffentliche Intervention in Gestalt einer ästhetisch-formalen *Gegenproduktion* die Strukturen medialer Vermittlung selbst im Blick hat. Eine *solche* Form der Medienintellektualität, einer Praxis, die sich an den Strukturen medialer Öffentlichkeit abarbeitet, kann somit gerade das Fundament beleuchten, auf dem eine andere Form des Intellektuellen basiert – die des medial omnipräsenten Deutungsexperten.

## Literatur

Adorno, Theodor W. (1973): »Der Essay als Form«, in: ders.: *Noten zur Literatur*, Frankfurt/M.

Kluge, Alexander (1975): »Die schärfste Ideologie: daß die Realität sich auf ihren realistischen Charakter beruft«, in: ders.: *Gelegenheitsarbeit einer Sklavin. Zur realistischen Methode*, Frankfurt/M.

Kluge, Alexander (2000): *Chronik der Gefühle. 2 Bde.*, Frankfurt/M.

Kluge, Alexander (2003): »Der Friedensstifter. Im Interview mit Ulrich Greiner und Iris Radisch« in: Die Zeit, Nr. 44, 23. 10. 2003.

Kluge, Alexander (2004): *Fontane – Kleist – Deutschland – Büchner: Zur Grammatik der Zeit*, Berlin.

Kluge, Alexander (2005): *Die Lücke, die der Teufel lässt*, Frankfurt/M.

Kluge, Alexander (2006): »Das Zwerchfell ist unbeherrschbar. Im Interview mit Steffen Kraft«, in: »Süddeutsche Zeitung« v. 4. 8. 2006.

Kluge, Alexander/Negt, Oskar (1972): *Öffentlichkeit und Erfahrung. Zur Organisationsanalyse von bürgerlicher und proletarischer Öffentlichkeit*, Frankfurt/M.

Kluge, Alexander/Negt, Oskar (2001): *Der unterschätzte Mensch. Gemeinsame Philosophie in zwei Bänden*, Frankfurt/M.

Kluge, Alexander/Reitz, Edgar (1975): »Was fangen Zuschauer mit so einem Film an?«, in: Kursbuch 41, Berlin.

Kluge, Alexander/Stollmann, Rainer/Schulte, Christian (2001): *Verdeckte Ermittlung*, Berlin.

Lutze, Peter C.: *Alexander Kluge. The Last Modernist*, Detroit.

Schulte, Christian/Stollmann, Rainer (Hg.) (2005): *Der Maulwurf kennt kein System. Beiträge zur gemeinsamen Philosophie von Oskar Negt und Alexander Kluge*, Bielefeld.

Seel, Martin (2004): *Adornos Philosophie der Kontemplation*, Frankfurt/M.

Uecker, Matthias (2000): *Anti-Fernsehen? Alexander Kluges Fernsehproduktionen*, Marburg.

Vogt, Guntram (1991): »Zum Zusammenhang von Ästhetik und Ethik im Essayismus Alexander Kluges«, in: Augen-Blick. Marburger Hefte zur Medienwissenschaft 10/1991, S. 83–106.

# Christa Wolf: Vom Ewigen zum Menschlichen

*Franziska Thiele*

Als Frau, Künstlerin und ehemalige DDR-Bürgerin tritt Christa Wolf in diesem Band als mehrfacher Sonderfall in Erscheinung. Die für sie zutreffende Bezeichnung ›literarische Intellektuelle‹ beinhaltet die drei Dimensionen künstlerisches Schreiben, kritisches Schreiben und intellektuelle Stellungnahme. Christa Wolfs Leben war und ist ein politisches – ihre Prosa- und Romantexte behandelten mal mehr, mal weniger vordergründig politische Themen und gesellschaftliche Leidenserfahrungen. Sie engagierte sich stets als öffentliche Person, und nicht zuletzt war sie Teil eines politischen Systems, dessen innere und äußere Bedingungen ebenso geklärt werden müssen wie Christa Wolfs Stellung zu ihm. Als eine der bedeutendsten Schriftstellerinnen neben Literaten wie Brigitte Reimann, Anna Seghers, Maxie Wander, Stephan Hermlin, Thomas Brasch und anderen befand sie sich innerhalb der DDR stets in einer exponierten Schlüsselrolle, deren wachsende Ambivalenz auch nach dem Fall der Mauer 1989 eher zu- als abnahm. Ihre unmittelbar nach der Wende publizierte, aber schon 1979 geschriebene Erzählung *Was bleibt*, die die Erfahrung der Verfolgung und Unterdrückung durch den totalitären Staatsapparat zum Thema hat, bringt kurz darauf einen brachialen Literaturstreit hervor, als wiederum Akten auftauchen, die Wolfs eigene kurze Tätigkeit als GI der Staatssicherheit zutage fördern. Es wird ein öffentliches

Kreuzfeuer eröffnet, das jedoch weit über die Angriffe auf Christa Wolf selbst hinausgeht (diese versucht, sich durch die Veröffentlichung ihrer kurzen »Täter«-Akte sowie der 42 »Opfer«-Akten und später auf literarischem Wege zu wehren und zu erklären). Es handelt sich um einen durchaus symptomatischen Konflikt, der sich im geeinten Deutschland zwischen Ost und West entfacht, oder – wie in dem Buch *Es geht nicht um Christa Wolf* beschrieben – um das paradoxe Phänomen, »dass das Ende der politischen Spaltung Deutschlands die literarische und literaturkritische Intelligenz in diesem Lande so stark wie schon lange nicht mehr entzweite« (Antz 1991: 27). Die Sonderform des literarisch und politischen Intellektuellen in der DDR im Allgemeinen berücksichtigend, kann am Beispiel Christa Wolf im Speziellen einem bis in die Gegenwart nicht abgeschlossenen Prozess nachgegangen werden, der den Umgang mit mittlerweile zwei schwerwiegenden deutschen Vergangenheiten, jedoch dieselben essenziellen moralischen Fragen zum Thema hat.

### Literarische Intellektuelle in der DDR

Im April 1932 verabschiedete das ZK der KPdSU die Prinzipien des sozialistischen Realismus zur allgemeingültigen Kunstdoktrin, die auch der späteren DDR galten. Rekurrierend auf das Stalin-Zitat *»Schriftsteller sind Ingenieure der Seele«* (1932) zeigt sich eine der Ideologie des Sozialismus verpflichtete Literatur als einzig anerkannte Kunstform kreativen Schreibens: Der sozialistische Realismus verfolgt die wahrheitsgetreue und historisch konkrete künstlerische Darstellung. Diese jedoch ist mit der Aufgabe verbunden, die werktätigen Menschen im Geiste des Sozialismus ideologisch umzuformen und zu erziehen. Die ideologische Festschreibung der künstlerischen Methode beinhaltet zentrale Begriffe bzw. Botschaften wie Parteilichkeit, Volksverbundenheit und die Orientierung an der Masse der Werktätigen. Der sozialistische Realismus war konzipiert, um Realismus und die Romantik des sozialistischen Aufbaus zu vereinen: Dabei sollte die Art der Darstellung als

Methode dem Realismus entnommen werden, der positive Geist hingegen einer neuen, revolutionären Romantik. Auch nach Vorstellung der SED sollten Kultur und Künste eine bewusstseinsbildende Rolle innehaben, typische Motive sind daher die Helden des Aufbaus bzw. der Arbeiter- und Arbeitskult. Die Kunst der DDR war immer eine offizielle; sie sollte bewusst geformt werden und eingebunden sein in den gesellschaftlichen Gesamtzusammenhang. Der Staat betrieb aktive und gestaltende Kunst- und Kulturpolitik, die er durch Druckmittel wie Zensur und Verbot bis hin zu Ausbürgerung durchsetzte. Der kulturpolitische Kurs lässt sich in den Worten Otto Grotewohls von 1951 auf den Punkt bringen: »Literatur und Bildende Kunst sind der Politik untergeordnet [...] Die Ideen der Kunst müssen der Marschrichtung des politischen Kampfes folgen« (Staritz 1996: 73).

Diese ideologische Linie, die in verschiedenen Abwandlungen fast bis zum Ende der DDR verfolgt wurde, bringt zweierlei Bedeutung für Künstler, Schriftsteller und Intellektuelle mit sich: Es offenbart sich eine fundamentale Unfreiheit und Instrumentalisierung der Kunst, der andererseits aber eine deutliche Hochachtung der (konformen) Kunst gegenübersteht, wenn nicht sogar eine ideologisch provozierte Elitefunktion. So lässt sich eine Art privilegierter Sonderstatus der literarischen Intelligenz in der DDR feststellen, die eng an die Gesellschaft gebunden war – durch die Zentralisierung der Kunst ebenso wie durch die Gemeinsamkeit der sozialistischen Utopie, die auch von vielen kritischen Schriftstellern nie ganz aufgegeben wurde. Durch institutionelle und emotionale Bindung zeigt sich eine weitaus weniger ›freischwebende‹ intellektuelle Avantgarde, als es z. B. in der BRD der Fall sein konnte. Außerdem leisteten rein systemische Ursachen ihren Beitrag zum privilegierten Status der sogenannen Staatsdichter, die in einer Gesellschaft der kontrollierten Medien und der Fixierung auf den Buchdruck nicht dem Druck eines freien Marktes, sondern eher dem des allgegenwärtigen Zensors ausgesetzt waren. Im Gegensatz zur BRD zeigt sich ein Phänomen, das gerne auch als »seltsame Spätform des medialen Buchmonopols« oder »Kulturschutzgebiet« (Karl Heinz

Bohrer) gesehen werden kann (Hörrisch, Jochen, zit. in: Emmerich 1993: 785) – ein Kulturschutzgebiet mit zwei Fernsehsendern.

Ein maßgeblicher Faktor der emotionalen Bindung an den Sozialismus ist die Erfahrung des Nationalsozialismus, die in späteren DDR-Bürgern und Intellektuellen den Drang nach einer neuen, reformierten Gesellschaft und die Identifikation mit dem sozialistischen Ideal bewirkte. Auch Christa Wolf, geboren 1929 in Landsberg an der Warthe, ist lange in einem Zustand gefangen, den treffenderweise ihre Tochter Annette Simon, Psychoanalytikerin, 1993 in der »Frankfurter Allgemeinen Zeitung« als die »Loyalitätsfalle Antifaschismus« beschreibt. Christa Wolf selbst spricht über ihre Wahrnehmung von den Schuldgefühlen der jungen Menschen ihrer Generation gegenüber denen, »die uns da [aus dem Faschismus, F. T.] herausgeholt hatten. Das waren Antifaschisten und Kommunisten, die aus Konzentrationslagern, Zuchthäusern und aus der Emigration zurückgekehrt waren und die in der DDR mehr als in der Bundesrepublik das politische Leben prägten. Wir fühlten eine starke Hemmung, gegen Menschen Widerstand zu leisten, die in der Nazizeit im KZ gesessen hatten« (Wolf 1990: 136). Zugleich speist sich das politische Engagement aus der Schlüsselerfahrung eines menschenverachtenden Unrechtsregimes, die sich als roter Faden durch ihr Leben und Wirken zieht. Diese innere Verhaftung und Lähmung wird ihr mit Voranschreiten der Entwicklung des DDR-Sozialismus und dem größer werden Gegensatz zwischen Parteiführung und Bürgern bewusst. Sie beschreibt dies 1989 als einen Prozess, in dem »diese großen Ideologien für mich nicht nur immer zweifelhafter, sondern auch unwesentlicher wurden und keinen Anhaltspunkt mehr boten für moralische Werte und moralisches Handeln« (ebd.: 141).

### Produktive Funken

Christa Wolfs kritische Haltung zur DDR lässt sich als ein zunehmendes In-Distanz-Treten beschreiben; ein Prozess, der Jahrzehnte währte und an dessen Ende sie zwar als noch gebundene – sie hat die DDR bewusst nicht verlassen –, aber nicht mehr abhängige Frau steht.

Am Abschied von der Hoffnung auf ein in der DDR verwirklichtes sozialistisches Ideal litt sie vor der Wende: »Den wirklichen Schmerz habe ich 1968 empfunden, beim Einmarsch der Truppen des Warschauer Paktes in die ČSSR, und dann noch einmal 1976« (ebd.: 149). Und doch oder gerade wegen der stetigen, schmerzhafter werdenden Reflexion ihrer politischen und emotionalen Bindung an den sozialistischen Staat entschied sie sich nach langer Unentschlossenheit zu bleiben. Neben pragmatischen familiären Gründen sowie einer fehlenden Alternative tritt hier eine vehemente Entscheidung für das Aushalten der Spannungen zutage; die sie auch sich selbst erklärt mit der simplen Erkenntnis: »Ich bin eigentlich nur an diesem Land brennend interessiert. Die scharfe Reibung, die zu produktiven Funken führt, fühlte ich nur hier mit aller Verzweiflung, dem Kaltgestelltsein, den Selbstzweifeln, die das Leben hier mit sich bringt. Das war mein Schreibgrund« (ebd.: 148). Sie wählte den Weg der inneren Befreiung – nicht des inneren Exils –, wohlwissend, dass ihr Bleiben auf berechtigte Kritik und unangenehme Fragen stoßen würde. Nicht zuletzt bezeugen aber ihre Bücher, stets aus Spannungen heraus entstanden, ein ihr eigenes Unbefriedigtsein, das genutzt wird zur kritischen Auseinandersetzung, im Glauben an Veränderbarkeit. »Wenn ich schreibe [...], so ist es immer das Gegenteil von Resignation« (ebd.: 36).

Ihr Schreiben als Schriftstellerin trennt sie, auf die Motivation hin befragt, nicht von ihren Äußerungen als politisch engagierte Intellektuelle; vielmehr hat ihr Schreiben letztlich keinen anderen Antrieb als ihre Empfindsamkeit für ›Lücken‹, Diskrepanzen und Widersprüche. Schriftstellerin ist sie, weil sie sich der ästhetischen Form des Schreibens bedient; politische Schriftstellerin ist sie, weil sie als fühlendes Wesen die Gesellschaft befragt und mit Kritik konfrontiert: Ihr Ansatz ist, nach eigener Auskunft, subjektiv, aber gesellschaftsbezogen. Literatur ist für Christa Wolf immer mit politischem Anspruch bzw. Augenmerk verbunden, da sie sich selbst stets in den gesellschaftlichen Zusammenhang eingebettet sieht und sich diesem verpflichtet fühlt. Dies bezieht stets auch den Aufruf zu kritischem Denken ein.

Inwiefern ihr dies selbst gelungen ist, wird länder- und metier-übergreifend diskutiert, als sie, wie eingangs erwähnt, 1990 ein jahrealtes Manuskript über eigene Überwachungserfahrung durch die Staatssicherheit veröffentlicht und kurz darauf durch die entdeckten IM-Akten[1] Christa Wolfs ein unerwartet heftiger Literaturstreit entbrannt, der in einer Art Stellvertreterposition den notwendigen Diskurs zu Beginn des Zusammenfallens und Zusammenwachsens der beiden deutschen Staaten als eine Initialzündung unter anderen anregte. Auch bzw. gerade in Hinblick auf ostdeutsche Intellektuelle geht es um die Frage, wie glaubwürdig diese sein und bleiben konnten. Dass dies eine zentrale, aber nicht neue Frage ist, geht auch aus der kurzen Antwort Wolf Biermanns auf diesen Streit hervor: »Es geht um Christa Wolf, genauer: Es geht nicht um Christa Wolf« (Biermann, zit. in: Antz 1991: 9).

Mit scharfen Angriffen aus dem westdeutschen Feuilleton begann eine weltweit ausstrahlende Debatte, die nicht nur die Integrität ostdeutscher Intellektueller in Frage stellte, sondern schnell an dem Brennpunkt des Systemgegensatzes von BRD und DDR angelangt war, wo sich ein intellektueller, moralischer und politischer Kampf entfachte. Den DDR-Literaten wurde vorgeworfen, »Stillhalteliteratur« geschrieben, opportunistisch gehandelt und sich nun dennoch als Opfer dargestellt zu haben. Artikelüberschriften wie »Von Dichtern und Heuchlern«, »Wer die Unschuld verlor« oder »Von der Beschädigung der Literatur durch ihre Urheber« lassen die heftige Emotionalität in den Medien erahnen, die auch darüber stritten, wer überhaupt sich das Recht auf ein Urteil herausnehmen könne: »Einige westliche Intellektuelle, wie Günter Grass und Walter Jens, bestreiten westlichen Kritikern das Recht, sich in die Vergangenheitsbewältigung der ehemaligen DDR einzumischen« (Antz 1991: 8). Ähnlich in die Tiefe gehend zeigt sich der Impuls der Verteidigung gegen die vernichtenden Urteile, der auch Aufschluss über Christa Wolfs persönliche Situation gibt: »Die Angriffe auf die bis dahin von der westdeutschen Kritik überwiegend mit größtem

Respekt behandelte Autorin sprachen ihr jetzt nicht nur die moralische Integrität, sondern ihrem Werk auch die literarische Qualität ab. In einer Situation, in der viele argwöhnten, dass die Bundesrepublik der DDR, in der sich die Bevölkerung am Ende eigenständig von der totalitären Herrschaft befreit hatte, nicht nur unterstützen, sondern dieses Land mit der Selbstherrlichkeit einer Siegermacht auch kulturell deklassieren, vereinnahmen und um jeden Rest einer eigenständigen Identität bringen werde, in einer derartigen Situation lag es auf der anderen Seite auch nahe, die Disqualifizierung der angesehenen DDR-Schriftstellerin als Versuch zu lesen, die westdeutsche Überlegenheit und die ostdeutsche Minderwertigkeit auch auf dem Gebiet der Literatur zur Schau zu stellen« (ebd.: 9).

So wird ein Spektrum angedeutet, das weit über Christa Wolf als Person hinausgeht und an Kernfragen der innerdeutschen Identitätsfindung rührt. Dieser Streit hätte nicht eine solche Tiefe und politische Bandbreite eingenommen, hätte er nicht latente, aber fundamentale Diskurse berührt. Die vielerorts systematische Destruierung der Glaubwürdigkeit ostdeutscher Schriftsteller und Intellektueller veranlasst Jürgen Habermas am 10. Mai 1991 zu einer scharfen Kritik an jenen »eingefahrenen Sandkastenspiele(n). Jenes Feuilleton, das sich seit Jahrzehnten um die Rehabilitierung unserer jungkonservativen ›Reichswortgewaltigen‹ verdient gemacht hat, beeilt sich nach Öffnung der Mauer, Peter Rühmkorfs Erwartung zu erfüllen, ›dass man den Sozialismus jetzt mal ordentlich entgelten lässt, was man seinerzeit an den Nazis versäumt hat‹. Aber der Subtext der ganzen Debatte ist noch von älterer Machart. Endlich glaubte man, die Intellektuellen in Ost und West gleichzeitig an der Stelle zu haben, wo man sie des gemeingefährlichen Utopismus überführen und als die wahren Feinde des Volkes entlarven kann« (Habermas 1990: 18 f.).

Dieser Literaturstreit ist selbst Symptom und Symbol geworden, ähnlich wie Christa Wolf. Sie selbst hielt es aus, den Kontakt zu suchen und den Prozess im Inneren geschehen und an die Oberfläche dringen zu lassen. In einem Brief an Friedrich Schorlemmer vom 11.2.1993 schreibt sie: »Inzwischen habe ich ein paar Wochen hinter mir, die zu den härtesten in meinem Leben gehören, und wenn jetzt irgendeine Himmelsmacht mir anbieten würde, das alles, einschließlich des Anlasses – die Akte – ungeschehen zu machen, ich könnte es nicht mehr annehmen. [...] Ich kann mir keine andere Konstellation erfinden, die mich noch einmal so von Grund auf erschüttern und derart zwingen würde, in mich zu gehen [...]« (Vinke 1993: 202).

## Kritisches Schreiben

Die Einordnung von Rolle und Funktion des Intellektuellen war für Christa Wolf immer eng mit ihrem gesamten Welt- und Selbstbild verknüpft: Eindeutig normativ geprägt, spricht sie sich stets für die Notwendigkeit aus, durch Kritik an gesellschaftlichen Zuständen deren Verbesserung anzustreben. Dies ist ihr Appell – sowohl an den einzelnen Bürger im Allgemeinen als auch an den Künstler im Speziellen. In ihren Worten bedeutet die Pflicht für sie als Autorin, »so zu schreiben, dass die Gesellschaft, in der man lebt, den größten Nutzen davon hat. Das bedeutet: kritisch« (Wolf 2000: 224 f.).

Kritisches Schreiben muss vor seinem jeweiligen Hintergrund erklärt werden – in Christa Wolfs Fall ist dies derjenige einer staatlich indoktrinierten Kunst, die dem sozialistischen Realismus verpflichtet als Trägerin feststehender politischer Aussagen bewusstseinsbildende Funktion haben muss. In einer dem sozialistischen Fortschritt sowie dem Kollektiv verschriebenen Literatur gibt es weder einen staatlich vorgesehen Raum für ein einzelnes »Ich« noch für Scheitern, Leid und Zweifel. Christa Wolfs *Nachdenken über Christa T.* (1968), ein schwermütiges, persönliches Buch über eine gestorbene Freundin, die Suche nach Selbstbefreiung und das im Kontrast zur Gesellschaft stehende Individuum, widerspricht dem in vielerlei Hinsicht. Diese uneindeutige Prosa, die offen wenn nicht ein Scheitern, so doch eine massive Unfertigkeit an ihr Ende stellt, transportiert ein Gefühl, das ganz im Gegensatz zur vorgeschriebenen Erfolgsgeschichte des im Aufbau befindlichen Sozialismus steht: »Wenn Hoffnung verordnet ist, ist Resignation ein klares Nein« (de Bruyn 1994: 10), so Günter de Bruyn, ebenfalls ein bedeutender DDR-Schriftsteller, in einem retrospektiven Interview mit Beate Pinkerneil. Und auch *ich* zu sagen und zu schreiben lag abseits der ideologischen Vorgaben – dies macht Christa Wolf in all ihren Werken vor deren speziellen Hintergrund zu einer kritischen Schreiberin und zu einer Schreiberin, die *sich selbst* zeigt und – wenn auch zwischen den Zeilen – offenlegt, in welcher Beziehung sie zu ihrer Gesellschaft steht. *Ihre* Gesellschaft, weil sie der Utopie des Sozialismus verhaftet blieb, auch wenn oder gerade weil diese sich in zunehmendem Widerspruch zum DDR-System befand. Ihre Texte waren für eine breite Leserschaft »eine Art Flaschenpost. Und die kam an«, so Fritz Raddatz (Raddatz 1994: 19). Dies wird sehr anschaulich an folgendem Beispiel, dem Briefwechsel zwischen Günter Grass und Christa Wolf, in dem sie zurückblickend ihre innere Abkehr von der DDR sowie dessen Niederschlag in ihrer Literatur benennt: »Ich habe dieses Land geliebt. Dass es am Ende war, wusste ich, weil es die besten Leute nicht mehr integrieren konnte, weil es Menschenopfer forderte. Ich habe das in *Kassandra* beschrieben [...]. Ich war gespannt, ob sie es wagen würden, die Botschaft der Erzählung zu verstehen, nämlich dass Troja untergehen muss. Sie haben es nicht gewagt und die Erzählung ungekürzt gedruckt. Die Leser in der DDR verstanden sie« (Wolf 1994: 262 f.).

In den ersten Jahren nach dem Zusammenbruch der DDR freilich verkehrte sich die bewusst gewählte Flaschenpostfunktion der Texte als Botschaft und Andeutung an die Leserschaft in ein noch persönlicheres Bedürfnis nach Selbst- und Wahrheitsfindung: Christa Wolf nimmt eine für sie neue Form der Innerlichkeit ein, ergründet deutlicher sich selbst im Wechselspiel von Gegenwart, Vergangenheit und Identitäts(re)konstruktion und offenbart sich auf ungewohnt abstrakte, verletzliche und freie Art. In schroffen, teils aggressiven Prosastücken bohrt sie und lässt sich vom Schreiben mitreißen; Stück für Stück sich selbst schreibend, erkennend und ihrer selbst versichernd: »Welchen Faden ich auch berühre, es bewegt sich das ganze Netz« (ebd.: 321), »ernstlich habe ich mich der Sprache anvertraut, die mir die Türen sprengte zu jeden Innenräumen« (ebd.: 275). Misstrauisch gegenüber dem eigenen Gedächtnis, den Gewissheiten, sich stets unter Selbstverdacht stellend und fragend auf die eigene Geschichte blickend formuliert sie 1993, am anderen Ende der Welt, eine Zwischenbilanz: »Das uns so vertraute *Unaushaltbare* [...], das war etwas anderes. Das war der Widerspruch, wie wir zu lang dachten, der sich doch in die Dialektik einbauen lassen müsste. Das war wie wir dann einsehen mussten der Abgrund zwischen denen und uns« (ebd.: 269).

Christa Wolf ist geprägt und motiviert von dem festen Glauben an das in jedem Menschen vorhandene Potenzial von Mündigkeit und an die Möglichkeit, gesellschaftliche Zustände ändern und verbessern zu können. Dies transportiert sie durch Literatur, die an der Überschneidung von Gesellschaft und Individuum ansetzt und allem voran dem Maßstab der Wahrhaftigkeit entsprechen soll. Ihr Blick ist gerichtet auf Gesamtzusammenhänge, ebenso wie auf die kleinsten Schichten menschlicher Handlungsweisen und Gefühlswelten. Beide Pole nimmt sie als organisches Ganzes wahr, als prozesshaft miteinander verwoben, dem sie sich neben einer steten analytischen und reflektierenden Geisteshaltung vor allem von innen nähert: »Ich kann diesen Problemkreis nicht von außen angehen, aus der Position des besserwissenden Kritikers« (Wolf 1990: 66). Inbegriffen ist immer die Auseinandersetzung mit der eigenen Person, die im Falle Christa Wolfs einen Höhepunkt der Selbstkritik um die Jahre der Wende findet, der sich deutlich in ihrer Sprache niederschlägt – was natürlich auch dem Wegfall der repressiven Instanzen zuzurechnen ist. Es tritt in den diversen Reden, Stellungnahmen, Briefen, Interviews und der Prosa eine schonungslosere Offenheit zutage, die eigene, bisher gewahrte Grenzen übertritt und auch vor der Wende schon ausspricht, was dem Westen seit langem evident erscheint: »Zweimal in meinem Leben wurden Angehörige meiner Generation daran gehindert – oder ließen sich daran hindern –, sich der ganzen schrecklichen, verbrecherischen oder tief widersprüchlichen Realität zu stellen [...]« (ebd.). Dass sie selbst sich nie in einem abstrakten Außerhalb verortete, liegt auf der Hand und ist ihrem unveränderten Verständnis von Literatur und literarischer Produktion geschuldet. Literatur kann, so Wolf, nur ausgehend von persönlichen Geschichten den Grund der Destruktivität der Zivilisation zu ergründen versuchen, und dies kann nicht geschehen, ohne dass der Autor/die Autorin »sehr nah an sich selbst, an sein Versagen, seine Schuld herangehen muss« (ebd.). Diese Wahrhaftigkeit kommt nicht ohne Verantwortlichkeit aus; Christa Wolf ist sich vollkommen im Klaren darüber, dass in der Literatur jeder Irrtum wie eingemeißelt für sich steht: Eine Tatsache, die sie bis heute annimmt, auch wenn sie schmerzhaft ist.

## Sich nicht mit Privatem begnügen

»Wenn Christa Wolf nur halb so krank und traurig wäre, wie ihr nachgesagt wird, müsste sie längst gestorben sein«, bemerkt Evelyn Finger in der Zeitung »Die Zeit« vom 9. 10. 2003, und in der Tat ist Christa Wolf eher für ihre Disziplin, das Analytische und die leisen, aber ernsten Töne bekannt als für Impulsivität, Gelöstheit und Eskapaden. Beherrscht, kühl, mitunter schneidend ernst hält sie sich auch in Situationen zurück, in denen sie selbst zum »Schlachttier« (Reimann 2001: 253) wird. Brigitte Reimann, ihre langjährige Freundin und Kollegin beispielsweise ist es, die schreiend und türeschlagend den Kongress verlässt, auf dem Wolfs neues Buch *Nachdenken über Christa T.* verrissen wird, während Christa Wolf dies vermeintlich stoisch erträgt, sich ein dickes Fell zulegte. Nicht unbedingt geplant, aber bedacht stellt sich der gesamte Lebenslauf der bald 80-jährigen dar, der auch den bewussten und gut dosierten Rückzug ins Private beinhaltet. In den diversen Tagebuchaufzeichnungen, Essays, Briefwechseln und Interviews zeigt sich eine starke, aber vor allem liebevolle, mitunter pragmatische und ironische Frau. Diese vielleicht professionelle, vermutlich aber schlicht notwendige Trennung zwischen »herber Zurückhaltung« (ebd.) und unerwarteter Offenheit löst sich lediglich auf in ihrem

Schreiben, zumal sie die Öffentlichkeit zwar sucht, aber schnell an ihr auch überfordert ist. Die Verbindung dieser Pole erfolgt im Abseits des Schreibens, das sich einerseits als tageszeitlich strukturiertes Arbeitspensum, andererseits als durchlebter, authentisch kenntlich gemachter innerer Prozess darstellt. Ihre Romane und ihre Prosa bewegen sich an der Schnittstelle zwischen Gesellschaft und Individuum: »Mich interessiert die Schnittstelle, an der subjektives pathologisches Handeln und die Pathologie der Gesellschaft sich berühren, vielleicht gegenseitig bedingen« (Wolf, in: Kammertöns/Lebert 2005). Daraus entstand früh ein Schreibstil, der auf die Formel »subjektive Authentizität« gebracht wurde und den Erkenntnismotor ihres Schreibens bezeichnet: Ihre Werke stellen persönliche (Leidens-)Erfahrungen eines erzählerischen Ichs oder einer Romanprotagonistin in einen gesellschaftlichen Kontext und damit in die Kausalität des vom Sein bestimmten Bewusstseins, das sich aber dieser Hoffnungslosigkeit nicht hingibt. In ihren eigenen Worten: »Ich versuche, einen Raum zu erzeugen, in dem das Irrationale, wenn es Macht hat, wie in *Kassandra* und *Medea*, durch, ja: humane Werte ein Gegengewicht bekommt« (ebd.). Selbst spricht sie, nach dem Zusammenbruch der DDR, vom »langen Verfallsdatum der Hoffnung« und dem Nachhall der Utopien. Man mag auch ihr diese Utopien vorwerfen – in einem Nebensatz differenziert sie, 13 Jahre nach dem Fall der Mauer, Sehnsucht von Hoffnung und setzt Hoffnung gleich mit Utopie: Antrieb dieses Umstandes und des Festhaltens an teilweise utopischer Hoffnung ist, sei's drum auf welche der drei von ihr erfahrenen Gesellschaftssysteme sie sich bezieht, ein ihr innewohnender Zweifel, ein Misstrauen. »Gründen diese Katastrophen auf irreparablen Schäden in den Wurzeln unserer Zivilisation?« (Wolf 2006: 11), fragt sie und appelliert mit ihren Romanen und Erzählungen, die stets im Hinblick auf eine gedachte Leserschaft entstanden, an Potenzial und Verwirklichung von Mündigkeit. Nach der Wende ändert sich das Verhältnis von Autor und Leserschaft, da die DDR-systemspezifischen Umstände weggefallen sind; ebenso modifiziert sich ihr Schreibstil: »Obwohl Christa Wolfs früherer Anspruch, in die Gesellschaft als Ganzes einwirken zu können, sich als nicht tragfähig erwies, glaubt sie weiterhin, Zweck der Literatur sei es, ›den einzelnen herauszufordern‹ [...]. Literatur könne ›Leuten die Augen öffnen, zum Beispiel dazu verhelfen, kritisch zu denken‹. Der aufklärerische Impuls bleibt also aktuell, die erhoffte Wirkung bezieht sich jedoch jetzt auf das Individuen als Träger gesellschaftlicher Entscheidungsprozesse, nicht mehr auf die Gesellschaft als Ganzes« (Ketzer Umbach 1997: 19). Was bleibt, ist die Prämisse ihres Werkens und Wirkens, sich nicht mit Privatem zu begnügen: »Die Kunst hat die Aufgabe, seismografisch wahrzunehmen, wenn sich die Gesellschaft in einer tiefen Krise befindet, die ihre leitenden Vertreter nicht wahrnehmen. Ich glaube, jetzt ist es wieder so. Aus DDR-Erfahrung weiß ich, was es bedeutet, wenn man nur noch zwischen falschen Alternativen wählen kann« (Wolf, in: Dieckmann 2002).

## »Eine mutige Stimme, die furchtlos Tabus verletzt – wo hören wir sie heute noch?«[2]

»Ein trauriges Land, aber ohne Trauer« (Wolf 2006: 33) – diesen Satz von Heinrich Böll führt Christa Wolf in ihrem 2006 erschienenen Band *Der Worte Adernetz* an; einer Essay- und Redensammlung, in der sie ihre literarischen und intellektuellen Vorbilder würdigt. Sie begibt sich in einem der Texte auf die gedankliche Spur des Lebens und Wirkens Heinrich Bölls, mit der auch sie in teilweise enger Berührung steht: »Um wenige Menschen habe ich so getrauert wie um Heinrich Böll« (ebd.: 30), und Trauer ist auch eine der zentralen Fragen in Bölls Schreiben; Trauer als »das Gift der Vergangenheit, das nie wirklich ausgeschieden wurde« (ebd: 32). Auch Christa Wolf stellt diese Frage immer wieder aufs Neue, ebenso die Forderung, gerade nach der Wiedervereinigung auch die Literatur beider deutscher Staaten auf ihre Art der Auseinandersetzung mit dem Nationalsozialismus hin zu befragen, und wie diese sich auf die heutige BRD auswirkte. Böll, der die Delegierung der Trauer des Westens über die Grenze nach Osten hin bedauert,

kann Wolf nur hinzufügen, dass auch dieser jene Gabe nicht angenommen und sie »mit allen Anzeichen der Empörung über die
Grenze nach Westen zurückgeschoben« (ebd: 30) hat. Und auch
der Osten habe seinen Autoren nur mit der altbekannten Forderung konfrontiert: »Wo bleibt das Positive?« Doch sie warnt davor, den Faschismus für bewältigt zu erklären und sich mit einer
scheinbaren Ruhe zufriedenzugeben, die nur Erstarrung ist: Es sei
Aufgabe der Literatur, »etwas Bewegung hineinzubringen in die
inneren Schichten, mit deren Unbeweglichkeit man sich gern beruhigt« (Wolf 2000: 37) – und auch, sich des Schweigens der Älteren anzunehmen, ohne jedoch den Blick auf ein abstraktes Kollektiv zu richten. Und: »Ja. Tatsächlich möchte ich das Vergessen
schwieriger machen« (ebd.: 44). Die Frage nach der Bewältigung
der Verbrechen des 20. Jahrhunderts hingegen negiert sie; hier zitiert ein Diskussionsausschnitt aus dem Jahre 1975 in der Akademie der Künste der DDR: »Ist es zu bewältigen? Dann kann ich nur
glatt sagen: Nein. Sechs Millionen ermordeter Juden sind nicht zu
bewältigen. Es ist nicht zu ›bewältigen‹, dass zwanzig Millionen
sowjetischer Menschen umgebracht worden sind. Das alles ist
nicht zu bewältigen« (ebd.: 56). Und dennoch – und gerade deswegen – hat Schreiben für sie einen Sinn: »Ich will ja auch noch
weiterleben« (ebd.). Es ist die Strategie ihres ganzen Lebens, dem
Nicht-Aushaltbaren auf die Spur zu kommen, sich der Angst zu
stellen und Leid an die Oberfläche zu befördern: ans Tageslicht,
damit es gesehen wird. Ihr Augenmerk liegt auf dem Emotionalen,
dem Inneren; rational und bewusst gewählt, in der Gewissheit um
das Potenzial der Veränderbarkeit gesellschaftlicher Realitäten eingesetzt. Wiederholt taucht ihre Metapher des »gespaltenen Menschen« auf und der Empfindung, dass zwar der Erwerb zutreffender Erkenntnisse durchaus all die Jahre geleistet wurde, die ›richtigen‹, also wahren Gefühle weitaus weniger kenntlich gemacht
und somit ertragen werden konnten: »Das eine ohne das andere
macht aber merkwürdig gespaltene Menschen, wie wir sie ja um
uns sehen« (ebd.: 59). Sie schreibt an gegen die »zu weitgehende
Hinausfilterung der Emotionen«, deren Qualität eine ganz andere

ist als die von objektiven und anerkannten Erkenntnissen: Man ist mit ihnen allein.

Christa Wolfs Schreiben stellt sich als der stets analytische, immer sich dem Wahren im menschlichen Handeln und Fühlen nähernde Versuch einer keineswegs analytischen Schriftstellerin dar, die »rein rationale Vermittlung von Wissen und Erfahrung zu durchbrechen« (ebd.). Nicht umsonst endet ihre sehr persönliche Böll-Würdigung von 1997 in einem von ihr gesetzten Akzent, der eine dezente Änderung eines Hölderlin-Zitates durch Böll zur Formel erhebt, die auch Christa Wolfs Texten immanent ist: 1943 noch war das »ewige Herz« mitleidend, 1948 ist es »das menschliche«.[3] Es ist das Schreiben einer Intellektuellen, die Menschlichkeit fordert und sich zugleich dem Mensch-Sein stellt.

## Literatur

Antz, Thomas (Hg.) (1991): *Es geht nicht um Christa Wolf. Der Literaturstreit im vereinigten Deutschland*, München.

Bruyn, Günther de (1994): »Gespräch mit Günter de Bruyn«, in: Text + Kritik 46/1994.

Dieckmann, Christoph (2002): »Spur der Schmerzen«, in: Die Zeit, Nr. 13/2002.

Emmerich, Wolfgang (1993): »Zwischen Hypertrophie und Melancholie. Die literarische Intelligenz im historischen Kontext«, in: Universitas. Zeitschrift für interdisziplinäre Wissenschaft, Nr. 566.

Habermas, Jürgen (1990): Die nachholende Revolution, Frankfurt/M.

Kammertöns, Hanns Bruno/Lebert, Stephan (2005): »Bei mir dauert alles sehr lange«, in: Die Zeit, Nr. 40/2005.

Ketzer Umbach, Rosani (1997): *Schweigen oder Schreiben. Sprachlosigkeit und Schreibzweifel im Werk Christa Wolfs (1960–1990)*, Berlin.

Raddatz, Fritz J. (1994) »Gespräch mit Fritz Raddatz«, in: Text + Kritik 46/1994.

Reimann, Brigitte (2001): *Alles schmeckt nach Abschied. Tagebücher 1964–1970*, hg. von Angela Drescher, Berlin.

Staritz, Dietrich (1996): *Geschichte der DDR – Erweiterte Neuausgabe*, Frankfurt/M.

Text + Kritik (1994): *Christa Wolf*, Nr. 46, 4. Auflage, München.

Vinke, Hermann (Hg.) (1993): *Akteneinsicht Christa Wolf. Zerrspiegel und Dialog*, Hamburg.

Wolf, Christa (1990): *Im Dialog*, Berlin.

Wolf, Christa (1994): *Auf dem Weg nach Tabou. Texte 1990–1994*, Köln.

Wolf, Christa (2000): *Essays/Gespräche/Reden/Briefe 1975–1986* (Werke Bd. 8), München.

Wolf, Christa (2006): *Der Worte Adernetz. Essays und Reden*, Frankfurt/M.

## Anmerkungen

1 Vor 33 Jahren führte die Staatssicherheit Christa Wolf kurzzeitig als GI »Margarete«, welche jedoch nur banale Informationen in die wenigen angeforderten Berichte einfließen ließ, sodass diese bedeutungslos waren – ihre Zurückhaltung und »überbetonte Vorsicht« veranlasste die Staatssicherheit dazu, die unfruchtbare Zusammenarbeit kurze Zeit später einzustellen.

2 Christa Wolf, in: »›Mitleidend bleibt das ewige Herz doch fest‹. Zum achtzigsten Geburtstag von Heinrich Böll«, erschienen in: Wolf 2006.

3 Christa Wolf in ihrer Böll-Würdigung: »Wie ich diesen Text enden wollte, wusste ich von Anfang an: Mit einer Hölderlinzeile [...] ›Und tieferschüttert, eines Gottes Leiden/Mitleidend, bleibt das ewige Herz doch feste‹. Das passt, dachte ich. Und doch hat Heinrich Böll dieses Zitat noch einmal verändert: 1948 [...]. Da heißt es dann: ›Mitleidend bleibt das menschliche Herz doch fest.‹ Dabei wollen wir es bewenden lassen« (in: dies. 2006).

## Militante Vernunft. Über den Intellektuellen Günter Grass

*Harro Zimmermann*

Anno 1959 erscheint *Die Blechtrommel*. Sie löst einen Sturm von Begeisterung und Entrüstung aus. Und bald wird die bundesrepublikanische Belletristik in weltliterarischem Glanz erstrahlen. Günter Grass kann 1960 als berühmter Schriftsteller von Paris nach Berlin zurückkehren. In kurzer Zeit findet er die Aufmerksamkeit der deutschen Publizität, während immer mehr »gefräßige« Widerstände seiner Schreiblust zuwachsen. Alles wird nun ideologieverdächtig, eine beflügelnde Skepsis inspiriert den jungen Mann, der erst nach Kriegsende begreift, welcher Zivilisationsbruch sich vor wenigen Jahren im Namen aller Deutschen vollzogen hat. Erschrecktes Innehalten vor der Wirklichkeit, sein künstlerisches Arbeitsprinzip, bringt deshalb mehr zum Ausdruck als ein genuin ästhetisches Bekenntnis. Es tritt schon früh als inszenierte Imago, als Selbststilisierung eines Nonkonformisten in Erscheinung, der Kunst und Welt, Artistik und Engagement – nach dem Vorbild Albert Camus', aber auch Sartres – in desillusionierende Spannung zueinander setzen will. Erwartungsvoll und mit eigener Experimentierfreude hat der junge Mann das Laboratorium der Moderne im Paris der 50er Jahre kennengelernt. Camus, der im Widerspruch zu Sartre so eindringliche Analytiker der intellektuellen Verfallenheit an linke wie rechte Totalitarismen, kennzeichnet den vernünftigen Geist der Zeit damals als einen, der nichts mehr ernst und nichts mehr leichtnehmen könne. Diesem Paradoxon vermag der junge deutsche Künstler am ehesten zu folgen, hat doch sein Bildungshunger den weltoffenen Avantgardeströmungen der Jahrhundertwende vieles zu verdanken.

Schon in der *Blechtrommel* ist der historisch und politisch reflektierende Schriftsteller erkennbar, der nicht ortlose Ideologiekritik betreiben, sondern den verlogenen Schulddiskurs der Deutschen literarisch aufstören will. Während Konrad Adenauer in der deutschen Erinnerungskultur am liebsten Tabula rasa machen möchte, nimmt Grass genau diesen »gespenstischen Traditionalismus« (Adorno) der fünfziger Jahre aufs Korn, um seine Imprägnierung mit historischer Schuld in grotesker Stilisierung bloßzulegen. Und schon früh arbeitet sich der Bildkünstler als politisch ambitionierter Intellektueller ab an jenem Gründungstheorem der Bundesrepublik, das später zur Kernfrage ihrer demokratischen Kultur werden wird – am Zivilisationsbruch von Auschwitz. Vor allem deshalb geht mit dem Auftritt des Blechtrommel-Autors die Ära des »simplen Nonkonformismus« (Martin Walser) zu Ende. Ein Mann wie Grass will sich nicht mehr an der eigenen »Ohnmacht wärmen«, sondern seine literarische Reputation in die Waagschale einer gleichsam staatsbürgerlichen Dissidenz werfen. Mit diesem Typus des bärbeißig-kritischen Wortkünstlers beginnt eine neue, agonale Intellektualisierung der politischen und kulturellen Öffentlichkeit möglich zu werden. Die *Blechtrommel* ist der erste deutsche Nachkriegsroman, der seinem Autor nicht nur Weltruhm beschert, sondern gleichermaßen als Massenlektüre wie als distinktes Kunstprodukt in Erscheinung tritt. Schon weil sich mit diesem Erzählwerk der literarische Diskurs einem unbegrenzten Publikum öffnet, muss er an politischer Bedeutung gewinnen – hier hält eine konzeptbildende Intellektualität Einzug in das Gegenwartsbewusstsein der Deutschen. Die grimmbärtige Geistes-Ikone namens Grass wäre ohne den Inszenierungsschub, der damals durch das Radio, aber vor allem durch den Erfolg des Fernsehens und der zunehmend visualisierten Printmedien ausgelöst wird, bis heute nicht denkbar.

Schon der avantgardistisch schillernde und ungewöhnlich medienträchtige Kunsthabitus des jungen Mannes dokumentiert die Situation eines angehenden Intellektuellen, der, um erkennen zu können, nicht (mehr) mitmachen zu dürfen glaubt. Jenes »unstet und ortlos gebliebene Flüchtlingskind« namens Günter Grass beginnt sein kalkuliertes Außenseitertum als »Pflichtfach« zu begreifen in einer schuldvergessenen, auf wohlfahrtstaatlichen Konsens getrimmten Gesellschaft. Der eigenen Verstricktheit in die vom Totalitarismus beschädigte Welt kann er sich – nach einer Formulierung von Theodor W. Adorno – nur als »professionell Heimatloser« bewusst werden. Das ist biografisch nicht schwer nachzuvollziehen. Der ehedem nazistisch fanatisierte Flakhelfer des Jahrgangs 1927, in den letzten Kriegsmonaten noch eingezogen zur Waffen-SS an der Ostfront, wird verwundet in die Gefangenschaft entlassen. Ohne Familie und angemessenen Schulabschluss, sinnverloren und perspektivlos sieht er sich in ein befremdliches neues Deutschland versetzt. Ihm bleibt keine andere Möglichkeit, als sein Künstlertum entgegen aller kulturellen Konvention und Erwartung in konzentrierter Autonomie und Selbstermutigung zu verwirklichen. Weder kann der lernbegierige Autodidakt auf die klassisch-romantische Geistestradition der Deutschen zurückgreifen, noch haben die Protagonisten der ›Inneren Emigration‹ Unbescholtenes oder poetisch Nachahmenswertes zu bieten, noch stehen die von links oder rechts vereinnahmten Großdichter Brecht und Benn als Vorbilder zu Gebote. Wer in dieser Lage eine geistige Heimat sucht, vermag sie offenbar nur im ideell-kritischen Konstrukt eines »anderen« Deutschland zu finden. Einzig als verlorene, das weiß der junge Grass, ist die Tradition humanitären Geistes in der Gegenwart noch einmal wiederzugewinnen. Was Camus, aber prägnanter noch der linksorthodoxe Utopist Sartre formuliert hat, wird dem jungen Künstler bald zum öffentlichen Auftrag – allerdings in einem reformdemokratischen Sinn. Als Intellektueller, als selbstbewusster Dilettant, wird er sich einmischen in den Expertenstreit der Politik, der ihn eigentlich nichts angeht und zu dem er von niemandem berufen worden ist. Er tritt auf im Namen universaler

Werte, um nicht weniger als das Politische für sich zu gewinnen, und beteuert zugleich die Nichtverfügbarkeit der Kultur. Politisches Engagement ist für Grass und einige Autorenkollegen allerdings schon damals bestimmt durch kritische Interventionen im Umkreis der Sozialdemokratie. Freilich, die parteinahe Rolle der Intellektuellen bleibt in diesem Nachkriegsdeutschland zu keiner Zeit unbestritten.

### Die SPD – eine politische Chance?

Im Juni 1961 hat sich Günter Grass erstmals öffentlich zur SPD bekannt. In dieser Zeit der Verächtlichmachung deutscher Intellektueller durch konservative Meinungsführer und der problematischen Beziehung zu einer ›revisionistischen‹ SPD Godesberger Provenienz erhält die Person des neuen sozialdemokratischen Kanzlerkandidaten Willy Brandt entscheidende Bedeutung. Adenauer wird ihn bald als unehelichen »Herrn Brandt alias Frahm« diffamieren. Dies hat Grass, neben dem 17. Juni 1953, immer wieder als eines der Initialmomente seiner Politisierung bezeichnet. Er teilt seitdem nicht mehr die Skepsis vieler Freunde und Kollegen gegenüber einer parteipolitischen Orientierung des Intellektuellen. Wie weit 1961 die Verbindungen zwischen den Schriftstellern und der SPD gediehen sind, dokumentiert das von Martin Walser herausgegebene Buch *Die Alternative oder Brauchen wir eine neue Regierung*, das im engen Austausch mit Willy Brandt konzipiert wird. Zwar konzediert Brandt damals, dass »die SPD doch mit den Intellektuellen leben kann – jedenfalls besser als andere«, aber sowohl er als auch andere Parteiobere sind bestürzt über den kritischen Tenor des Rowohlt-Bändchens. Noch vor der Wahl scheint der »kurze Flirt mit der SPD wohl wieder seinem Ende entgegenzugehen‹, argwöhnt Hans Werner Richter. Doch dem Kanzlerkandidaten und seiner Partei kommt die seit 1961/62 deutlich gestiegene Einmischungsbereitschaft der Intellektuellen, samt ihrer medialen Verstärkung, nachhaltig zugute. Hans Werner Richters *Plädoyer für eine neue Regierung oder Keine Alternative* (1965) macht, bei abermaliger

427

Zwiespältigkeit nicht weniger Autoren, noch einmal den starken intellektuellen Impuls deutlich, sich mit Eigensinn der Reformpolitik Brandts zur Verfügung zu stellen. Strauß ante portas – das ist vor allem für den Mitautor Grass ein Grund, für die »rührende ungeschickte, die laue brave muffige SPD, die Tante SPD, mein schlechtes Gewissen, mein Ärgernis, meine schwach begründete Hoffnung SPD« zu werben. Die aufgeweckte Berliner Szene in und um Hans Werner Richters Salon, zwischen Senatsverwaltung, Literarischem Colloquium, Akademie der Künste, Sender Freies Berlin und einigen tonangebenden Mitgliedern der »Gruppe 47« tut dazu ein Übriges. Sie erhält schon bald regelmäßige Rundfunk- und Fernsehanbindungen und entwickelt sich immer mehr zum Reizklima einer in Deutschland neuen, links und zugleich sozialdemokratisch geprägten Metropolenkultur.

Die literarischen Kommunikatoren Hans Werner Richter, Klaus Wagenbach und Günter Grass sind es denn auch, die das »Wahlkontor deutscher Schriftsteller« anregen und mit Unterstützung von Fritz Erler, Karl Schiller, Helmut Schmidt und Willy Brandt seit Juli 1965 in die Tat umsetzen. Das Wahlkontor steht damals für eine Öffnung der SPD in Richtung Bürgertum, vor allem auch für den Übergang zu den Wählerinitiativen in den Wahlkämpfen 1969 und 1972. Freilich wird es sich in all den Jahren um einen »distanzierten Beistand« handeln, Reibereien und Konflikte sind niemals auszuschließen. Heinrich Böll gehört bald zu jenen, die Grass' Verhalten, sich »in die Niederungen der Politik zu begeben, zum Teil wie einen Verrat« ansehen. Doch der *Blechtrommel*-Autor hat nach eigenem Bekunden mit Brandt und der SPD etwas anderes verabredet – nämlich »Assistenz durch Dreinrede«. Was bedeuten soll, dass der Schriftsteller die »Schamschwelle« zur (partei-)politischen Öffentlichkeit überwindet, aber allein auf eigene Rechnung und auf eigenes Risiko aktiv wird. Etwa von 1960 an wird der Begriff »literarische Opposition«, wie er sich seit einiger Zeit in den politischen Bekundungen der »Gruppe 47« angedeutet hat, zum pointierten Gegenstand öffentlicher Wahrnehmung. Der »literarische Rebell gehört zu den Stars der bundesdeutschen Öffentlichkeit«, schreibt Hans Egon Holthusen damals, hier seien »glänzend besoldete Außenseiter«, ja »ausgehaltene Spaßmacher und Provokateure« am Werk, die sich mit ihrer Rolle als Lorbeerbäume neben den Rednerpulten abgefunden hätten, aber nach wie vor einem fragwürdigen »Macht-Geist-Klischee« des Nonkonformistischen anhingen (Süddeutsche Zeitung v. 26.11.1960). Die Sozialfigur des Intellektuellen, der gerade wegen seines Dilettantismus und seines Außenseitertums moralische und politische Befugnis, ja eine unvergleichliche Aura erlangt, ist in der jungen Bundesrepublik noch lange keine Selbstverständlichkeit.

### Der Wahlkämpfer

Im Januar 1965 tritt auf dem Treffen der Berliner Jungsozialisten ein politischer Kampfhahn erster Güte in Erscheinung. Die SPD sei die einzige deutsche Nachkriegspartei, die eine »relativ saubere Tradition« besitze und bislang die verschärfte Notstandsgesetzgebung in Deutschland verhindert habe, bleut Grass den jungen Parteimitgliedern ein. Daher sollten nun entsprechende politische Vorkehrungen getroffen werden, denn es könne der SPD »eines Tages das Notstandsgesetz fehlen, weil Strauß einen Putsch machen will«. Der politische Rhetor Grass wird immer mutiger. Wer sich mit einem Bundesschatzminister Dollinger anlegt, macht bald auch vor einem Bundeskanzler namens Erhard nicht halt. Gerade weil es um das deutsch-israelische Verhältnis und den Schulddiskurs in der Nachkriegsrepublik geht, greift Grass einen »überforderten« Kanzler an, der »heute, da uns die heranrückende Verjährungsfrist ungesühnter Verbrechen Prüfstein genug ist, nochmals die Toten und Überlebenden der Konzentrationslager Auschwitz und Treblinka, Sobibór und Chelmno, Theresienstadt und Buchenwald zu beleidigen, ja, ihren Mördern und Peinigern Genugtuung zu verschaffen« imstande sei. Vor solchem moralischen »Unvermögen« will Grass besonders die Kinder schützen: »Treten Sie zurück, Herr Erhard. Sie gefährden uns alle. Unser Volk hat Anlass zur Scham genug. Jemand, der das Maßhalten zur Phrase erhoben hat, ist dabei, die Schamlosigkeit maßlos zu betreiben.« Noch ist Ludwig Erhards Stunde nicht gekommen, und Grass' Rücktrittsforderung trifft auf den Spott und das Kopfschütteln der konservativen Presse, die den Anspruch des »patentierten Außenseiters« als ungehörig, peinlich und dilettantisch kritisiert. Doch wie kaum ein zweiter aus der Schreiberzunft ist Grass mittlerweile als maßgeblicher Intellektueller etabliert, der die gewohnten Diskursgrenzen zwischen Politik und Kultur zu überspielen in der Lage ist. Grass, dem das agonale Gruppen-Ego der Siebenundvierziger längst unverzichtbar geworden ist, erlebt diese Situation als wachsende Selbst- und Kollektivverpflichtung zu staatsbürgerlichem Engagement. In einem »Spiegel«-Interview will er seinen Kollegen, die allzu leicht irre würden an der pragmatischen SPD-Politik, die Leviten lesen:»Viele meiner Freunde, besonders der vornehme Suhrkamp-Flügel, haben Angst, sich die Finger schmutzig zu machen. Ich neige nicht dazu, Schriftsteller zu verdammen, die sich in Elfenbeintürmen verkriechen. Aber wenn man sich politisch engagiert, dann nicht über der Gesellschaft schwebend, sondern als Staatsbürger« (31. 3. 1965). Der Dichter als parteinehmender Bürger – Literatur und Politik sind bei Grass schon damals zwei unzertrennliche Aktionsfelder.

Auch die Wahlkampfreden, die er von Juli 1965 an in Deutschland hält, sind geprägt durch ein ungewohntes, für viele aufreizendes intellektuelles Selbstverständnis:»Wer spricht hier zu wem? Ein Geschichtenerzähler«, stellt der Staatsbürger Grass sich den Zuhörern vor. Später, bei entbranntem Wahlkampf, nennt er sich: »Querulant, Intellektueller und Pinscher«, er sei weder Kandidat noch Fachmann, sondern einer, der in der Luft liegende »demokratische Geschichten«, Anekdoten, ja selbst Märchen zu erzählen beabsichtige – die ironische Selbstrelativierung gehört zum Geschäft der rhetorischen Standortbestimmung. Rechenschaft aber sei er nur sich selbst und seinen Mitbürgern schuldig, weshalb von einem Traditionsbruch die Rede ist, der in seiner Freiheit von jedweder Interessenbindung liege. Selbstredend will der Dichter auch von programmatischen Verkündigungen Abstand nehmen, sondern nur versuchen, die Zuhörer »nachdenklich zu stimmen«. Mit Walt Whitman wirbt er – keinem deutschen Wahlredner ist bislang Vergleichbares eingefallen – für die »geliebte, penetrante, die immerfort unzulängliche, zum Überdruss reizende, in Kerkern ersehnte, komplizierte und immer auf Wandel und Wechsel sinnende, ermüdende, teuer erkaufte, heilig nüchterne Demokratie«. Damit hat Günter Grass überraschenden Erfolg, er erntet vielerlei Zuspruch und oft genug heftige Widerreden und Verketzerungen. Wahlen seien »Appelle an die Vernunft«, beteuert er gleichwohl und bemüht sich um die Formulierung dessen, was eine moralisch und kulturell belehrte Politik in Deutschland als Inhalt und Perspektive besitzen könnte: Geldsammeln für Schülerbüchereien oder für Bibliotheken bei der Bundeswehr zum Beispiel, damit jenes »über Gräber vorwärts« endlich aufhört, Aversionen gegen »Elitegeist und abendländische Überheblichkeiten«, auch gegen die trügerische »Fernsehdemokratie« in Deutschland, Polemik wider den banausischen Kanzler Erhard und sein Gerede von der »formierten Gesellschaft«, Protest gegen die verlogene Stilisierung des 17. Juni zum Volksaufstand und immer wieder Loblieder auf Willy Brandt. Er ist für Grass in diesen Jahren *die* politische Inkarnation der künftigen deutschen Vereinigung, ja geradezu einer geistig renovierten Nationalkultur. Wenn Grass den Patrioten Ernst Moritz Arndt und dessen berühmtes Gedicht »Was ist des Deutschen Vaterland?« wahlrhetorisch ins Spiel bringt, so um der geschichtlichen Bedeutung des verehrten Zeitgenossen willen: »Zur Zeit ist er der einzige Staatsmann, der Kenntnis, Begabung und Statur hat, eine außenpolitische Initiative zu entwickeln, die das verdrängte Ziel der Wiedervereinigung wieder in unseren Blick rückt.« Das Grund- und Perspektivthema des Intellektuellen Grass, kraft dessen die Deutschen über alle politischen Detailprobleme hinweg zu einer Art Identitätsreflexion gelangen sollen, ist der 17. Juni. Das Theaterstück »Die Plebejer proben den Aufstand«, das die ostdeutsche Arbeiterrevolte von 1953 zum Sujet hat, ist damals so gut wie fertig, und der Gleichklang von politischer Zeiterregung und literarischem Widerspiel soll kräftig ausgereizt werden. Zu beklagen seien in Deutschland, so der Wahlredner Grass, »unverbindliche 17.-Juni-Feiern, die den tragischen Arbeiteraufstand Jahr für Jahr zur Volkserhebung verfälschen, feierliche Lügen und Sonntagsreden«. Gegen die Formel vom »Verzichtpolitiker« bekräftigt der Dichter den Anspruch der aufgeklärten »Vernunft« in der Politik. Die Deutschen sollen endlich wieder dem einst blühenden, nun immer mehr verdrängten Hang zu den Wissenschaften nachgeben. Vernunft, Aufklärung, Sozialdemokratie, Willy Brandt – hier kommen weltanschauliche Bekenntnisse zueinander, die über Jahre hin den streitbaren Pragmatismus des Schriftstellers Grass in politicis möglich und erfolgreich werden lassen. Dass Politik keine »Geheimwissenschaft« sei, könnten Aufklärer wie Christian Wolff, Lessing und Klopstock, Herder, Bürger, Schubart und die Brüder Stolberg ihren nachgeborenen Kollegen beibringen. Und hier ist Grass ganz bei seinem Thema, der Konstruktion des Nationalen gleichsam als einer Universalie der deutschen Nachkriegspolitik: »Deutschland ist, hundert Jahre vor Bismarck, durch deutsche Schriftsteller und Philosophen, die den Geist der Aufklärung durch dieses Land wehen ließen, kraft der Sprache geeinigt worden.« Allein dadurch sei den Bürgern des Landes ein Begriff der »Nation« bewusst geblieben, den die aufgeklärte Linke der sechziger Jahre endlich wieder im Panier führen müsse. Die Sozialdemokratische Partei, dessen ist Grass sicher, fußt mitsamt ihrer »reformistischen Tradition auf Vernunft und Aufklärung«. Und natürlich, so beteuert er, hat keinem CDU/CSU-Politiker »jemals das Feuer der Aufklärung geleuchtet«. Moralische Verantwortung in der Politik zur Pflicht zu machen sei mit einem konservativen Machtanspruch unvereinbar. Vielmehr könne es nur bedeuten, die pragmatische SPD, dieses der »politischen Phantasie nüchtern geratene Kind«, im Namen des besseren Deutschland zu unterstützen.

Hohe Zeit sei es daher zur öffentlichen »Anklage«. Kanzler Erhard wird an den Pranger gestellt, der von der »formierten Gesellschaft« raunt, aber den Bildungsnotstand an deutschen Schulen und Universitäten ignoriert. Staatssekretär Hans Globke, der einstige Kommentator der Nürnberger Rassegesetze, sieht sich vehement angegriffen, er habe Schuld und Scham über die Nation gebracht. Im Kollektiv werden aber auch die Westdeutschen kritisiert, sie hätten der DDR die Hauptlast des verlorenen Krieges aufgebürdet und nähmen ein »verbissenes Staatsbewusstsein« jenseits des Eisernen Vorhangs in Kauf. »Wir haben uns korrumpieren lassen«, ruft Grass seiner eigenen Generation ins Gewissen. Der ›allgemeine‹ Intellektuelle will und kann immer wieder mit spezieller Sachkompetenz aufwarten.

## Kanzlerbarde und Pinscher

»Keines der Themen war mit der SPD abgesprochen«, auf die Feststellung seiner prinzipiellen Autonomie legt der Wahlkämpfer Grass damals Nachdruck. Er habe etwa mit der Oder-Neiße-Grenze oder dem Paragraphen 218 Probleme zur Debatte gebracht, für die es »noch keinen SPD-Beschluss gab«, und immer wieder auch die Gesamtpartei in eine kritische Perspektive gerückt. Grass befindet sich seit Anfang Juli 1965 wiederum pausenlos an der Wortfront des Wahlkampfes, während das Berliner Wahlkontor an der rhetorischen Raffinesse der dringend benötigten Texte für Parteigrößen arbeitet. Ständig muss er sich jetzt mit der Konfliktsituation zwischen Parteiapparat und nonkonformistischem Intellektuellenmilieu auseinandersetzen. So distanziert er sich von seinen »heimatlosen Kollegen auf der Linken« und fährt gleichzeitig dem SPD-Fraktionsvorsitzenden ironisch in die Parade: »Herbert Wehner bündelt jetzt schon wieder Blitze hinter seiner Pfeife, weil etwas passiert, das er nicht geplant hat« (Die Zeit v. 9.7.1965). In der Tat werden die Aktivitäten der SPD-nahen Intelligenzler besonders von Herbert Wehner mit Argusaugen beobachtet. Doch beide Invektiven darf Grass für legitim halten, weil Willy Brandt von ihm nicht die »Wiederholung der professionellen Politikersicht« erwartet, sondern dass er »gesellschaftliche Erfahrungen, die auch politische Erfahrungen sind, mit einfließen lässt«. Daran will es der berühmte Wahlhelfer nicht fehlen lassen. Hat Bundeskanzler Erhard soeben in der Hamburger Ernst-Merck-Halle von der »zersetzenden Gefahr« gesprochen, die von den »Zwietracht säenden Intellektuellen« drohe, so tritt nahezu zeitgleich des »Zukunftskanzlers Barde« in der Universität der Stadt auf, um das »allgemeine Unbehagen« in Deutschland zum Ausdruck zu bringen (Spandauer Volksblatt v. 10. 7. 1965). Als Erhard den Autor Hochhuth einen »ganz kleinen Pinscher« nennt, fällt sein Blick mindestens so verächtlich auf Grass: »Für mich braucht keiner für die Wahl die Blechtrommel zu rühren« (Süddeutsche Zeitung v. 12. 7. 1965). Wie auch immer, der poetische Wahlredner sei in diesem Wahlkampf »die große Masche«, notiert die »Frankfurter Rundschau«. Von Grass könnten sie »alle lernen. Dieser Mann entwaffnet seine Gegner mit einer frisch-fröhlichen Offenheit.« Etwa wenn er anmerke, dass für seinen Geschmack die SPD in Berlin viel zu stark sei, oder: »Was ich der SPD wünsche, ist eine starke Opposition«, oder: »Es besteht kein Anlass, von Politikern oder Parteien begeistert zu sein. Die Geschichte lehrt es uns schmerzhaft« (ebd., 12. 7. 1965). In Würzburg allerdings wird dem Blechtrommler von ›seinem‹ Publikum zum ersten Mal richtig eingeheizt. Hier trifft der Dichter auf den »organisierten Widerstand« katholischer und politisch rechtsgerichteter Studenten vor den Hutten-Sälen der Julius-Maximilian-Universität. Als »Sonderberater für Reden des Dr. h. c. Willy Brandt« wird er auf Plakaten und Flugblättern des »Aktionskomitees für saubere Literatur« bezeichnet: »Er, Dr. h. c. Günter Grass, ist hinreichend bekannt als Verfasser anrüchiger, schlüpfriger Geschichten. Er will seinen Atheismus in der Stadt des hl. Kilian vortragen. – Sind Sie damit einverstanden? Wenn nicht, dann protestieren Sie vor der Veranstaltung bei den Huttensälen. Sie werden nicht allein sein« (Süddeutsche Zeitung v. 14. 7. 1965). Doch weder der Abdruck von einschlägigen Stellen aus *Katz und Maus* noch die Warnung »Singen Sie anderswo, Herr Dr. h. c. Grass!«, fruchtet etwas – auch der Würzburger Saal birst vor Zuhörern. Und schon einen Tag nach der Veranstaltung meldet die Zeitung »Politik und Wirtschaft« Folgendes: »Bedenken sind in SPD-Kreisen laut geworden gegen den Ton, den ›Blechtrommel‹-Autor Günter Grass bei Wahlveranstaltungen zugunsten der Sozialdemokratie anschlägt. Politiker befürchten, seine Argumente könnten beim unbefangenen Zuhörer leicht in ungewollte Anti-Propaganda umschlagen. An der Grass-Tournee sollen sich deshalb künftig Mitglieder der SPD-Regierungsmannschaft als Co-Referenten beteiligen.« Manch biederer Sozialdemokrat hat sich wahrhaft erschrocken. Jubelkonzerte und Pfui-Rufe, Trompetengeschmetter aus Protest und tosender Beifall, Zwischenrufe wie »Schwein! Aufhören! Lauter Phrasen!« könnten den Wahlkampf der Volkspartei SPD in einem fragwürdigen Licht erscheinen lassen. Auch die Angriffe des Schriftstellers auf den Bundeskanzler als »Spießbürger«, vorgetragen als »Pinscherrede«, ja sein Wort von der »Zumutung« des Erhard'schen Banausentums dürften für den bürgerlichen Habitus der Godesberger SPD nicht unbedingt von Vorteil sein. Und dennoch, Grass erntet (nicht nur) an diesem Abend »fünfundachtzigmal stürmischen Beifall. Zweiundvierzigmal bekam er Kontra, und zweiunddreißigmal erzielte er Heiterkeitserfolge« (Stuttgarter Zeitung v. 14. 7. 1965). Mag er in seinem »Einmann-Unternehmen« auch eine kalkulierte Rolle spielen, dieser »poète engagé« und »Bundesdeutschlands Starpoet« tritt mit »intellektueller Redlichkeit« auf und preist die SPD keineswegs als »Nonplusultra« (Rheinischer Merkur v. 16. 7. 1965). Vielmehr spornt er zumal die Freunde und Vertrauten seiner »heimatlosen Linken« zu »staatsbürgerlicher Aktivität« an und steht die massiver werdende Kritik seitens der SPD wacker durch.

Die Auseinandersetzung mit der Partei ist freilich immer weniger vermeidbar. Grass empfindet die Einreden von Sozialdemokraten gegen seine Wahlkampfthesen, etwa die vom Verzicht auf die ehemaligen deutschen Ostgebiete, nicht selten als »lästig« und hält mehrfach dagegen: »Ich bin ja dieser Partei nicht verschworen und muss mich nicht distanzieren, wenn sie sich distanziert. Das ist meine Schwäche, aber auch meine Stärke« (Frankfurter Allgemeine Zeitung v. 21. 7. 1965). Im Übrigen gelte für ihn: »Selbst wenn mich Herbert Wehner zur Ordnung rufen würde, würde ich ihm entgegenhalten, dass er nicht die Partei ist, dass er sie nicht gepachtet habe« (Münchener Abendzeitung v. 21. 7. 1965). Weder Interessenvertreter noch Parteisoldat, weder Programmapostel noch Schöngeist – ein moralischer Universalist mit politischer Verstörungskraft will hier ein selbstverordnetes öffentliches Amt wahrnehmen.

## Das Temperament der Vernunft

Schon Ende Juli 1965 glaubt Grass eine positive Bilanz seiner ersten Wahlkampfreise ziehen zu können. Es sind Zehntausende von Zuhörern erreicht worden, der Aufmerksamkeitseffekt ist riesig, und mehrfach ist Kanzler Erhard gezwungen gewesen, sich mit dem Schriftsteller öffentlich auseinanderzusetzen. Selbst Franz Josef Strauß kann damals nicht umhin, in seiner ersten von rund achtzig Wahlreden den Fall Grass/Hochhuth aufzunehmen, die er als »Außenpartisanen« der SPD bezeichnet: »Mit Grass kann man politisch nicht diskutieren.« Von der SPD erwartet er deshalb eine klare Antwort: Sei das, was Hochhuth und Grass in ihren Wahlreden als ›Linksaußen der SPD‹ kritisierten und forderten, SPD-Politik, dann solle Brandt ja dazu sagen; sei es aber keine SPD-Politik, dann müsse er es sich »verbitten, dass die Wähler mit falschen Parolen verführt« würden (Süddeutsche Zeitung v. 2. 8. 1965). Nicht nur die deutschen Politiker, auch die Medien versuchen sich an einer Deutung des neuartigen Phänomens, das jetzt außerparlamentarische Demokratie genannt wird: »Wie viel Stimmen mag Grass der SPD eintragen, wie viel mag er sie kosten? Man wird's nicht ermitteln können. Aber die Hektik, mit der die Politiker die Einmannkampagne des Büchermachers verfolgen, hat etwas Belustigendes« (Neue Rhein Zeitung v. 21. 7. 1965).

Doch was tut sich um 1965 tatsächlich zwischen Macht und Geist in der Bundesrepublik? Sind die »Intellektuellen – beileibe nicht alle, aber einige – der allzu prinzipiellen moralisierenden Kritik an den Zuständen der Wohlstandsgesellschaft müde geworden?« (Süddeutsche Zeitung v. 20. 7. 1965). Für die linksliberale Presse ist der Fall klar. Sie spricht vom »einmaligen Erfolg« der Grass'schen Wahltournee, von ungewöhnlicher »Zivilcourage«, von Tabubruch, vom Ende der Obrigkeitstradition und der »Staats-Verdrossenheit«, ja von einem »neuen Abschnitt in der deutschen Literatur« (Vorwärts v. 28. 7. 1965). Ganz anders die konservativen Medien. Über die »Aktion Brandt« sei noch lange »kein Grass gewachsen«, sie werde der Partei, aber auch den beteiligten Autoren noch einmal zum Problem werden. Denn die literarischen Glanzlichter könnten später durchaus zu »Irrlichtern« werden: »Wer sich in Gefahr begibt, kommt auch als Literat manchmal in ihr um. Das schlimmste, was den Grasshüpfern von der Gedächtniskirche passieren kann, ist ein Wahlsieg der SPD. Dann müssten sie womöglich beim nächstenmal der CDU die Glanzlichter liefern, die sie jetzt dem Brandt aufstecken; denn was so ein richtiger Literat ist, der ist ja immer in der jeweiligen Opposition, von wegen dem Trommeln und so« (Hannoversche Allgemeine Zeitung v. 22. 7. 1965). Die primitivere Variante konservativer Meinungsbildung spricht von der dürftigen Propaganda des »Brandtschen Leibpoeten«, diesem »Zwergpinscher«, der nichts als ein »Spaßmacher« sei und reine »Gaudi« verbreite: »Das deutsche Volk müsste sich schon in eine Nation von Oskars, also von analphabetischen Schwachsinnigen, zurück entwickeln, wenn Brandts Goebbels-Ersatz Erfolge haben sollte« (Tagesanzeiger v. 24. 7. 1965). Die klügeren Grass-Gegner in der Presse besitzen wenigstens eine Ahnung von den gesellschaftlichen Hintergründen jener triumphierenden »jakobinischen Komponente des linken Liberalismus«, die mit »schrillen Tönen« den bloßen »Klamauk an die Stelle des Nachdenkens« setze. »Querkopfrealisten« wie Grass würden gerade dadurch gefördert und herausgefordert, dass die Konservativen, die sich als Realisten bezeichnen, allzu »leicht die Macht unterschätzen, die sich nur auf dem Geist gründet.« Tatsächlich hätten die Regierungsparteien in diesem Wahlkampf es wieder einmal nicht vermocht, auch nur eine »ernstzunehmende Sammelarbeit von Autoren, die ihnen nahe stehen könnten, zustande zu bringen« (Münchner Merkur v. 1. 8. 1965). Für Grass ist das nur ein weiterer Ansporn.

Vom 26. August 1965 an macht sich der Blechtrommler noch einmal auf den Marsch durch die Wahlkampfsäle. Hans Werner Henze und Siegfried Lenz, sogar Carl Zuckmayer haben dem Kollegen Grass ihre Unterstützung zugesagt. Und nun zieht der noch ganz andere Register. Bundeskanzler Erhard sei »an Fleiß und Können« dem Staatsratsvorsitzenden Walter Ulbricht deutlich unterlegen, verkündet er. In der Frage der Schwangerschaftsunterbrechung steht eine kontrollierte klinische Indikation auf seinem Forderungskatalog, er wettert gegen jede Tabuisierung des Schwangerschaftsabbruchs, nennt die Arbeit von Gesundheitsministerin Elisabeth Schwarzkopf »mörderisch« und auch die Politik von Verkehrsminister Seebohm einen »Mord auf unseren Landstraßen«. Wieder also redet »Tabu-Stürzer« Grass »Pamphlet«. Durch »tosenden Beifall, an Händen vorbei, die mit Grass-Büchern und Grass-Plaketten und Grass-Porträts winken«, erklimmt er sein Podium, um Freund und Feind in Erregung zu versetzen (Neue Rhein Zeitung v. 28. 8. 1965). Zur gleichen Zeit hat INFAS eine Meinungsumfrage in der Bundesrepublik durchgeführt. Ihr zufolge nennen 67 % aller Deutschen den Namen Günter Grass, wenn es um einen bekannten Schriftsteller des Landes geht. Das Institut hat dafür eine eindeutige Erklärung: »Zu der Popularität von Günter Grass dürften dessen Wahlreisen beigetragen haben. Rund ein Drittel der Befragten gab an, davon in Zeitungen und Zeitschriften gelesen, im Radio oder Fernsehen davon gehört oder Grass persönlich gesehen zu haben« (Tagesspiegel v. 1. 9. 1965). Kein Wunder, dass die CSU-Landesleitung die SPD dringlich auffordert, sich von den »unerhörten Äußerungen ihres Wahlhelfers« Günter Grass zu distanzieren, finden doch diese »Attacken ohne Gnade« nur noch unter frenetischem Beifall und heftigen Protestaktionen statt. In Hildesheim etwa bleiben »einige verstörte CDU-Honoratioren zurück – denen man ansah, dass die Veranstaltung wie ein Naturereignis über sie hinweggegangen war« (Hannoversche Presse v. 4. 9. 1965). Gemunkelt wird nicht nur in der Presse von kaum verhohlenem Ärger in der SPD über diesen Wahlhelfer, zugerüstet wird der offene Widerstand immer mehr von CDU und Junger Union: »In Hildesheim – so der Liberale Studentenbund – hätten Vorverkaufsstellen wörtlich erklärt: ›Uns hat die CDU den Kartenverkauf verboten. Bei uns erhalten Sie keine Karten.‹ In Mühldorf am Inn seien sämtliche Plakate für die Grass-Veranstaltung abgerissen worden. Die CSU streue Gerüchte aus, Grass sei ein Playboy, der ›an der Riviera das Geld der Firma Fichtel & Sachs‹ verlebe. Auch in Passau habe die Junge Union organisierte Anti-Grass-Demonstrationen angekündigt« (Münchener Abendzeitung v. 4. 9. 1965). Man kann nicht »etwas aus dem Verkehr ziehen, was man nicht in den Verkehr gebracht hat«, entgegnet Willy Brandt auf die vielfachen Mahnungen, er möge dem lauthalsen Poeten sein Vertrauen entziehen. Das tut der Kanzlerkandidat keineswegs, vielmehr tritt er seinem Helfer ausgerechnet bei einer Wahlveranstaltung in Bayreuth spektakulär zur Seite. Grass und Hans Werner Henze, dazu illustre Gäste wie Fritz Kortner, Ingeborg Bachmann, Bernhard Wicki und Friedelind Wagner machen das Ereignis zum Medienspektakel. Linker Geist um »Grass und seine Sekundanten« *und* sozialdemokratischer Machtglanz von Egon Bahr über Klaus Schütz und Karl Schiller bis hin zu Willy Brandt – das ist eine neue Qualität dieser zunächst nur zögerlich inszenierten politischen Allianz.

Kaum nach Berlin zurückgekehrt, wird der Dichter mit einem Brandanschlag auf sein Haus in Friedenau konfrontiert. Unbekannte Täter haben nachts seine Eingangstür in Brand gesetzt, was zu erheblichen publizistischen Aufregungen führt. Spontan vermutet Grass »rechtsradikale Kreise« hinter dem Anschlag: »Ich führe das auf den Ton zurück, der in letzter Zeit in diesem Lande gegenüber Schriftstellern angeschlagen wird« (Süddeutsche Zeitung v. 17. 9. 1965). Schon im Zusammenhang mit seiner Wahlreise habe er Drohbriefe erhalten, »insbesondere wegen seiner Äußerungen zur Frage der Oder-Neiße-Linie«. Und dann kommt Grass zur Sache: »Wenn Ludwig Erhard sich in der bekannten Art und Weise mit den Schriftstellern und Intellektuellen beschäftigt, dann muss er damit rechnen, dass sein Kanzlerwort nicht ohne Echo bleibt. In Cloppenburg sah ich, wie aufgeputschte 16- bis 19jährige randalierten. Es fällt mir schwer, den Versuch, mein Haus anzuzünden, als rechtsradikale Umtriebe abzutun« (Frankfurter Rundschau v. 17. 9. 1965). Noch am Abend der Bundestagswahl verschafft er sich auf spektakuläre Weise Zutritt zum Amtssitz des Bundeskanzlers, er wird sofort von Kameras umringt und gibt vor Deutschlands Fernsehpublikum mehrere Live-Interviews. Grass verlangt, dem Bundeskanzler Ludwig Erhard in aller Öffentlichkeit zwei Fragen stellen zu dürfen. In der Höhle des Löwen – und vor der usurpierten Öffentlichkeit laufender Fernsehkameras – legt der Blechtrommel-Autor richtig los. Er vergleicht das Wahlergebnis der letzten Bundestagswahl, bei der die SPD wiederum nicht siegreich war, mit der Situation der Weimarer Republik vor dem Machtantritt Hitlers. Noch die heimische Feuerattacke bringt er mit dem Reichstagsbrand von 1933 in Beziehung, um daraus die Frage abzuleiten, ob Erhard nicht durch seinen »Appell an die niederen Instinkte des deutschen Volkes diese Aktion herausgefordert habe« (20. 9. 1965). Zudem will der Dichter vom Kanzler wissen, mit welchem Recht er ihn einen »Handlanger Ulbrichts« genannt habe (Münchener Abendzeitung v. 20. 9. 1965). Aber Ludwig Erhard verweigert jede Aussage in dieser dreist inszenierten Tribunalsituation. Grass' politische Auftritte werden in der Öffentlichkeit keineswegs einhellig abgelehnt. Die Meinungsforscher haben für den August 1965 herausgefunden, dass 38 % aller Deutschen dafür sind, dass Schriftsteller sich in der Politik engagieren. Und das sieht mittlerweile auch der überwiegende Teil der veröffentlichten Meinung im Lande nicht anders. Einem Intellektuellen wie Grass habe es die politische Kultur Deutschlands zu danken, dass es die »Macht des Wortes, die oft gepriesen, aber wenig geglaubt wird, auch in der Zeit der Bilder, Profile und Images in Wirklichkeit gibt«. Er sei zwar der »Abstempelung ausgeliefert« wie selten eine Figur der Zeitgeschichte und wohl eher als Barde der SPD denn als Sänger der Demokratie wahrgenommen worden, aber dennoch könne man ihm eine Aufwertung zum »nationalen Symbol« nicht absprechen (Süddeutsche Zeitung v. 27. 9. 1965).

Für Jürgen Habermas datiert die »Normalität« der nachkriegsdeutschen Intellektuellenkultur auf ebendiese Zeit. Freilich korrespondiert sie schon damals mit einer entschieden konservativen Abwehr der vermeintlichen Selbsterhebung politisierender Literaten zu Anwälten des *bonum commune* in der Bundesrepublik. Günter Grass gilt seit Anfang der 60er Jahre als der markanteste Vertreter dieser angeblich keineswegs mehr »heimatlosen«, sondern über die »Gruppe 47« im Kulturbetrieb mafiotisch vernetzten Linken. Dem konservativen Außenblick entspricht so gut wie nichts in der Wirklichkeit des sich damals schon umgruppierenden sozialistischen Lagers. Grass, über den deutsche Parlamente debattieren, dem etliche Bundesminister öffentliche Fehden liefern, dem der »Spiegel« wiederholt Titel-Stories widmet, der sich dem Revisionismus und Pragmatismus der Sozialdemokratischen Partei Deutschlands verschreibt, wird damals im rechten wie im linken Kultur- und Politikspektrum zum Skandalon. Den Gleichklang von weltweitem Künstlerruhm und politischer Selbstvermarktung als Wahlkämpfer und Partei-Intimus wollen ihm selbst Freunde und Kollegen immer weniger nachsehen. »Wie der Intellektuelle es macht, macht er es falsch«, hat Adorno in den *Minima Moralia* zu bedenken gegeben, Grass bekommt die Dialektik des Engagements mit allem Nachdruck zu spüren. Dass der Künstler dem Bürger zwanglos zur Seite stehen könne, wenn es um die pragmatische Durchsetzung einer humanitär inspirierten Politik ging, hat vielen Weggenossen niemals, etlichen nur zu Zeiten eines relativ guten Einvernehmens zwischen Staat und Kultur einleuchten wollen. Grass' Beziehungsgeschichte mit der SPD ist und bleibt denn auch von anderen Formen und Ursachen der Enttäuschung gekennzeichnet als die aller anderen parteinahen Intellektuellen und Schriftsteller.

In dem Maße, wie die deutsche Nachkriegsliteratur öffentlich mit den Protagonisten der ›Gruppe 47‹ und ihrem vermeintlichen SPD-Syndrom gleichgesetzt wird, nimmt auch der Binnendiskurs der linken Intelligenz immer unversöhnlichere Züge an. Soll die

Gruppe noch stärker auf gesellschaftliche Reputation und Integration setzen, sich gar zu einer Art Kulturagentur der SPD entwickeln? Oder muss sie sich politisch nach links radikalisieren und »sozialisieren« und etwa die Aggression des kapitalistischen Bruderlandes und NATO-Bündnispartners Amerika in Vietnam bekämpfen? Darüber ist damals mit Grass, dem reformistischen Wahlkämpfer für die SPD, keine gütliche Einigung mehr möglich. Schon seine Büchner-Preisrede vom Oktober 1965 geißelt vielmehr die linken Weggefährten scharf, weil sie sich zu fein gewesen seien für die öffentliche Unterstützung der Sozialdemokraten bei der soeben verlorengegangenen Bundestagswahl. In den Augen der Linken dagegen bläst sich der so renommierte wie begüterte Kollege Grass immer mehr zum nationalen Repräsentanten der Deutschen auf, zum Konstrukteur einer dekretierten Nationalität im Zeichen der Aufklärung. Vor den Augen einer entgrenzten Öffentlichkeit droht einer von ihnen der Lust an der Polit-Show zu erliegen, eingespannt zwischen Berliner »Wahlkontor« und SPD-Prominenz scheint er die Distanz zwischen Kunst und Staat preisgeben zu wollen. Da nützen alle Freiheiten und die forsche Kritik, die sich der Schriftsteller immer schon gegenüber dem SPD-Apparat herausgenommen hat, wenig. Schon Jahre vor dem Erfolg der von Grass initiierten SPD-Wählerinitiativen, die seit 1969 zu einer Bürgerbewegung anschwellen, ist das Ressentiment wider den (partei-)politisch engagierten Künstler weit verbreitet. Im Oktober 1965 verbrennen entschiedene junge Christen am Gestade des deutschen Rheins, und das nicht ohne Billigung hoher katholischer Würdenträger, ein Exemplar der *Blechtrommel*. Ein Ketzer und Nestbeschmutzer in deutschen Landen soll zur öffentlichen Verantwortung gezogen werden.

Dass Günter Grass in jenen Jahren Entscheidendes leistet zum Aufbau einer diskursiven, anstelle der überkommenen rituellen und trivialisierten Nationalität in der Bundesrepublik, wird sich in den Auseinandersetzungen um sein Trauerspiel »Die Plebejer proben den Aufstand« herausstellen. Schon 1964 in Sigtuna haben sich die Siebenunvierziger heftig über das vermeintliche Anti-Brecht-Drama gestritten, doch erst seine Uraufführung im Januar 1966 im Berliner »Schiller-Theater« rückt den Autor ins Zentrum aller deutschlandpolitischen und intellektuellen Debatten. Bedenkt der Staatspädagoge Grass wahlrednerisch und bühnenfiktional die Einheit der Nation, und propagiert er sein Modell einer künftigen deutschen »Konföderation«, so stellt ihn der Kapitalismuskritiker Enzensberger jetzt dar als *das* Paradebeispiel eines erledigten sozialdemokratischen Reformismus. Schon vor dem Höhepunkt der Studentenbewegung von 1967/68 also, die Grass im Prinzip begrüßt, aber in parlamentarische Bahnen lenken will, weshalb sie den Kampf gegen ihn zum wichtigsten politischen Problem erklärt, sind die Grundmuster seiner linken Disqualifizierung ausgeprägt. Hier ist die »Gefühlskoalition« von einst in der Tat zerbrochen, vielmehr haben einschlägige Kritiker nun den »zentralen Bonzen« der bürgerlichen Literatur, einen obsoleten Typus des Geistesarbeiters, dingfest gemacht. Günter Grass, das kulturelle »Wappentier« der Bundesrepublik, ist abermals zum Brennpunkt und Ferment der Intellektuellendebatte geworden. Das sollte sich in Zukunft wiederholen.

### Nach dem Hochamt der Negation

Zu Beginn der 70er Jahre, als sich die Linke in eine hektische Grüppchenpolitik, in diverse soziale Bewegungen und an ihren Rändern ins terroristische Milieu hineinbewegt hat, ist der »staatstragende Außerparlamentarier« Grass immer noch am reformpolitischen Werk. Nach wie vor blühen die von ihm ins Leben gerufenen Wählerinitiativen für die Sozialdemokratie, er wird in der Öffentlichkeit zum Regierenden Bürgermeister von Berlin vorgeschlagen, unterstützt maßgeblich die gewerkschaftliche Selbstorganisation der Schriftsteller, beteiligt sich an der innerparteilichen Demokratiedebatte in der SPD, geißelt ihren allmählich erschlaffenden Reformkanzler, rückt auch seinem Nachfolger Helmut Schmidt politisch zu Leibe, engagiert sich für einen rechtstaatlichen Umgang mit dem deutschen Terrorismuskomplex und widmet sich zunehmend den Menschheitsproblemen in der Dritten Welt, die von den Studenten ins Blickfeld gerückt worden sind. Vergolten wird ihm das mit dem Vorwurf, ein publicitysüchtiger und abgehobener »Staatsschriftsteller« geworden zu sein. Der interne Entlegitimationsprozess der bundesdeutschen Intellektuellen ist nicht nur seitens der Rechten, sondern auch in der Linken weit gediehen, als Helmut Schelsky 1975 seine Philippika gegen die »Priesterherrschaft« einer »Reflexionselite« mit sinistrem Herrschaftsanspruch publiziert. Als Helmut Kohl 1982 eine geistig-moralische Wende in Deutschland beschwört, ist das Verhältnis zwischen Politik und Intellektualität jedenfalls auf den Nullpunkt gesunken, nichts scheint nun weiter entfernt als die Zeiten der Brandt'schen Reform- und Diskurseuphorie.

Und dennoch wendet sich die Situation noch einmal. Vorbereitet durch die Enttäuschungen über den politischen Pragmatismus Helmut Schmidt'scher Prägung, aber vor allem angesichts der drohenden NATO-Nachrüstung kommt es zur Solidarisierung verschiedenster linker Gruppierungen, die eine eindrucksvolle Friedensbewegung auf die Beine bringen. Die Offenheit für die neuen sozialen und friedenspolitischen Debatten und Demonstrationen, die Grass als Präsident der Berliner Akademie der Künste entscheidend mit beeinflusst, hat er nicht zuletzt auf Reisen durch die Dritte Welt erworben. Nun relativiert der Dichter den innerdeutschen Geisteskampf, man müsse sich der vom westlichen Kapitalismus erzeugten globalen Verelendung stellen, beteuert er nun. Denn Mitte der 80er Jahre scheint jede Aufklärung zuschanden gegangen zu sein, überall auf der Welt vernünftelt der Wahnsinn, und die postmodernistisch verspielten Intellektuellen bleiben untätig gegenüber dem apokalyptischen Irrationalismus der Lebensverhältnisse. Verschoben hat sich für Grass der Ort der Verantwortung. Aus der Perspektive der Dritten Welt gewahrt er in Europa nicht nur eine vom ökonomischen Raubbau und vom Fortschrittsinfarkt bedrohte Demokratie, sondern die schlimmsten Formen von Umweltzerstörung, Drogenkonsum, Bildungsverfall und medialer Verblödung. Längst dominieren die psychosozialen und ökologischen Probleme in der »Weltinnenpolitik«, der er eine »schockierende Aufklärung« verabreichen möchte. Doch dieses traditionale Wächteramt des Intellektuellen ist es, dem in der Bundesrepublik der 80er Jahre kaum noch jemand ein Ohr leihen will. Man demonstriert Überdruss am Bekennertum eines medial gestützten Moralisten, dessen Autorität längst im kompetenten Kassandrismus der Medien aufgegangen sei. Und noch kurz bevor sich die Deutschen 1990 an ihr epochales Einigungswerk machen, lässt Hans Magnus Enzensberger die Beziehung der Intellektuellen zum Staat als albernes »Indianerspiel« erscheinen, und erklärt insbesondere und abermals seinen Kollegen Grass zu einem auf traurige Weise Gescheiterten. Dass dieser deutsche Intellektuelle einen lebenden Anachronismus darstelle, ist ein seither variantenreich vorgetragener Gemeinplatz.

Den Höhepunkt der »dramatischen Abwertung der Intellektuellenrolle« (Johano Strasser) erlebt die Bundesrepublik jedoch im Oktober 1997, nachdem der als »vaterlandsloser« Einheitskritiker umstrittene Grass in seiner Laudatio auf den Friedenspreisträger des deutschen Buchhandels Yasar Kemal seine Scham über eine zum Standort verkommene Bundesrepublik zum Ausdruck gebracht hat, die Waffenlieferungen an eine minderheitenfeindliche Türkei erlaube und selbst nicht davor zurückschrecke, Asylanten zu diskriminieren. Der darauffolgende politische Streit gerät bald zum Scharmützel der gehobenen Nachdenklichkeit des deutschen Feuilletons. Doch hier geht es nicht mehr um den eigentlichen Casus Belli, sondern wieder einmal um den Intellektuellen schlechthin, um seine geistige und politische Legitimation, um die immergrüne Frage nach seinem historischen Existenzverlust und/oder aktuellen Funktionswandel. Wie schon so oft fordert die Dialektik des Engagements im Fall Günter Grass eine geistespolitische Kontroverse der besonderen Art heraus. Handelt es sich hier nicht in erster Linie um Künstlersolidarität voller »Selbstbespiegelung und Nabelschau«, und ist nicht die große Zeit des Engagements längst vorüber? Kann überhaupt mehr im Spiel sein als ein deutsches »Rückfallfieber« in obsolete Republikzeiten? Grass' Paulskirchenrede habe nur ein weiteres Mal den »vorrationalen Überzeugungskern« der westdeutschen Linken sichtbar gemacht, der als bloße Gefühlslage – gegen alle Ernüchterung – in die vereinigte Republik eingeschleppt worden sei. Selbst die linksliberalen Zeitungen erklären sich mehrheitlich zu Gegenzeugen der »Symbolfigur« namens Günter Grass. Dieser Statthalter seiner eigenen Legende im »Zeitalter der Intellektuellen-Nostalgie« hat demzufolge immer noch nicht begriffen, dass keine konsistente Öffentlichkeit mehr vorhanden ist und dass seine politische Invektive zur bloßen Symbolhandlung herabsinken muss. Mehr als jenen ominösen »Medienintellektuellen« scheint es nicht mehr zu geben, der einer politischen Sphäre als »selbstzufriedenes Teilchen des selbstzufriedenen Ganzen« gegenübersteht. Zu sehr seien auch die gesellschaftlichen und politischen Eliten voneinander getrennt, als dass irgendwelchen »Omnipotenzansprüchen« der Intellektuellen noch eine Chance auf publizitäre Wirkung beschieden sein könnte. Gerade der Auftritt von Grass soll nun als Beweis dafür gelten, wie sehr das »Pathos der Intellektuellenrolle« Staub angesetzt habe. Jenes bundesdeutsche »Hochamt der Negation«, mit ihm der Typus des kritischen Intellektuellen, sei nach 1968 zu einer Massenerscheinung im alternativen Milieu vergesellschaftet und mit der Wende von 1989 endgültig verabschiedet worden. Weshalb er allenfalls noch die eigene Ratlosigkeit gegenüber den Umwälzungen der jüngsten Wirklichkeit eingestehen könne. Einen Rückruf des Intellektuellen werde es in Zukunft ebenso wenig geben wie eine Renaissance sinnstiftender Utopien.

Zehn Jahre später fiel es umso leichter, Günter Grass eine desaströse moralische Selbstdemontage vorzuhalten, als er seiner Autobiografie *Beim Häuten der Zwiebel* die späte Einberufung zur Waffen-SS einbekannte. Doch handelte es sich nicht nur darum, den »nervenden Grass« in die Schamecke zu zwingen, sondern es sollte aus dem doppelten Totalitarismusverdacht gegenüber den »Bewegungen« von 1933 und 1968 das Bild der historischen Unversehrtheit des deutschen Bürgertums hervorgehen. Auf der einen Seite stilisierte man den konservativen Joachim Fest zum gebildeten Nonkonformisten und Verweigerer im Dritten Reich, auf der anderen Seite verwies man auf Leute vom Schlage Grass und ihre kleinbürgerlich-proletaroide Herkunftsschicht, die seit je allem Ideologischen blind ergeben gewesen seien. Eine neue gesellschaftliche und politische Schlachtordnung im Kampf um die Aneignung von 1968 als Emanzipationsereignis der Republikgeschichte stand 2007 zur Diskussion. Ließ sich die linke Moralität à la Grass dem Verdacht der Verlogenheit oder Doppelbödigkeit aussetzen, konnte man das Ideal des ›sozialistisch‹ engagierten Citoyens umso effektvoller zur Wunschfigur des distinguierten Bourgeois herunterjustieren. Günter Grass und die Idee einer intellektuellen Linksgründung der Bundesrepublik – endlich schien man den geschichtspolitischen Hebel in der Hand zu haben, dieses Traditionsverständnis aufzubrechen zugunsten einer wesentlich durch die Adenauer-Ära geprägten bürgerlichen Gründungslegende der Bundesrepublik. Und wieder einmal war der Blechtrommler zum Problem und Ferment eines symptomatischen Epochendiskurses geworden.

Umso entschiedener wurde sowohl 1997 als auch 2007 die Erneuerung der politischen Öffentlichkeit in Deutschland eingefordert. Denn allzu unabweisbar hatte und hat die einst wohlfahrtstaatliche Republik deplorable Züge der Ökonomisierung und sozialen Spaltung, von Ungerechtigkeit, Elitenegoismus, medialer Formlosigkeit und Politikverdrossenheit angenommen. Kann man wirklich auf den Intellektuellen verzichten, wo kulturelle und politische Reflexivität sich als nötiger denn je erweisen und es nie schmerzlicher an einer vom »Geist der großen historischen Veränderung« inspirierten Sprache gemangelt hat? Im Grunde ist man schon in den 90er Jahren kaum noch überzeugt von den so mundfertigen wie moralisch indifferenten Experten, bei denen weder die Sachkompetenz noch das geistige Symbolvermögen öffentlichen Aufmerksamkeitswert erringt. Und dennoch möchte man seither in puncto »Großintellektuelle« partout einer sozialen Leerstelle das Wort reden. Dieser deutsche Entlegitimationsdiskurs hat ohne Frage Zählebigkeit bewiesen, aber an Überzeugungskraft nichts hinzugewonnen.

## Literatur

Ackermann, Ulrike (2005): »Die totalitäre Verführung. Jean-Paul Sartre als politischer Intellektueller«, in: Merkur. Deutsche Zeitschrift für europäisches Denken 675, 59. Jg., H. 7, Stuttgart, S. 631–636.

Alemann, Ulrich von, u. a. (Hg.) (2000): *Intellektuelle und Sozialdemokratie*, Opladen.

Gilcher-Holtey, Ingrid (2007): *Eingreifendes Denken. Die Wirkungschancen von Intellektuellen*, Weilerswist.

Hanuschek, Sven, u. a. (Hg.) (2000): *Schriftsteller als Intellektuelle. Politik und Literatur im Kalten Krieg*, Tübingen.

Hübinger, Gangolf/Hertfelder, Thomas (Hg.) (2000): *Kritik und Mandat. Intellektuelle in der deutschen Politik*, Stuttgart.

Kölbel, Martin (Hg.) (2007): *Ein Buch, ein Bekenntnis. Die Debatte um Günter Grass' ›Beim Häuten der Zwiebel‹*, Göttingen.

Lepenies, Wolf (1992): *Aufstieg und Fall der Intellektuellen in Europa*, Frankfurt/M.

Lucke, Albrecht von (2008): *68 oder neues Biedermeier. Der Kampf um die Deutungsmacht*, Berlin.

Meyer, Martin (Hg.) (1992): *Intellektuellendämmerung?*, München u. Wien.

Münkel, Daniela (2003): »Politiker-Image und Wahlkampf. Das Beispiel Willy Brandt: Vom ›deutschen Kennedy‹ zum ›deutschen Helden‹«, in: Bernd Weisbrod (Hg.): *Die Politik der Öffentlichkeit – Die Öffentlichkeit der Politik. Politische Medialisierung in der Geschichte der Bundesrepublik*, Göttingen, S. 55–76.

Schlich, Jutta (Hg.) (2000): *Intellektuelle im 20. Jahrhundert in Deutschland*, Internationales Archiv für Sozialgeschichte der Literatur, 11. Sonderheft, Tübingen.

Schönhoven, Klaus (2004): *Wendejahre. Die Sozialdemokratie in der Zeit der Großen Koalition 1966–1969*, Bonn.

Strasser, Johano (2005): *Kopf oder Zahl. Die deutschen Intellektuellen vor der Entscheidung*, Frankfurt/M. u. a.

Walzer, Michael (1997): *Zweifel und Einmischung. Gesellschaftskritik im 20. Jahrhundert*, Frankfurt/M.

Wertheimer, Jürgen (Hg.) (1994): *Von Poesie und Politik. Zur Geschichte einer dubiosen Beziehung*, Tübingen.

Zimmermann, Harro (2006): *Günter Grass unter den Deutschen. Chronik eines Verhältnisses*, Göttingen.

## Epilog: Der Name des Intellektuellen

*Thomas Jung*

»Niemand ist berechtigt, sich mir gegenüber
so zu verhalten, als kennte er mich.«
*(Robert Walser)*

Trotz aller Heterogenität, die die Beiträge dieses Bandes auszeichnen, vereint sie etwas, was ohne die Frage nach dem *Intellektuellen* schlechterdings unbeantwortbar wäre: die Kennzeichnung von *Intellektuellen* mit Namen, die gar keine Eigennamen mehr sind. Dies geschieht, weil erhofft wird, dass über den Namen die bisher und jederzeit offene Bezeichnung des *Intellektuellen* sich so ausfüllen möge, dass der Begriff des *Intellektuellen* endlich seine vage Bestimmbarkeit verliert. Was damit gemeint ist, lässt sich zunächst wie folgt und im Sinne einer im Konjunktiv operierenden, nicht aber real anzutreffenden Verweigerungshaltung befragen. Dies heißt konkret: Würde man eine Person, die als *intellektuell* bezeichnet wird, fragen, wer und was sie sei – man erlebte, gesetzt diese Person bliebe sich treu, eine tiefgehende Irritation im gesellschaftlichen Denominationsritual. Diese Person, wenn sie denn die Bezeichnung *Intellektueller* nicht auf sich nimmt, was nichts anderes heißt, als dass sie sich den vielfältigen Typisierungen, die mit dieser Bezeichnung gegeben sind, konsequent verweigert, diese Person also müsste antworten: Ich bin weder dies noch das. Diese Verweigerung würde nicht aus einer Ambivalenz resultieren, die nur der Reflex einer intrapsychischen Spannung zwischen ideeller Vorstellung und kultureller Rollenzuweisung wäre; sie wäre vielmehr ein bewusst gewollter Entzug von statthabenden Zuschreibungen, die ein personales Selbst zwanghaft auf Bezeichnungsfunktionen zurückbinden. Zu fragen ist dennoch: Ist dieser Entzug nicht selbst bereits ein elementares Verweigerungsmoment, das sich immer schon mit dem Begriff des *Intellektuellen* verbinden lässt? Sind denn solche Personen, die sich mit diesem Begriff bezeichnen lassen, nicht solche, die die Prozesse der Fremd- und Selbstzuschreibungen als das durchschauen, was sie im Kern sind: durch den bürgerlichen Semantisierungshaushalt auferlegte und durch Anerkennungsrituale erpresste Charaktermaskierungen? Sind nicht gerade diese Personen, die man als *Intellektuelle* bezeichnet, diejenigen, die es durch ihren selbstreflexiv gewendeten Bildungsgang in der Hand haben müssten, endlich das Gesellschaftsspiel von Maskierungen, von Zuschreibungen und selbststilisierenden Ernennungen aufzugeben und zu beenden – sogar bis zum befreienden Akt der Selbstverleugnung? Kurzum gefragt: Müsste der wahre *Intellektuelle* nicht der sein, der die offizielle Denomination zum *Intellektuellen* deshalb verweigert, weil sie – unter einem bestimmten Eigennamen – einer massenrhetorischen Stereotypisierung Vorschub leistet? Dies sind Fragen, die das offene Spannungsverhältnis von Namen, Eigennamen und Begriff des *Intellektuellen* betreffen.

### Name und Begriff

Die enigmatische Titulierung *Der Name des Intellektuellen* ist eine bewusste Allusion auf Umberto Ecos Roman *Der Name der Rose*, ohne jedoch dessen semiotischen Symbolismus, der mit dem kryptischen Zeichen *Rose* gegeben ist, aufzugreifen und mitzunehmen. *Der Name des Intellektuellen* zielt nicht auf das Namenlose, das das Mädchen in Ecos mittelalterlichem Zeichen-Mysterienspiel zu repräsentieren scheint. *Intellektuelle* sind nicht namenlos, sie müssen einen öffentlich gemachten Namen tragen, um als *Intellektuelle* in Erscheinung zu treten. Insofern markiert der *Name des Intellektuellen* von vornherein eine Differenz, die die von Name und Begriff ist. Man kann diese Differenz zunächst in Form von Nachfragen verdeutlichen: Wir können sagen, wer Sartre war, wenn wir sein politisches Engagement im Kontext seiner Schriften begründet finden. Ebenso können wir sagen, wer Adorno war, wenn wir die Radikalität seines Neinsagens an seinen gesellschaftskritischen Schriften ablesen. Und wir können sagen, wer Habermas ist, wenn wir sein Konzept der Diskursethik zugleich als seine Überzeugung von der regulativen Idee kommunikativer Vernunft auslegen. Aber können wir über diese an Eigennamen gebundenen Einzelbestimmungen hinaus mit Sicherheit sagen oder folgern, dass diese Personen Prototypen des *Intellektuellen* sind, wenn wir kein eindeutigeres Bestimmungsmerkmal des Typus *Intellektueller* als eben nur approximative Zuschreibungen haben, die aus einem semantisch-kulturellen Begriffstableau *Intellektueller* herrühren? Wenn letztlich eine Bestimmbarkeit des Begriffs *Intellektueller* wesentlich erscheint, warum dann noch die Attributierung ad personam? Vielleicht deshalb, weil der Eigenname dasjenige ist, was der Unbestimmbarkeit des Begriffs *Intellektueller* aus der Klemme hilft?

Die Fragen sind nur zu beantworten, wenn man sich das Verhältnis von Namen, Eigennamen und Begriff des *Intellektuellen* genauer, d. h. bedeutungstheoretisch ansieht. Der Begriff des *Intellektuellen* ist nicht ein bloßes Lexem, das seinen abgrenzbaren und damit angebbaren Ort im lexikalischen Inventar des Wissens und Sprechens hat; er ist – was das Spektrum seiner Bedeutungspartikel betrifft – ein polysemischer Bedeutungsbegriff (Semem) mit sehr heterogenen und zum Teil distinktiven Bedeutungskernen (Semen). Gehen wir die Reihe dieser einzelnen semantischen Elementarteilchen in der Weise durch, wie sie durch Attributierungen besser zu kennzeichnen sind: Der *Intellektuelle* ist ein kulturell Gebildeter, ein politisch Engagierter, ein kritischer Geist, ein universell Denkender und vielleicht sogar ein Wahrheitsliebender. Diese Reihe ließe sich fortsetzen, je nachdem, welcher kulturelle und zeithistorische Bedeutungsinhalt für das Lexem »Intellektueller« dominiert. Es lässt sich erkennen, was den Bedeutungsbegriff *Intellektueller* im Allgemeinen auszeichnet: Er unterliegt einer Tendenz zur Ausstreuung, zur Dissemination, bei dem ein substanzieller Bedeutungskeim nicht mehr auszumachen, ja eine einvernehmliche Bedeutung nur in Form von fluidierenden Attribuierungen schemenhaft möglich ist. Erst der *Name des Intellektuellen* in Form des Eigennamens ist geeignet, die Aussaat (Dissemination) einzusammeln, die die Polysemie des Begriffs *Intellektueller* verstreut.

Es wäre nun falsch zu behaupten, dass die Vieldeutigkeit des Begriffs *Intellektueller* nur das Resultat vielfältiger Verwendungsweisen ist, dass also die Sprachpragmatik Ursprung dieser Vieldeutigkeit ist. Wäre dem so, gäbe es eine konsensuelle Übereinstimmung, d. h. pragmatisch fixierte Verwendungsweise des Begriffs *Intellektueller*, nicht aber seinen unendlichen, nicht abschließbaren Begriffsdiskurs, der gerade immer wieder die Frage neu aufwirft: Wer ist und was ist letztlich ein *Intellektueller*?

Weil diese Frage nicht zu schließen, die Polysemie nicht das Resultat einer Zuweisungspragmatik, sondern das Ergebnis einer konstitutiven Dissemination des Zeichenbegriffs *Intellektueller* selbst ist, muss der Name, mithin der Eigenname leisten, was der Begriff per se nicht schafft: die Festlegung mittels des Namens.

Der Name grenzt die Bedeutungsoffenheit des Zeichenbegriffs des *Intellektuellen* ein; er identifiziert, was die Bezeichnung nur als Bedeutungsspiel offenlässt. Konkret heißt dies, dass alle genannten semischen Attribuierungen im luftleeren Raum stünden, wenn wir sie nicht mit einem spezifischen Eigennamen verbinden könnten. »Politisch engagiert« kann dann den Begriff *Intellektueller* auffüllen, wenn dafür der Eigenname Sartre (oder auch andere) eingesetzt wird, und »kritischer Geist«, wenn dafür exemplarisch der Eigenname Adorno steht. Diese Reihe ließe sich nicht nur fortsetzen, sondern auch vielfältig zwischen Namen und Begriff des Intellektuellen über Kreuz umstellen und damit variieren. Grundsätzlich ist es aber so, dass der *Name des Intellektuellen* eine durchaus sinnvolle Funktion erfüllt: Er fokussiert nicht nur die frei flottierenden und teils disparaten Bedeutungselemente des Begriffs des *Intellektuellen* auf einen Eigennamen; er identifiziert auch die fluidierenden Bedeutungen so, dass sie distinkten Umriss und Gehalt zu gewinnen scheinen. Man kann auch sagen: Der *Name des Intellektuellen* leistet eine Identifizierung von eigentlich Nichtidentifizierbarem, bzw. anders formuliert: Der Begriff *Intellektueller* erhält über den Namen, was er als zeichenhafte Leerstelle nicht einzuholen vermag: eindeutige Bedeutungszuweisung, d. h. designative Erfüllung.

Wenn aber der Name, zumal der Eigenname, den Zeichenbegriff *Intellektueller* auffüllt und designiert, wenn also erst der Name die freie Semiose dieses Zeichens eingrenzt, in welchem Verhältnis stehen dann Name und Begriff des *Intellektuellen* zueinander? Ausgehend davon, dass der Begriff des *Intellektuellen* letztlich nicht eindeutig bestimmbar ist, gehört es zum konstitutiven Merkmal dieses Begriffs, dass er auf eine semiotische Freisetzung von geronnenen Bedeutungsfestlegungen zielt. Es ist eine semiotische Freisetzung, die sich nicht nur vor jeder repräsentativen Verweisung scheut, sondern auch von dieser freikommen möchte – vielleicht, um als ein »freischwebendes« Zeichen fungieren zu können? »Freischwebendes« Zeichen nicht etwa als beliebiges, möglicherweise aber als ein universeller Interpretant? Dagegen arbeitet die Designationskraft des Namens an, besonders des Eigennamens, der gerade durch das Merkmal seiner Singularitätsbezeichnung alle Härte der Identifikation und der Unverwechselbarkeit aufweist. Mittels des Namens wird die potenzielle Unbegrenztheit, die semitiotische Freiheit des Zeichens *Intellektueller* beschnitten, ja an das Gesetz der Namensgebung und Namensklassifikation gebunden. Der *Name des Intellektuellen* präsentiert, kehrt hervor, was das Zeichen *Intellektueller* verweigert: Benennung dessen, was nicht benannt sein kann und will.

Der Kern dieser zeichentheoretischen Einlassungen ist das, was das Sakrileg des *Namens des Intellektuellen* ausmacht. Der Name entweiht, er bricht das Tabu, das über jedem Identifizierungsverbot liegt. Alle Benennung ist geistige Erkenntnis, wie man mit Walter

Benjamin folgern kann; aber alle Benennung ist auch die Flucht vor dem Unbenannten. In der jüdischen Religion, aus der Benjamin seine Namenstheorie geschöpft hat, gilt das Verbot, den Eigennamen Gottes, das Tetragramm JHWH, auszusprechen. Der paradoxe Sinn ist einfach zu verstehen: Das Aussprechen des Namens identifiziert, und indem es identifiziert, wird das unter der Identifizierung Bezeichnete zum Teil eines allgemeinen Bezeichnungssystems, wird es Identitätszeichen im allgemeinen Zeichensystem. Die Folge ist klar: Der Name, zumal der Eigenname, will retten, was im Designationssystem notwendigerweise verschwindet: die Singularität. Für den *Namen des Intellektuellen* heißt dies: Indem der *Intellektuelle* einen Namen bekommt, indem er in ein identifizierendes System der Benennung eingestellt wird, kann der Begriff des *Intellektuellen* – als Zeichen wie als Personname gleichermaßen – zum Allgemeinen werden. Der *Intellektuelle* wird zum Namen, weil der Name das Bezeichnete erst kenntlich macht, was das bloße Zeichen *Intellektueller* noch offenlässt. Weil der *Name des Intellektuellen* immer auch Eigenname ist, wird dessen phantasmatisches Versprechen auf Singularität, auf Einzigartigkeit zugleich zum Phantasmatischen eines *Namens des Intellektuellen*: Besonderheit im Allgemeinen bzw. öffentliche Auserwähltheit (Th. Macho).

*Der Name des Intellektuellen* beinhaltet eine doppelte Inskription: allgemeiner und zugleich besonderer, einzigartiger Name in Gestalt des anerkannten Eigennamens zu sein – auch Renommee genannt.


## Intellektuelle Anonymität

Alle hier in diesem Band dargestellten Personen sind eigennamentliche *Intellektuelle*; ihre zugesprochene Intellektualität ist von der Prominenz ihrer Namen nicht zu trennen. Wer sähe in Sartre einen *Intellektuellen*, wenn er nicht der öffentlich engagierte Sartre gewesen wäre? Wer sähe in Bataille einen *Intellektuellen*, wenn er nur der kleine Angestellte der Bibliothèque Nationale in Paris geblieben wäre? Und wer sähe in Adorno einen *Intellektuellen*, wenn er weiterhin als relativ unbedeutender Komponist in der Tradition der 2. Wiener Schule geblieben wäre? Erst dadurch, dass ihr Schreiben öffentlich geworden ist, dass ihre Texte unter ihren Eigennamen Schriften für alle, d. h. veritable Bezugs- und auch wohl Autoritätsschriften für den öffentlichen Meinungsdiskurs geworden sind, konnten ihre Namen in das Pantheon dessen einrücken, was man das Denominationsgehäuse der öffentlichen *Intellektuellen* nennen könnte.

Gleichwohl schreibt und redet kein *Intellektueller*, und Reden ist bei ihm zugleich ein vorgenommenes Schreiben, nicht nur mit Blick auf die öffentliche Meinungsbörse. Dies trennt ihn elementar vom Journalisten oder Feuilletonisten, die das Schreiben von Berufs wegen betreiben. Im Gestus des originären Schreibens, der freien Schriftstellerei, nicht aber dem Sujet nach, ist der *Intellektuelle* dem Schriftsteller verwandt. Ähnlich wie dieser sieht er, und dies widerstrebt der Zwangsläufigkeit, den *Namen des Intellektuellen* erfüllen zu müssen, in der Anonymität des Schreibaktes das eigentliche Ingenium seines intellektuellen Ausdrucksverhaltens. Hat nicht Salinger das Prinzip der Verborgenheit als Treueschwur für jeden schreibenden Menschen auserkoren, indem er davon sprach, dass die Dunkelheit der Anonymität für einen Schriftsteller einer der kostbarsten Schätze seiner Produktivität ist? Man braucht dies nicht zu strapazieren, um den Eskapismus der *Intellektuellen* auch für ihre Schreibweise zu rechtfertigen. Gleichwohl steckt darin aber eine Wahrheit, die für den *Namen des Intellektuellen* von wesentlichem Belang ist: Der Name zielt darauf, ein Bleibendes zu stiften – besonders dann, wenn er öffentlicher Name geworden ist –, den Tod mit dem Namen zu überwinden. Der *Intellektuelle* jedoch, wenn er schreibt, wenn er in der Dunkelheit der Anonymität sich in die Anschlussstellen der Menschheitstexte begibt, um das Gespräch der toten Geister fortzuführen, sollte Namen und Eigennamen vergessen. Er sollte Medium im Schreiben eines Textes sein, der auf keinen Namen angewiesen ist, weil der Text, zumal der intellektuelle Text, für ihn und alle spricht. Blanchot hat die Apersonalität des Schreibens erkannt, wenn er sinngemäß sagt: Man muss erst sterben, um zu schreiben. Jedes Namedropping, das heute jeden Inhalt wie ein faules Palimpsest überwuchert, bereitet den Tod des *Intellektuellen* vor, ist die permanente Gefahr einer Auslöschung von Intellektualität, die sich einzig dort kundgibt, wo sie sich auszudrücken hat: im namenlosen Schreiben. Hier – im namenlosen Schreibakt – beginnt die wahre Singularität, die den *Namen des Intellektuellen* verdient.

# Max Horkheimer
# Gesammelte Schriften

Herausgegeben von
Alfred Schmidt und Gunzelin Schmid Noerr

*Die Bände der ›Gesammelten Schriften‹ erscheinen gleichzeitig
in gebundener Ausgabe und als Taschenbuch.*

S. Fischer / Fischer Taschenbuch Verlag

fi 486 / 12

Isaiah Berlin

## Das krumme Holz der Humanität

Kapitel der Ideengeschichte

Herausgegeben von Henry Hardy

*Aus dem Englischen von Reinhard Kaiser*

Band 12773

Der Titel spielt auf einen Satz von Kant an: »Aus so krummem Holze, als woraus der Mensch gemacht ist, kann nichts ganz Gerades gezimmert werden.« Dieser Satz enthält ein Programm, das für die Werke Berlins von Anbeginn charakteristisch war und das ihn, den wohl bedeutendsten Ideenhistoriker der Gegenwart, auch zu einem hervorragenden Schriftsteller gemacht hat: Unabhängigkeit des Denkens aus Einsicht in ihre Bedrohtheit, Humanität nicht als Parole, sondern als Bewußtsein ihrer Gefährdung.

Dieses Buch versammelt acht Studien zur Ideengeschichte, in denen (von Vico bis zu Joseph de Maistre, von der Literatur der Romantik bis zum Wiederaufstieg des Nationalsozialismus) die folgenreichen geistigen Bewegungen der letzten zweihundert Jahre analysiert werden. Berlin beschwört nicht die Kultur Europas, er verkörpert sie – er schreibt und argumentiert aus ihrem Geiste, in genauer Kenntnis ihrer Leistungen *und* ihrer Widersprüche. Er ist einer ihrer letzten unkorrumpierbaren intellektuellen Anwälte.

# Fischer Taschenbuch Verlag

Rüdiger Safranski

## Wieviel Wahrheit braucht der Mensch?

Über das Denkbare und das Lebbare

Band 10977

In einem berühmten chinesischen Märchen verschwindet der Maler in seinem eigenen Bild. Das ist die Utopie der Wahrheit: Übereinstimmung mit sich und der Welt. Um dieser Utopie willen haben Rousseau, Kleist und Nietzsche abenteuerliche Wahrheitsexpeditionen unternommen: Dreimal die Wahrheit des Ich gegen den Rest der Welt; dreimal führt die Suche nach Wahrheit in die selbstgemachten Bilder und in die Bereitschaft zur Gewalt gegen eine Wirklichkeit, die sich den Bildern widersetzt. Eine andere große Wahrheitsexpedition ist die Metaphysik als der Versuch, in einer *verkehrten* Welt eine *wahre* Welt zu entdecken. Das beginnt eindrucksvoll bei Sokrates und Augustin und endet furchtbar im Zeitalter des Totalitären und des Fundamentalismus. Bleibt also nur die (Lebens-)Kunst, ohne die Gewißheit des richtigen Lebens, ohne verbürgte Wahrheit zu leben? Es sieht so aus. Am Beispiel Kafkas geht es in den letzten Kapiteln dieses Buches um die Kunst, in der Fremde zu bleiben.

## Fischer Taschenbuch Verlag